第 2 版

建築施工法

工事計画と管理

田村　恭　編著

丸善出版

第2版序文

　多くの方々のご指導と，多数の執筆者の協力をえて本書の改訂および増補を行い，ここに上梓することができた．唯々感謝の極みであり，心からお礼を申し上げなければならない．

　本書は，大学における建築系の学部および大学院学生を対象とする建築施工法の教科書として，また建設業における若手管理技術者を対象とする技術研修のための手引書として，まとめたものである．初版が刊行されたのが1987年であり，この10年ほどの間に11刷を重ねることができた．ある意味ではそれなりの評価を受けていることをうれしく思っている．

　思えば，本書の企画当初から十数年の歳月が経過しており，建築界が冬の時代といわれた厳しい頃から，平成景気で未曽有の活況に沸き返った時期を経て，今日では再び厳酷な経営環境の下に置かれている．この間本書を改訂しなければならぬ機会が何回となく訪れていたが，わずかに誤字訂正をする程度の手当てしか施してこなかった．無責任の識があるとすれば，すべて編者が受けとめるべきことと考えている．世の中の動きに対応して，施工の仕組みや技術のあり方が，軽々と変わるものではない，という気持ちからあえて手を加えることを避けてきた．

　しかし，4年ほど前に，本書の出版元である丸善より，建築界の激しい動きを判断されて，改訂してもよい時期である旨の話があり，共同執筆者の意向を尋ねたところ，大多数の執筆者からは大幅な改訂を求められた．

　全面改訂が必要である気持ちは十分理解できることではあった．とはいえ，建築基準法・建築士法等の建築関連法令の改正が目前に迫っており，その帰趨が明らかではない．さらに建設市場の国際化につれて，建築生産の仕組みが大きく変動する兆しを示している．しかも，古い体質を持った建設企業の中には，経営的に危殆に瀕しているところも見受けられ，わが国の建築界が経験したことのない大変革に対応しなければならないきわどい状況下にある．編者としては，迂闊には取り組めないという気持ちから，あえて小改訂の道を選ばざるをえなかった．

もともと1年以内の刊行を目指して作業を始めたはずであったが，結果的には足掛け4年間の歳月を要してしまった．

　この十数年間に起きた様々な事象や問題の中で，建築生産や施工技術に対して，直接・間接に影響をもたらしたと考えられるものを取り上げてみると数十項目をこえる．以下はその一部である．

　脱建設の提唱，活発な技術開発の展開，平成景気の盛況，大型プロジェクトの続出，労務需給の不均衡，外国人労働者の不法入国，バブル経済の破綻，建設談合問題の露呈，公共工事の入札・契約方式の改正，WTO政府調達協定の発効，建設工事費の国際比較，法令・規格等のグローバルスタンダードへの整合化，公共投資の縮減，兵庫県南部地震の被害，製造物責任法，顧客満足度の品質保証，ISO 9000，14000の認証制度の導入，環境問題の深刻化，情報通信技術の高度化．

　これらの一つひとつがもたらす影響は尋常なことではなく，これらを包含した問題への対応策は，未解明といっても過言ではない．総じて大変革に取り組むべき情況下にあることだけは確認しておきたい．

　ところで，各執筆者には担当された各章について見直しを求めて，小改訂の枠を守っていただいた．増補する意味で新たに加っていただいた執筆者もある．また，新しい技術の動向を示す意味の加筆として，先の兵庫県南部地震で技術的に大きな問題を招いた軀体関係の工事部分については，地震の教訓についてふれていただいた．

　さらに，今日進められつつある建築技術やその管理のあり方を正すうえで，必要となる考え方やそれに取り組むための管理技術について，相当程度の記述を増やしている．

　以上の改訂および増補によって10％をこえる増ページとなった．このため，今まで2編に分けて記述していたが，27，28章が大幅に増ページしたことを考慮して，この2章を合わせてひとつの編となし，全体を3編の構成とした．

　本書の作成にあたり，数多くの同系書から多くの示唆を受けた．本書に図・表などの掲載をお許し下さった多くの方々に心から感謝の意を述べたい．

　本書の今回の改訂は，あらゆる面で助言と励ましの言葉を下さった丸善株式会社出版事業部の恩田英紀氏および小根山仁志氏の熱意によって，はじめてまとまりえたものである．心から謝辞を添えて編者のことばとしたい．

1998年初春

田　村　　　恭

編者および執筆者一覧

【編　者】

田村　恭　　早稲田大学　工博

【執筆者】（五十音順）

石川廣三　　東海大学工学部　工博
伊藤得平　　元清水建設（株）
小笠原博　　清水建設（株）設計本部
嘉納成男　　早稲田大学理工学部　工博
小林謙二　　関東学院大学工学部　工博
篠崎　守　　元（株）竹中工務店
清水民雄　　元清水建設（株）
杉本浩一　　（株）大林組技術研究所
十代田知三　芝浦工業大学工学部　工博
田中義吉　　（株）田中義吉設計事務所
田村　恭　　早稲田大学　工博
中根　淳　　元（株）大林組
野崎喜嗣　　武蔵工業大学工学部　工博
野尻明美　　元鹿島建設（株）　工博
野中　稔　　元清水建設（株）　工博
野平　修　　鹿島建設（株）東京支店
林　好正　　元（株）大林組
間瀬惇平　　元大成建設（株）工博
松本洋一　　清水建設（株）技術研究所　工博
三浦延恭　　国士舘大学工学部
三根直人　　北九州市立大学国際環境工学部　工博
村山和彦　　元（株）熊谷組
森　　一　　元（株）大林組
吉川一三　　（株）竹中工務店東京本店技術部

目　　次

第Ⅰ編　総　　論 …………………………………………………………………1

1. 建 築 生 産（伊藤得平）……………………………………………2
　1.1　建築生産とは……………………………………………………2
　1.2　建築生産への取組み……………………………………………4
　1.3　建築（産）業と製造業の差異…………………………………6
　1.4　建築施工技術……………………………………………………7
　1.5　施工修得への期待………………………………………………9

2. 建築生産組織（三根直人）…………………………………………11
　2.1　建　築　生　産…………………………………………………11
　2.2　建　設　業　者…………………………………………………16
　2.3　建　設　労　働　者……………………………………………21

3. 設 計・監 理（伊藤得平，清水民雄）……………………………25
　3.1　建築設計業務……………………………………………………25
　3.2　工 事 の 契 約…………………………………………………28
　3.3　設　　計　　図…………………………………………………29
　3.4　仕　　様　　書…………………………………………………31
　3.5　監理者の役割……………………………………………………32

4. 工事をめぐる法規制（田村　恭，村山和彦）……………………36
　4.1　施工管理者に求められる法律知識……………………………36
　4.2　建築関連の法令…………………………………………………37
　4.3　建　設　業　法…………………………………………………39
　4.4　工事をめぐる安全・衛生………………………………………40
　4.5　工事公害と法令…………………………………………………42

5. 工事の計画（田村　恭，村山和彦）……………………………44
　5.1 工事計画に取り組む心構え ……………………………44
　5.2 管理組織の編成 …………………………………………46
　5.3 工事をめぐる諸計画の立案 ……………………………48
　5.4 実行予算の編成 …………………………………………50
　5.5 工程計画 …………………………………………………54
　5.6 安全衛生計画 ……………………………………………58

6. 工事の管理（田村　恭，村山和彦）……………………………61
　6.1 現場会議 …………………………………………………61
　6.2 工事の管理項目 …………………………………………63

第Ⅱ編　施工法各論 ……………………………………………75

7. 準備工事（篠崎　守）……………………………………………76
　7.1 準備工事の基本 …………………………………………76
　7.2 敷地調査 …………………………………………………77
　7.3 敷地測量 …………………………………………………78
　7.4 敷地内および隣接地にある物件の調査 ………………79
　7.5 地盤調査 …………………………………………………81
　7.6 近隣との折衝 ……………………………………………84
　7.7 官公庁等への連絡・届出・許可申請の手続き ………85
　7.8 地鎮祭・その他 …………………………………………86

8. 仮設工事（森　一，間瀬惇平）…………………………………87
　8.1 仮設工事の基本 …………………………………………87
　8.2 仮囲い・門扉 ……………………………………………92
　8.3 仮設建物 …………………………………………………94
　8.4 工事用電気，用水・排水設備 …………………………96
　8.5 足場 ………………………………………………………98
　8.6 工事用機械設備 …………………………………………102
　8.7 安全設備 …………………………………………………106
　8.8 特殊な建築工事における仮設計画 ……………………108

9. 根切り・山留め工事（野尻明美）……112
- 9.1 根切り・山留め工事の基本……112
- 9.2 施工計画の手順と要点……114
- 9.3 施工と施工管理の要点……122

10. 地業・基礎工事（野尻明美）……128
- 10.1 地業・基礎工事の基本……128
- 10.2 地業・基礎の種類と特長……129

11. 鉄 骨 工 事（杉本浩一，田中義吉）……138
- 11.1 鉄骨工事の基本……138
- 11.2 工 場 製 作……141
- 11.3 工 事 場 施 工……144
- 11.4 鉄骨工事の接合……152
- 11.5 その他の鉄骨工事……155
- 11.6 鉄骨工事における受入れ・立会い検査……158
- 11.7 兵庫県南部地震の教訓……162

12. 型 枠 工 事（野中 稔）……163
- 12.1 型枠工事の基本……163
- 12.2 型枠に必要な条件……165
- 12.3 型枠の準備計画……166
- 12.4 型枠と作業計画……174
- 12.5 加工，組立て，撤去……178
- 12.6 型枠工事の管理……181
- 12.7 型枠工事の改革……183

13. 鉄 筋 工 事（野崎喜嗣）……185
- 13.1 鉄筋工事の基本……185
- 13.2 鉄筋工事の計画……188
- 13.3 施工業者との打合せ，材料の発注・受入れ……190
- 13.4 鉄筋の加工および運搬……191
- 13.5 鉄筋の組立て……193
- 13.6 鉄筋工事の信頼性……200

14. コンクリート工事（十代田知三, 中根 淳）……202
- 14.1 コンクリート工事の基本 ……202
- 14.2 施 工 計 画 ……206
- 14.3 コンクリートの製造 ……209
- 14.4 現場内でのコンクリートの運搬 ……210
- 14.5 打込み・締固め ……212
- 14.6 養　　生 ……216
- 14.7 品質管理および検査 ……217
- 14.8 工業化工法によるコンクリート工事 ……219
- 14.9 特殊環境下のコンクリート工事 ……222
- 14.10 特殊なコンクリートの施工 ……224
- 14.11 特殊な工法によるコンクリート工事 ……227
- 14.12 コンクリート構造物の補修・補強工事 ……231
- 14.13 プレストレストコンクリート Prestressed Concrete 工事 ……231
- 14.14 鉄骨鉄筋コンクリート工事 ……232

15. 石　工　事（田村　恭）……234
- 15.1 石工事の基本 ……234
- 15.2 石工事の構成 ……236
- 15.3 石材の加工 ……240
- 15.4 現場における取付け施工 ……242

16. 屋根工事・防水工事（松本洋一）……246
- 16.1 屋根・防水工事の基本 ……246
- 16.2 屋根・防水工事の計画 ……247
- 16.3 屋根葺きの工法 ……248
- 16.4 メンブレン防水の工法 ……250
- 16.5 屋内・地下防水工法 ……254
- 16.6 シーリング防水工法 ……255

17. カーテンウォール工事（石川廣三）……258
- 17.1 カーテンウォール工事の基本 ……258
- 17.2 カーテンウォールの施工計画 ……260
- 17.3 カーテンウォール部材の工場製作 ……262
- 17.4 カーテンウォールの施工 ……263
- 17.5 カーテンウォール工事の注意点 ……267

18. 建具工事 (野平 修) ……269
- 18.1 建具工事の基本 ……269
- 18.2 建具工事の施工計画 ……269
- 18.3 施工図・見本 ……271
- 18.4 木製建具工事の工法 ……272
- 18.5 アルミニウム合金製建具工事の工法 ……273
- 18.6 鋼製建具工事の工法 ……276
- 18.7 建具金物工事 ……278

19. ガラス工事 (松本洋一) ……280
- 19.1 ガラス工事の基本 ……280
- 19.2 ガラス工事の計画 ……280
- 19.3 板ガラスの加工 ……282
- 19.4 板ガラスのはめ込み工法 ……283
- 19.5 ガラススクリーン工法 ……286
- 19.6 その他のガラス取付け工法 ……287
- 19.7 ガラスの養生および清掃 ……288

20. 木工事 (野平 修) ……289
- 20.1 木工事の基本 ……289
- 20.2 木材使用上の要点 ……290
- 20.3 木工事の計画 ……291
- 20.4 下地組みの工法 ……292
- 20.5 造作 ……295
- 20.6 大断面材を用いる木工事 ……297

21. 左官工事 (三浦延恭) ……300
- 21.1 左官工事の基本 ……300
- 21.2 左官工事の構成 ……301
- 21.3 セメントモルタル塗り ……304
- 21.4 石膏プラスター塗り ……306
- 21.5 左官工事の注意点 ……308

22. タイル工事 (田村 恭) ……310
- 22.1 タイル工事の基本 ……310
- 22.2 工法の種類と特徴 ……311

22.3　タイルの割付け……………………………………………312
　　22.4　タイル張り工法……………………………………………313
　　22.5　先付け工法…………………………………………………317
　　22.6　タイル工事の注意点………………………………………318

23．塗　装　工　事（田村　恭，林　好正）………………………320
　　23.1　塗装工事の基本……………………………………………320
　　23.2　塗装工事の進め方…………………………………………322
　　23.3　素地調整（素地ごしらえ）………………………………325
　　23.4　塗　装　方　法……………………………………………326

24．吹　付　け　工　事（田村　恭，林　好正）…………………330
　　24.1　吹付け工事の基本…………………………………………330
　　24.2　吹付け工事の進め方………………………………………332
　　24.3　下　地　調　整……………………………………………333
　　24.4　吹　付　け　工　法………………………………………334

25．内　装　工　事（吉川一三）……………………………………337
　　25.1　内装工事の基本……………………………………………337
　　25.2　内装工事の工程……………………………………………337
　　25.3　床仕上げ工事………………………………………………339
　　25.4　壁・天井仕上げ……………………………………………342
　　25.5　内装工事の注意点…………………………………………344

26．設　備　工　事（小笠原博）……………………………………347
　　26.1　設備工事の基本……………………………………………347
　　26.2　設備工事の計画……………………………………………351
　　26.3　設備工事の要点……………………………………………356
　　26.4　設備工事の今後の動向……………………………………361

第Ⅲ編　建築生産の変革 ……………………………………………365

27．科学的管理技術の導入（嘉納成男，小林謙二，田村　恭，三浦延恭）………366
　　27.1　科学的管理技術……………………………………………366
　　27.2　品　質　管　理……………………………………………370

27.3 原 価 管 理 ……………………………………………………………377
27.4 工 程 管 理 ……………………………………………………………383
27.5 安 全 管 理 ……………………………………………………………391

28. 建築生産の合理化（三根直人，田村 恭）……………………………401

28.1 建築生産をめぐる合理化のねらい …………………………………401
28.2 手作業の機械化 ………………………………………………………401
28.3 工 場 生 産 化 …………………………………………………………405
28.4 情 報 化 施 工 …………………………………………………………407
28.5 施工業務の電算化 ……………………………………………………409
28.6 建築生産のシステム化 ………………………………………………414
28.7 21世紀における建築生産とその課題 ………………………………415

後 書 …………………………………………………………………………426
索 引 …………………………………………………………………………427

第Ⅰ編　総　論

1 建築生産

● 1.1 建築生産とは

1.1.1 建築生産への期待

個人や事業体によって建築が意図されると,次に示す過程を経て建築物は完成に至り,その後長期間にわたって,維持保全の手当を加えつつ使用目的に供され,やがて新しい目的によって,解体除去される.

表1.1 建築のライフサイクル

① 建築を意図 ···⎫
② 計画・設計 ···⎬ ···(普通にいう生産) ⎫
③ 施　　工 ················(狭義の生産)⎭　　　　　　　　⎬ (広義の生産)
④ 維持・運用 ···⎫　　　　　　⎪
⑤ 除　　去 ······································⎭　　　　　　　　⎭

この一連のライフサイクルにおける建築活動を,広い意味での建築生産という.

生産成果物としての建築物が,計画や設計どおり正しくでき上がり,建築主や利用者に満足を与えなくてはならないことは,他の製造物と変わりない.ただし,建築に求められる社会性,規模の大きさ,供用年数の長さを考えると,他の製造物に比べた場合,その影響は桁違いに大きいといってよく,建築意図とその成果については,入念すぎるほどの検討が要求される.

また,規模の大きさからくる工事量・工事金額,従事する専門工事業の工種や労働者数,関連部品・部材の製造や販売など,流通機構の複雑多様さを考えると,その社会的・経済的影響は広範囲に及ぶ.すなわち,できるまでの生産過程においても,他の製造物に比べて慎重さが一段と要求される.

建築生産が,国民の生活基盤・産業基盤としての単なる建築物,入れ物(容器)の提供としてだけでなく,生産そのものの役割が重要視され,その効果的な貢献が期待される理由がここにある.

したがって,狭義の生産である施工について,単なる構築技術の方法としての認識だ

けにとどまり，施工の有効化や全生産目的への貢献について，積極的な取組みを忘れるようであれば，たとえばここ二十数年来，社会問題として注目をあびている以下に示す問題の解消がないばかりか，建築の社会への役立ち自体が問われかねなくなるであろう．
（1） 建築公害・工事災害
（2） 工事欠陥
（3） 建築生産の仕組みの不透明性

1.1.2 建築生産の特質

建築物ならびにその生産過程は，他の製造物のそれに比べて，非常に大きな社会的・経済的影響をもたらすという特質のほかに，各過程において次の特殊性をもっている．
（1） 需要が，個人や事業体の様々な目的・用途から生まれるので，多品種になる
（2） 注文を受けてから，初めて生産が始まる（受注生産）
（3） 生産の場，特に構築を行う現場は，常に場所が変わる（個別・新規・移動）
（4） 一般的に，設計と施工の担当者は別人格である（造船・航空機製造等と違う）
（5） 施工は，元請企業によって請負われ，さらに専門職による分担請負によって生産される（下請負生産）
（6） 生産の方法は，特に現場作業は労働集約的生産であり，工業化が進んでいない
（7） 生産の各段階は，臨時に組織される
（8） 関係する人的・物的資源の量と種類が多い
（9） 生産の標準化が少ない（標準化への関心が薄く，現場で特採*が安易に行われる）
（10） 部分ならびに全体への品質保証意識が生産当事者に薄い
（11） 安全・品質が，コスト・納期よりも軽視される（生産者の利益第一主義）

これらのいずれもが互いに要因となって，建築生産の効率化・安全化，生産組織の合理化・近代化を阻害している面がある．しかし，別の面では，以下に示す経営の身軽さももっている．
（12） 受注生産であるがゆえに，製造業のような完成品の在庫に苦しむことはない
（13） 装置型産業でないから，施設・資金の負担に苦しむこともない

1.1.3 建築生産の効率化

建築生産に従事する労働者数は650万名をはるかに超え，国内全就業労働者数に占め

---

* 特採：検査不合格品を日程・コストなどの関係から，不合格にすることができず採用すること．〔TQC用語辞典（1985）日本規格協会による．〕

る割合は約1割で，非常に大きい．労働力の効率的活用いかんでは，社会的・経済的にも国内総生産に与える影響が大きい．先に，建築生産の活性化にマイナスの働きをする特殊性にふれたが，第二次大戦後すでに半世紀以上の歳月を重ねながらも，戦災の復興やそれに続いた経済成長のため，建設関連の需要は伸び続け，甚しい不況を知らぬままに推移し，建築生産をめぐる特殊性は，必ずしも打開されぬまま放置されたきらいがなくもない．

この間，紡績・重化学・鉄鋼・造船・機械・電気などの諸産業は，いずれも大きな発展を遂げたものの，貿易摩擦・オイルショック・円高不況などの度重なる影響を受け，厳しい経営環境の下で，自ら生産の効率化，品質の向上に努力して，わが国の産業・経済の進展に少なからぬ貢献をしている．それに比べると建設業，特に建築生産においては，新材料の導入をはじめ，仮設資材・工事用機械設備の開発，プレファブ工法の改良などの技術開発を進めており，他産業ほどの切実な打開策ではなかったが，建築生産の合理化・近代化にそれなりの結果を収めてきた．

しかし，数年に及ぶ平成景気という記録的な需要の増大に，建築界はひと頃活況を呈したが，バブル経済の破綻と同時に，需要の伸びは停滞し，構造不況・複合不況の厳酷な建設市場への対応に，狂奔せざるをえない苦況に追い込まれている．すなわち，建築生産をめぐって抱えてきた問題・課題の克服に，依然として，真向から取り組まざるをえない状態にある．

それでも，高層架構への取組みや，建設ロボットの投入などの先端的技術の開発が進められ，ソフト面ではTQMの理念に基づく管理技術の改革，あるいは電子情報・通信技術に支援された情報化施工システムの構築など，建築生産の効率化を目指した多分野にわたる情報技術の導入が，建設業の経営体質の改革に合わせて推進されている．

● 1.2 建築生産への取組み

1.2.1 現代までの建築生産

建築のライフサイクルにおける各段階での生産手順は，建築物の規模の大小や，建築時期の今昔によって，その流れに着実に変化の動きが進んできている．

設計・施工・保全などの各段階の業務を，誰が中心になって担当するかという職能的な見分けをしてみると，時代によって分化が進み，その間に生産の内容も需要に応じて充実してきている．

たとえば，住民が，自分たちの家を家族・友人らと自前でつくった古き時代に比べ，大きな城・寺社・街区が政治的，社会的な事情によってつくられるようになりだすと，

大工・屋根葺き・壁塗りなどの職方が生まれ，やがて大工・瓦師・建具師・金物師・塗師など，もっと分化した職方が生まれ，技術も巧緻になった．

　また，明治期以降に生まれた設計と施工の分離は，海外からの洋風構法を中心とする新しい技術を背にした技術者たちが，たまたま洋風化を国是とした時代に生まれた西洋館の需要に重宝され，それまでは大工棟梁の仕事の中に含まれていた設計の仕事が，洋館建てに限って，新しい建築技師の手に渡されたのに始まった．

　さらに，現在の総合工事業者は，江戸時代には一部の大商人や棟梁たちが作事方（さくじかた）として営んでいたものから，明治期での官営工場・銀行・兵舎・役場・鉄道駅等の大規模な新建築の需要によって，その資本力，技術力による淘汰・消長を経て発達したものである．

　大正期に入って，鉄骨造や鉄筋コンクリート造など，当時としての高級な建築需要が始まると，請負資本は経営形態や技術管理能力を強化して，元請負能力を充実させた．一方，専門下請負業者も職種の内・外にわたって再編成を試み，鉄骨工・金属建具工・防水工などの新職種が生まれだした．これらの新職種によっては，現場での構築に先立ち，現場外に工場製作のための専用施設を設け，そこで加工や下組みをするなど，工程の分業化を始めるようになる．やがて，建築資材に係わる多種類の素材・部材・部品のメーカー，取扱い商店の登場や，現場作業に係わる多種類の職能の誕生によって，分業は複雑多種にわたるようになった．

1.2.2　建築生産の分業と統合

　第二次大戦が始まる頃までは，建築需要と供給の均衡は一応保たれていた．ところが，大戦に入り建築資材が統制され，また多くの労働者が徴兵あるいは徴用によって軍務や，戦時の建設事業に従事することとなり，生産体制は全く崩れて，満足な建築生産が行いえぬ状況に陥った．しかし大戦後は，これらの人々が復員するにつれ，戦災復興工事に従事する人々が徐々に増加して，活発な生産活動が展開するようになった．

　戦災復興後，本格的な復興が始まると需給のバランスが崩れだし，建設業の中には労働力の調達に苦しみ，供給能力を欠くものも生じた．このような背景の下に，作業能率の向上，工程能力を確保する対策として，建築生産の工業化を目指す方策が種々取り上げられるようになった．

　土木分野における海外からの技術導入に始まった土工事用機械・揚重機械類はダム工事などで大きな威力を示した．これを受けて，建築分野の現場にも各種の機械が使用されるようになり，現場作業の効率化・迅速化に多大の成果を発揮した．機械化の動きは次第に拡大し，各種の組立て・仕上げ作業の面においても注目され，種々の電動工具類を用いるようになり，従来，職人の手仕事に頼っていた現場の作業が大きく変化した．

また，プレファブ工法による躯体構法にも，工場加工度を高めた構成部材が次々に登場して，建築物の部品化・ユニット化を促した．建築施工の上に起こったこのような技術変化が，他種製造業に立ち遅れながらも進みだし，建築生産の分業化・専門化による効率化が図られて，今日に及んでいる．

建築生産が，このようにして企画・設計から総合的な施工，専門工事，部材供給などの分野でそれぞれ専門的な分業化が進みだすと，一方では，各分業間の総合機能の不足による全体的な生産効果への貢献度の不足が見えてくる．管理技術の未成熟も指摘され，建築技術や生産システムのあり方についても，ソフト・ハードの両面にわたって一層の統合化や充実化が果たされなくてはならない．

● 1.3　建築（産）業と製造業の差異

1.3.1　重層下請負

建築主が生産を自ら営むことを「直営」とよんでいる．一般には，特に施工の場合，建築主が自ら材料・機械・労力や管理要員を調達することは非常にわずらわしく，経済的にも効果を上げにくいので，建設業者に施工を請負わせる．つまり適切な総合建設業者を選んで，それに施工を発注し，請負契約を結び，工事の完成・納入を約束させる．

総合工事業者は，請負った工事の内容を施工上最も有効であるように分析し，いくつもの専門工事別建設業者に分担・納入を求め，全体工事として一本化できるように施工体系を組織化する．この際，元請の総合建設業者が，大工・左官などの専門工事別の建設業者とかわす請負契約を，元の発注者からみて「下請負契約」という．

下請負をした左官業者は，自分の仕事の中で，たとえば床仕上げに人造石研出し工事があれば，これに必要な局部的作業の「床グライダーがけ，磨き上げ」という最終仕上げ工程だけを，「研ぎ屋さん」という専門職に再下請負させる．左官業者を一次下請とすればこの研ぎ屋は二次下請負業者になる．

このように，建築主から発注された仕事が，幾重にも請負われることを重層下請負といい，建築業では一般的であり，かつ製造業に比べてきわだった特色とされている．

元来，下請負契約そのものが，元請負側の経営上の都合から発せられているので，その危険負担が下請負側に期待され，次々に重層末端の下請業者に分散負担させられてゆく．しかし，生産がこのように重層化するに伴い，他方では，肝心な責任の所在がはっきりしなくなりやすい．

建築生産が，特に施工において，ハードな技術と相まって，その技術をいかに管理し，しかも各段階で完全に発揮させるかというソフトな分野についても，十分な検討を尽し

ておかなければならない状況が生じている．

1.3.2 現場での構築

建築工事の工程の大部分は野外の現場で行われる．また同一の場所に，全く同じ条件のものを繰り返しつくるということはほとんどない．

一つの現場の内であっても，たとえば同じ型のテラコッタを取り付けようとしても，その場所は北面の外壁であるか南面の外壁であるか，高い所か低い所か，そのつど施工をとりまく条件に変化があるという点は，一般の製造業とはなはだしい差異がある．とはいえ，次のような例がみられる．

(1) 現地の実情に則するという原則が，生産のあらゆる場で尊重されなくてはならない．
(2) 現地に則する具体策が，ともすれば事前検討を軽視したものになりやすい弱点をもつ．「標準化」による生産効果の確保という歯止めが，とかく無視される．だから
    ① ぶっつけ本番の横行を生み出す．
    ② 特採を生みやすい．
    ③ 同じ失敗を繰り返しやすい．
(3) 上記のような要素が長い間の習慣となって，工事管理のうえに，次の特殊性を生み出す原因となっている．
    ① 計画を立てても，その計画の安定性の診断に甘さを許しかねない．
    ② 失敗した結果の調査や診断において，原因の追求が厳しくなく，ともすれば現地の特殊事情によるとし，不可抗力的な結果として看過されやすい．
    ③ 建築物に対する品質保証の意識が薄く，危険負担を客先に求めるという習慣が，いまだに残っている．

屋外における現場作業のもつ技術的困難性とともに，現場作業という風土が生み出した職場の気風を理解し，建築工事がもっと適正かつ有効に管理されなくてはならない．

● 1.4 建築施工技術

1.4.1 建築生産への貢献

建築の企画や設計意図がいくら正しくても，その企画の実現可能性が薄ければ，意図そのものは良いとはいえない．正しい良い設計と評価したくても，実現の可能性がないものは，単なる絵そらごとであり，生産の場で取り上げうるものではない．

実現可能性を診断する要素は多々あるが，技術による実現の可能性を無視しては，その建築の建築意図・設計意図を満足させる品質水準が確保できない．建築の施工技術が建築物の品質を左右したり，建築意図の評価の良し悪しを決定するもととなっている例は多い．

すなわち，施工技術を向上させ，かつそれが必要に応じて正しく活用され，建築意図・設計意図に十分に生かされるよう心がけねばならない．建築生産に係わる技術者である以上は，企画・設計側も，また施工側の者も，これに積極的に努力する必要がある．

1.4.2 施工技術の活用

施工では設計内容に従って，設計側の監理者による工事監理と，施工者による施工管理とが，それぞれハードとソフトの技術を使いながら機能し合って，はじめて工事を完成に導く．ハード面を狭義の施工技術といい，ソフト面を管理技術・情報技術という．ここではハードおよびソフトの両者を合わせて施工技術ということにする．

一つの建築をつくるための技術は，決して一朝一夕に築かれるものではなく，永年にわたる経験と研鑽の積み重ねによって得られることはいうまでもない．ある工事での施工計画を立て，その全体はもちろんのこと，品質・工程・安全・コスト・モラル・環境等の要素を，ある狙いのとおりに収めて万全を期そうとする場合には，それなりの考え方，手法の準備と確立が必要である．その成果を大きく左右するものは，実施安定度の高い管理力である．そしてその力の源になるのは科学的な施工技術をおいてほかにない．

たとえば，せっかく優れた施工技術をもちながら，結果としてある現場で山留め工事を満足させえず，崩壊に至ったという例をあげよう．誰が，いつ，何を，どんな方法で，どこでやるかという要素のどこかに盲点があったから，失敗したはずである．技術屋・計画屋はとかく狙いの的に気をとられ，たとえば実施する工程の4M(マン・マテリアル・メソッド・マネー)の足元を忘れがちである．管理力の限界とか，異状事態発生時における対応の可能性など，結果からみれば，起こりうる危機や欠陥に対して，当然手が打たれていなければならないツボ所が，意外に盲点となっていることが多い．

山留め計画の内容の適否，計画を施工に移したその展開の仕方の適否，施工された山留め支保工の竣工検査の適否，山留めを使用する期間の保全要領の適否，山留めに異常が発生した場合の発見要領の適否，異常発生の事態に対する応急対応策・根本対策の訓練と改善など，そのいずれかに穴があいていて，山留めの崩壊を引き起こしたはずである．危険予知の手法を含め，ハード・ソフトの技術の活用が適正かつ的確であれば，いずれの場合においても，事故の発生・拡大は必ず防止することができる．

● 1.5 施工修得への期待

1.5.1 生産現場の実情

　どんな名工の細工であっても，下流に流れる水を溯(さかのぼ)らせることはできない．名工が高名な建築家であっても，一流の建設会社であっても同じことであり，原理原則は建築生産のどの段階でも常に正しい．

　第二次大戦後だけをとっても，もう50年以上経つというのに，今もって雨の漏らない家屋を確保することが難しいという建築生産の現実がある．一般には，施工が悪いようにいわれているが，悪い施工業者を選ぶというミス，施工よろしきをえた時にのみ狙った性能が得られるというギリギリの設計をする設計姿勢の誤りは，永年にわたって，いたる所で繰り返されてきたことである．施工以前のどの段階においても，建築生産に係わる技術者がその気にさえなれば，管理点・管理項目を容易に発見することができたはずである．

　建築に係わる人達が，社会に向けての一つの使命観をもち，雨が漏るのは建築として正しくない，雨など漏るわけがないという品質を確保し，世の人達に安心して住める建築物を提供しようという，まことに初歩的かつ基本的な立場を保持してくれたならば，おそらく雨の漏る建築の数はかなり減ることであろう．

　雨漏りの例を示したが，建築生産の現場には意外にこのような数多くの問題が，相変らず見逃されている．

1.5.2 生産現場の改善

　建築活動が，社会生活や産業活動の基盤として大切なことを誰もが理解し，建築生産に係わる人達への理解が以前にも増して与えられていることは幸いである．

　しかしその一方で，今もなお，上述のような雨漏り・騒音などの欠陥が完全に防止できないでいることへの反省の少なさや，先述した建築公害・工事災害・工事欠陥，コストの不明朗さなどという，改善されなくてはならない事項への対応の遅さについて，それほどの自責の念がもたれていない．このような事態を，他産業，たとえば医療・航空・通信などに比べた後進性としてとらえてみると，対応のまずさが建築生産の特質などの基本的な問題に関係していることがわかる．

　すなわち，建築施工をとりまく広義の生産，狭義の生産のすべてにわたって，もっと役にたつ生産が求められているのに，それへの対応に著しい遅れがあり，施工そのものの充実と，この充実を背景として，幅広い自由度をもった正しい設計や施工が生まれて

こなくてはならない．生産現場の改善が急がれるゆえんである．

1.5.3　施工技術修得の目標

建築技術者がその技術を発揮する場面は，建築のライフサイクルの各段階にわたって広い範囲に及んでいる．そのいずれにあっても，狭義の生産である施工技術について正しい理解をもっていないと，十分に役目を果たしがたい．については，それぞれの対象者に以下のことを期待したい．すなわち，

(1) 施工が専門領域の技術者には，ますますその技術的充実を達成させるために
(2) 設計が専門領域の技術者には，施工による実現可能性を理解して，設計の質の向上を達成させるために
(3) 維持保全が専門領域の技術者には，施工による品質のバラツキに理解をもち，保全技術の弾力的対応性を広げるために
(4) 建築材料や部品の生産提供が専門領域の技術者には，施工の要求する素材・部品・部材につくり込むべき品質を理解し，対応に正確を期すために
(5) そして，建設の総合的意図の立案にたずさわる技術者には，上記各項での対応の実現を理解して，総合意図の選択，決断の自由度を広げ，より一層有効な意図をつくれるようにさせるために

施工の修得が各分野にわたって体系づけられ，その大きな目標を達成することが必要である．

参　考　書

1) 平賀謙一他：第2版建築学大系25 建築施工Ⅱ（1967）彰国社
2) 三浦忠雄：日本の建築生産（1977）彰国社
3) 古川修他：新建築学大系44 建築生産システム（1982）彰国社
4) 岩下秀男他：新建築学大系22 建築企画（1982）彰国社
5) 朝香欽一：新版建設業のTQC（1986）日本規格協会
6) 清水建設「グループJ」：建築ディレクトリー（1996）清文社

2 建築生産組織

● 2.1 建 築 生 産

2.1.1 建築生産の仕組み
A. 建築生産の構成
　建築生産を推し進める主要な主体は，建築行為を発意し，企画する建築主（発注者）をはじめ，以下に示す人々によって構成されている．
（1）　建築主
（2）　建築家および専門技術者
（3）　建築材料および設備機器の製造業者
（4）　総合工事業者
（5）　専門工事業者
（6）　その他（リース業者・警備保障業者など）

　建築主は，建築物の新築・改造等を企画し，発注する者であり，国・都道府県・市町村・公団などの公共建築を発注する者と，民間の企業・団体・個人などの民間建築を発注する者に分けられる．わが国における公共建築と民間建築の需要の比率は，その時の社会・経済状勢によって変化し，一律とはいえない．しかし，同じ建設工事でありながら，土木工事に比べて建築工事は，民間需要の比率が高い．

　建築家は建築主の委託を受け，企画・設計を行う設計チームの主体であり，そのリーダーとして設計および設計監理の業務を担当する．建築主が抱く企画や要望を受けとめ，これを建築に備えるべき機能や性能的条件に置き換え，設計の原理，技術的知識・経験を駆使して，建築物の配置・形状・構造・規模などをまとめてゆく．

　したがって，近代的な建築物を設計するうえでは，広範な専門的知識が必要となる．このため，構造技術者・設備技術者・音響技術者・造園家・積算士などが専門的アドバイザーとしてそのプロジェクトに参画し，専門の立場から設計を分担し，支援する．

　このように設計チームによって，建築の企画・設計が建築主の合意を得ながら進められ，基本設計から詳細設計へと提案が取りまとめられてゆく．意匠・機能・技術および建築工事費について，実現の可能性や適合性が検討され，限られた予算と工期の枠内で，

その建築物が施工できることを確認し，最終的に設計図書が決定される．

その設計を実際の建築物として具現化する行為が施工である．施工業者は，建築材料や設備機器・配管材料などを製造業者より購入し，また，建築労働者を雇い入れ，工具・工事用機械類を駆使して工事を進めてゆく．すなわち，建築主から工事を直接受注し，工事の規模・内容および複雑さや要求品質の水準などを考慮し，総合的な工事計画を立て，各種の資材・機材を調達し，また各種の専門工事業者を下請業者として，工事指導および管理を担当するのが総合工事業者である．

また，大工・左官・石工などの労働者を集めて施工組織を編成し，専門的技術を駆使して工事を一つひとつ完成してゆく施工業者が，専門工事業者である．通常，中規模以上の建築物の工事に従事する専門工事業者は，数十社を超えるといわれている．

建築材料および設備の製造業者には，建築材料などを専門に製造する業者もいるが，むしろ，建築材料以外の製品を併せて製造する者が少なくない．木材・石材・粘土など天然資源を採取し，単純な加工を施しただけで供給する業者もいる．近年，高度の工場加工を行い，部材やユニット構成材として優れた製品を，市場に供給している製造業者も少なくない．また，このような製造業者の中には，部材の製作ばかりでなく，設計から組立て・据付けまでを一貫して請負う業者まであり，建材製造業者の姿は多種多様である．最近では，材料をめぐる標準化・規格化が進展しており，入手する材料の品質条件として，工業規格・農林規格に適合する製品や，公的認定を受けた材料あるいは構造

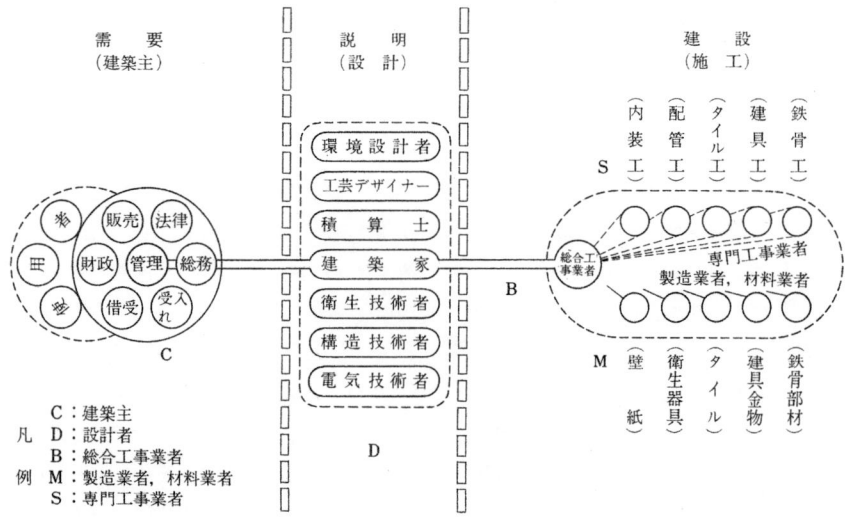

図 2.1 建築生産過程の分析とその系統図（Building Systems Devel INC による）

を使用することが要求されている．

　建築生産の仕組みは，この生産に関係する人々のつながりや結び付きを辿ってゆくと，職能，産業の組織や体系，資材の流通機構，労務の供給体制など，業務の内容がきわめて複雑で多岐にわたることがわかる．しかもこの組合せが工事ごと，プロジェクトごとに変化することが，建築生産の特徴でもある．

B. 工事施工方式

　建築生産の過程で最も重要な役割を担うのは，施工の段階である．与えられた設計に基づいて，予定の工期および予算の範囲で，実際に建築物をつくり上げる行為である．
　この施工方式を大別すると，次の二つになる．
（1）　直轄施工方式
（2）　請負契約方式
　もともと建築工事は，建築主が直轄して施工を行う形式が大半であった．建築主自らが材料を購入し，労働者を雇い，工事を実施する施工方式がこれである．この直轄して行う方法は，建築主が思いどおりに施工することができ，また労働者の稼動状況を直接把握することができるので，工事の明細がわかるなど，幾多の利点をもつ．今日では，技術的に危険度の高い工事，規模が著しく大きな工事など，官公庁や公共企業体によるもので，建設業の能力を超え，複雑さを伴う工事にはこの直轄方式が適用されている．
　これに対して請負方式は，近代に入って起こったものである．建設工事の増加に伴い，建築主に従属して工事を行い，それに見合った報酬を受ける請負師とよばれる組織が生まれ，それが今日の請負制度を発達させる基盤となった．
　建築主は，工事の内容を提示し，請負う業者との間で工事金額について合意を得た時に，請負契約を結び，一定の条件で施工を一任するものである．建築主は予算が膨張することを防ぐことができるし，工事をめぐる品質や出来映えの検査，各種の危険負担の責任から開放されるので，直轄方式にはない多くの利点をもっている．
　請負契約について，民法第632条に「請負は当事者の一方がある仕事を完成することを約し，相手方がその仕事の結果に対して報酬を与えることを約することによりてその効力を生ず」と規定している．すなわち請負とは，工事の完成を目的として労働を行うものであり，その仕事が完成しない限り報酬は与えられない．厳密にいえば，施工業者は工事完成のうえで，建築物を引き渡す義務があり，引渡し後の瑕疵担保（品質保証）の責任も負わなければならない．
　上述の理由から，明治時代の半ば頃から，特殊な場合を除き，建設工事は請負契約方式によって実施することが一般となった．また契約を効果的にするため，建築主と施工業者との間で，①工事内容を示す設計図書，②工事契約の金額，③工事期間，④契約

金額の支払方法，などについて協議を行い，そのうえで工事契約を締結する．

工事契約のあり方について，従来からその片務性が指摘されてきた．このことにかんがみ，今日では請負契約約款が制定されている．法の下には何ものも自由かつ平等であるべきであり，運用上の姿勢について是正が主張され続けている．

C. 競争入札と特命

最も妥当な請負業者を選ぶことは非常に難しい．そこで，請負業者を選び，工事金額を決定する方法として，入札制度が設けられた．1890（明治23）年に制定された「会計法」からである．その狙いは，工事獲得の機会を平等に与えようとするばかりでなく，発注者としても有利な相手を選択する方法でもある．

この入札制度には，次に示す2種類がある．

（1）　一般競争入札

（2）　指名競争入札

(1) 一般競争入札は，入札者を一般に公募して行うもので，公入札として種々の利点をもつが，工事の質の確保に問題があり，建設工事には従来あまり用いられていない．

官公庁・民間の工事を通じて，最も多いのは (2) 指名競争入札である．複数の施工業者を指名して，工事の入札が行われる．官公庁の場合には，建設業者としての保有する技術の水準，施工管理能力，工事実績，財務・経営内容等について審査を行い，業者を数段階に格付け区分し，工事の内容・規模などを参酌して，入札に参加する業者を選定指名する方式をとっている．

競争入札において，発注者は業者が提出した見積価格について審査を行い，公正な競争の結果，その価格が建築技術の水準や，その時の経済状勢に照らして妥当と判断した者を落札者として選び，工事を担当する請負業者と定める．このように入札制度は，本来，施工する業者を公正で，かつ厳正に選出する仕組みとして設けられたものである．しかし，先年，施工業者間の談合その他の不誠実な行為によって，公共工事をめぐる汚職などの不祥事が発生して，社会的にも厳しい指摘を受ける問題が起こり，建設省は公共工事における入札・契約手続における，客観性・透明性・競争性を高めるための方策として，公共工事入札・契約制度の改革を進めつつある[1]．

このような競争入札方式に対して，特定の業者を信頼して一社だけを指名し，工事を請負わせることを前提として，工事内容を決め，見積価格を提出させ，建築主・施工業者の両方が合意して工事費が決定される方法がある．「特命」といい，施工業者が比較的早い時期からプロジェクトに加わることとなり，工法の選定，工期・工事費などの面でも発注者側に好ましい結果が期待される利点をもつ．すなわち，過去の工事実績や取引などの関係から，建築主と施工業者との関係が非常に強い時，あるいは工事の内容から

特殊な技術を必要とし，工事が特定の建築業者のみに限定されるような時に特命方式を採用することが多い．

D. 契約制度

入札等によって施工を担当する建設業者が決定すると，建築主（発注者）と業者との間で契約が結ばれる．この契約によって，はじめて工事に着手することができる．また工事が完了し，竣工検査を行い，合格すれば，建設業者は発注者に建築物を引き渡し，同時に請負った工事の代金の支払いを受ける．これによって契約は終結する．

ところで，請負契約は，工事請負の内容によって次の2種類に分けられる．

（1）　一式請負契約
（2）　分離請負契約

(1) 一式請負契約とは，その名称のごとく，目的とする建築物を完成するための全工事を一括総合して請負うものである．これに対して (2) 分離請負契約とは，工事内容を部分工事の種類に応じて契約するもので，建築全体と設備（空調・電気・機械・給排水など）をいくつかの工事に区分し，複数の請負者と個別に発注し，契約を結ぶ方式である．

請負契約において，発注者・請負者いずれも単数である場合が一般であるが，前者が複数であったり，後者が複数である場合が少なくない．特に近年，数社の請負者が共同して工事を請負う方式が増えている．ジョイントベンチャー（Joint Venture : JV と略記する）方式とよび，数社の建設業者が協定を結び，資材・労働力・設備・資金その他，工事に必要なものを相互に提供し，協力し合って工事を行う方式をとる．

E. 契約約款

契約に必要な書類は，工事請負契約約款と設計図書である．契約約款は，発注者と請負者の間で交換する契約書である．従来，建設業界においてとかく問題とされていた契約の片務性を排除し，各々が対等の立場で合意し，契約を結ぶものであり，その内容を誠実に履行することを相互に約束する双務契約の原則が守られなければならない．今日用いられている契約約款には以下の3種類がある．

（1）　公共工事標準請負契約約款……公共工事用
（2）　民間（旧四会）連合協定工事請負契約約款……民間工事用[2]
（3）　建築工事標準下請負契約約款……下請工事用

その内容は，請負代金，現場代理人・監理技術者，工事材料・工事用機器，立会，設計の疑義，条件の変更，損害の防止，請求・支払い・引渡し，瑕疵の担保，請負代金額の変更などの条文から成っている．

施工業者として，受注した工事は自己の責任において完成すべきであり，現場管理に

おける自主性を発揮するとともに，責任施工体制を確立することが重要である．

2.1.2 施工組織

建築工事を建築主から直接請負うのは，元請とよばれる総合工事業者である．しかし，一般製造業とは異なり，建設労働者をじかに雇用しているわけではない．施工にあたり，そのつど，多種類の専門工事業者の協力を得て，一つの事業体を組織して工事を進める．この仕組みが下請制度であり，元請業者は下請の企業を協力業者などともよんでいる．

このような下請制は，他種産業にも存在するが建設業ほどではない．しかも，建設業における下請への依存度は極めて高く，生産活動の大半を下請業者の協力に委ねている．

建築工事を部分別にみると，土工事・基礎工事・躯体工事・防水工事・建具工事……と広範な分野にわたっている．このうち躯体工事一つを取り上げても，鉄骨工事，型枠・鉄筋・コンクリートなどの多種類の部分工事に分業化されている．各工事には，それぞれ別組織の専門工事業者が関係して施工にあたる．この分業化の傾向は，新工法や新技術の導入に伴って細分化を繰り返し，専門工事業の種類は次第に増大している．したがって大規模な工事では，従事する下請業者は相当な数にのぼる．

この専門工事業者は，労働者を直接抱えている業者を多数擁しており，これらが孫請などとして作業を実際に担当することになる．建築生産を支える施工組織が重層下請構造によって成り立っているのは，このような理由からであり，現場組織の実態は複雑で，一律に捉えることはできない．

また下請の形式にも，①役務のみを担当する（労務下請），②使用する材料を自ら準備して工事を担当する（材工とも），③工事用機械を自ら現場に搬入して工事を担当する（機械もち）などがあり，請負形態は業種・工事ごとに雑多である．

● 2.2 建設業者

2.2.1 建設投資の構成と建設業

A. 建設投資

わが国における建設投資は，今日ではおよそ60兆円といわれ，国民経済の中で重要な役割を果たしている．政府投資等による公共工事が約45.6%，民間投資が約54.6%となっている（2001年）．また，これを土木と建築の分野に分けてみると，土木が50.3%，建築が49.7%を占める．政府投資の大半を土木分野が，逆に民間投資の大半を建築分野が担っている．これらの投資の総額が国内総生産GDPの約12%を示す．最近では低迷を続け，また公共工事抑制の動きも厳しく，ひと頃に比べると建設産業の成長は鈍化し，

先行きは不透明である．このため，建設業は事業再編の大きな試練にさらされているともいわれている．

建設投資を地域別にみると，東京を中心とする南関東地域（首都圏）が最も多く，京阪などの近畿圏がこれに次ぎ，四国・北陸・中国などが低い．各地域の社会・経済・産業活動の実態や規模が投資額に反映していることがわかる．また，建築投資を地区別にみると都市部に多く，地方に少ない．

建築投資（2001年度）は，住宅投資（約64.8％）および非住宅投資（約35.2％）となり，住宅投資が過半数を占める．建築投資の中身を着工床面積でみると，年間2.42億m²に達する．このうち，約35％が木造であり，残余が鉄骨造・鉄筋コンクリート造・鉄骨鉄筋コンクリート造などの非木造建築で，非木造化の傾向が定着している．

建設省は先に，「国土建設の長期構想」を明らかにした．21世紀を目指す大きな流れの中で国土建設の新たな展開を示している[3]．そのねらいは，都市化・高度情報化・国際化・少子高齢化といった今後の社会環境の変化と，産業分野における技術革新や産業構造の動向に対応すべく，建設活動の長期的展望を示したものといえる．

上述の長期構想をふまえ，さらに同省は1995年，「建設産業政策大綱」を明らかにして，わが国の建設産業政策の目標と政策の基本的方向を示している[4]．

この報告書は，わが国の産業社会全体が新しい競争の時代に突入したことを明らかにし，建築産業界を取り巻く様々な不安にふれ，基幹産業としての健全な発展を促し，「技術と経営に優れた企業」が適正な市場競争を通じて成長できる枠組を作ることが目的である，と述べている．次いで，わが国の建設産業の課題にふれ，また建設産業をめぐるマクロ環境の動向について述べ，そのうえで三つの目標を示すとともに，その実現のための視点を解説したものとなっている．21世紀における建設業のあり方や，生産システムを構築するうえでの貴重な提言であり，また警告でもある．

これによって国土建設の歩みには多くの変革の手が加えられ，建設需要は，質・量ともに変貌の道を辿ることとなろう．したがって建設業の現状を素直に見直すとともに，今後のあり方については積極的に検討を加え，的確に対応しなければならない．

B. 建設業の実態

建設投資に係わる各種の需要を受け，土木施設や建築物を建設し供給する企業が建設業である．建設業法第2条において，建設業とは次のように定義されている[5]．

「建設業とは，元請・下請その他いかなる名義をもってするかを問わず，建設工事の完成を請け負う営業をいう．」とし，さらに，建設工事について，「土木建築に関する工事で別表の上欄に掲げるものをいう」と述べて，表2.1に示す土木一式工事，建築一式工事，大工工事などの28工事を規定している．これには，いわゆる土木工事，建築工事ば

表 2.1 建設工事の種類と建設業の区分　　　（建設業法による）

建設工事の種類	建設業の区分	建設工事の種類	建設業の区分
土木工事一式	土木工事業	しゅんせつ工事	しゅんせつ工事業
建築工事一式	建築工事業	板金工事	板金工事業
大工工事	大工工事業	ガラス工事	ガラス工事業
左官工事	左官工事業	塗装工事	塗装工事業
とび・土工・コンクリート工事	とび・土工工事業	防水工事	防水工事業
		内装仕上工事	内装仕上工事業
石工事	石工事業	機械器具設備工事	機械器具設備工事業
屋根工事	屋根工事業	熱絶縁工事	熱絶縁工事業
電気工事	電気工事業	電気通信工事	電気通信工事業
管工事	管工事業	造園工事	造園工事業
タイル・れんが・ブロック工事	タイル・れんが・ブロック工事業	さく井工事	さく井工事業
		建具工事	建具工事業
鋼構造物工事	鋼構造物工事業	水道施設工事	水道施設工事業
鉄筋工事	鉄筋工事業	消防施設工事	消防施設工事業
ほ装工事	ほ装工事業	清掃施設工事	清掃施設工事業

かりでなく，設備工事なども含まれている．また総合的な企画・指導・調整のもとに建設を行う一式工事のほか，26 の専門工事を含むものとなっている．この建設工事の内容および例示は，現実の建設業における施工の実態を前提とし，施工技術の相違，取扱いの慣行などに基づいて分類されたものである．しかし，時代の変遷や施工技術の進歩発展に伴って，専門工事の分野は多くの面で，すでに細分化が進んでいる．

　建設業は，今日では許可制をとり，建設業法第 3 条は，許可を行う行政庁を定めている．すなわち，その区分は以下のとおりである．

（1）　二つ以上の都道府県の区域内に営業所を設けて営業をしようとするもの（国土交通大臣）

（2）　一つの都道府県区域内にのみ営業所を設けて営業をしようとするもの（都道府県知事）

　また，許可業者の数は両者合わせて 57.1 万社を超える状況である（2002 年 3 月）．

　建設業を営むものとして，総売上高に占める建設業売上高が 80% 以上のものを専業者とよぶが，特に建築工事に係わるものを事業所統計調査にみると，(1999 年，計 61.2 万所のうち)

① 総合工事業：41.4%（うち木造建築工事業：15.3%），② 職別工事業：35.8%，③ 設備工事業：22.8% を示している．

　許可業者のうち，資本金階層別にこれをみると，資本金 3 億円未満の中小・零細企業

数（専業者）の比率は 90.3% に達している．しかし，完成工事高に占める中小・零細企業のシェアは 35.8% であり，うち元請完成工事高においては 25.7% にすぎない（1997年施工統計調査）．

最近の建設業は熾烈な受注競争を繰り返し，労務賃金などの上昇に伴う建設工事の増加を，受注価格に反映することが困難となっている．このためには建築生産のあり方を改善し，労働生産性を向上し，あるいは新材料・新工法の導入によって，良質低廉な建築物の提供を図るなどの努力を重ね，経営を安定化することが必要である．

このうち労働生産性の向上を図るためには，機械化施工の拡大，使用する資材の工場加工度の増大などによる生産工程の合理化が必要である．また，現場業務の OA 化をはじめ，工事管理全面にわたる業務の効率化に取り組むことが重要である．

2.2.2 総合工事業者

建設業者は，総合工事業者 General Contractor，職別工事業者 Trade Contractor，専門工事業者 Special Contractor の 3 種類に分類することができる．

総合工事業者は，土工事・躯体工事などの主要な工事を担当するとともに，元請企業として工事全般にわたる総合的な企画を行い，同時に，下請業者が実施する工事の指導および調整を担当する．建築工事は，鳶工・大工・左官・石工など，多数の専門職種が行う工事によって構成されるが，特定の職種の工事を集中的に行う業者を職別工事業者とよんでいる．発注者より工事を直接受注することもあるが，下請業者としてその役割を果たすことが多い．専門工事業者は，機械設備・電気通信・管工事業などとして，専門的に工事を行うものをいい，この業者の中には自社に製造部門を抱えていることが多い．しかし，ここではわが国の慣例に従い，職別および専門の工事業者を合わせて専門工事業者とよぶ．

建築工事は一品受注生産方式であるため，使用する資材ばかりでなく，参加する専門工事業者の種類や構成も実施する工事ごとに変化する．しかもこれらの業者は，それぞれ独自性をもちながら，共同して工事にあたる．したがって，元請業者として総合工事業者の役割は，多種類の専門工事業者の参加を求めて施工組織を編成し，現場全体を統括し，適切な工事管理を行って，所定の建築物を完成することにある．

この総合工事業者のなかには，多額の資本金をもち，工事に直接関連をもつ積算・工務・工事，技術部門のほか，企画・設計・開発部，資材・労務・機械および安全管理部などの広範な部門を擁し，さらに技術研究所・電子計算センター・情報管理部などを付属部門としてもつ大企業もあれば，社員数名の工務店という個人企業も多く，実施する業務の内容・水準は一律ではない．

ただ，建築工事は，需要の性格からみて民間投資に依存するものが大半を占めるため，需要が景気の変動に左右されがちであり，受注が不安定である．しかも施工業者の数が多く，互いに激しい受注競争を行うため，計画的受注が困難であり，その経営基盤は常にゆさぶられている．

下請業者をどのように組織し，またどのように工事を進めるかは，総合工事業者の裁量に任されている．しかし，水準の高い優れた工事を行い，期待どおりの建築物を完成するためには，優れた下請業者を確保し，緻密な工事計画と管理によって，効率のよい施工を実施することが必須の条件となる．

したがって，建築主に質の良い建築物を安価に提供することは，総合工事業者の重要な課題といえる．この達成は，品質管理の徹底と生産性の向上にかかっており，すべての部門における業務の合理化を図るとともに，先端技術を活用して施工技術の高度化，施工の効率化を推進することが必要である．また，調査・企画・工事管理などのソフト技術の開発にも，積極的に取り組まなければならない．

2.2.3 専門工事業者

総合工事業者の下で，各種の部分工事の施工を担うのが，大工工事業，鋼構造物工事業，鉄筋工事業などの職別工事業，電気工事業・電気通信工事業などの設備工事業である．これらを総合して専門工事業とよんでいる．

建設業法では28種類に分類しているが，前述のごとく技術の進歩に伴い，新しい工事業者が現れ，専門分野を扱う業者として細分化を重ねている．これらの下請工事業の役割は，自ら労働者を雇い，工事の各部分を分担し，専門技術・技能を駆使して工事を完成することにある．また設備工事業の場合には，発注者からの分離発注によって，工事を直接受注し，軀体工事を施工する総合工事業者と共同して工事にあたることもある．

これらの専門工事業者の参加をえて建築工事を行う仕組みには，わが国独特の下請制度のもとで発達した専属下請制がある．特定の大手元請企業の指導・支配を受ける専属の下請であり，なかには大規模な部分工事を一手で施工する業者もある．

その一方，専門的な技能を備えていれば，容易に独立して工事を請負うことができるので，工事の規模に応じて労働力の集散を繰り返しながら施工を行う一人親方的な企業も多い．このため，専門工事業のすそ野は非常な広がりをもつばかりでなく，複雑な重層下請構造を形成する一因ともなっている．

しかし，時代の進展とともに技術の水準は次第に高まり，特に工業化生産方式の発達につれて新技術の開発を進め，独自の力を蓄えて手広く活躍する専門工事業者が多数現れている．たとえば，鉄骨部材の製作・組立て，鉄筋の加工・組立て，アスファルト防

水，金属サッシおよびカーテンウォール部材の製作・建込みなど，数多くの専門分野の発展がみられる．またシーリング防水・耐火被覆・吹付け工事など新材料および新工法の登場に伴い，細分化してゆく分野もあれば，型枠・鉄筋・コンクリート打設の部分工事を包括して，一貫した軀体工事業として請負う専門工事業者の登場も認められる．

専門工事業者には，中小企業，零細企業が大半を占め，経営基盤の脆弱なものが多い．しかもその原因は非常に根深い．この問題の解決は，建築生産の合理化による産業構造の改善を進めるうえで，常に大きな課題となっている．

特に厳しい受注環境の下では，元請業者が安値受注に走り，それを専門工事業者の下請価格に転嫁し，工事品質の低下，下請業者の経営の圧迫，労務賃金へのしわ寄せとなるなどの問題を生み出している．また重層下請制が元請―下請関係の片務性を強め，企業基盤の脆弱な下請業者では，良質な技能労働者を適正な賃金によって常時確保することが困難となっている．さらに労働環境・雇用環境の悪さが若年層の入職を阻み，技能労働者の不足や高齢化を招いており，建築労務の面で深刻な状況を生み出している．これらの問題の解決を目指し，建設省は技術近代化の指針を策定し，業界の自助努力をうながすとともに，幅広い振興を図る手だての確立に努めている[6]．

● 2.3 建設労働者

2.3.1 建築労務の特徴

現場作業の大半は，いまだに手作業に頼る面が多く，労働集約型の生産方式である．工事は敷地の造成に始まり，最終的な仕上げ工事に至るまでは，各種の部分工事によって構成される．実施する工法も各種各様であり，担当する工種も多種類に及んでいる．また，同じ職種であっても，作業の内容によって業務は多様化する傾向を強め，専門技術として独立・分業化を広げている．したがって各職種の作業内容や雇用条件は，業種ごとに異なり一様ではない．

わが国の建設労働者には，厳しい徒弟制の下で育成された高度の伝統的技能をもつ労働者がいる．その反面で，土工・人夫などの単純労働者も多い．前者が特定の親方に所属する技能労働者（職人）であるのに対し，後者は直接または間接に雇主との契約によって労務に従事するが，その雇用関係は不明確・不規則で，その日限りの日雇労働者が少なくない．この単純労働者の供給源の多くは，人入れ稼業的な名義人に頼っている．しかも農山村その他からの季節労働者，他産業からの離職者が大半を占め，ほとんどが習熟した技術をもたぬ未熟練労働者である．

もともと建設需要は，経済・社会環境の変化に伴い著しい変動を示すのが常であり，

好況・不況が繰り返され，雇用条件が不安定であるばかりでなく，作業形態の多くが野天の下での作業であるため，季節の変化や天候によって就労条件が変化する．このため，多くの場合，技能労働者に対しては出来高払い，単純労働者に対しては日雇制という複雑な労働条件となり，労働福祉の点で他産業に劣る面が少なくない．

従来から労務管理上の問題として，次のような事柄が指摘されている．
（1） 重層下請制であり，雇用関係が不明確で，流動性がはなはだしい．
（2） 賃金が比較的安いうえに，賃金管理が明らかでない．
（3） 労働時間が不規則で，特定した休日がない．
（4） 労働環境が悪く，汚れる職業である．
（5） 重激な作業，不安定で危険な作業も多く，労働災害が少なくない．

ひと頃に比べると建設労働者の数は大幅に増加しているが，流動性が大きく，すでにふれた点であるが，上述の各項目が若齢者の入職を阻む大きな原因となっている．

2.3.2 技能労働者の育成

建設工事に従事する労働者の数は増加し，650万名を超えたとはいえ，その需要が著しい増大を示した経済成長期には，不足率が20％以上の値を示す職種が少なくなかった．業界としては入職者の獲得と，技能労働者の育成が重要な課題であった．しかし，これらの労働者の育成は，先にふれたように，かつては数年間にわたる徒弟訓練に委ねられ，常に厳しい修錬が課せられていた．

しかし，この徒弟制は第二次大戦を境に崩壊してしまい，それに代わる民主的な技能訓練の道として，職業訓練法に基づく職業訓練と技能検定制が取り上げられるようになった[7]．この職業訓練には，国および地方公共団体が行う公共職業訓練と，企業自らが行う事業所内職業訓練の二つがあり，所定の指導要綱に基づいて，専門的な知識および技能の習得を目指す訓練が実施されている．また技能検定制は，職業の安定と労働者の地位の向上を図り，経済的安定に寄与することを目的としている．すなわち，技能を習得した労働者が，自己の仕事に誇りをもち，経験と熟練した技能を十分発揮することができる社会を生み出すことを目指すものであった．

建築に関連する職業分野においては，各職種ごとに労働省令に基づく技能検定試験が実施されており，検定合格者にはそれぞれ一級または二級技能士の資格が与えられ，世の中に送り出されるようになっている．

この職業訓練は，ひと頃までは盛況であり，訓練生および検定合格者が増加し，成功したかにみえたが，経済の低成長期に入り建築需要が低迷するにつれて，訓練生は急速に減少し，せっかくの職業訓練は低調なまま，その機能をほとんど発揮していない．技

能労働者は建築生産の基盤を担うものである．しかし，昨今では技能労働者の数が，時には減少の傾向を示し，産業構造の将来を占ううえで憂慮すべき状況に陥っている．

2.3.3 労働者をめぐる問題とその克服のための課題

若齢層の入職がほとんど期待できない建築関連の専門工事業界においては，技能労働者の不足と高齢化という慢性的欠陥を，どのように解決すべきかに悩み続けてきた．

労働者の賃金が高騰し，労務倒産を招く企業も現れた．労働者の獲得がかなわず工期の遅延を招くこともあった．技能が低下し，工事品質を損なうような事態も生じた．また，労働災害の原因の一つともなった．専門工事業界は，長年にわたって労働者の雇用促進に積極的な努力を続けているが，その効果は必ずしも顕著ではない．

労働者をめぐる多くの問題に対して，その克服のために建設業界が取り上げている主要な課題には，次の4点がある．
　（1）　省力化
　（2）　品質保証体制の確立
　（3）　作業の安全化
　（4）　作業管理の合理化

(1) 省力化の問題については，技能労働者の不足を補う対策として，作業方法を単純化・標準化して能率の向上を図ったり，手作業を機械化して施工速度・施工能力の拡大を図ったり，使用する材料の工場加工度を高めて部材化・部品化を進め，現場段階における手作業の大幅な削減を進めるなど，各種の試みを展開している．

(2) 品質保証体制の確立の問題は，技能の低下に伴う様々な工事欠陥を排除するため，労働者の就労意識・品質意識の高揚を目指す品質管理の小集団活動(QCサークル)の導入を試みたり，作業を簡単化・単純化して高度の技能を必要としない生産方式に改め，品質の確保を目指す動きもある．

(3) 作業の安全化については，作業に伴う労働災害の撲滅を期し，安全衛生教育の徹底を図るとともに，実地訓練（OJT），危険予知訓練（KYT）により安全作業の徹底，職場環境の快適化による職業病の防止を試みている．

(4) 作業管理の合理化は，上述の事柄に結びつく作業管理体制の刷新を目指すものであり，作業の管理を計画的に進め，日常のデータを克明に分析して，作業改善や能率向上に反映したり，生産ロスを低減して原価の縮減に生かすなど，管理面の努力をさす．

これらの各項にわたる改革を技術的・経営的な面から推進することを意図し，建築労働者のレベルにおける技能革新・技術近代化の試みが，しきりに論じられている．

文　献

1) 建設省経済局建設業課：新しい公共工事入札・契約制度（1993）尚友出版社
2) 民間（旧四会）連合協定工事請負契約約款（1957）民間連合協定工事請負約款委員会
3) 建設省大臣官房政策課：国土建設の長期構想（1986）ぎょうせい
4) 建設省建設経済局：1995年建設産業政策大綱（1995）大成出版社
5) 建設業法（昭和44年4月改正）
6) 中小建設業近代化委員会：中小建設業の技術近代化の指針（1985）建設業振興基金
7) 職業訓練法（昭和33年法律133号）

参　考　書

1) 内山尚三：転換期の建設業（1974）清文社
2) 三浦忠夫：日本の建設産業（1977）彰国社
3) 徳永勇雄他：建設業の生産組織と管理体制（1978）清文社
4) 内山尚三：建設産業論（1983）都市文化社
5) 建設業を考える会：にっぽん建設業物語（1992）講談社
6) 岩下秀男：日本のゼネコン（1997）日刊建設工業新聞社
7) 国民金融公庫調査部：日本の中小建設業（上），（下）（1985）中小企業リサーチセンター
8) 建設業法研究会：下請指導要綱の解説（1983）大成出版社
9) 筆法康之：日本建設労働論（1992）御茶の水書房
10) 建設省建設経済局：公共事業とWTO政府調達協定（1996）大成出版社
11) 建設省建設経済局：建設産業の構造改善プログラム（1996.01）大成出版社
12) 建設省建設経済局：建設業21世紀への発展のために（1993.08）大成出版社

3 設 計・監 理

● 3.1 建築設計業務

3.1.1 建築生産の中での機能

　設計業務は，発注者（建築主）の意図を設計図書として表現し，その意図を建築物の施工に導く行為である．現代のように，建築主の要求が複雑・多岐になると，要求をまとめるという建築家（設計者）の役割はますます重要性を増し，高い技術力が求められる．設計は，建築生産の流れのなかで川上の段階を担う．しかし，建築主の要求が十分把握されず，その要求が設計図書の上に具体化されていなかったら，後工程となる施工段階でいくら設計どおりに施工しても，発注者の望む建築は生まれない．もちろん，良い設計であっても，施工が悪いと優れた建築は生まれない．

　設計の内容で，施工に要求したり，施工から求められたりする諸条件についての検討が済んでいないと，設計は施工による実現の可能性の薄い，単なる計画案に終わってしまう．特に，新しい意匠や構法を実現させようとする場合は，その施工性，完成後の運用費・保全費をも含めた Life Cycle Cost（生涯コスト）の次元において，設計の細部にわたる検討を終えておかなくてはならない．

　今日では，設計と施工，それぞれの技術が互いに専門化し，高度化しつつあり，建設現場に利用できる施工技術とその成果への見通しが，設計を大きく左右するようになってきた．また設計と施工の機能が明確に分かれ，責任体制は分離する方向になってきているものの，両者の理解と緊密な連携が一層重要である．そのためには各々の業務の中で，優れた発想や技術力・運営管理力が磨かれる必要がある．建築生産の川上にあたる設計では，これらのことが特に重視されなくてはならない．

3.1.2 建築設計の特徴

　建築は一品受注生産が多い．しかもその成果物である建築物は，社会的資産として長期にわたってその機能を維持しなければならない．そのため設計業務にも，一般製造業と違ったいくつかの特徴があげられる．

　第一に，建築主がプロジェクトごとに異なるので，その建築主の要求を的確に把握す

ることが重要となる．しかし集合住宅のように，建築主と使用者が異なるものもあり，またその地域の環境やその保全のための法令など，種々の社会的な要求・制約を含めて判断することが必要となる．

さらに一棟の建築物をめぐって，建築主や使用者，また社会的要求が必ずしも一致するとは限らず，設計者はしっかりした理念と技術力をもって，その間の調整を図り，コンセンサスを得るように努め，それに基づいて設計を進めねばならない．

建築設計をめぐるもう一つの特徴は，設計の組織的協力についてである．複雑・大規模な建築物であっても，これを短期間に設計せねばならないことが多い現状では，とても1人ですべてを担当することは不可能である．意匠・構造・設備の設計，外構そして全体の総合など，高度な技術と管理能力が要求される．また機械・電気設備などの製造や運用の専門技術者の参画のもとで，協同して行う組織的設計が必要となる．その技術的効果の確保は，設計業務の重要なポイントとして特徴づけられる．

3.1.3 設計意図の図面化

設計業務は多様な要求を把握することから始まる．要求品質の把握にあたっては，建築主との間で十分な応答を繰り返す．未成熟な要求には進んで提案を行い，潜在的な要求も引き出す努力が必要である．同時に，法令その他による規制や，気象・環境などの制約条件を調査し，それらをふまえて，建築主が言葉で述べた様々な要求を，建築の言語に置き換えて整理し，設計品質を設定していく．このとき，その建築物の姿・形はもちろん，材料や部位の機能，空間の性能などを落ちなく調整し，一つの建築設計の上に具体化していく．さらに建設に要する工事費，将来の維持保全の方法・費用なども考慮して，企画書・設計図書にまとめる．

設計業務は，通常三段階のフェーズに分けて進められる．このとき，多人数の協同で行うので，要求品質に基づく明確な設計方針を立てて進めることが常に大切である．この三つのフェーズは，企画設計・基本設計・実施設計といわれるものである．

企画設計は，各種の基礎的条件に関する事前調査や研究を行って，建築主の事業計画・使用目的に適する概略の規模，イメージをまとめるまでである．

基本設計は，建築主の要求を基本構想にまとめ，それに基づいて主要な検討を幅広く行って，建築物の概略を平面・立面・断面図および略仕様としてまとめるまでをいう．

実施設計では，建築細部の寸法，材料・構法などを示す詳細な図面や，構造計算書・構造図，設備計算書・設備図，仕様書をも含む工事の実施に必要な設計図書を作成することである．こうした概略から詳細へのステップを踏み，それぞれの段階で設計品質を順次固め，建築主の確認を受けながら設計を完成させてゆく．

設計の意図が，概略的計画（デザイン）から具体的計画に，さらに具体的かつ実施用にと展開されるにつれ，各段階は自工程が要求されている条件に照らして，誤っていないか，正しい計画であるかどうかと，第三者や後工程・前工程のスタッフを交えて，体系的な「設計審査（Design Review：DR と略記する）」をする必要がある．

施工の川上である設計業務の品質管理が重要視されるにつれて，このような管理体制や手法が広く活用されている．

完成した設計図書は，発注者から建設業者へ手渡され，図面説明・現地説明，設計内容に関する質疑応答，積算・入札，工事契約を経て，施工という段階に進められていく．したがって，施工者に対する設計意図の伝達をいかに確実に行うか，そのためにいかに適切な設計図書類ができているかが大切である．

3.1.4 設計意図の確認

設計業務は意図の伝達までで一応完了するが，設計者は，施工中の工事活動の確認と，さらに建築物の完成後の使用状況について追跡調査を行うことが重要である．施工中の確認の業務は，「工事監理」といって独立した職能となっており，詳細は3.5節で述べるが，施工段階で設計意図が正しく具体化しているかを確認することが大切である．

建築主の意図の変更による設計変更や，問題が起きた場合の設計の手直し，それらの建築主への了承依頼・調整も，設計者の業務である．施工期間中の重要な時点や竣工時に，出来映えを調査し，建築主の要求が施工者の手によって，きちんと果たせているかどうかを確認し，問題があれば処置する．同時に，その結果を今後の設計に役立てる．

また竣工後も，使用の段階で，建築主の要求や設計意図のとおりに建築物が機能を果たしているかを確認し，問題点は次の設計に役立てる．建築物が長年月にわたる社会的資産である以上，設計が本当に正しかったかを，また建築主に活用されているかを，長期的な目で調査し，これを確認した時，初めて設計の責任が果たせたといえる．

従来わが国では，老朽化した建築物であっても，劣化した部分に対しては建設当初の状態に復元するなど，絶えず修補の手を加えて建築を愛用する気風が強かった．しかし，第二次大戦後は「消費は美徳」とする誤った価値観から，耐用年限未満でありながらも，一部の損傷や設備の機能の陳腐化などを理由に，スクラップ・アンド・ビルドを繰り返してきた．しかし，省資源・地球環境の保全などの観点から，建築物の高耐久性化（ロングライフ化）が取り上げられ，適正な維持保全業務を前提として，経済・社会情勢の変化に対応して建築の機能（特に利便性・快適性・経済性など）を追求する新たな職能として，ファシリティ・マネージメント（Facility Management：FM と略記する）の研究が進められている．また，この理念の導入による設計業務の拡張が図られている．

設計は，施工のためにあるものではあるが，設計意図はあくまでも発注者の意図に合致したものでなくてはならない．したがって，今日では長期にわたり建設後の建築物の使われようと効果や価値について，その役割の確認を続けることを忘れてはならない．

● 3.2 工事の契約

3.2.1 工事請負契約約款

設計図書が整い，入札または特命などにより請負者が決まると，工事契約が結ばれる．一般の商品と違って，製品（建築物）の実体がまだできない時点における多額の費用の取引きであり，また出来上がった建築が長年月にわたる資産であることから，契約内容の検討は入念に行われる．これには「工事請負契約書」が交わされるが，民法や，建築関係の業界団体等が協議して作った標準請負契約約款[2),3)]に準拠して，個々の契約がなされている．

これらの約款では，その冒頭に，「発注者（甲）と請負者（乙）とは，各々対等な立場において，互いに協力し，信義を守り，誠実にこの契約を履行する」と示されている．

続いて，契約書と添付の設計図・仕様書などの設計図書に基づく甲と乙の責任と義務がうたわれている．契約で特に技術上重要となるのは，設計図・仕様書などである．これが，完成して発注者に引き渡されるべき内容を約束するものだからである．そして設計図書に関する条文がいくつか定められている．

完成をもたらすために，もう一つ重要な機能として，監理者（丙）がある．監理者の業務については契約の中では，「契約の円滑な遂行に協力する」として，甲，乙に対し第三者的な立場を求めている．しかし第9条では，何項目かの業務について，「甲の委任を受けて行う」ように記されていて，工事の内容が設計図書に合致しているかの確認・検査・承認など，技術的な立場における発注者の代理人としての責任をもつとしている．

3.2.2 施工への反映

請負者の立場からみた，請負契約約款に盛り込まれた大切な事項は，施工の品質とその確認・代金・工期・安全についての条項である．品質に関しては第20条で，「工事を完了したときは，設計図書に適合していることを確認して，丙の検査を受けること」と記されている．もし合格しないときは補修・改造して再び検査を受ける．これらの検査に合格したときは，請負者は契約の目的物を引き渡し，発注者は請負代金の支払いを完了することで，契約の履行を終えることになる．しかし，もし乙の責任による理由で引渡しが遅れた場合は，遅延の程度に応じて違約金が請求される．施工者は，定められた

期間に所定の品質の建築物をつくりこむことができるよう，さらに工程計画を立て，事故や失敗などによる手戻りを起こさないように留意せねばならない．

こうして建築は完成するが，その後の品質に関する条項も規定されている．第23条「瑕疵の担保」である．もし，竣工後，施工による不具合が起きたときは，甲はその補修か，または損害の賠償を求めることができる．この瑕疵担保の期間は，民法では木造建築で5年，堅固な工作物は10年としているが，先述の民間約款ではそれぞれ1年，2年（ただし，その瑕疵が乙の故意または重大な過失によるときは，それぞれ5年，10年）となっている．近年，建築物の品質保証に対する要求が厳しくなり，鉄筋コンクリート造などは10年に延長すべきだとの議論が多い．

請負者の負うべき瑕疵担保責任は，施工上のものについてであり，設計上の欠陥についてまで責任を問われてはいない．しかし施工上・設計上といっても明確に分けがたい場合も多く，とかく請負者の負担とされるのが実状であり，良いことではない．これに対し請負者側からは，設計図書に適合するようにもっぱら発注者またはその代理人である監理者の指図を受けて完成した建築物に，何らかの欠陥があっても，施工者に担保責任はないという主張も出されている．しかし請負者はそれらの指図に対し，施工の専門家として不適合なことがわかったら，その旨を告知する義務があるので，責任は免れないとする意見もある．

いずれにしても，これらの瑕疵が起きないように，設計者・監理者は，施工者からの意見や提案を十分受け入れ，その内容について協議して施工を進めることが，発注者の意図を守るために肝要である．

● 3.3　設　　計　　図

3.3.1　設計図の役割

建築は造形的な創作物であるから，建築主の意図を具体化するのに，図で表現するのが最も適切である．しかし，ひと口に設計図といっても様々な段階があり，思考の固定，また設計意志の伝達の手段など，色々な役割をもつ．成果物としての図面からみると，先に述べた企画設計図・基本設計図・実施設計図の3段階がある．さらにその途中の過程でも，種々の目的に使われ，またその目的に応じた表現が必要とされる．

建築主の要求の確認，近隣に与える日照の影響などの説明的な図面，また所轄の官公庁に工事の申請をするための図面も必要である．最終的な実施設計図は，積算・契約・施工へと，主に工事担当の技術者へ，設計情報を伝達するための正確さが要求され，形状・寸法，位置関係，数量，材種などが落ちなく，わかりやすく表現されていなければなら

ない．

　通常，設計図の構成は，全体的総合と仕上げに関する「意匠図」，構造体を示す「構造図」，設備関係として「設備図」がある．設備の中には，電気・機械・給排水衛生・空調設備などがあり，さらにシステム別に，照明・動力・通信・防災……等の図面で構成される．設計意図を正しく折り込み，明確に表現しなければならない．

　同時に，現地での施工の実態をあらかじめ理解し，専門工事業を含めた流通機構に合わせながら，工法の細部にわたる技術的・経済的・時間的な生産上の諸条件について詳細に検討して，まとめることが必要である．

　施工段階になってから，現物を見ながら設計を確定し，設計変更を重ねて竣工に持ち込むのが設計であると考えている設計者も少なくないが，施工段階でないと確定できない事項は，設計図書にその旨をあらかじめ明示しておく．設計の残務を現場に持ち込むことなく，できるだけ設計段階で決めておくことが重要である．

　設計の組織的活動を助けるものの一つとして，図面の出図・保管などの管理も大切で，これらを含めた設計自体の管理業務の合理化も必要である．設計図の標準化は，その合理化の一環であるが，特定の部位や部品で，どの建築物にも繰返し出てくるようなディテールを標準図として，設計組織で蓄積しておくことも行われている．

　さらに最近では，コンピュータによる計画と作図が行われている．CAD (Computer Aided Design の略) とよばれるもので，平面図・詳細図・透視図や日影図などをシミュレーションして描くだけでなく，インプットされたデータを，積算や施工図面の作図にまでつなげていける（設計情報が施工の業務に連動する）ようになっている．

3.3.2 設計図と施工図

　施工段階になると，施工図が作成される．施工図には，施工上の仮設設備・機材など，施工現場の作業・運営に関する仮設計画図と，建築の部位・部品についての詳細が書かれる図面とがある．後者には，総合建設業者が作成する軀体図をはじめ，工種別に専門工事業者が作成したものを，総合建設業者と検討・打合せしてまとめる局部的な原寸図・製作図・工作図のような各種の図面がある．

　これらはもととなる設計図をそれぞれ展開して，施工する人々のために，作業や製作に必要な詳細を盛り込んで描かれる．このためには，設計意図が明確に表示された設計図が整備されていないと，うまく展開できない．不十分な設計図で，この段階で始めて細部の検討が行われるようでは，設計変更も生じ，現場は混乱を重ね，施工は停滞する．

　施工者側としては，設計図の示す設計意図を把握して，どうやったら施工が合理化できるか工夫を練り，提案することが大切である．また，設計者はその提案を対等の立場

で検討して，十分に協議を重ね，合意したうえで施工にかかることが重要である．
　さらに設計者は，施工図のみでなく，見本品・模型やタイルの見本張り，モデルルームを設けて，仕上げ見本・性能見本などを検討し，設計意図を具体化するための「施工の川上での諸確認」を行う．

● 3.4 仕　様　書

3.4.1 仕様書の内容

　仕様とは，JIS Z 8101（品質管理用語）では「材料・製品・工具・設備などについて，要求する特定の形状，構造，寸法，成分，能力，精度，性能，製造方法，試験方法などを定めたもの」と定義している[4]．仕様書は設計者がまとめるものであり，これらの内容は，設計図には表現しにくいものである．しかし使用する材料や工法，工事管理上の要点，建築各部に要求される機能・性能などはすべて重要な事項であり，これを文書の形に表したのが仕様書である．しかし文書ではあっても仕様書は，設計図と別個のものと考えるのでなく，両者を合わせて一つの設計図書として扱わねばならない．
　海外において仕様書は，図面に優先して遵守すべきものとして重要な取扱いをされているが，わが国では，仕様書に対する認識がきわめて低いのが実情である．しかし，建設市場の国際化が進み，品質管理が重視されるので，設計品質の実現にあたって，重要な図書（工程設計ともいう）として，正しい認識を持たなければならない．
　仕様書には，① 記述式仕様書（工法仕様書）と，② 結果仕様書（性能仕様書）とがある．かつては，設計者が指導的立場で，施工の細部にわたる事項を仕様書に示した工法仕様書が重んじられ，施工者は指示どおりに作業すればよいという風潮であった．しかし施工業者の技術も向上し，責任体制が次第に確立され，建築生産をめぐる状況の変化を背景に，仕様書の内容も建築物のあるべき状態，性能などを示す性能仕様書に重点をおき，仮設・工法などの作業的記述を少なくする傾向がみられる．そして，建築の品質や出来映えについては，できるだけ特性値などで定量的に記し，それを確認する方法を示して，つくり方は施工者側の技術と運営にまかせる方向となってきている．
　しかし現実には，設計品質や材料などの品質標準，また施工技術・技能の要求レベル，検査および管理の基準などが十分明確に示され，しかも標準化されているとはいえない．問題点はあるが，工法の細部にわたる記述の必要は，能力の低い設計者・施工者のかかわる設計図書においてこそ明記しなくてはならないと，されている．
　公的な仕様書には，各種団体（学会・官庁営繕部・業者団体等）がまとめた標準（共通）仕様書があり，これがおおむねわが国の施工技術の基準となっている．このほか，

有力な設計事務所・建設会社が独自にまとめたそれぞれの企業内標準仕様書がある．いずれも個々のプロジェクトに際しては，特定の工事用に特記仕様書を作成し，標準仕様書に優先するものとして発行する．これは標準仕様書の該当する部分を，さらに詳細に示すほか，そのプロジェクトで特に注意してほしいこと，問題が起こりがちで重要な部分，また新しい構法・工法などの重要事項を『特記』として示すものである．

3.4.2 施工への展開

施工者は，設計図と仕様書を十分に理解したうえで請負契約の条件を結び，企業としての当該プロジェクトに対する総合的な施工方針や関係ライン・スタッフの活動計画を策定する．これを受けた現場では，総合工事業者が現地作業所としての総合的な工程や仮設を含む施工計画書を作成する．これに基づき，協力する専門工事業者と打ち合わせながら，いかに良く・安く・早く・安全に工事が進められるかを検討し，重要な工種別・部位別の施工計画書および施工要領書がまとめられる．それはさらに，労働者の具体的なやり方に展開され，作業手順書・品質管理工程表が作成される．これらの施工計画書などは，監理者の検討・承認が求められるが，最近では，できるだけ施工者の自主管理を尊重し，品質保証に係わる重要な面の確認にとどめるという方向が提唱されている．

施工が計画どおり実施されているかを確認するため，たとえば品質管理工程表が活用される．仕様書に示された特性や基準に対応して，施工能力などを勘案して設定した品質管理用の代用特性・基準値，点検の方法が工程別に示されている．この管理表に基づいて，労働者は自らの作業を進め，かつ点検を行い，実際の工事がその範囲内に納まっているかをチェックし，もしはずれた場合は手直しなどの処置をして，最終的に仕様書が示す数値・状態などに適合させるように作業を進める．このとき，施工者は，設計図および仕様書のとおりに出来上がっているかについて，自主的に検査をして確認するが，最終的な確認は監理者が立ち会って行われる．

● 3.5 監理者の役割

3.5.1 監理とは

「工事監理」とは，「工事を設計図書と照合し，それが設計図書のとおりに実施されているかいないかを確認することである」と建築士法により定められている[5]．工事監理者は，建築主の技術的補佐役として，契約書に添付された設計図書の内容どおりに，間違いなく建築物ができているかを確認する役割を担う．

また受注生産である建築は，工業製品と違って，購入者が事前に品物を吟味し，自由

に選択することができないので，設計図書どおりの品質が工事中から確実に保証されるよう，監理という行為が必要とされる．かつて一時期に，欠陥建築など不十分な施工がみられ，第三者的立場による確認という機能が重要視されてきた．

監理者は一般に設計者と同一人か，または同一事業体内における適任者が分担することが多いが，契約で定められた内容を生かして行うために，少なくとも施工部門とは別個の，独立した厳正な立場で行う職能として，設計者とは別に取り扱われている．

監理者が行う業務は，工事の確認が中心であるが，建築士の設計監理業務報酬を定めた建設省告示では，「工事監理」の業務を細分して，以下を規定している[6]．

（1） 設計意図を施工者に正確に伝えるための業務
（2） 施工図等を設計図書に照らして検討および承認する業務
（3） 工事の確認および報告
（4） 工事監理業務完了の手続き

さらに同告示は，工事監理に付随して行われている「工事の契約及び指導監督」をも，施主の依頼による場合の監理者の業務と認め，これを細分して次のように定めている．

① 工事請負契約への協力
② 工事費支払審査および承諾を行う業務
③ 施工計画を検討し助言する業務

かつては，監理者の施工に対する権限と責任は非常に大きく，施工上の指図，材料・施工の検査のほか，工事現場の労務取締り，安全・衛生，労働災害の防止など，工事の運営についても協議事項として，施工全般についての指導・監督的立場が強かった．しかし，施工に対する指示，立会い，材料・見本・設備機器などの検討および承認も，「設計図書の定めるところにより」と限定され，取締り・安全などの工事運営については，重要なものについて施工者から通知を受けるという方式に変わってきた．したがって，建築物の品質の確認が，その最大の業務となっている．

3.5.2 監理と施工管理

監理者の任務が施工全般から，工事の運営は施工者へゆだねるようになった．これは，施工者側の管理技術が整備・向上されたことが背景となっている．そうなると，施工管理と工事監理との業務の役割区分，責任の明確化が必要である．設計図書どおりにつくることは，いずれの立場でも目指すところは同じであり，その確認にダブルチェックも場合によっては必要であるが，時間，労力のロスが多い．

施工の細部は施工者にゆだね，そのチェックも施工者の自主的な管理にまかせて，再確認は監理者が施工管理の状況や自主点検記録・業務報告などをみて，必要に応じて助

3.5 監理者の役割

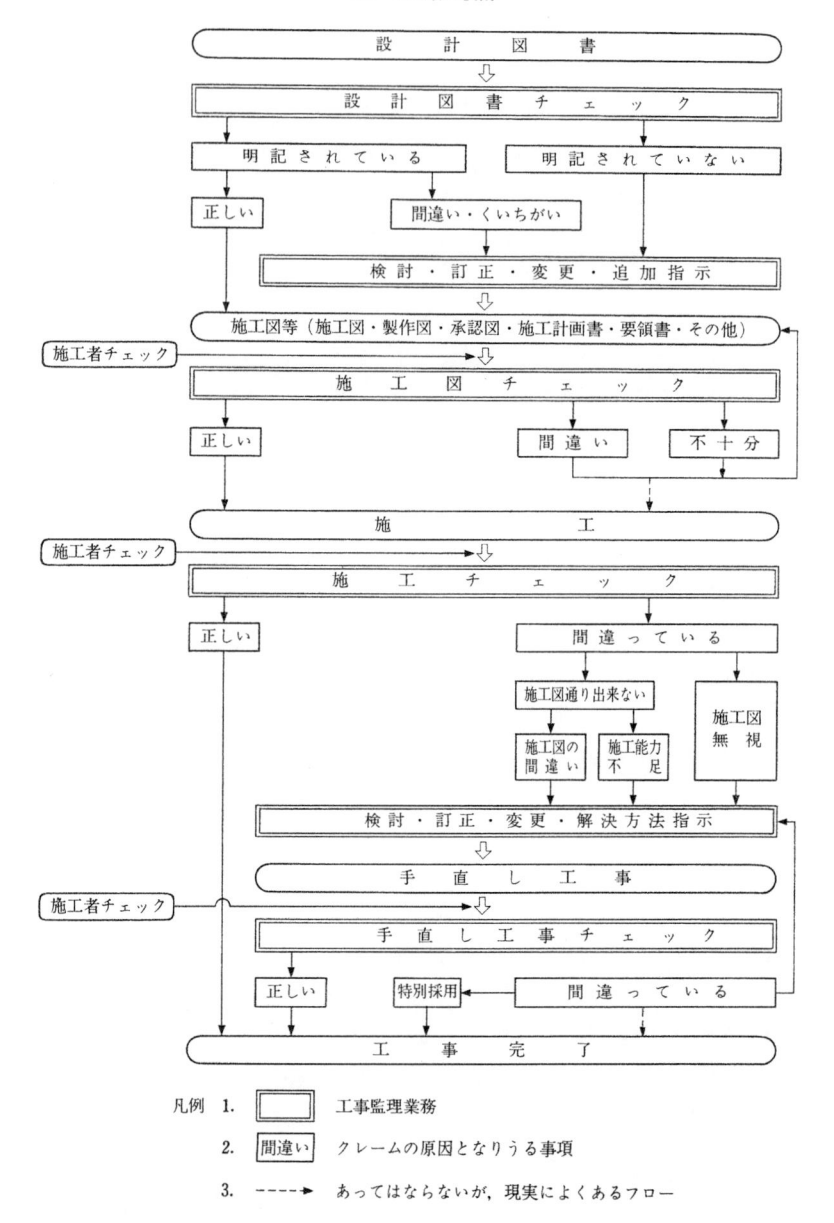

```
                    ┌─────────────┐
                    │  設 計 図 書  │
                    └──────┬──────┘
                           ↓
                    ┌─────────────┐
                    │ 設 計 図 書 チェック │
                    └──────┬──────┘
              ┌────────────┴────────────┐
         ┌─────────┐              ┌─────────────┐
         │明記されている│              │明記されていない│
         └────┬────┘              └──────┬──────┘
        ┌────┴────┐                     │
      ┌───┐  ┌──────────┐               │
      │正しい│  │間違い・くいちがい│        │
      └─┬─┘  └────┬─────┘               │
        │         └──────┬───────────────┘
        │                ↓
        │      ┌──────────────────────┐
        │      │ 検討・訂正・変更・追加指示 │
        │      └──────────┬───────────┘
        │                 ↓
        └──→ ┌────────────────────────────────────┐ ←──┐
             │施工図等（施工図・製作図・承認図・施工計画書・要領書・その他）│   │
[施工者チェック]─→└──────────────┬─────────────────┘   │
                           ↓                          │
                    ┌─────────────┐                   │
                    │ 施 工 図 チェック │                   │
                    └──────┬──────┘                   │
              ┌────────────┼──────────────┐           │
           ┌───┐       ┌─────┐      ┌─────┐          │
           │正しい│       │間違い│      │不十分│──────────┘
           └─┬─┘       └──┬──┘      └─────┘
             │            ┊
             ↓            ┊
      ┌─────────────────────┐
      │      施      工       │
      └──────────┬──────────┘
[施工者チェック]─→        ↓
             ┌─────────────┐
             │ 施 工 チェック   │
             └──────┬──────┘
        ┌──────────┴───────────┐
      ┌───┐                ┌──────────┐
      │正しい│                │間違っている│
      └─┬─┘                └─────┬────┘
        │             ┌───────────┼────────┐
        │      ┌──────────┐              ┌─────┐
        │      │施工図通り出来ない│         │施工図│
        │      └─────┬────┘              │無 視│
        │       ┌────┴────┐              └──┬──┘
        │    ┌─────┐ ┌─────┐               │
        │    │施工図の│ │施工能力│               │
        │    │間違い │ │不 足 │               │
        │    └──┬──┘ └──┬──┘               │
        │       └────┬────┘                 │
        │            ↓                      │
        │   ┌──────────────────────────┐   │
        │   │ 検討・訂正・変更・解決方法指示 │←──┘
        │   └────────────┬─────────────┘
        │                ↓
        │      ┌─────────────────┐
        │      │   手 直 し 工 事    │
        │      └────────┬────────┘
[施工者チェック]─→         ↓
             ┌──────────────────┐
             │  手 直 し 工 事 チェック │
             └────────┬─────────┘
        ┌────────┬────┴─────┬───────────┐
      ┌───┐  ┌──────┐   ┌──────────┐
      │正しい│  │特別採用│   │間違っている│───────→(上へ)
      └─┬─┘  └──┬───┘   └──────────┘
        │        │
        ↓        ↓
      ┌─────────────────────┐
      │      工  事  完  了     │
      └─────────────────────┘
```

凡例 1. ▢ 工事監理業務

2. 間違い クレームの原因となりうる事項

3. ----→ あってはならないが，現実によくあるフロー

図 3.1 工事監理の実態フロー[7]（日本建築士会連合会：建築の工事監理）

言するにとどめ，作業の経過をみながら，建築物自体の性能などの品質保証の確認に専念する．こうすれば，施工者は，施工について積極的に工夫改善を図り，自主的な計画・実施・確認措置によって，施工技術や管理技術の向上を図れる．

しかしこのようになるためには，まず設計者が施工の実態を十分認識して，適切な設計図書を発行することが前提である．特に仕様書においては，建築物の品質をできるだけ定量的・定性的に明確に示す必要がある．そして施工者は，設計図書に基づいて，施工の方法や進め方について自主的に計画を立て，正しい運営・管理を行う．また監理者は，公正な立場で，科学的計測手段や管理方法により，品質の正確な実現を確認し，建築意図にそって効果的に提案し，調整し，処置をしていくことが必要である．

一部の設計者が，現場常駐監理者を下位のものと考え，さらにその下に施工者を隷属させ，設計者の指示で業務を行うよう求めているむきもあるが正しい姿ではない．設計と施工と監理の三者が対等な立場で，各々の知識経験をもとにした品質確保への信頼と協力があって，始めて発注者の要求に合った優れた建築が実現されるのである．

文　　献

1) 民法第 9 節「請負」(第 632 条～第 642 条)
2) 中央建設業審議会：公共工事標準請負契約約款
3) 民間 (旧四会) 連合協定工事請負契約約款委員会：民間連合協定工事請負契約約款
4) JIS Z 8101 (品質管理用語)
5) 建築士法第 2 条，第 18 条，第 21 条
6) 建設省告示 1206 号
7) 建設省住宅局建築指導課監修：建築の工事監理 (1984) 日本建築士会連合会
8) 橋本喬行：監理業務と瑕疵担保 (1984) 日本建築士会連合会

参　考　書

1) 市浦　健：建築学大系 37 建築実務 (1962) 彰国社
2) 彰国社編：建築の設計―企画から管理まで― (1971) 彰国社
3) 全国建築士事務所協会連合会編：建築士事務所ハンドブック (1978) オーム社
4) 三浦忠雄：日本の建築生産 (1977) 彰国社
5) 山本正紀：建築家と職能 (1980) 清文社
6) 建設省住宅局指導課：建築の工事監理 (1984) 日本建築士会連合会
7) 西部明郎：設計監理の知識 (1986) 鹿島出版会
8) 建築設計 QM 研究会：建築設計のクオリティマネジメント (1997) 日本規格協会
9) 品質保証体制整備研究会：建築設計・監理組織の品質システム (1997) 日刊建設通信社

4
工事をめぐる法規制

● 4.1 施工管理者に求められる法律知識

　住宅の建設をはじめ，社会生活の実施に必要な公共施設の整備，経済・産業の発展の基盤となる銀行・オフィス・商店あるいは工場などの各種の産業施設，学校・研究所・図書館などの教育研究施設，病院・保健所・療養所などの医療施設，そのすべてが建設業の手によってつくられる．したがって一つひとつの建築工事が，豊かで均衡のとれた国土の建設，健康で文化的な国民生活の向上，あるいは産業や経済の発展に大きな関連をもつ．このように実施する工事の良否は，社会公共の福祉に直接つながっている．その意味において工事を担当する者は，建設工事の特殊性をふまえ，同時にその社会性・公共性に思いを至し，法の示すところに従い，適正な施工の実施に向けて努力しなければならない．

　一般に建設業が営む建設活動は，製造業における生産活動以上に厳しい規制を受けるといわれている．その理由の一端として，下記の事項があげられる．

（1）　建築物の使用目的は多岐にわたり，それに応じて用途上・構造上の建築制限がある．

（2）　設置される地域の条件によって，その建築物が及ぼす社会的影響を考慮して，各種の規制を受ける．

（3）　工事の相当部分が屋外作業となり，建設活動は周辺環境や地域住民に様々な影響を与える．このため建築公害・工事災害に対する規制を受ける．

（4）　現場作業に従事する建設労働者の安全・衛生状態を確保するため，作業の方法，保護設備，工事用機械・設備に対する規定がある．

（5）　建築物の質の確保および向上のため，設計および工事監理を行う者の資格要件，業務の内容について定めている．

（6）　適正な施工品質の確保を保証するため，建設業を営む者の許可規準，請負契約，施工技術の確保に関する規定がある．

　このように，建設活動は多くの面にわたって各種の法令の適用を受ける．建設業の社会的役割の重要性にかんがみ，不誠実な行為，不正不法の行為は許されるべきではない．

また適正な施工を期すためには，常に進歩する科学技術に対応して，建築技術の改善に努力するとともに，その成果を建築工事の施工において常に発揮することが必要である．そのためには経営を正し，諸法令を遵守し，自社の発展を図るばかりでなく，協力業者および労働者の保護，安全・衛生状態の確保について，徹底した配慮が期待される．

現場事務・工務の大半は，建築関連法規との対応に尽きるといっても過言でない．施工管理を担当する者には，諸法令に関する正しい知識を保持するとともに，それを遵守する心構えが厳しく求められていることを忘れてはならない．

● 4.2 建築関連の法令

建築物の企画および設計は，建築主より委任された建築士が設計者となり，その手によって進められる．設計は，その建築物が建設される地域および敷地の自然的・社会的環境に照らし，表4.1に示す関係法規および特定行政庁の指導を十分ふまえ，設計図書

表 4.1 建築物の企画，設計に係わる法規の種類

（日本建築学会：建築法規用教材より）

区　　分	法　　規
1. 都市計画・土地関係	都市計画法，都市再開発法，土地区画整理法，宅地造成等規制法，急傾斜地の崩壊による災害の防止に関する法律，道路法，駐車場法，港湾法，自然公園法，都市公園法，農地法，下水道法，国土利用計画法，新都市基盤整備法，生産緑地法，新住宅市街地開発法，工場立地法，幹線道路の沿道の整備に関する法律
2. 建築物の実体規定関係	建築基準法，学校教育法，医療法，旅館業法，児童福祉法，労働基準法，風俗営業等取締法，興行場法，食品衛生法，公衆浴場法，倉庫業法，大規模小売店舗における小売業の事業活動の調整に関する法律，消防法，労働安全衛生法
3. 資格・業務関係	建築士法，建設業法，宅地建物取引業法，土地家屋調査士法，労働基準法，測量法，浄化槽法
4. 住宅施策関係	公営住宅法，住宅金融公庫法，住宅地区改良法，日本住宅公団法，産業労働者住宅資金融通法，住宅建設計画法，地方住宅供給公社法
5. 公害関係	公害対策基本法，大気汚染防止法，水質汚濁防止法，騒音規制法，振動規制法
6. 私法関係	民法，借地法，建物保護ニ関スル法律，建物の区分所有等に関する法律

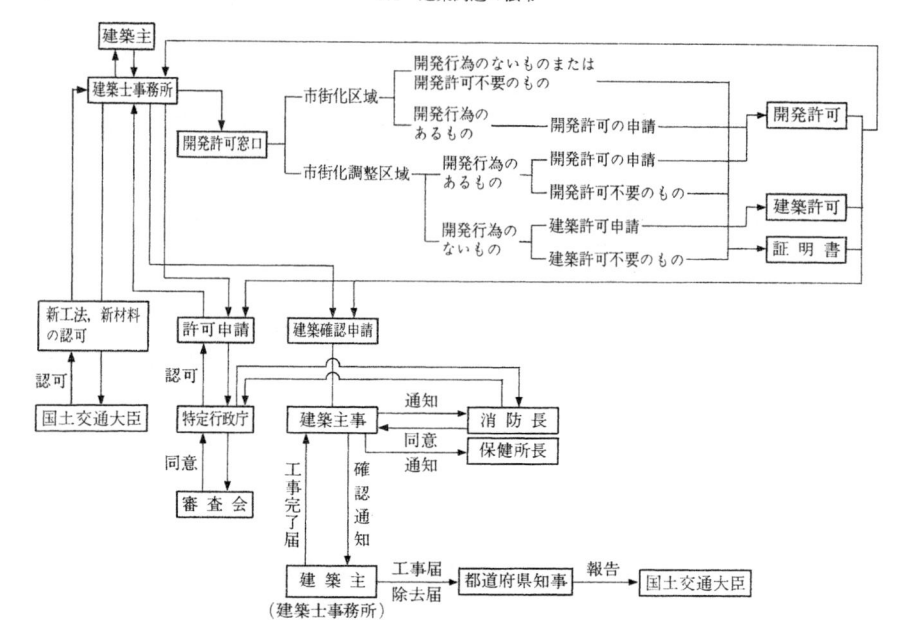

図 4.1 建築ができあがるまでの手続き（日本建築学会：建築法規用教材より）

を取りまとめ，図 4.1 に示すような手続きの下で適正に進められなければならない[1]．

都市および土地の利用をめぐる事項については，建築基準法のほか，都市計画法・都市再開発法をはじめ数多くの関係法令による規定があり，それに従って計画を進めなければならない．また開発行為を伴うもの，宅地造成を行う場合など，それぞれ法令に基づく開発許可の手続きが定められており，建設業者が建築主・設計者に協力してことにあたる場合が少なくない．

建築の単体そのものについては，建築基準法のほか，その建築物の種類や用途によって学校教育法・医療法・児童福祉法など数多くの法令により，建築物自体の具備すべき条件が定められており，設計の基準となっている．したがって建築物の内容はいずれもそれらの規定に合致するばかりでなく，適切な施工によって達成されなければならない．

建築物自体の質に係わる，構造耐力，防火，安全・衛生上の諸事項，日照・断熱・防音などの性能については，建築基準法および同施行令によって細部が規定されている．また設備などについても，基準法のほか，消防法，水道法・下水道法，電気事業法などにより工事の種類・内容について，詳細な規定が設けられている．設計図書は，これらの法令に通暁し，かつ法定資格の有資格者によって準備されなければならない．

施工者は工事を担当する者として，諸法令による規定に従い品質規準を充足すべく施

工しなければならない.しかし,設計図書のなかには往々にして,規定に抵触するものも見受けられる.したがって,工事に先立ち,施工者の立場で設計図書を細かく点検(設計審査 Design Review という)して,法令に合致することを確認する必要がある.このような設計図の審査には,法令に明るいばかりでなく,施工経験を十分積んだ者があたる必要がある.

建築基準法および同施行令は,工事の技術規準として,使用材料,構法などを規定するものであり,仕様書と合わせて各種工事を進める規準となる.

なお,使用する材料については,国際規格(ISO)・日本工業規格(JIS)・日本農林規格(JAS)がある.また施工要領については,日本建築学会建築工事標準仕様書(JASS),官庁営繕共通仕様書など,各種の公的機関が制定したものがあり,これらに準拠して実施しなければならない.

また一部の材料や構造については,法令に基づく認定制度が設けられており,不燃・準不燃・難燃材料,防火・耐火構造,遮音構造,断熱材料および断熱構造,あるいは優良住宅部品の認定に合格したものの採用を定めている.これらの実態についても正しい知識を必要とする.

建築物の構造的安全性,防災性・安全性その他の品質の確保については,基準法のほか,上述の各種の法令や指導要綱などによって,また専門工事業者,施工管理技士,作業者についても資格条件を規定し,技術ならびに品質の自主的管理を求めており,その検査結果・品質管理データの報告および記録の保存を義務づけている.

設計者がいかに立派な設計を行っても,施工業者が現場で行う工事の品質が適切でなければ,所定の品質や出来映えを確保することが困難となる.法令を守り,設計者・工事監理者の指導の下で適切な施工とその管理を行うことが期待される.

ところで,1950年に制定された建築基準法は,半世紀にわたって建築生産の基準としての役割を果たしてきたが,現下の経済社会の変革の流れに沿って,改正作業が進められ,大幅な改正が行われた.しかもこの改正の柱は,性能規定の導入,建築確認・検査制度の民間開放などという,建築生産のあり方を自由化・国際化の方向に大きく転換させるものとなっている.

● 4.3 建 設 業 法

建築工事を営む者の資格要件,建設工事の請負契約の誠実な履行,施工技術の確保と向上,主任技術者の配置など,建設業のあり方や現場における施工管理に係わる諸事項については,建設業法の規定がある.すなわち,建設業の許可基準,登録の申請などを

定め，建設工事の請負契約の原則についてまで規定している．

この請負契約の標準的よりどころを定めたのが，建築工事標準請負契約約款である[2]．公平・平等な立場における工事契約の制度的担保の役割を果たすものであって，今日一般の建築工事に適用されている．この契約約款は，建築工事の内容，請負代金の額，着工および完成の時期などを互いに契約するものであり，工事を進める重要な基準となる．施工業者は契約を適正に履行する義務を負う．

また建設業法において，元請負人は下請負人に対して，施工に必要な工程の細目，作業方法などの決定にあたっては，下請人の意見聴取の義務や，代金の支払に対する配慮などを規定している．

さらに，施工技術の確保の原則として，請負った工事を施工するため，施工の技術上の管理を司る主任技術者を置くことを定め，適正な施工を制度的に確保する規準としている．

この主任技術者については，技術検定の制度が定められている．建築施工管理技士として，検定技術の内容が定められ，検定試験が毎年実施されている．特に，公共工事においては，現場ごとに有資格者の配置が義務づけられている．

● 4.4 工事をめぐる安全・衛生

建設工事をめぐり労働災害が頻発し，死傷病災害が依然として高率であることから，建設業に対しては，安全衛生管理の徹底が特に強く求められている．

作業所における管理目標の第一に，安全性の確保が常に掲げられている．現場工務事務として，関係する官公庁に届出・報告を求められる書類は相当な数に及ぶが，その半数以上が，労務関係，特に労働安全衛生に関係するものであるといわれている．このことから，安全衛生状態の確保が，現場業務の最優先課題であることがわかる．

労働関係法令の主なものとしては，表 4.2 に示す労働基準法，労働安全衛生法などのほか，職業安定法，建設労働者の雇用改善法などがあげられ，それぞれ施行令，規則・規程が個別に制定されている．

作業所を設置する場合には，労働基準法・安全衛生法などに基づく適用事業報告をはじめとして，工事に係わる諸計画の届出制度が規定されている．

労働者を募集する場合は，職業安定法に基づいて行うことが必要であり，雇用にあたっては，労働条件を明示し，適切な雇入れ教育を行わなければならない．

現場作業に関しては，その現場の工事内容に適応した安全衛生計画を定め，安全衛生管理組織を確立・整備し，企業が自主的に安全衛生管理を行うことを求めている．

表 4.2 安全衛生公害関係法規の体系

(監督官庁)	(法 律)	(施 行 令)	(省 令)
厚生労働省 地方労働基準局 地区労働基準監督署	労働安全衛生法 ── └→ 労働安全衛生施行令 →		労働安全衛生規則 クレーン等安全規則 ゴンドラ安全規則 ボイラー及び圧力容器安全規則 高気圧作業安全衛生規則 有機溶剤中毒予防規則 酸素欠乏症防止規則 電離放射線障害防止規則 四アルキル鉛中毒予防規則 鉛中毒予防規則 特定化学物質等障害予防規則 粉じん障害防止規則 事務所衛生基準規則 安全衛生関係機械等検定規則 検査検定代行機関及び指定教習機関規則
労働関係法規 {	労働災害防止団体法 ──────→ 作業環境測定法 ─ 作業環境測定法 施行令 ─ 作業環境測定法施行規則 労働基準法 ──────→ じん肺法 ──────→		労働災害防止団体法施行規則 労働基準法施行規則 女子年少者労働基準規則 事業附属寄宿舎規程 建設業附属寄宿舎規程 じん肺法施行規則
国土交通省 都道府県建設部または土木部(東京都では経済局)	建設業法 ── └→ 建設業法施行令 → 建築基準法 ── └→ 建築基準法施行令 → 都市計画法 ── └→ 都市計画法施行令 →		建設業法施行規則 建築基準法施行規則 都市計画法施行規則
経済産業省 都道府県経済商工部または経済部(東京都では経済部)	火薬類取締法 ── └→ 火薬類取締法施行令 → 電気事業法 ── └→ 電気事業法施行令 → 電気用品取締法 ── └→ 電気用品取締法施行令 → 電気工事士法 ──────→ 高圧ガス取締法 ──────→		火薬類取締法施行規則 火薬類運送規則 電気事業法施行規則 電気工作物規程 自家用電気工作物施設規則 電気設備に関する技術基準 電気用品取締規則 電気工事士法施行規則 容器保安規則
環境省 都道府県衛生部(東京都では都市公害部)	公害対策基本法 騒音規制法 ─ 騒音規制法施行令 ─ 騒音規制法施行規則 ─ 都道府県条例 振動規制法 ─ 振動規制法施行令 ─ 振動規制法施行規則 ─ 都道府県条例 公害紛争処理法		
消防庁 ↓ 地区消防署	消防法 ── └→ 消防法施行令 →		消防法施行規則 危険物の規制に関する規則

<交通安全関係法規>

警察庁 ↓ 地区警察署	道路交通法 ── └→ 道路交通法施行令 →		道路交通法施行規則
国土交通省	道路運送車両法 船舶安全法 海上衝突予防法 港則法		

労働安全衛生法は，事業所内に，統括安全衛生管理者・安全管理者・衛生管理者の選任をはじめ，特に労働災害発生の危険度の高い作業については，規定に基づき作業主任者を選任することを求めている．

労働災害を防止するため，事業者が講じなければならない措置の基準などとして，労働安全衛生規則のほか，クレーン等安全，高気圧作業安全衛生，酸素欠乏症防止などの安全規則を定め，また広範な作業について，危害防止の基準を明らかにしている．

さらに工事用機械および有害物に対する規制として，特に危険な作業を必要とする機械（クレーン・デリック・エレベーター・圧力容器など）については，製造許可・構造規格，安全装置，定期自主点検の制度を定めている．また，危険または有害な業務に従事する者には，技能教育，免許を必要とし，就業制限の条件を規定している．

足場・型枠支保工・山留め支保工などの仮設設備の構造規準，保護帽・安全帯などの保護具の着用義務，安全掲示板・危険注意などの標識管理の規準についても定めがある．

一方，労働者の健康管理については，職業病の防止を目指し，作業環境の保全，健康診断，作業時間の制限，健康の保持増進のため措置を規定している．

上記のほか，労災保険・雇用保険に関連して各種の届出書類が定められており，これらについては作業所の設置とともに，遅滞なく申請することが定められている．

ひとたび事故や災害が起これば，当人や家族にとってはもちろん悲劇であるが，企業としての損失も計り知れない．またそれ以上に，社会的責任は重い．安全管理の責任者は現場環境の整備に努力するとともに，適切な管理によって作業に従事する全員が安全に徹し，無災害施工の原則を保持するように仕向けなければならない．

● 4.5 工事公害と法令

建築公害には，工事に伴って発生するものと，完成した建築物の存在によって起こるものとがある．前者を工事公害とよび，建設作業時に生じる振動・騒音，粉塵，臭気，電波障害，地盤沈下，地下水の汚染・枯渇，廃棄物処理の問題や，現場に出入りする車両によって起きる交通公害などがあげられる．

建設工事に伴うこれらの公害は，製造業の工場や事業所から生じる公害とは種々の面で違った性格をもっている．すなわち，現場が各地に散在しており，しかも多くの作業が屋外で実施されるため，作業の動きが近隣住民に対して直接影響を及ぼす原因となる．また，作業の進捗，施工条件によっては，事前に予測することのできぬ問題の発生という不確定さがあり，工事公害の防止は施工管理上の重要な課題の一つである．

公害を防止する目的で，公害対策基本法，騒音規制法，振動規制法，水質汚濁防止法

をはじめ，各種の公害規制を目指す法令がある．また地方自治体も，それぞれ条例を定めて地域住民および近隣環境の保護に努めている．

例えば，騒音ならびに振動の規制を受ける特定建設作業には，杭打機・鋲打機・削岩機・空気圧縮機を使用する作業などがあげられる．これらの作業については，事前に届出をすることを定めている．また音量および振動の許容限度を定めており，作業の実施可能な時間についても制限がある．

近年，無振動・無騒音工法などの新しい技術や工事用機械の開発が進んでいる．工法の選定にあたっては，現場周辺の環境，地域住民（特に幼児・高齢者・病人の有無）の状況などを事前に調査し，近隣に迷惑を与えない工法を選択する義務がある．

交通公害については，車両の車種・重量などを，道路法・道路交通法によって規定しており，状況により道路および通行時間の制限を受ける．また，車の進入路に沿って，洗車場を設置し，資材その他の搬出入時に，土砂などによって現場周辺を汚染することのないよう適切な措置をとることが必要である．

いずれにしても，建築工事が現場周辺に何らかの影響を及ぼすことは避けられない．したがって，工事着手前の近隣との折衝時に，工事内容の詳細な説明を行うとともに，広範囲にわたる環境問題について，十分な話合いを行い，その地域の状況に適合した具体策を練り，約束した事項は誠意をもって履行するように努力しなければならない．それにしても，事前に関連諸法令や規則の内容を十分熟知しておく必要がある．

文　献

1) 日本建築学会：建築法規用教材（1984）日本建築学会
2) 民間（旧四会）連合協定工事標準請負契約約款（1997）

参　考　書

1) 笠原敏郎，市川清志：増補版建築物法規概説（1969）相模書房
2) 日野三郎：62年版建築法規辞典（1986）理工学会
3) 建築基準法研究会：建築基準法・大改正（1997）日経BP出版センター
4) 建設業法研究会：建設業法解説（1997）大成出版社
5) 建設省建設経済局建設業課：建設業法令通達集（改訂19版，1997）大成出版社
6) 狩野幸司他：60年版施工管理者のための法律実務，施工（1985）彰国社
7) 建設省計画局：建設業の労務安全実務（1979）大成出版
8) 建設労働災害防止協会：建設業における統括管理の手引（1997）建設労働災害防止協会
9) 建設大臣官房営繕部：建築工事安全施工技術指針（1995）公共建築協会
10) 建設省建設経済局建設業課：建設工事公衆災害防止対策要綱―建築工事編―（1993）大成出版社
11) 労働基準局環境改善室：建設業における快適職場づくりのすすめ方（1997）建設労働災害防止協会

5 工事の計画

● 5.1 工事計画に取り組む心構え

　入札によって施工業者が決まり，請負契約が結ばれて，工事の内容および施工条件が確定する．施工業者は現場を担当する責任者として作業所長を選任する．作業所長は，社内の関係部署と協議のうえ，工事の規模・内容・工期，予算などを勘案して，ただちに現場事務・工務を担当する現場係員を選任する．共同企業体の場合は，企業体を組む各社から派遣される係員によって，管理組織が編成される．

　工事計画の立案は，設計図書の内容について細部にわたる検討を加え，工事の内容を正しく把握することに始まる．また敷地および周辺の状況を調査するとともに，地元の関係官公署，救急病院，その他の関係部署に出向き，工事の概要などを説明して指導・協力を仰ぐとともに，法令に基づく所定の手続きを行う必要がある．

　設計図書は，敷地ならびに周辺地域に対する規制の条件，建築物の用途・構造などに関する法規制の内容を設計者が検討したうえで，取りまとめたものであるはずであるが，往々にして，それらの規制に抵触することがある．したがって設計図書の細部について綿密に調査・検討を行い，問題点を見出した時は，その是正について設計者・工事監理者と協議を行う．

　工事計画とは，建築主が要求する建築物を，品質・工事費・工期・安全・環境の各項目に照らして，最良の計画を立てることである．特に建築生産は，受注生産であり，敷地・地盤，周辺環境の条件が工事ごとに違う．したがって，設計図書の内容を十分検討したうえで，その一つひとつについて，常に適切な計画を立案する必要がある．

　一方，その工事を効率よく進展させるためには，管理体制のあり方をふまえたものでなければならない．計画の立案には管理を担当する者の知識や経験が，十分折り込まれる必要があるし，同時に施工業者として永年にわたって蓄積したデータを，総合的に活用する心構えも大切である．図5.1に建築物の完成・引渡しまでの設計者，監理者および施工業者間の業務の流れを示すとともに，それに必要な情報の種類を示す[1]．

　工事の計画として立案・作成すべき計画項目は，部分工事ごとに次の5項目を包含する．

5 工事の計画

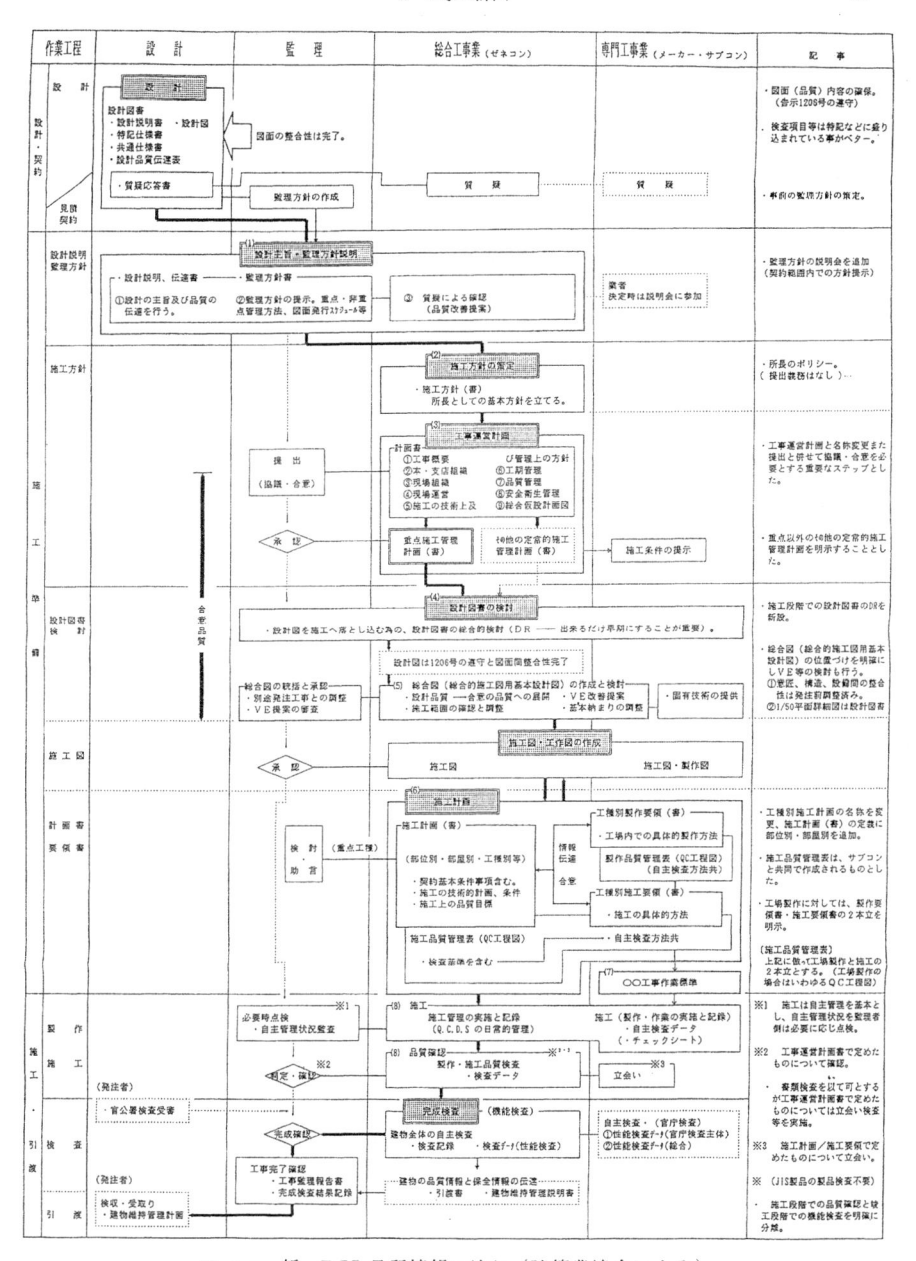

図 5.1 新・BCS品質情報の流れ（建築業協会による）

（1）　管理組織の編成
（2）　工事をめぐる諸計画の立案，施工要領書などの作成
（3）　実行予算の編成
（4）　工程計画の立案
（5）　安全衛生計画の立案

　いずれも工事管理を進める骨格となる重要な事項である．これを基本として，各種の工事や作業が進められ，作業能率の維持，工事の円滑な展開が約束され，また品質の維持・向上が図られる．さらにこの計画に基づいて，現場環境の保持，労働者の安全・衛生状態が守られる．しかも，各計画は互いに関連を持ち，独立したものではない．したがって，各工事の細部にわたる連繋をきちんと保ち，それぞれの工事の指揮・統制や管理業務が体系づけられて展開し，適正に実施されなければならない．

● 5.2　管理組織の編成

5.2.1　現場係員の役割

　既述のごとく，建築工事は個別受注生産によるものである．契約の条件も，工期も工事ごとに異なり，目標とする建築物は土地に固定される．受注した工事内容はそれぞれ変化し，施工を行う場所によって地域事情も違う．作業に直接参加する専門工事業者の組合せも，当然のことながら変化する．したがって，現場担当者は新しく編成された管理組織の一員として，常に無から出発して，あらゆる種類の現場業務を自ら計画し，その管理にあたるわけである．
　現場担当者が行う職務は，設計図書の分析・検討，工事内容の把握，数量積算および予算の編成，専門工事業者の選定，必要とする資材・労務・機械の手配および調達，労働者の教育・指導，技術ならびに品質の管理，物および設備の管理，環境の維持・保全，安全衛生状態の管理，管理組織内における相互の連携，情報の管理……等に及ぶ．その守備範囲はきわめて広く，枚挙にいとまがないほどである．
　しかも職務の内容や施工条件は，現場ごとに変化し，下請業者として工事に従事する労働者の顔ぶれも当然違うものとなる．担当する業務は，所属する企業内部の品質システム（業務規程）に従って行動しなければならないが，他種の産業と異なり，標準化され定型化された部分が少なく，現場担当者の裁量に委ねられる面が多い．
　したがって，施工の管理者として，自分で判断を下して仕事の内容・範囲，達成すべき目標や，作業の方法を決定し，下請となる専門工事業者に対する工事指揮にあたる．労働者には働く生き甲斐を与え，実施した結果（品質，出来映え，能率，工期，コスト，

5 工事の計画

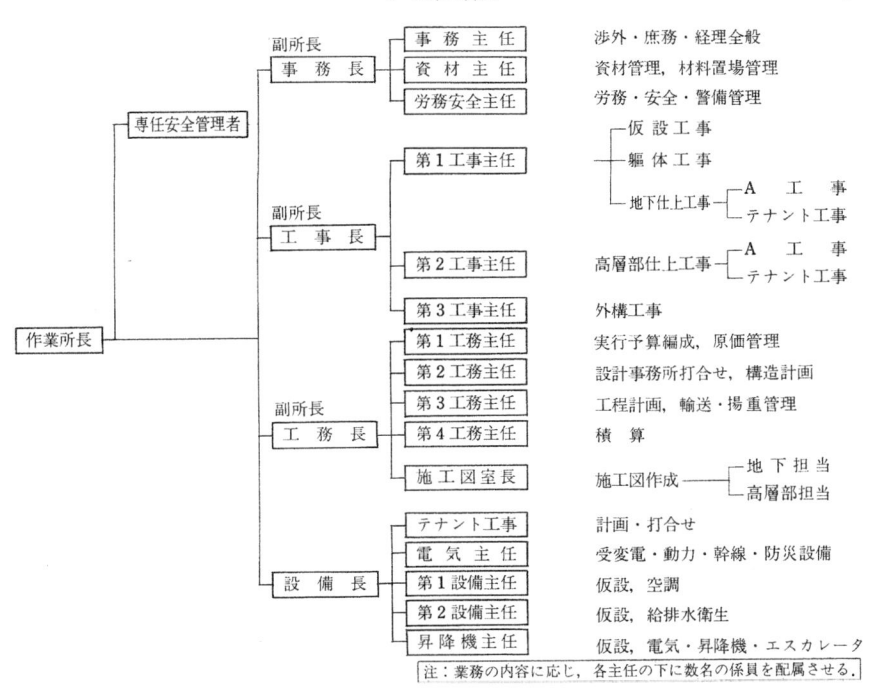

```
作業所長 ─┬─ 専任安全管理者
         │
         ├─ 副所長 ─ 事務長 ─┬─ 事務主任    …… 渉外・庶務・経理全般
         │                   ├─ 資材主任    …… 資材管理, 材料置場管理
         │                   └─ 労務安全主任 …… 労務・安全・警備管理
         │
         ├─ 副所長 ─ 工事長 ─┬─ 第1工事主任 ─┬─ 仮設工事
         │                   │               ├─ 躯体工事
         │                   │               └─ 地下仕上工事 ─┬─ A工事
         │                   │                                └─ テナント工事
         │                   ├─ 第2工事主任 ── 高層部仕上工事 ─┬─ A工事
         │                   │                                 └─ テナント工事
         │                   └─ 第3工事主任 ── 外構工事
         │
         ├─ 副所長 ─ 工務長 ─┬─ 第1工務主任  …… 実行予算編成, 原価管理
         │                   ├─ 第2工務主任  …… 設計事務所打合せ, 構造計画
         │                   ├─ 第3工務主任  …… 工程計画, 輸送・揚重管理
         │                   ├─ 第4工務主任  …… 積算
         │                   └─ 施工図室長   …… 施工図作成 ─┬─ 地下担当
         │                                                  └─ 高層部担当
         │
         └─ 設備長 ─┬─ テナント工事  …… 計画・打合せ
                    ├─ 電気主任     …… 受変電・動力・幹線・防災設備
                    ├─ 第1設備主任  …… 仮設, 空調
                    ├─ 第2設備主任  …… 仮設, 給排水衛生
                    └─ 昇降機主任   …… 仮設, 電気・昇降機・エスカレータ
```
注: 業務の内容に応じ, 各主任の下に数名の係員を配属させる.

図 5.2 現場管理組織の編成 (一例)

安全など) に対しては, 管理上の責任が厳しく問われる.

これらの諸業務を手違いなく, 効率的に実施するためには, 現場担当者として旺盛な意欲と体力, 企画性・創造性・積極性・指導性などが問われる. 常に経営の第一線にあるという自覚が求められるゆえんもここにある.

5.2.2 管理組織と業務の分担

前項でふれたとおり, 現場の管理組織 (作業所) は, 施工を管理し, 建築物を完成に導くための工事を推進する核である. 一つの企業体としての性格をもち, 工事管理を行う体制を組むという点で, 現場係員の組織や編成はきわめて重要な意味をもっている.

建築物の種類, 工事の規模・内容, 工期, 工事費の制約などを考慮し, まず各業務を遂行することの経験と経歴をもち, 労働者の行動や安全・衛生にも十分な心得のある作業所長を選任しなければならない. また, 係員には, 管理者としての仕事に対する熟練度, 年齢などを考慮して適材を配置し, 全員が互いに業務を分担し, 協調し, 一体となって有機的に行動しうる管理組織を編成しなければならない.

組織は工事の進行に伴って変更される場合もあるが, 指揮系統であるラインの流れは

変わることはない．また，現場ではさまざまな問題に対して，素早い判断や意志決定が常に要求される．したがって，命令系統は常時一本化していなければならない．さらに，業務の分担については計画的に取りまとめ，以下のような業務分担を行い，責任範囲や所属を明らかにし，極力複雑な系統にならないように注意する．

（1）事務部門……渉外・庶務・経理，資材・労務，安全・衛生の管理を行う．
（2）工務部門……積算・予算編成，契約，施工計画図・施工図の作成，技術計算，設計事務所との折衝・協議を行う．
（3）工事部門……工事全般の運営，技術・品質の管理，作業実績の記録をとる．
（4）設備部門……空調・電気・衛生・機械などの設備関連工事の管理を行う．

現場管理組織編成の一例を，図5.2に示す．

近年，現場管理組織の省力化が，現場管理の生産性向上の課題となり，現場担当者の少人数化（リストラクチュアリング）が積極的に進められている．ある意味では管理体制の高密度化が求められている．管理業務を徹底的に分析・検討のうえ合理化を計り，専門工事業者に自主管理体制の確立を求めるなど，管理のあり方を重点管理方式に移行する方策が必要となっている．

● 5.3 工事をめぐる諸計画の立案

5.3.1 工事計画の役割

設計図書が与えられ，工事の着手に先立ち，施工業者として工事の準備，諸調査を行う．かつ工事をめぐる諸計画（以下では工事計画という）を綿密に立てる必要がある．工事はそのうえで始めなければならない．

工事計画は，現場で実施する工法ならびに施工技術に関する諸計画を意味する．その計画は，部分工事ごとに技術の内容を規定し，品質に直接係わるものである．工事の難易は作業の進行や能率を左右し，工期・工事費にも影響を与える．

施工方法の詳細や仮設工事，配備すべき工事用機械の種類については，設計図や仕様書には記述がない．したがって，工事を実施するためには，施工計画を作成し，施工図を描き，施工要領書を準備するなど，工事をめぐる施工の要点を明確にし，これに基づいて，材料・労務歩掛り等の積算をなし，実行予算を編成することとなる．

工事計画は，工事管理の基準であり，これに基づいて工事が展開し，各種の統制・管理業務が行われる．多業種の労働者が，施工計画の指示するところに従って，共通した方針に従い，それぞれの作業工程を分担し，互いに品質をつくり込む．もし，この計画が不十分であったり，欠陥があると，作業に手待ち・手違いを生じたり，中断を招いた

り，目標品質の確保がおぼつかなくなる．それだけに，工事管理の面からも計画の良否およびその内容や密度は重要な意味をもつ．

　すなわち施工計画図は，鉄骨部材の建方，型枠の組立て，タイルの張付け作業など，各種の工事に対する施工過程の特定の段階における仕掛りの状態や，工程の流れ，作業の要点を正しく伝達し，これに関連する各職種労働者の配置や役割を示すものである．さらに資材の搬入・取扱いの方法，工事用機械の配置・運行，支保工に対する保護設備のあり方，安全確保の要点について，具体的な計画を提示するものである．したがって，これを通じて技術管理の規準，作業の手順や要領，責任体制なども明確にされる．

　したがって，諸計画の立案にあたって，注意すべき事項を示せば，次のとおりである．
（1）　設計図書の内容を正しく把握し，工事の特殊性を熟知しておく．
（2）　敷地ならびに敷地周辺の状況を調査し，施工上の制約や条件を明確にする．
（3）　施工技術の内容，作業方法を理解し，最適の工法を選び，計画を進める．
（4）　工程の計画を立て，作業の手順，資材・労務計画，養生の方法をまとめる．
（5）　工事用機械の能力を検討し，最も適した機種・台数を定め，配置計画を立てる．
（6）　品質管理の規準を定め，品質管理（QC）工程表を作成し，検査要領を定める．
（7）　工期・実行予算などの経済的条件について綿密な検討を加える．
各項目の検討結果に基づいて，工事別に施工計画図および施工図を作成する．

5.3.2　工事計画の内容

　工事計画を立案するには，設計者・工事監理者と打合せを入念に行い，設計者の意図が施工に十分生かされるよう，その協議結果に基づいて計画を進めなければならない．

　また施工段階における作業に伴う施工条件の変化が，設計内容に影響を及ぼすことがあり，必要に応じて技術計算を行ったり，模型製作などによって，作業による手違いのないよう十分な検討が必要である．

　施工上の各種の計画を立案する者は，往々にして施工時の作業の難易度を先行して考えがちである．しかし，工事計画の基本は，品質および安全性の確保と工事公害の防止にあり，管理者の知識や経験のすべてをその計画に注入しなければならない．同時に自社の技術資料の活用，作業を担当する専門工事業者の意見なども取り入れ，最善かつ最適な計画を立てる必要がある．計画は，もちろん工事費にも関連をもつ．資源の入手可能な限度あるいは目標予算を超えることが少なくない．このような場合は，VE手法の導入によって品質・機能を損なうことなく，原価低減の道を探ることが重要である．

　施工計画図・施工図の作成にあたっては，工法，手順，作業方法を明確に示す丁寧な図面の作成に心掛け，必要に応じて色分けを施し，作業を担当する労働者でも理解しや

すい内容のものとする．
　施工計画として，取りまとめる必要があるものを列挙すれば，以下のとおりである．
　（1）　総合仮設計画……運搬計画，揚重設備計画，仮置場計画，環境整備計画
　（2）　仮設細部計画…仮囲い計画，工事用電力・通信計画，工事用給排水計画，仮設建物計画，足場計画
　（3）　地下工事計画……杭工事計画，根切り計画，山留め計画，構台計画，排水計画
　（4）　軀体工事計画……鉄骨工事計画，鉄筋工事計画，型枠工事計画，コンクリート工事計画
　（5）　仕上げ工事計画……仕上げ総合計画，検査計画，養生計画
　先に現場管理体制の少人数化が進みつつあることにふれたが，これに対応する措置の一つとして，施工計画を本社・支店の特定の部門で一括して行う傾向が現れている．現場レベルの事務の省力化と効率化を目指しての対応と思われる．しかし，現場サイドでの手直しが多く，これが工事欠陥を招く原因とならねばと考える．また，施工図・現寸図の作成を電算処理化する動きもみられる．工事管理体制の合理化・システム化の動向は，今後とも一層加速されるものとなろう．

● 5.4　実行予算の編成

5.4.1　実行予算の役割

　施工業者は，入札が決定し請負契約が結ばれると，請負金額の内訳明細書を建築主に提出する．この明細書は工事監理者の検討を受ける．その後は施工高に基づく工事代金の請求・支払，設計変更による請負金額の増減の基準となる．
　しかし，施工業者は，請負金額をそのまま工事の予算とするわけではない．企業を運営するための経費や適正な利潤を見込み，請負金額の範囲内で実行予算を編成する．もともと，施工業者が契約時に提出した内訳明細書（見積り額）は，入札時の競争や値引きなどの無理がからまっている．また短期間で作成するものであり，正確を欠く面もある．この元積りの基準となった設計図書にも未確定の部分が少なくない．さらに，他種工事のデータなどから算出した大づかみな部分も含まれている．
　そこで，実際に工事を担当する作業所長・現場担当者が，母店の関係部署と協力して，工事契約後，ただちに予算編成に取り組む．この予算は現場における工事管理・原価管理の基盤となるものであり，その内容がずさんであると，工事半ばで資金を欠くこととなり，工事の進行が脅かされる．また，建築主が要求する品質を確保することも不可能となり，欠陥工事を生み出す原因となる．

表 5.1 建築コストの分類例[2] (黒田　隆による)

(要素別)	(工種別)	(部分別)	(部位別)
材料費	仮設	仮設	工事間接費
	土工	土工・地業	基礎
労務費	地業	軀体	骨組
	コンクリート	外部仕上	床
外注費	型枠	内部仕上	壁
	鉄筋	家具・備品	⋮
経費	鉄骨	⋮	
	⋮		
原価外費用			

　実行予算の立案にあたっては，内訳明細書の内容について再度検討を重ね，一方，設計図書の細部について漏らすことなく数量調査(再調ともいう)を行い，工事の程度・特徴などの原価要素に係わる問題を整理し，それらの内容を正確に把握する必要がある．

　建築工事の常として，竣工までの期間は相当長い．大規模な工事になると，準備工事から完成まで数年間の歳月を要することもまれでない．建築資材・労務の単価も変動することが予測される．したがって，契約時の価格に加えて物価変動の影響や市況の変化などを予測し，これを折り込むようにして，予算をまとめてゆく．

　内訳明細書の内容は，"仮設工事・土工事……"と部分工事別の編成によって工事価格を示している．したがって，そのままの形では下請業者への発注・契約には不便である．そこで下請業者との取決めの条件を考慮し，工事内容を工種別・要素別に分類し，かつ発注および支払の方法や形態に合わせて，費用項目を整理し，実行予算書を作成する．

　このようにして取りまとめた実行予算は，工事の予定原価である．施工業者はこれを基準として効率の良い施工を行い，予定利益を確保し，あるいはそれを向上させることを目標とする必要がある．したがって，実行予算は工事品質を保証する原点でもある．

　しかし，最近の建築需要をめぐる建設業者間の競争は激しく，請負金額が工事内容を満足するような場合が非常に少ない．このためVE手法の導入によって，施工の合理化あるいは工法の改善を図り，工事費の縮減を強力に推進することが求められている．

5.4.2 実行予算の構成

A. 実行予算書の形成

a. 要素別分類 　工事費を分類する方法については，設計時の予算配分，工事の実施および管理，調達・発注および支払方法，利益の追求，財務会計など立場の違いから，いろいろな検討が加えられてきた．

通常取り上げられているコスト分類のうち，実行予算書の形式として一般に用いられているのは，要素別分類および工種別分類である．費目区分の大要を表5.1に示す[2]．

建設業の支出のうち原価のことを，完成工事原価とよび，これを材料費・労務費・外注費・経費の4科目に整理する．建設業法には，完成工事原価の報告様式が定められており，その内容として，それぞれの科目が以下のとおり明らかにされている．

(1) 材料費……工事のために直接購入した素材・半製品・製品などで，取り付ける手間などを別に発注して，材料だけを直接購入するものの費用である．対象となる品目は企業ごとに異なるが，木材・レディーミクストコンクリート・鉄筋などが主たるものである．

(2) 労務費……工事に従事した直接雇用の労働者に対する賃金・給料手当などで，多少の材料・工具持ちの外注労務も労務費として計上される．労務費の細目は，ほとんどの建設業において土工・鳶工・コンクリート工・型枠工などの職種別に分類している．しかし雇用面からみると，直接労務・外注労務の区分があり，前者は人・日当りの労務費で発注され，後者は労務請負の工事数量当りで契約される．

　　　また施工する内容についてみれば，仮設労務および本労務とに区分され，管理上は施工する部位別に区分する必要がある．

(3) 外注費……工事に用いられる素材・半製品・製品などを作業とともに提供し，これを完成することを約束する契約に基づく支払額を意味し，建設業の原価要素のなかでも最も大きな比率を示す．外注費は，下請構造が複雑なため，その中身を材料費・労務費などとして細分化することはきわめて困難である．したがって，その調達を合理化するうえでは，常に的確な情報をもつことが必要である．細目の区分については，別に規定はないが，一般には，工種別に仮設・土工・地業・基礎……等に分けられる．

(4) 経費……経費には，施工を助けるための費用と，現場を管理するための費用とがある．このうち，工事経費は，動力・用水・光熱費，機械等経費，地代・家賃などである．一方，作業所経費には，労務管理費，租税公課，従業員給料手当，法定福利費，福利厚生費，事務用品費，通信費・交通費・交際費などが含まれ

る．

このような要素別分類が必要とされる理由は，完成工事原価報告が建設業の会計報告義務の一つとなっているからであり，実行予算費の作成にも用いられている．一方，これらの費目区分は，調達実績の把握や実行結果の原価報告に便利であり，このことも採用される理由の一つとなっている．

b. 工種別分類　工事費の区分で，最も一般的に使用されている「見積り」を目的とした内訳書の形式は，工事工種別内訳標準書式に準ずるものである．直営・外注の区分にかかわらず，材料・労務・機材などの費用を工種ごとに集計する．集計の単位としては，種目―科目―細目に段階的に区分され，さらに各段階ごとに，直接工事費・純工事費・工事原価・工事費というよび方を定めている．

「科目」は，建築・設備・屋外施設・敷地造成・解体撤去・総合仮設・現場経費・一般管理費等配賦額に区分される．

このうち，建築に関する「科目」は，直接仮設・土工・地業・コンクリート・型枠・鉄筋・鉄骨・既製コンクリート・石・タイル・木工・金属・左官……等に区分される．

工種別分類の特色は，見積りや工事管理および決算を一貫して比較することに便利であるように，一定の約束の下に費用を集計することにある．

しかし，実行予算書においては多くの場合，調達事務との係わりから，原価要素として専門業者に発注する範囲を最少単位として，発注別の形式をとる．厳密には，見積り時の工種別細目とは一致せず，同じ条件でコストの比較はできない．その意味から，実行予算書においても，見積り内訳書の工種科目をできるだけ一致させることが望まれる．

近年，工事管理の一貫として原価管理のシステム化を目指す努力が注がれている．特に施工段階においては，工程・資材・労務その他の管理業務別に，経済性の追究や合理化が意図され，原価と工程・品質，あるいは投入資源の生産性との関係を明確にすることが求められている．しかし，その基盤となる実行予算の編成には，原価管理の理念をまず明らかにした新たな取組みが必要となろう．

B. 予算の計上

請負金額が決定すると建設業者は，内訳明細書について検討を加え，工事にあたる目標予算額を決定し，それに基づいて各工事別に予算を配分する．

この配分額を部分工事の目標予算として，工事計画・工程計画の基本方針を立て，工事ごとに施工計画を練り，原価計算に取り組む．しかし，目標予算の範囲内では施工が不可能な場合が少なくない．とはいえ無理な予算で工事にあたることは許されない．短期間のうちにVE活動を行って見通しを立て，新たな予算の計上を試みる必要がある．

予算の編成は，各企業が設定している積算基準・原価計算の方式により，予算書の細

目ごとに発生する原価を集計し，その原価を費目別に整理・区分し，集計して，原価報告書を作成のうえ，最終的に実行予算書を取りまとめる．

● 5.5 工 程 計 画

5.5.1 工程計画の内容

　求められる工期で建築物を完成するためには，工事の着手に先立って工事の内容や手順を正しく捉え，綿密な工程計画を立てる必要がある．また着工後は，この計画どおりに所定の日程によって各工事が遂行できるよう，工程管理を行うことが大切である．したがって工程計画は工事を実施するうえでの予定計画であり，工程管理の基準となるものである．ひいては工事全体の管理基準そのものともいえる．それだけに工程計画は実行可能であり，適切かつ正確に立案されるとともに精度の高いものでなければならない．
　しかし，工事には，地下埋設物の存在，天候の不順，技能労働者の不足など，工事をめぐる不確定要因の影響を受けることが少なくない．また綿密な工程を組んでも，手配の違いなどによって予定どおり工事を進めることが不可能となったり，設計変更によって工程が大幅に乱れることもある．これらの要因によって，工期末には突貫工事に追い込まれ，また残業手当・深夜作業手当などの出費を招き，工事原価は急増して採算が脅かされるばかりでなく，工事品質の確保もおぼつかなくなる．一般に工程計画や管理をおろそかにして安易な処理に頼る傾向が強いが，このような場当り的な計画や管理は好ましいことではない．
　したがって工程計画は，できるだけ精密かつ適正なものであると同時に，中間工程の要所に里程標（Mile Stone：主要管理点）を設定する．管理段階では，日程管理の目標としてその期日を絶対守らせるようにする．また重要でない部分工事には，あらかじめ余裕を設けておき，工程の変動に備える必要がある．
　工程計画において立案すべき事項は，次のとおりである．
（1） 工事の構成（部分工事）を明らかにする．
（2） 施工の順序を定め，作業の前後関係をふまえて，全工程を編成する．
（3） 部分工事ごとに施工法を明らかにし，必要とする資材・労働者・機械設備を決定する．
（4） 各工事および工程に必要な期間を設定する．
（5） 全工期を通じ作業量を均等化し，労働者・機械などの投入資源量および負荷を平準化する．
（6） 部分工事が適当な日数で，全体工期に納まるよう調整する．

また，工程計画は，対象や目的によって，いろいろな種類に分けられる．たとえば，長期間にわたる計画（基本工程計画）から，月間工程計画（計画期間：1か月～3か月），短期計画（週間工程計画・詳細工程計画）などがあり，計画する目的ならびに計画する項目や内容が異なる．

基本工程計画は，着工前に編成するものであり，全工期にわたる業務の予定を示すもので，前述のとおり工事計画の基本となる．しかし，この計画を立てる時点では設計者側でも，設計が細部まで煮つまっていないなど，この段階では内容に不確定な面もあるが，全体工程上の主要管理点などはきちんと計画して，設定しておかなければならない．

これが，月次計画・詳細計画に進むにつれて，工程の内容や編成も次第に細かくなり，その精度には必然的に高いものが求められる．

5.5.2 工程計画の進め方

A. 資料の準備

工程計画の立案に必要なものとして，次の資料を準備しなければならない．
（1） 設計図・仕様書・数量調書（設計図書）
（2） 施工場所の立地条件，近隣の状況を示す資料
（3） 施工場所の気象条件
（4） 概略の施工計画
（5） 部分工事を構成する工程資料，工程別の各種作業量
（6） 労働者および工事用機械設備の作業能率（歩掛り）資料
（7） 材料・労働者・機械設備の調達に係わる市場情報

工程計画にあたっては，設計図書をはじめ上述の各種の資料を可能な限り収集し，施工計画に並行して，立案の準備を進める．しかし，工程の細部を編成するうえで，各部構法や仕上げの詳細に係わる図面などが不備であることが多い．このため，逆に工程計画を立案する立場から，資材などの製造や調達に要する期間を逆算して，設計者に対して設計仕様の確定・明示を求める日限を設定しておく必要がある．

上述の項目のうち，(2) 施工場所の立地条件・近隣状況については，敷地の状況（地質・地耐力・地下水位など），敷地周辺および地域の環境，交通関係などが含まれる．

(3) 気象条件については，単なる気象資料ではなく，暦日別の晴天日・降雨日の統計資料，台風襲来の記録，強風日の頻度を示すものなどが必要である．天候により作業の実施が不可能となる日が少なくないので，これらを見込む準備資料とするものである．

(4) 概略施工計画は，設計図書に対応して入札時に検討を加えた各種の施工計画資料を集める．特に全工程のなかで基幹工程となる土工事・軀体工事に関係する資料を集め，

(5) 部分工事の工程に係わる資料については，軀体工事・仕上げ工事および設備工事などの工程順序の編成や，作業の遂行に必要となる技能労働者の人数および工事用機械の配備状況を，準備資料として使用する．また該当する工事に類似する過去の実績資料，施工規準や技術指針なども必要である．部分工事によっては，鉄筋コンクリート工事の遂行には10種類を超す他種工事が関連し，30種類を超える職方の労働者の参加が必要であるとされる．また，法令によって型枠支保工の存置期間などの規制もある．したがって，幅広く関係資料を収集し，工程計画の基礎資料・参考資料として活用する．

(6) 労働者や機械設備の作業能率資料は，施工方式に合わせて労働者の配置や作業の遂行能力を算定したり，工事用機械の種類・容量の算定，使用台数・配置の決定，組み作業における各工程間のラインバランスを明らかにする基本資料となる．特に詳細工程計画・作業工程計画の立案にあたっては，作業時間・稼働率に関する高い精度の施工資料が必要となる．

(7) 材料・労働者の調達に係わる市場情報のうち，材料に関するものとしては，製造工場における生産能力，品質管理の実情，流通機構や入手関係など，また労働者については，専門工事業者の労務関係，抱えている施工管理技士・技能労働者の人数，現場に配置しうる労働者の人数と能力，所有する工事用機械・仮設資材などが含まれる．

これらの資料を可能な限り収集したうえで，計画を立案する準備にかかる．しかし，これらのすべては一度にまとめて入手しうるものではない．基本工程計画から，次第に細かい工程の計画に進むにつれて，順次整備してゆけばよい．

B. 工程の細分化と集約化

工程計画の立案は，以下の事項に考慮を払い，まず部分工事（土工事，地業，基礎工事，軀体工事など）に分け，さらに各工事を単位工程・要素工程という順序をふんで，細分化してゆく[3)4)]．

（1） 施工計画を立案する必要度，計画する水準に対応して工程を取り上げる．

（2） 工程管理の目的，管理すべき内容および水準に合わせる．

（3） 労働者・機械など，工程計画にあたって考慮すべき資源の種類・量を把握する．

工程を細分化する程度は，その工程計画が工事の時間的経過についてのみ検討を加え，これを管理する場合と，作業の内容や程度にまで立ち入り，これに要する作業量までも含めて管理しなければならない場合とでは，おのずから細分化のレベルが異なる．

次に，この細分化した工程を，施工手順・工法，関連する工事との相互関係など，技術面や工程管理上の主眼となる項目を考慮して，逐次，集約化してゆく．

技術的な面においては，施工要領書などで作業の手順・内容が標準化されているもの

が多いので，それに従えば良い．また工程計画は，日程の管理だけでなく，関連する他工事との結び付きを考えて，手違い・手待ち・手戻りなどを招くことのないように，外注管理・調達管理に適する形に集約化しておかなければならない．さらに，作業の実績記録や工程の進度を，実行予算に合わせて出来高を管理する場合には，その管理に適したワークパッケージとして集約する必要がある．

一方，全工事を工区に分けて施工したり，高層事務所建築・集合住宅などのように，同じ工事内容の構成で基準階工程・標準住戸工程が繰り返し展開する場合においては，それぞれの標準的な工程を，工区別・階別・住戸別に集約化する必要がある．

C. 工 程 の 編 成

細分化し，また集約化した工程を，一連の部分工事・全体工事として工程を編成してゆく．この工程の取りまとめにあたっては，次の事項に注意を払って編成を進める．

（1） 作業の技術的な順序関係をふまえ，「仮組立て―歪直し―本締め」，「下塗り―中塗り―上塗り」という工程の順序を考慮したり，他職種との作業・工程間における前後関係を明らかにしてゆく．

（2） 労働者の人数，機械設備（たとえば掘削機械・揚重機など）の能力，配備しうる台数，作業を遂行する能力上の制約，型枠・支保工の保有数や転用計画，ならびに工程の進度を左右し，管理の要点となる事項をそれぞれ明らかにする．

（3） 工区割り，階数，戸数など，作業空間の区画や，作業場所の面積によっては，異種の作業を行ったり，他職種の労働者が同じ作業空間に入り込み，並列して同時に作業を実施することが困難となる．このように作業空間の大きさによっては，工程の編成を工夫しなければならない．

これらの検討を行い，収集した資料から歩掛りを求め，これに基づいて1日の施工量を算出し，各工事ごとに所要日数を求める．そのうえで，関連する工事間の前後関係および組合せを考慮して，工事別に着工および完成の時期を定め，工程を決定してゆく．

D. 最 適 工 期

全体工期は本来，各部分工事の所要日数を，編成した工程に従って集計して工期を算出すべきであろう．しかし，工程の最終的な決定は，部分工事別に要素工程の構成について他種工事の並列化を試みたり，投入資源を増加して時間の短縮を行い，所要日数の削減を試みるなど，種々の工夫をこらした工程の合理化により最適化が図られる．

この最適化の規準としては，以下の二つが考えられる．

（1） 資源の山積みに基づく工程の調整
（2） 経済的な工期の設定

(1)は，労働者の配員数に限度がある場合などで，その人数に基づいて工期の延長を図

ったり，できるだけ最少限の労働者を雇い，作業に繁閑がないように，工程の負荷を均等化し，一定数の人数を連続雇用して作業を行うように工程を調整するものである．

これに対して(2)は，最も経済的な工期を求め，工事費原価を最小とする点を見出すことにねらいがある．すなわち，工事費は直接費（直接工事費）と間接費（間接工事費および一般管理費）より成るが，前者は施工速度によって増減し，後者は工期の延長に伴って増加する傾向がある．そこでこの両者の合算額（トータルコスト）が最小となる時期（最小費用点）をもって工程計画を作成する最適工期とするもので，厳密には「工期－工事費曲線」を作成して，経済的な工程速度を見出して工期を決定する．

しかし現実的な問題として，建築主の工期短縮に対する要望が厳しく，契約時の条件として，希望する竣工期日があらかじめ提示されている．そこでこれを最終期日として押さえ，部分工事の工程を逆算して割り付け，所定の工期内に全工事が完了するように，経済性を無視してでも工程計画を進めなければならぬ事態となっている．

5.5.3 工 程 図 表

工程を編成し終えたら，工程管理に役立つような工程図表（工程表）を作成して，これに備える．工程表は，工程計画の種類，管理の目的によって，工程の編成や推移を視覚的にたやすく判断できるような表現方法をとり，また表示する内容にも工夫を加える．

通常，工程図表には，① 横線式工程表（バーチャート），② 曲線式工程表（Sチャート），③ ネットワーク式工程表の3種類がある．しかし，各種の工事を体系的にとらえ，部分工事間の関係を明確にしうること，工程の編成が見やすく，精度の高い管理が行えるなどの理由から，ネットワーク式工程表を使用する機会が増えている．

● 5.6 安全衛生計画

5.6.1 管理体制の確立

すでに明らかにしたように，現場の施工組織は元請・下請の複雑な関係のうえに成り立っており，工事には多職種の労働者が相互に工程を絡み合わせるような形で作業に従事している．作業が屋外で実施されることが多く，しかも不安定な仮設足場上の作業であるなど，現場には災害の発生を招く要素が少なくない．したがって管理面において安全作業の徹底，安全意識の高揚を図らなければ，労働災害を未然に防止する手だてを発揮することができない．

そこで，労働基準法・労働安全衛生法などの法令によって，建設現場の作業については厳しい規制が加えられている．すなわち，事業所・現場ごとに安全衛生委員会の設置

を求め，安全衛生面における管理活動の母体として，その効果的な働きを求めている．

同時に，事業者および管理者に対しては，単に法定基準を守るだけでなく，快適な作業環境の実現と労働条件の改善を通じて働く人々の安全と健康を確保し，また労働災害を防止するうえでの責務を定めている[5]．特に下請業者を含め50名以上の労働者が混在して働く建設現場においては，総括安全衛生管理者を選任して安全衛生委員会の運営にあたらせ，協議組織の設置，作業間の連絡調整，作業場所の巡視（安全パトロール），労働者に対する安全衛生教育の啓蒙普及を求めている．

作業の安全化の第一歩は，工事をめぐる計画そのものにある．これは，一に安全衛生委員会の役割にかかっている．工事計画，工程計画，仮設計画など，これらの諸計画がいずれも適切であるとともに，管理面においても事故の絶無を目標として常に適正化を図り，安全作業の展開に努力すべきである．このための安全管理計画として，次の事業を重点に一貫した計画を確立して，その運用を図らなければならない．

(1) 工事ごとに実施する作業について，安全面から技術規準・安全指針を定める．
(2) 機械設備，仮設設備は，強度・安全性などの点で構造上欠陥のないものとする．
(3) 工程計画としては，技術的に無理を生じることのない安全な日程編成をする．
(4) 危険な作業条件を含む工事については，着手前に的確な安全対策を確立する．
(5) 保護具・保護設備・安全標識の使用について徹底を図る．
(6) 安全作業の励行，作業環境の確認のため，安全点検を計画的に実施する．
(7) 安全面に重点を置いた現場情報の管理計画を立て，危険を事前に排除する．
(8) 現場の状況に即した安全衛生教育計画を立て，安全衛生意識の啓揚を図る．

5.6.2 安全作業計画

施工に際し使用する機械設備，作業の手順・方法，作業中の注意義務など，そのすべてが安全の確保につながっていなければならない．また従事する労働者全員の考え方が作業の安全化に結集することができて，初めて災害を未然に防止することが可能となる．

このために，現場管理者としては，作業の手配・段取り・指示・指導・点検・確認など，下請の専門工事業者と接する機会をとらえ，労働者の安全意識の確認・徹底を図ってゆかなければならない．

朝礼・現場会議・安全パトロールなどの機会が，安全管理の面で重視されるのは，このような理由からである．

下請業者が実施する作業について，管理者が作業指示書を毎日手渡して，行うべき作業の内容や工事の要点を明示するとともに，予想される危険や安全管理上の要点を指示して，これに対する注意義務を求める方式をとる．また朝礼時には，その当日の工事用

機械・車輌の運行や，危険な作業が実施される箇所を説明して立入禁止地区を明らかにするなど，安全指示を常に与え，作業の円滑な進展を図り，安全性の確保に努めなければならない．

現場会議は，元請・下請業者が，日々の作業について協議し，業者間の作業の調整，現場環境の保全・整備，危険作業の相互通報など，安全性の維持・確認の場として重要な役割を担っている．さらに，安全点検の目的は，施工中の現場を査察して，機械類の運行状況，安全装置の機能，作業の方法，保護設備の状況，資材の仮置・保管の状況，現場の環境などを点検し，不安全な状態，不安全な作業を調べ，異常な状態の早期発見に努める．もし異常が認められたならば，至急是正措置を講じて，災害を事前に防止することを最大の目標としなければならない．

全員参加のグループ活動として，年間・月間・週間の活動目標を定め，安全確保の基本方針を明らかにし，作業グループ単位で，自主的に作業場における安全・衛生を管理する体制を組むとともに，実地訓練・危険予知訓練などによって，実態に即した教育訓練を通じて安全面から技能水準の向上を図るようにする．

このように安全衛生管理を，多角的・体系的に実施する総合的な視点に立ち，安全作業計画が周到に計画され，ひいては現場環境の人間化を目指す必要がある．

文　献
1) 建設業協会 TQC 専門委員会
2) 黒田隆：建築の実行予算（1981）清文社
3) 日本建築学会：ネットワークによる工程の計画と管理の指針・同解説（1968）日本建築学会
4) 日本建築学会：作業能率測定指針（1990）日本建築学会
5) 労働省労働基準局安全衛生部：建設業における快適職場づくりの進め方(1997)建設労働災害防止協会

参　考　書
1) 鹿島出版会編：建設現場事務必携（1984）鹿島出版会
2) 掛井 連：建設コストダウンシリーズ 4　建設業の現場管理（1976）清文社
3) 渡辺正敏：現場の工務事務（1979）鹿島出版会
4) 平賀謙一他：建築学大系　建築施工 II（1959）彰国社
5) 矢野信太郎：土木施工システム論（1971）鹿島出版会
6) 石川六郎：システムズアプローチによる工事管理（1977）鹿島出版会
7) 池田太郎，松本信二：新建築学大系 48 工事管理（1983）彰国社
8) 西村三世：建設業の原価管理（1982）清文社
9) 出口晴洪：実行予算のたて方（1985）彰国社
10) 鹿島出版会編：建設業の安全衛生管理（1980）鹿島出版会
11) 労働者職業安定局特別雇用対策課監修：建設業の安全衛生管理（1982）労働経済研究所

6 工事の管理

● 6.1 現場会議

　現場の運営・管理を効率よく，また適切に進めるために，各種の打合せや協議の場が設けられる．大別すれば以下の3種類となる．
（1）　作業所の係員による打合せ（随時）
（2）　設計者および工事監理者との打合せ（定期・随時）
（3）　協力業者をも含めた作業所内全般にわたる打合せ（定時）
　(1) 作業所の係員による打合せは，テーマによっては，母店の関係部署の人達を迎えて行うこともある．現場を運営してゆくうえでの目標や方針を定め，現場担当者にその意思の徹底を図り，情報を交換することが主眼となる．工事計画の検討，実行予算の編成，業務分担の協議，工事の進捗度の確認，工程の調整など各種の問題を取り上げて行われる．このように現場係員全体の協議によって，工事管理の基本的な事項の確認や決定を下す場となる．また担当者間の緊密なコミュニケーションを通じて，全員が情報を共有し，協調して工事に取り組む体制を強固に築くことができる．
　(2) 設計者などとの打合せには，建築主が参加することもある．主として設計および工事内容の細部にわたるつめをはじめ，施工者側が材料見本・仕上げ見本あるいは製作模型を提出して，設計者・監理者の承認を求めたりする．施工計画図・施工図・施工要領書の承認を受けたり，工程をめぐる協議も行われる．施工業者によって搬入された資材の検収結果・受入れ試験の報告，官公庁などに対する各種の申請書・届出書類の報告と承認，出来高の報告とそれに対する監理者の査定など，この打合せの機会を通じて協議や質疑応答などの幅広い意見交換が行われる．設計変更の協議も，この場の重要な議題である．
　いずれも重要な決定事項を含む場合が多いので，施工業者は取りまとめた会議の議事録を提出して，監理者の確認を受けたりする．
　(3) 協力業者を含めた作業所全般にわたる打合せでは，施工組織全体にわたる多くの事項について打合せが実施される．中規模以上の作業所になると，このための会議室が準備されている．黒板をはじめ，各種の施工計画図や工程表などが張り出され，準備さ

6.1 現場会議

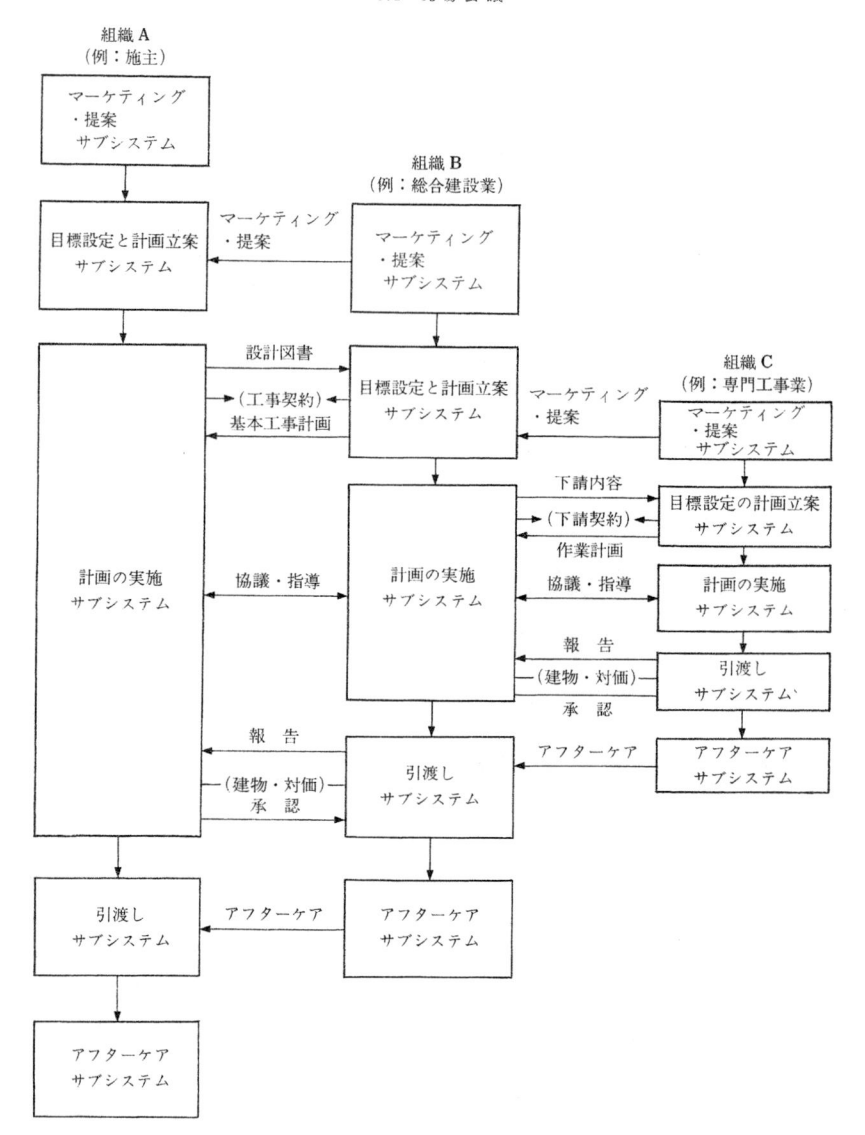

図 6.1 工事管理のシステムモデル（嘉納による）[2]

れた図面や現場のモデルなどを囲んで,毎日定時に(午前11時または午後1時)に開催される.協力業者を代表する現場責任者(職長レベル)が全員集合し,作業所の工務担当の課長などが議長となって会議が進められる.まず,その日の作業の状況について各職ごとの報告があり,そのうえで,翌日の作業に対する各種の打合せや指示を行う.また,週間工程などが協議される.この場で話題とされる主な事項を示せば,次のとおりである[1].

① 工事の実情に関する報告,進捗程度の把握.
② 各職別の労働者・機械設備の配置および運行状況の報告,今後の手配
③ 資材の手配・搬入・揚重および保管をめぐる協議
④ 品質・工法などの技術管理に関する協議および意見の交換
⑤ 工事の進行に伴う作業環境の変化,これをめぐる安全対策の決定
⑥ 安全点検および保護設備の設置など,安全管理に係わる事項の協議
⑦ 工事に伴なって発生する廃棄物の取扱い

このように各種の打合せや会議がもたれるが,現場の管理,工事の進行を司るうえで最も基本的な事項が様々な形で提案され,協議のうえで決定する.さらに実施結果の確認も行われる.いずれも非常に重要な事項について協議する場となる.打ち合わせる議題や項目は,施工をめぐる広範囲な情報の交換とその処理にある.

これらの会議の意図するところは,所定の工程・工法によって,期日までに目的とする建築物をいかに良く,安くつくるか,同時に施工の安全や公害の防止を期すことにある.元請業者と協力業者の立場こそ違え,全工種の人々が参加し,それぞれ平等に発言し,それが現場全体の工事に反映し,いずれもが効率よく,かつ相互に協調して活動する雰囲気を育てあげることが重要である.管理の担当者は打合せの場をもつことの意義や目的を正しく理解し,その結果を現場の運営に有効に生かさなければならない.

しかし,会議の記録の情報管理がとかくおろそかにされがちである.それは,工事の内容が現場ごとに異なることが主な理由となっている.しかし,この貴重な実績やデータを活用する道は非常に多いはずであり,現場の実績資料として収集・整理し,分析・検討を加えて,施工情報をデータベース化する努力が必要である.

● 6.2 工事の管理項目

6.2.1 品 質 管 理

A. 品質問題への取組み

受注産業として建築物をつくるうえで,発注者である建築主の要求条件を満足する建

築物をつくることが最も重要な目標である．にもかかわらず，高度経済成長期・バブル経済期の過程では，ものをつくりさえすればよいという利益優先の考え方がなくもなかった．しかし厳酷な低成長時代に入り，受注競争が激化したばかりでなく，品質不良や施工上の欠陥を招くと，その手直しが経済的に大きな損失を生じる原因となっている．施工業者としては品質をいかに確保するかが今日の重要な課題となった．

また社会の発展につれて，建築物の品質・性能に対する要求は，ますます高度化・複雑さを加えるとともに，施工面においては省エネルギー・省資源・地球環境との共生という難しい課題の解決が求められ，量より質が厳しく管理される時代となった．

建設業のなかで品質管理の問題が真剣に討議されるようになって，すでに相当な年月を経過しているが，従来の考え方による工事管理では，目の前に山積する多くの問題を克服しえないとする反省が，その根底にあることを見逃がすことはできない．

すなわち，品質管理に取り組むことを通じて，企業内の意識改革を進め，施工管理者としての自律性を促し，目標管理方式の導入によって，作業能率の向上，品質の維持・保証，コストの低減を果たす道を確立することを目指している．また，これらの問題解決に，各種の管理技術を体系的に駆使することによって，作業所レベルにおける工事管理・経営管理に対する仕組みの合理化を果たすことができるのである．

B. 総合的品質管理体制の導入

それまでの品質管理活動は，コンクリートの強度試験・鉄筋の圧接検査など，一応は抜取り検査方式をとり，抽出した試料の試験結果については，それなりに統計的処理を加え，SQCに基づく成果を自画自賛していたが，すべて形式的な管理に終わっていた．

施工技術の機械化を進めたが，品質はむしろ低下する原因になりかねなかった．労働者の，就労意識にも乱れが目立った．このため他産業に倣って，TQC（総合的品質管理）体制が採用され，品質管理に積極的かつ組織的に取り組むようになった．

建設業の各社にはTQC推進室が設けられ，経営者から中堅技術者・末端の担当者レベルに至るまで，各階層に分けてQC教育が行われ，QCの意義やこれに取り組む姿勢が徹底的に論議された．多くの問題解決への取組みも真剣なものとなった．そして，データに基づく合理的な解決の手順として，PDCAというQCの基本的な手法（デミングサークル）が強調された．

TQCでは，企業内の全部門・全員の参加を求め，さらに下請業者をも包含する組織的アプローチとなった．品質の良さは，そのまま建築物の出来映えにつながり，品質の保証を通じて建築主の賞賛を受け，ひいてはこれが企業の信用につながるもととなった．

従来の作業の進め方は，上から下に方針の指示・命令が伝えられる命令管理的色彩が強いものであった．しかし，下請業者をも包含するQCサークル活動は，それぞれが自ら

判断し，解決してゆく自主的でしかも創造的な管理活動である．このQCサークル活動を通じて，現場全体に仲間同志のコミュニケーションが確立され，参画意識が醸成され，集団としての品質保証という共通の目標に挑戦することとなり，これが次々に新しい成果をもたらす基盤となっている．

c. ISO 9000s シリーズ

1970代に始まった建設業におけるTQCは，品質の維持・向上にそれなりの成果を上げ，そのうちの数社がデミング賞を獲得し，社員ならびに社内における品質意識の改革に寄与するところが大きかった．しかし今日では，業界をあげてTQM活動の運用を新たな課題として取り組む状況下にある．

TQCによる品質管理の推進が産業界に広く浸透し，良い製品を安価で提供し，売上高・利益ともに増大し，しかもいろいろな意味で企業の体質改善の成果を生み出す原動力となった．このQC活動が海外諸国の産業界の注目するところとなり，あらためて品質管理の役割に対する検討が，それらの国々における真剣な論議をよび起こした．その動きは，『品質保証の国際規格』を記した久米均などの著書に詳しく述べられている[4]．以下に同書からの引用を示す．

各国における論議は，わが国で実施しているQCは生産者（または供給者）の視点における品質管理であるとし，顧客（または消費者）の立場からみた品質管理 Quality Management（以下QMと略記する）という新しい品質管理の理念の確立へと展開していった．またそのうえで，工業生産における品質管理活動は，それが購入者の立場で行われるか，供給者の立場で行われるかによって異なり，品質を確実にするためには製品をただ検査するだけでは不十分であり，供給者側に対してつくる過程，すなわち工程で品質を確実につくり込むことを要求することが必要になる．そこで，取引きの際に定める品質契約において，単に製品の品質規格だけでなく，その製造方法や品質管理のやり方までも，要求事項として契約に含めることを意図するようになった．

このような考え方から，1970年代において品質保証 Quality Assurance（以下QAと略記する）に関する規格が，アメリカおよびヨーロッパ諸国において，それぞれ別個に検討され，品質保証の規格が制定されるようになった．しかし各国がばらばらに規格を制定していると，相互の通商活動を阻害する原因になることから，品質保証の国際規格をつくるという動きが起こった．ISOはこのための国際会議を重ねて，1987年に品質保証規格 ISO 9000〜9004 が制定された．

これらの規格は，製品の購入形態の違いから 9001〜9004 が一セットとなる多水準 multi-level 規格となっている．すなわち，一連の規格では，生産者が行う立場によって製品に関する要求が，供給する者の責任となる品質要素の多寡によって，QM要求事項

の範囲が異なって規定されているためである．またこの規格は，あらゆる産業に通じる普遍的なものであり，品質管理の指針および品質保証の一般的要求事項を明示している．

建設産業界にあっては，設計・施工・アフターサービスの分野を含めたすべての業務に適用される．例えば，9001は，建設業でいえば設計・施工・保全サービスのすべてを行う場合に，9002は，施工・保全サービスを請負う場合に適用されることとなる．

また規定の内容には，「経営者の責任，品質システム，文書およびデータの管理，製品の識別およびトレーサビリティ，工程管理，検査・試験，品質記録の管理，教育・訓練など」の20項目が含まれている．

ところで，『品質システム Quality System』とは，品質管理QMを実施するための組織，責任，手順，工程および経営資源と定義されている（ISO 9000による）．

各企業は，品質システムをいかに構築するか，また自らが定めた品質システムに基づき，QMを適正に行い，真に顧客満足度の充足を果たすという品質保証のあり方が厳しく問われることとなる．

D．品質保証を重点とする人材育成

この規格の運用上の特色の一つは，企業の品質管理能力の認証制度に発展していることにある．ISO委員会は，この規格について，1992年の改定においてこの規格に基づく認証取得制度を定めた．すなわち，審査登録機関が，各企業が定めた品質マニュアルなどの文書をはじめ，工場・現場における品質管理の実情について，各々が構築した品質システムが正しく機能し，誠実かつ適正にそれが運用されていることを実地に審査し，規格要件に適合していることを確認した場合には，その企業や工場を登録公表する『第三者認証制度』を定めたことにある．

この制度はEUにおいて発足し，取引にあたり，品質保証の仕組みとして，この規格による認証の取得を要求するようになった．この制度は，すでにヨーロッパに限らず東南アジアの諸国においても，認証取得を義務づける動きにあり，海外で業務を展開したり，製品を輸出する企業においては，いち早くこれへの対応に迫られ，すでに多くの企業が海外での認証を取得している．

わが国においても，ISO 9000_s の適用に向けて，各方面において調査研究を実施し，その結果について幅広い検討が行われた．(財)日本品質システム審査登録認定協会(JAB)がすでに設立されている．建設省は，諸外国の情況を参考とし，公共工事における品質確保の体制づくりを目指し，自らが発注する工事にISO 9000を積極的に取り込むことを明らかにしており，この動きはすでに民間の工事にも波及している．

このため，1996年頃から，わが国の総合建設業者・建築材料業者の中から審査登録機関に，受審申請するものが目立ちはじめ，すでに相当数の企業が審査認定を受けている．

しかし，9000sの制定を目指した真の意図は，認定を受けることが主眼ではなく，建築設計および建築工事の品質維持・向上を果たすことにあり，顧客または消費者の満足度を重視する「品質を重点とした戦略的経営」を通じて，社会ならびに企業の発展に貢献することにある．この規格が各企業の品質システムの構築に力点を置き，経営者の責任から，人材育成についてまで規定していることの意味は非常に大きい．それは，品質保証の仕組みが，着実な TQM 体制によってはじめてもたらされることを明らかにしているからである．

6.2.2 原 価 管 理

A. 実 行 予 算

原価管理は，工程管理・品質管理などと有機的関係があることをふまえて，工事を成功に導くため，施工を実行予算に見合った経済性の観点から管理し，最低のコストで所定の品質を確保することにある．すなわち，実行予算によって事前原価が出され，資金計画が決まり，そのうえで工事に着手する．この原価計画が良ければ実行予算どおりに工事が進むが，この計画が悪いと余分の支払いをせねばならぬ事態が生じて，コストの上昇や工事の停滞を招くことになる．

原価管理においては，実行予算と支出金の過不足の結果だけでなく，月単位に行われる工事の区切りにおいて，予算原価と実績原価を対比して両者の分析をなし，生じた差異について，その原因を究明する必要がある．これによって中間の時点で，最終の損益を予測することができる利点をもつ．そこで，予算を厳しく統制し，工事の進め方を修正して適正な利益を生み出すように改め，管理を的確化することが可能になる．

原価管理の一つの目標は実行予算である．工事が進むにつれ，精度の高いデータや条件が決まるようになる．それにつれて実質原価として，予算以上の支出や新しい項目が現れたりする．したがって担当者は，各時点における原価を常に把握していなければならない．このためには，工事の進度を絶えず確認し，それに合った出来高を明確にしておくことが必要である．

B. 原価低減の努力

原価と予算との間に生じた『差異』に対処する方法には，支払い統制と原価の発生統制の二つの方法がある．ここでいう「支払い統制」とは，原価を工種別・要素別に細かく分析して実績原価を正確にとらえ，過払いなどが起きないように管理することである．また「原価の発生統制」とは，資材などの購入価格や外注先に対する発注原価を抑制したり，常備作業などによる無駄な支払いを極力抑制することである．

しかし，このような原価管理を徹底させるためには，現場担当者全員が原価意識を高

め，作業所内の打合せを密に行い，同時に作業の実績情報の管理を適正化し，予算執行に対する意思統一を常に図らなければならない．

実行予算は，確かに原価管理の目標である．しかし，単に原価を予算に合わせるだけの管理ではなく，可能な限り原価の低減を試みなければならない．工程の合理化，工法の改善，稼働率の向上などによって工事そのものの効率化を図り，無駄な支出を縮減する努力が常に必要である．

6.2.3 工程管理

A. 生産統制

工程に合わせて，資材・機械設備・労働者などの投入される諸資源について行う管理業務を，総合して生産統制 Production Control とよぶ．近年これら諸資源の管理をめぐって大きな変化が起きている．

都市再開発，大規模団地の造成にみられるように，建築工事は一部においてすでに非常に大型化を示している．その一方では，技能労働者の慢性的不足が拡がり，対策として作業の機械化，材料の工場加工度の増大が施工段階における課題となっている．

ところで，一般製造業においては，目標とする製品の製造に適するように工場立地が選ばれている．工場の内部では，製作工程に応じて各種の機械・設備類がきちんと配置されており，労働者や機械設備の動きは標準化され，生産は常に統一したルールに従って行われるから，生産統制の理念は，おおむね一定している．

しかし建築生産は受注生産であり，しかも施工現場は各地に移動し，製品となる建築物が作業場そのものである．ここに材料・機械・労働力を持ち込んで施工を行うわけであり，投入する資源に対する生産統制は，製造業のそれと非常に異なった性格をもつ．

施工する建築物の大きさによって，作業場の条件が決まり，各工事ごとに各種の機械・設備が搬入される．その配置や取り扱う対象は，工事の進展に応じて変化する．また，各職種の労働者が行う作業は，時には他職種の作業と輻輳する形で互いに展開される．投入資源に対する生産統制には，各々綿密な計画や管理が要求される．しかも管理の良否は工程を左右し，品質や工事原価に大きな影響を与える原因となる．したがって，工程管理は，諸資源に対する生産統制に対応して取り組む必要がある．

B. 資材管理

資材管理の対象となる資材には，仮設材・本工事材料・消耗品などの各種がある．その中で重要なのは，仮設材と本工事材料である．仮設材は工事を完成させるために必要となる足場，山留め材・支保工，型枠材などである．本工事材料は建築物を構成するために直接使用される材料で，鉄骨部材・鉄筋・レディーミクストコンクリート・木材・

石材などが代表的なものである．急速に展開した材料をめぐる工業化（工場加工度の増大）の動きは，資材の流通機構の問題を含めて，材料計画に大きな影響を与えた．

　現場においては，工事に必要な資材を希望する時期に搬入させ，工事を完成に導かなければならない．このためには，材料の積算，注文，搬入・検収，保管，使用に至る諸計画を適切に組み，遅滞なく取り扱ってゆかなければならない．これら一連の物流管理を円滑かつ効率よく行うことが，資材管理の目的である．

　発注にあたっては，図面・仕様書を示して適切な指示を与え，見本品によって品質・仕上げなどを決定し，必要に応じて材料試験を行って品質・性能の確認をする．また，価格については，市場の現価や市況を調べ，できるだけ安価に購入することが必要となる．

　材料は工事の進捗予定に合わせて適時に搬入され，手待ちなどを起こすことのないよう，また手違いなどによって品種・数量の誤りを招いたり，品質に欠陥を生じることのないよう，工程面・品質面にわたる注意が大切である．

C. 機械設備管理

　施工計画に基づく工事用機械・設備の使用計画を基本として，工事の内容に合致した機種を選定し，適切な運行管理により，それらを効率よく使用することが必要である．

　このためには，機種の選定，配置計画，調達・搬入，据付け検査，使用，点検整備など，事前に詳細な計画を立て，それに基づいて機械施工を計画的に展開し，運用効果を高めることが機械設備管理の目的である．特に機種の選定にあたっては，該当する機械・設備の仕様，性能リストを綿密に調べ，予定する施工速度，機動性，安全性などを確認し，必要な時期に最も安価で調達できるよう検討する必要がある．

　また土工事など数台の機械を組み合わせて使用する場合には，各機種間の能力が整合するように，組合せのよい計画を立てなければならない．

　機械の運転・操作には，労働安全衛生規則などによってオペレーターの法的資格が定められている．運転は必ず熟練した有資格者があたらなければならない．またクレーンなどについては設置にあたり，設置届・申請書などの提出が義務づけられているほか，点検整備，定期検査などの規制を受ける．これらの保守点検は，安全管理とも連携する．また整備の良否は，運行効率を左右する．したがって機械設備については，多くの面にわたり万全な管理が必要である．

D. 労務管理

　建築工事における外注工事の比率は，ますます高まっている．相当な範囲に及ぶ工事を数多くの専門工事業者に発注し，材料・施工および専門技術をも含めて請負わせて工事を行っている．したがって，現場担当者の業務は，これら下請業者が行う工事の段取り，工程の調整，技術管理・進度管理などの総括的管理を行うこととなる．

実施した工事の品質・精度・仕上り程度は，専門工事業者の能力や施工管理体制，作業に従事した労働者の技能やモラールに左右される面が多い．したがって，担当する工事の内容やレベルに応じて，信頼できる業者を選ばなければならない．また工事着手前に施工要領書の内容を詳細に調べ，必要に応じて技術的指導を行い，工事の実施に遺漏のないよう注意を払うことが大切である．

また PC 部材・サッシ・カーテンウォールなどの工場加工の製品を，現場で組立て施工する工事においては，工場製作の程度によって現場の作業も左右される．また出来映えにも影響を及ぼす．したがって，これら資材の工場製作段階についても，工場における作業の状況を調べ，十分監督・指導していなければならない．

作業の進展に伴う労務計画は，下請による場合と直傭の場合とがある．そのいずれにおいても，実施日程・作業量を算定し，労務の配員計画・作業指示書を作成して，必要とする人数を正しく手配しなければならない．近年，熟練した技能労働者の不足率がはなはだしい．このため，日程計画の調整を図り，作業条件の整備などの段取りを良くし，少人数で連続して作業を行うことが可能となるよう，適切な管理によって労働生産性を高めることも大切である．

労務管理の担当部分が，安全管理に係わりをもつ．安全・衛生・厚生面について十分注意を払うとともに，作業所内の規律維持にも配慮し，雇用の面において安定した快適な作業環境を保障する管理でなければならない．

E. 進度管理

進度管理の基本は，工程計画である．当初の工程計画に基づき，作業が実施に移され，工事が進捗してゆく．この実績工程を計画工程に近づけるためには，各種の工事や作業の適正かつ的確な管理を行う姿勢が必要である．また，実績工程が当初の計画に従っていないのであるならば，原因を分析・検討し，ただちに作業や工程を修正・変更する是正措置が必要である．このためには，作業量，資材の使用量，機械設備の稼働状況・運行状態などについて，常にデータを収集し，克明に点検していなければならない．進度管理が工程管理の要となる理由は，ここにある．

的確な工程管理とは，次の諸点を目指すものであり，作業の実行可能性を理解し，全工期を通じて適切な施工速度を守り，かつ工程に手待ち・手戻りなどを招くことのないよう適切な進度管理によって，経済的な施工に徹することである．

（1）仮設計画を合理化し，適切な工区分割を行い，工区別工程のラインバランスによって，仮設資材の転用率・使用効率を向上させ，仮設費の低減を図る．

（2）工事用機械・設備の配備を最低限にとどめ，機械化施工の効率化・適正化によって施工速度を早め，また点検整備を入念に行い，故障による施工ロスを防ぐ．

(3) 工程の編成にあたり，作業分割を綿密に実施して労務量の軽減を図る．同時に労務量の山積み分析を行い，全工期を通じて作業量を均等化（平準化）して，労働者数の低減を図る．

(4) 工程をめぐる適切な事前計画と手配管理によって，施工管理の省力化を達成するとともに，現場経費の縮減を行う．

これらのことを体系づけ，有機的に検討するためには，工程表として全体工程表のほか，月間・週間工程表，工種別工程表，工区別工程表，基準階工程表など，多種類の工程表を準備し，工程管理の合理化を多角的に行う必要がある．また工程に合わせて資源山積みのシミュレーションを試み，作業量の平準化を図るなど，管理面全般にわたって前向きの努力が求められる．

幸いなことに，近年，作業所レベルのOA化が進んでおり，コンピュータシミュレーションなどを実行する条件がすでに整備されている．

6.2.4 安 全 管 理

A. 安全施工の徹底

現場における安全管理を推進するためには，安全管理のための組織を編成し，これを中心に，労働者の安全・衛生状態を確保するための現場管理にあたることとなる．この安全管理の基本について，以下に要点を述べる．

現場に起きる事故や労働災害の多くは，労働者自身の不安全行為や不注意な作業によってひき起こされている．過去の労働災害の事例を参考として，施工計画時に安全性を十分考慮した工法や機種を選び，安全作業の基礎をしっかり固めることが重要である．また実施する工法によっては，法令により構造規格，技術規準・施工指針が規定されているものが少なくない．したがって，採用する工法や仮設設備などについて，事前に安全性の調査や検討を加え，無理のない作業が行えるように仕向けなければならない．作業に従事し，その指揮にあたる者について法的資格が求められることが多い．作業主任者など公的資格者として，その適格性や配備についても十分注意する必要がある．

現場では安全管理者によるパトロールを随時実施し，作業環境の巡察・点検を行い，異常を見出した場合は，ただちに是正措置を講じる．また不安全作業・不安全行動については，適切な監督あるいは助言・指導を行い，すみやかに矯正することが重要である．

B. 安 全 対 策

現場には危険な箇所や状態が常にひそんでいる．作業場所が高所・地下であることをはじめとして，落下物の恐れを伴う上下の関係で工事が進められたりすることが多い．また，異種の工事が狭い空間で重複して行われたり，機械と人との組み作業が存在する

などの事例も少なくない．したがって，これらの危険状態の存在や事故の発生が予想される場所には，事前に注意すべき点を明らかにして，周知徹底を図る．また，安全標識の掲示，立入禁止の措置など，法に基づく安全対策をとらなければならない．

作業に従事する者には，保護具・安全帯の着用などのきめ細かい指示が必要である．

C. 安全衛生教育

労働者の雇入れ時，作業内容の変更時，特殊な作業に従事する場合における特別教育を含め，工事に従事する労働者に対しては，作業をめぐる安全・衛生の心構えについて徹底した安全教育を施す必要がある．

また安全集会・講演会・講習会に積極的に参加させ，安全作業の要領を会得させるばかりでなく，日常の作業時においても実地訓練(OJT)・危険予知訓練(KYT)などを実施し，安全対策が身についたものにしなければならない．

D. 安全意識の高揚

作業所では，安全委員会を中心に安全週間・安全月間を設け，あるいはポスター・標語などを掲げて，労働者の安全意識を高める努力が計画的に進められている．

大げさな行事ではなく，最も効果的なこととしては，朝礼時の体操，安全措置に係わ

(a) 作業所の掲示，現場の整頓　　(b) 朝礼時の指示

(c) 作業半径内立入禁止　　(d) 危険物の貯蔵

図 6.2　作業安全の試み

る注意事項の徹底,安全作業を進めるうえでの労働者相互の安全性の確認,ツールボックスミーティングなど,幾多の試みが評価されている.しかし,安全意識や安全に対する心得を強調するだけでなく,現場の作業環境全域を「人に優しく」と,快適化する心構えを折にふれて強調することが望まれる.

E. 安全管理の方策

法令で定められているので,安全衛生委員会や協議会を形式的に組織しておけば良いということではない.この委員会が主体となり,積極的に活動を展開しなければ効果は上がらない.そのような意味において,安全管理に関して委員会が努力すべき事項は以下の各項である.

(1) 安全衛生管理体制の整備
(2) 仮設設備,工事用機械・設備の安全性の向上
(3) 作業環境の整備,安全点検の励行
(4) 安全作業への助言・指導
(5) 安全・衛生教育および訓練の実施,安全運動の展開

文　　献

1) 鹿島出版会編:すぐ役に立つ建設現場事務必携 (1984) 鹿島出版会
2) 嘉納成男:工事現場における OA 化技術,施工 (1984) 彰国社
3) 建設省住宅局建築指導課:建築の工事監理 (1984) 日本建築士会連合会
4) 久米 均:品質保証の国際規格 (1991) 日本規格協会
5) 建築関係企業品質保証体制整備指針研究会:建築関係企業の品質保証体制整備のための指針と解説 (1996) 日本規格協会

参　考　書

1) 山崎正:新版建設現場事務入門 (1976) 清文社
2) 日本能率協会コンサルティング生産管理研究会:生産管理入門 (1985) 日本能率協会
3) 日本建築士会連合会:やさしい施工管理のツボ (1976) 日本建築士会連合会
4) 広瀬一夫:現場の管理・改善 (1978) 日科技連出版社
5) 寺沢壮一郎:TQC を成功させる小集団活動の実際 (1982) 中央経済社
6) 施工技術研究グループ:土木施工管理技術講座 3, 4 施工管理(上),(下) (1982) 森北出版
7) 出口晴洪:建築施工コストダウン実践手法 (1980) 三宝社
8) 出口晴洪:建築施工実行予算のたて方 (1985) 彰国社
9) 雇用管理研修テキスト編集委員会:建設業の安全衛生管理 (1982) 労働経済研究所
10) 労働省安全衛生部:経営と安全衛生 (1981) 中央労働災害防止協会
11) 新しい建築生産研究会:工事管理と施工管理 (1989) 鹿島出版会
12) 大屋準三他:建築施工管理チェックリスト (1995) 彰国社

第Ⅱ編　施工法各論

7 準備工事

● 7.1 準備工事の基本

7.1.1 準備工事の種類と範囲

　準備工事といっても，明確な定義があるわけではない．対象とする建築工事の内容や敷地の状況によって著しく変わるように思われる．しかし，この工事種目の名称から考えられるように，本工事に着出する前に実施しておかねばならぬ一連の準備業務や，準備的な諸工事を包括してこのようによんでいる．

　たとえば，相当な面積に及ぶ都市再開発事業であると，仮道路・仮橋を設置する場合がある．時には河川の流路を変更するというような事例も考えられる．また，一般の建築物を建設するにしても，既存建築物の解体・撤去，地中の埋設物・障害物の除去も準備工事のなかに含まれる．しかし，大きな建築物などの解体となると，それだけでも解体工事として別枠に扱わねばならぬほどの巨額の費用を要する場合もあり，準備工事として取り扱うことはいささかなじみ難いように思える．このほか敷地測量・地質調査も，敷地の条件によって異なる．

　そこで，ここでは一応，共通仮設費の一細目として扱われる「準備費」などに含まれる準備的業務を一括し，準備工事として述べることとする．その範囲を項目で示せば，以下のとおりである．

　（1）　敷地調査
　（2）　敷地測量
　（3）　地盤調査
　（4）　近隣との折衝
　（5）　関係諸官庁への連絡・届出・許可申請の手続き
　（6）　敷地内および周辺埋設物の処理
　（7）　作業用地の借用
　（8）　地鎮祭

7.1.2 準備工事の要点

本体の工事を進めるうえで必要となる準備業務・準備的工事をさしており，この準備が適切かつ遅滞なく行われなければ，実際の工事に着手することができない．たとえば，近隣の了解なしに工事を行えば，地域住民との間に不必要な摩擦を生じて，工事の進行に著しい障害を招くことになろう．また，監督官公庁その他の手続きや申請をおろそかにしたならば，法の規則を無視した違法な工事を行うこととなってしまう．さらに，工事に先立つ敷地測量が不正確であれば，本工事の施工精度の確保に著しい混乱を招くことになる．地盤調査もこれが大まかであると工事の実施段階で事故を生じたり，時には周辺地盤の不同沈下を起こし，工事公害の責任を負わなければならない．

このように準備工事の適否は，本工事の上に様々な影響を及ぼすものである．準備とか段取りというと，とかく煩わしく，また現場管理の省力化の要請として，余計な手間や費用を削減することが常に求められ，面倒なことは手抜きになりがちである．しかし，準備工事が適当でなかったり，思い違いなどによって手続きに疎漏があると，法令に違反することになり，本工事の運営が混乱してしまう．

したがって準備工事はこの点に留意し，綿密な検討を加え，いささかの問題も生じることのないよう，すべて周到な計画をもって実施する必要がある．

● 7.2 敷 地 調 査

7.2.1 敷地調査の目的

建築工事の大要は，契約書や設計図書にすでに示されている．また現場説明を通じて，工事を進めるうえで配慮すべき事項の指示や，疑問をもつ事項に関して設計者側からそれなりの回答が与えられているはずなので，改めて調査すべき点がないように思いがちである．しかし，設計図書の内容を現場に合わせて確認したり，現場の条件を把握することによって工事計画における仮設設備，運搬路・動線，安全対策などの主要な問題に対して，適切な対応のとれた計画を立案し，現位置に適した基礎・地下工法を選定し，工事用機械の適切な選択をする必要がある．このため敷地調査は建物の企画段階から一部は開始される．

7.2.2 敷地調査の方法

A．既存資料による調査

敷地調査には事前調査と本調査があり，事前調査では次の調査があげられる．
（1）登記所の書類による調査（敷地所有者，位置・面積による）

(2) 写真・地図などの資料に基づく調査(敷地周辺の状況,写真,地形図,地質図による)
(3) 既往調査・観測・文献などによる調査(周辺で実施された工事の記録,周辺建築物の基礎形式に関する調査記録による)

B. 現地踏査による概査
(1) 地形の概略的把握
(2) 敷地内の表土,露頭などによる地質・土質の観察
(3) 水位・水質などの観察

本調査を充実させるためには,いずれも不可欠の調査である.このほか,遺跡・遺構など文化財に関する調査,工事に伴う騒音・振動,日影,局所風,粉塵,地下水,電波障害など,近隣に与える工事公害のおそれのある事項に関する検討,また工事用資材・機材の輸送のための道路,近隣地域の交通量に関する調査などがある.

● 7.3 敷 地 測 量

7.3.1 敷地測量の目的
敷地測量は以下の目的のために行われる.
(1) 敷地の形状および高低の調査
(2) 敷地面積の測定

このため測量に先立ち,現場において敷地の所有者,隣接地の所有者,周辺道路の管理者などの立会いのもとで境界標を確かめ,測量機器の据付け位置,測量上の障害物の有無などを調べ,適切な測量計画を立てる.

7.3.2 測量の方法および器械
敷地測量では,まず基準点および基準線を定めなければならない.基準点は,敷地や建築物の高低の基準を定めるものである.工事に着手すると同時に設定し,終了するまで残しておく.したがって移動のおそれのないところに,木杭またはコンクリート杭などを用いて設置する.海浜・川岸などに建てる建築物については,高潮・津波などに対する配慮から絶対高さを測定しておく必要があり,東京湾中等潮位を基準とした日本水準原点に基づく T.P. (Tokyo Peil),また関西地域では大阪湾を基準としたO.P. (Osaka Peil) が用いられる.

建築物の平面的な位置を定めるための基準線は,設計図書にそって,工事遂行上,容易に引照することができ,かつ工事期間中不変である場所が選ばれる.

7 準備工事

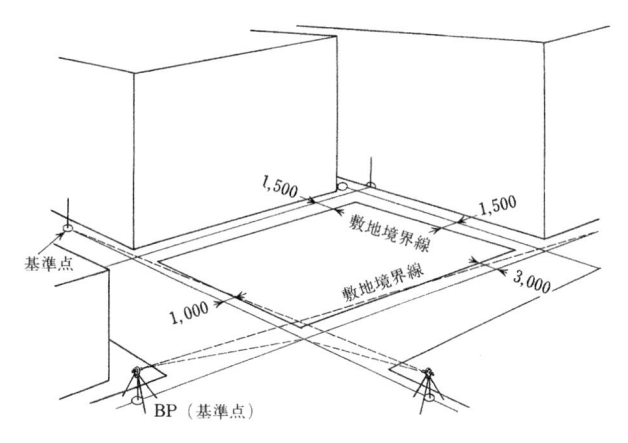

図 7.1 基準線の設定

　建築測量は，主として「測設」・「検測」から成り立っている．すなわち，設計図書を敷地へ具現化するために行う測設と，次工程へ進める事前および事後のチェックのために行われる検測とである．
　一般には，以下の測量機器が用いられている．
（1）　長さを測定する巻尺
（2）　角度を測定するトランシット
（3）　高低を測定するレベル
　しかし，近年では測量機器が急速な発展を遂げ，測量方法も格段に能率化されている．また対象とする工事の内容によっては，写真測量や航空測量を必要とする場合がある．
　敷地内の測量によって，正確な敷地図の作成をする．同時に，敷地の周辺部についても測量を行い，道路や隣接建築物の位置を測定し，工事用の測量図として準備する．
　次に，敷地の高低，道路などの関係高さについても実測し，敷地高低図を作成する．このほか現場内を適当な間隔で区分して，敷地の縦断面図・横断面図を作成し，諸工事の準備書面として整備する．

● 7.4　敷地内および隣接地にある物件の調査

7.4.1　敷地内にある物件の調査
　敷地内の物件はもちろんのこと，隣接地の建築物その他の物件についても綿密な調査を行う．調査すべき物件は，大別して地上物件と地下物件に分けられる．
　このうち地上物件には，敷地内の既存の建築物のほか，門・塀・石垣，樹木・巨石，

7.4 敷地内および隣接地にある物件の調査

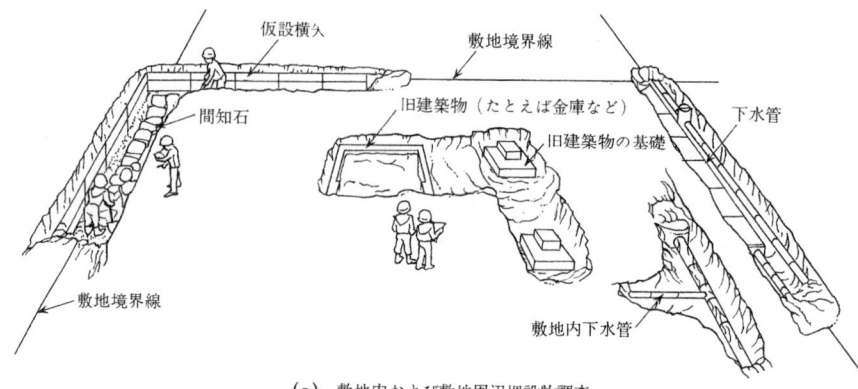

(a) 敷地内および敷地周辺埋設物調査

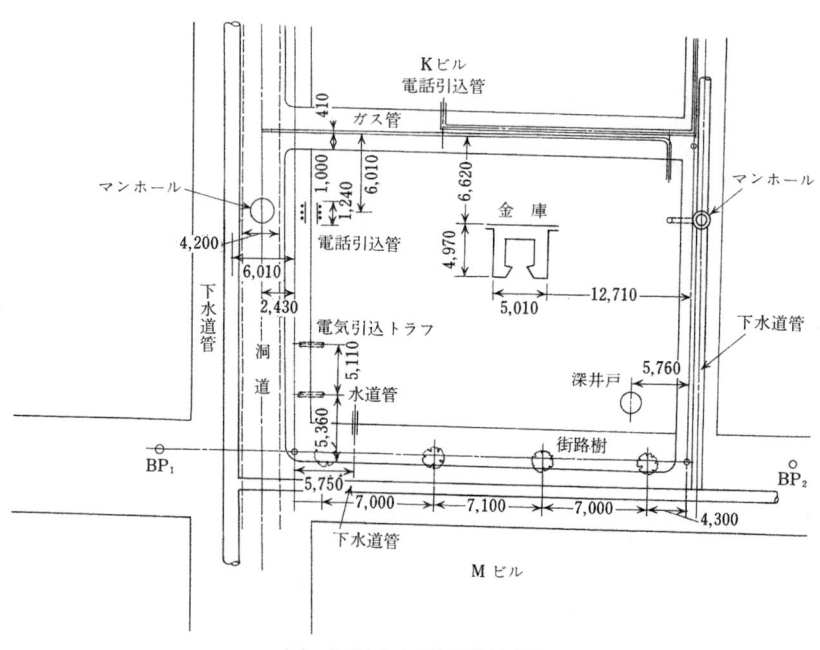

(b) 敷地内および敷地周辺埋設物伏図

図 7.2 敷地内および隣接地の調査

電柱などがあげられる．その種類・位置・形状・大きさなどを調べる．

特に建築物については，位置・構造・高さなどの状況を調査し，そのまま存続するものについては，保護・補強措置の要否を確かめておく．

地下物件には，既存の建築物の地下室・地下道，基礎・杭などの構築物のほか，電線・電話線，ガス管，上水道・下水道管などの埋設物がある．これらは仮設工事，杭打ち工事，地下の掘削や山留め工事などの各種の工事に対する障害となる．したがって着工前に，埋設位置，規模，数量を詳細に調査しておかなければならない．なお電線については電力会社，電話回線は電話会社，上水道・下水道は市や区役所の担当部署に赴き，各々の記録や配線図・配管図の閲覧をして十分調査を行う．また必要に応じて，各係員の立会いの下で部分的な掘削を行い，実測によって確認する．これらの地下埋設物の調査結果は敷地図の中に取りまとめて，図7.2に示す地下物件の現況図として整理する．

7.4.2 隣接地にある物件の調査

敷地の隣接地および周辺部については，地上物件として隣接建築物，電柱および架線，街路樹，歩道橋，消火栓など，また地下物件としては，地下鉄・地下道，電気・ガス・上水道・下水道などの配線および配管があげられる．いずれも現に用いられ，機能しているものが道路・舗道下に埋設されていることがあり，現状を必ず調査しておかなければならない．

これらの埋設物が地盤の沈下や変形によって，切断・破損を生じて事故や災害を招いた事例が多い．したがって工事を進めるうえでも，また工事公害を未然に防止し，環境保全を図るうえでも，正確な調査を行うことが求められる．その状況に応じて，準備工事としてこれらの移設あるいは適切な保護・補強対策を講じなければならない．

● 7.5 地 盤 調 査

7.5.1 地盤調査の目的

地盤調査の目的は，地盤の条件に適した基礎構造物の設計や施工を行うために，建築物を支持する地盤の状況を把握することにある．土質試験の結果と，杭の打設や載荷試験など現位置において実施した試験結果を，総合的に分析・検討したうえで，地盤の評価を行う．

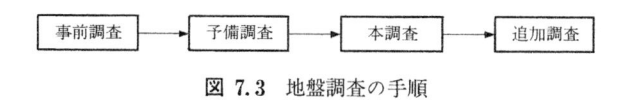

事前調査 → 予備調査 → 本調査 → 追加調査

図 7.3 地盤調査の手順

地盤調査は一般に，図7.3に示す手順で進められる．

事前調査には，① 既存資料による調査，② 現地踏査による調査に分けられ，敷地調査のなかですでに述べた．この調査の結果をもとに，今後実施すべき地盤調査の内容や規模を定める．また計画しつつある建築物の規模・構造および要求される性能条件などを考慮し，調査の方法についても検討を加えて調査費用を定め，以後の調査を進める手掛りとする．

7.5.2 地盤調査の方法

A. 予備調査

建築物の配置計画にそって，基盤の位置に対する支持地盤層と基礎構造の形式について調査・検討を加え，設計を具体的に進める設計資料を提供することを目的としている．各種の資料の収集を図るとともに，土質試験などの本調査を実施するうえでの方針や計画内容を決定する．

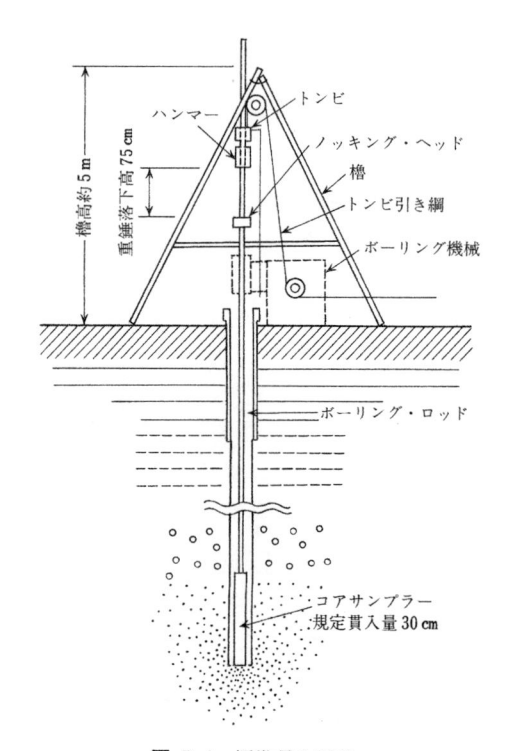

図 7.4 標準貫入試験

B. 本　調　査

　設計に採用する地盤の支持力，沈下に影響をもつ土の諸性質を明らかにするとともに，土質の状況，地下水位などの状況を把握し，対象とする工事の規模・重要度・施工性・施工速度の検討に必要な情報を得ることを目的としている．したがって，必要となる調査計画を立て，調査すべき事項・方法および範囲を適切に決定して，調査を実施する必要がある．

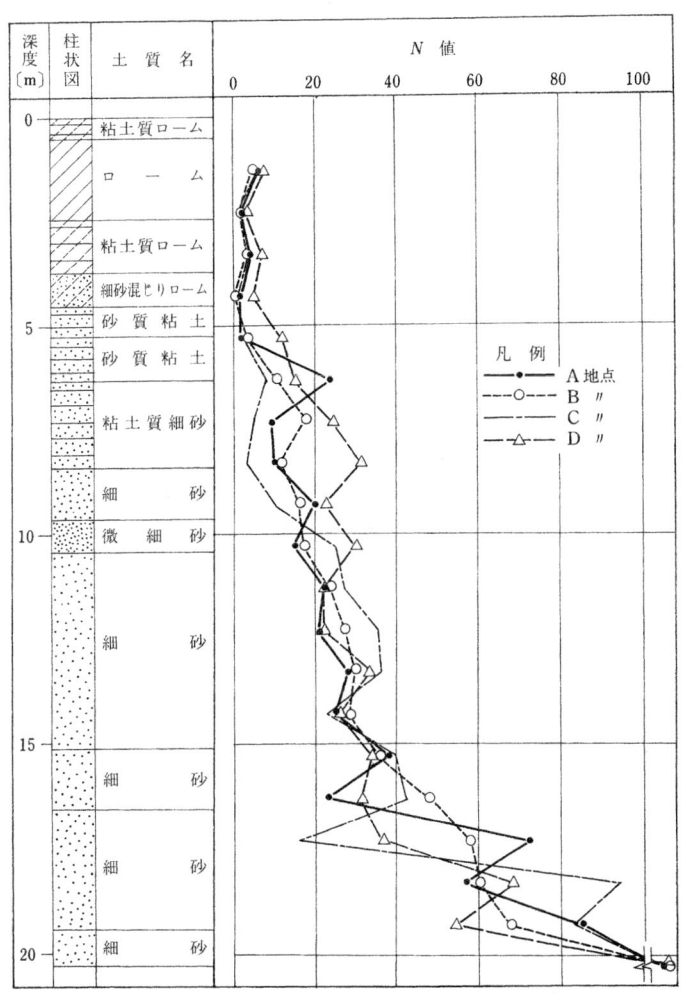

図 7.5　土質柱状図

調査は大別すると次の二つに区分される．
(1) 土質試験：地盤を構成する土の物理的性質・力学的性質の把握を目的とする．
(2) 原位置試験：原位置において，平盤載荷試験・杭打試験を行い基礎地盤としての総合的な特性値の把握を意図する．

これらの調査の基本になるのは，図7.4に示す標準貫入試験である．コアボーリング機で地盤を掘削し，各調査深度における土の試料（コア）を採取する時に，重量63.5 kg（140 lbs）の重錘を落下させ，ハンマーの打撃によって30 cm貫入するのに要する打撃回数を求め，これを N 値と称し，原位置における土の硬軟，締り具合の相対値を把握するものである．

このボーリングにおいて各深度ごとの試料を採取し，図7.5に示す土質柱状図が作成される．また，コアの土質試料を用いて，各層ごとの土の物理的性質ならびに力学的性質の測定が行われる．

地盤調査の方法については，学会の制定する規定，JIS規格があり，また数多くの専門書がある．それらの詳細は専門書に譲る．

C. 追加調査

これらの本調査によって明らかにしえなかった事項の究明を目的としたり，工事の過程で，地盤に予知できなかった事態が見出された場合に，その応急的処置，設計変更などの対策を立案するためのもので，補足的調査である．

なお施工の過程で，施工管理を目的として，地盤の変形・沈下，土圧などの測定が行われる．これらについては，「9 根切り・山留め工事」に示す．

● 7.6 近隣との折衝

工事をめぐって，その近隣地域は直接・間接に何らかの影響を受ける．工事の過程では，工事用車両による道路の占有，騒音・振動，粉塵，悪臭，周辺地盤の沈下などの様々な工事公害が起きがちである．また建設後も日照障害，ビル風の発生，電波障害などの建築公害を生じることから，周辺住民との間に紛争が起こり，工事の進展が妨げられる事例が急増している．

このため，都・県・市などの各自治体は建築関係の指導要綱を定め，工事の確認申請の提出に際して，近隣住民との話合いに関する報告書や同意書の添付を求めている．近年，この種の近隣との折衝業務が増大する傾向にあり，工事担当者は建築主・設計者と一体となって住民との対話を重ね，工事に対する理解と協力を得る必要がある．

近隣折衝には，建築計画の内容そのものについて，あらかじめ十分な検討を加えてお

かなければならないが，同時に近隣の現況についても事前に詳細な調査を行い，工事が近隣に及ぼす影響や起こりうる問題についても，細部にわたり十分な分析・検討をしておく必要がある．そのうえで近隣住民に対する説明資料を作成し，説明会・戸別訪問などの機会を通じて，工事の内容をはじめ，考慮している対策などの詳細についてていねいに説明を行う．また，住民からの質問や苦情については，その内容を調べ，誠意をもって対応しなければならない．

このような説明や話合いの結果，工事内容について合意が得られたならば，工事に伴う事故の防止策，現場へ出入する車両などの通路，施工方法および作業時間などの作業条件について，近隣居住者との間で協定書を締結する．このため，設計内容をはじめ工事計画・施工法などの変更を余儀なくされる場合が多い．

● 7.7 官公庁等への連絡・届出・許可申請の手続き

建築工事の実施に関しては，社会公益の保持，住民の人命・財産の保護を目的として，数多くの法令・規則・通達などが，それぞれの事項について制定されており，多くの面にわたって規制を受ける．これらの概略については，「4 工事をめぐる法規制」においてすでに述べた．

建築物の発注者・設計者・工事の担当者のいずれも，その立法の趣旨や内容について正しい理解をもち，公序良俗に反しないよう十分な注意を払わなければならない．

事務所・仮囲い・プラントなどの仮設の施設や設備を設置するが，工事中は多数の人員が現場に出入し，時には事故その他の不測の事態を生じるおそれがある．警備保障などの適切な体制づくりが求められる．また，道路の占有，電柱その他地上物件の移設，電気・水道・ガスの仮設など，工事の遂行上，官公庁をはじめ関係する諸機関に出向いて挨拶するばかりでなく，所定の届出・許可申請の手続きを遅滞なく行わなければならない．

これらの業務は，工事契約から着工までのきわめて短い期間で行わねばならぬことであり，しかも多岐にわたり，その数も非常に多い．またこの時期は，作業所としても職員の人数が少なく，組織や事務処理の体制も十分でない．このため戸惑いや混乱を生じて，手続きの遅れや誤りを伴いやすく，これが工事の実施を妨げる原因となる．したがって，作業所の開設にあたっては，まず内部の管理体制を固め，担当者を決めて母店などと緊密な連絡をとり，必要な手続きを遅滞なく実施しなければならない．手続きを要する事項を列挙すると以下のとおりである．

（1） 作業所開設に伴う手続き

(2) 工事に関する許認可の届出
(3) 工事用の仮設建物の手続き
(4) 労務・安全衛生関係の手続き
(5) 工事用機械設備類の設置の届出
(6) 道路占有，同使用の申請の手続き
(7) その他

● 7.8 地鎮祭・その他

　本工事そのものではないが，敷地内の物件の処理，作業用地の借用とその整備などの準備工事がある．また準備工事の一環として，地鎮祭（地祭）などの準備業務が含まれる．建設工事では古くからのしきたりとして，敷地の地主神を鎮め，工事の円滑な進行と安全を祈念するもので，「地祝い」などとして，通常は神道による儀式形態をとることが多いが，建築主などの意向によってその方式もかなり異なる．一種の儀式であり，取扱いを誤るようなことがあってはならない．

参　考　書

1) 日本建築学会：建設工事標準仕様書・同解説 JASS 1 一般事項（1982）日本建築学会
2) 柿崎正義他：ビル解体工法（1973）鹿島出版会
3) 全国建設研修センター：現場技術者の工事側量必携（1980）全国建設研修センター
4) 篠崎守：図解建築測量（1985）彰国社
5) 最上武雄，福田秀夫：現場技術者のための土質工学（1973）鹿島出版会
6) 日本建築学会：建築基礎設計のための地盤調査計画指針（1995）日本建築学会
7) 日本建築士会連合会：やさしい施工管理のツボ（1978）日本建築士会連合会
8) 鹿島出版会編：建設現場事務必携（1984）鹿島出版会
9) 鹿島出版会編：建設の儀式と祭典（1985）鹿島出版会

8 仮設工事

● 8.1 仮設工事の基本

8.1.1 仮設工事の特徴

A. 仮設工事

　仮設工事とは，目的とする建築物本体を円滑に施工するために必要とする工事用の仮設資材や工事用機械・設備を，工事現場で組み立て，据え付けて本工事に備える．また工事の完了後は，これらを解体・撤去する工事である．施工用の仮設材料や機械・設備は，起工直後から竣工直前までの各段階で広範に用いられるが，本体の工事が終わればいずれも用済みとなって取り払われ，原則として後には残らない．

　この工事には，仮囲い・仮設建物・動力用水設備・安全設備など，ほとんど全工事を通じて共用される「共通仮設」と，遣方（やりかた），足場，揚重設備・運搬設備など，建築物の構築に直接必要な「直接仮設」のほかに，土工事における山留め・支保工や，掘削作業のためのパワーショベル・ブルドーザーなどの工事用機械，コンクリート工事における型枠・支保工や，コンクリートポンプなどの打設用設備のように，特定の工事のみに使用する「工事別仮設」がある．

　また，測量・地盤調査・材料試験などの試験調査工事，あるいは道路の復旧・周辺埋設物および隣接物の養生・補修工事，墨出し，現寸型板の作製，実物大模型の作製の諸工事も，工事費の見積り上から仮設工事費の範疇として取り扱われる場合が多い．ここでは，共通仮設と直接仮設のうち主だったものについて述べ，工事別仮設工事および試験調査工事については，該当する各工事の章に譲る．

B. 仮設設備の最近の傾向

　仮設建物・足場・工事用機械設備は，対象とする本体工事の規模・構造・工期，敷地の条件，搬入される資材，作業に従事する建築労働者の供給状態などによって大きく異なる．仮設計画が充分でないと，工事に支障をきたすばかりでなく，労働災害の原因ともなる．逆に大き過ぎれば不経済となるので，工事の内容・工程その他の制約などを十分検討して，適切な計画をしなければならない．

　仮設工事に用いられる材料や設備は，施工目的を果たすとともに，使い良さに加えて

設置および解体・撤去が容易であり，かつ安全であり，経済性を備えていることが要求される．安価な材料を使用して，現場ごとに使い捨てる考え方もあるが，環境・資源問題の点からして，今日では許されることではない．むしろ，初期コストは高くても，耐久性のある資材を反復使用して，経費の節減を図るという考え方が一般である．

前記の理由から，仮設材は古くは木材の使用が一般的であったが，昨今では，強度が大きく加工性や耐久性のある鉄鋼材料や軽金属材料が用いられている．また，板材には金属板類のほか合板がよく用いられる．仮設工作物や仮設建物についてはユニット化・プレファブ化が進み，動力設備でも配電盤と変圧器をひとまとめにしたキュービクルと呼ばれるパッケージを使うのが一般であり，その組立て・解体に要する手間の軽減が図られている．

さらに施工中の建築物の内部を下小屋として有効に活用したり，従来現場で行っていた加工作業を工場加工に移管することにより，下小屋を簡素化させる工夫が加えられている．他方，超高層建築の工事では，無足場の施工を可能にする工法の採用が進められている．このように施工技術の進歩に伴い，仮設設備などを現場に構築することをできるだけ少なくする傾向が顕著となっている．

8.1.2 仮 設 計 画

A. 施工計画と仮設計画

施工計画とは，設計された建築物を与えられた条件（品質・工期・環境，法的規制など）の中で，できるだけ経済的につくるために，主要な工事の施工方法と，それに要する仮設設備や工事用機械を選定あるいは設計し，かつ合理的な施工順序とその工程を計画するものである．

施工計画は，各主要工事に先立ち施工者が計画・立案し，設計者や関係官公庁の承認のもとで工事が実施される．

仮設計画は，一連の施工計画の中で立案され，その内容は仮設計画図・仮設構造計算書として示される．仮設計画図の中で最も基準的なものは，主要な仮設施設を示した総合仮設配置図である．この総合仮設計画に基づいて，必要とする個々の仮設計画がなされ，仮囲い・仮設建物，主要な揚重設備・安全設備，足場・乗入れ構台などの計画図が描かれる．

施工者はそれらに基づいて，仮設工事を実施することとなる．

B. 仮設計画の要点

a. 徹底した検討による安全確保　仮設設備などは，建築本体の施工を行うための仮の構築物で，本体の竣工後は，すべて撤去しなければならない．しかも一連の仮設工

事に要する費用が，全工事費の約1割を占めるということである．したがって，施工のあり方について多角的検討を加え，必要最低限をねらった計画を立て，適切かつ効果的な運用を図ることが必要である．

しかし，工事計画時点の検討が，ともすれば不徹底であり，一度設置した仮設の盛替えが必要になったり，足場の設置個所が地盤の不同沈下により，撓み・弛み・破損を招くなど，仮設工事に絡む事故が意外に多い．特に第三者傷害につながるおそれのある，足場の端部養生の欠陥による不始末，突風による仮囲いの倒壊，仮門からの作業車輛の出入による事故など，いずれも万全の対策が必要である．

仮設は一度設置したら，それを有効に利用することも重要で，それに値する設備を構築し，反復して長く使用できるよう，計画と運用の適正化が望まれる．

b. 仮設資材の有効利用　　十分な検討をもとに設置された仮設設備は，安全防災に役立つばかりでなく，利用率が高くなる．このためには，使用する資材も，材質的に長期使用に耐えうるものが必要である．その意味で仮設資材は，作業所間の転用を含めて，転用回数が多いものほどコストダウンにつながる．

タワークレーンなどの揚重機の選定も，使用条件の検討を重ね，休日・作業不能時を除いて，遊休時間をどれだけ少なくしうるか，設置・運用期間はどうか，など優れた計画が運用効果を高める前提である．それが工期短縮と工事費低減の有力な手がかりであることを忘れてはならない．

c. 規格化・軽量化　　仮設資材の資材は，寸法・形状などの標準化,規格化を進めるとともに，構造や接合形式についても合理化を図り，全体重量の軽量化の工夫をしなければならない．

設置の必要個所までの小運搬を容易にし，接合・組立てを簡単化することにより，仮設工事の労務量を削減する効果も大きい．計画の良否は，作業能率に大きな影響をもつ．

d. 現場作業の低減　　軽量化によって，仮設設備に用いる各種資材の小運搬・組立

図 8.1 総合仮設配置の一例

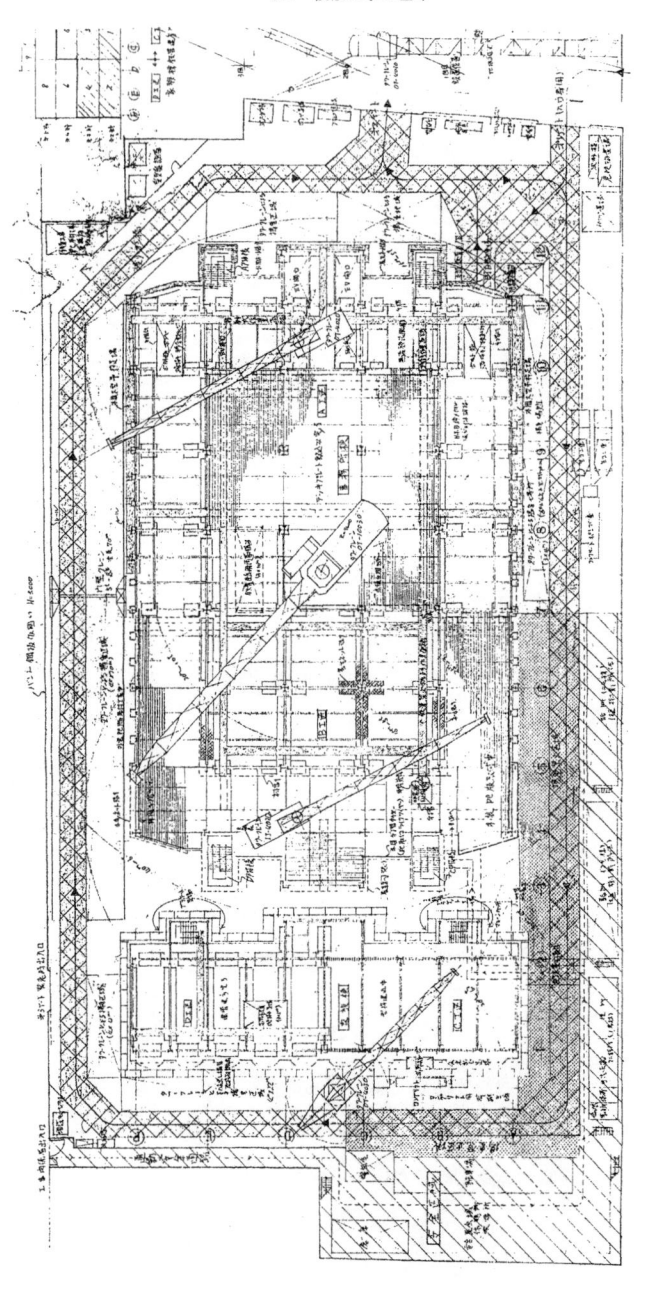

図 8.2 総合仮設配置図の一例

ての作業量を低減する試みと同様に，工場加工によってすでにまとめられている鉄骨部材の建方用ハイステージ（足場）を，部材建方時に地上で鉄骨部材に取り付けて，そのまま揚重運搬し，高所に安全で能率的な足場を設置して，足場取付けに要するはずの作業量を削減し，仮設工事の合理化に寄与している．

このような創意工夫をこらして，仮設工事に要する労務量を大幅に低減する積極的な試みが求められている．

e. 仮設工事の省略　　外壁のコンクリート型枠に，大型型枠・ハーフPC板を使用して外足場を省略したり，パラペットをPC化して手すりを省略したり，地下階の仕上げ工事を先行させて仮設建物として利用するなど，仮設工事を省略する試みが，多くの現場で取り上げられている．

このほか，建築本体の照明設備工事を先行させ，この本設照明を仮設用に転用する．本設エレベーターを人荷用仮設昇降機として使用するなど，本設を利用することで仮設工事を省略するだけでなく，作業能率の促進，工事品質の向上，作業安全に大幅に寄与させた事例が少なくない．

目的とする建築物の規模や性格によっては，簡単には採用しにくい面もあるが，計画段階で多角的・総合的な検討を活かして，大きな効果を生み出す努力が必要である．こうしたことが，「仮設工事はVE提案の宝の山」といわれる所以であろう．

C. 仮 設 設 計

仮囲い門扉，工事事務所，足場・構台・山留めなどの仮設設計にあたっては，施工計画の方針をふまえて，周辺地域における安全性の確保および工事公害の防止を念頭に進める．また設置などの諸活動の円滑な推進を心がけ，しかも，できるだけ経済的に計画する必要がある．

この仮設構造物の構造計算は，基本的には建築物の構造計算と同じである．しかし，仮設の設計では，建築物におけるように長期間にわたる種々の外力や，厳しい許容応力度の考え方を採用していたのでは，経済的に成り立たない．そこで，荷重についてはその場で考えられる実際の荷重を採用し，使用材料の強度も破壊強度の2分の1としたり，長期許容応力度と短期許容応力度の平均値を採用するなどの方法で計算をしている．

D. 仮設材の移動・転用計画

仮囲い・仮設建物・足場・防護施設などの仮設設備は，工事の過程で部分的に取り外したり，移動したりする必要が生じる．したがって，これらに用いる部材および部品の標準化・規格化を推進するとともに，組立て・解体・交換が容易に行えるように計画しなければならない．

また，工事の進行に伴い，一度使用した仮設設備を効率よく使用（転用）していくこ

とが大切で，この設備の転用計画の巧拙は，仮設工事費に大きく影響する．

E. 仮設計画と法規

仮設工事は，施工時における適否や，作業者の安全性・防災，工事公害に係わる点が多い．このため数多くの法規制の下で運営される．仮設工事に関連する法律や規則には，次のようなものがある（表 4.2）．

建築基準法・同施行令，建設省告示，消防法，道路法・同施行令，騒音規制法・同施行令，振動規制法，電気事業法，水道法，下水道法，労働安全衛生法，労働安全衛生規則，クレーン等安全規則，ゴンドラ安全規則，大気汚染防止法，水質汚濁防止法など．

● 8.2 仮囲い・門扉

8.2.1 仮囲いの設置

A. 仮囲いの設置計画

一般に木造以外の構造で，2 階建て以上の建築工事を行うときは，少なくとも 1.8 m 以上の板塀その他，これに類する仮囲いの設置（工事の状況により危害防止上支障がない場合においては，この限りではない）が法的に義務づけられている[1]．

仮囲いの設置については，敷地周辺の状況を判断して，どの面にどんな仮囲いを設置するかを決める．市街地では，道路側には必ず設けなければならない．しかし，隣家との境には，状況により設けないで，養生対策を主とする場合もある．なお，道路を借用して仮囲いを設置する場合は，道路管理者と所轄警察署の許可を要する．

B. 仮囲いの種類

仮囲いの材料は，鋼板塀のほか，シート張りや鉄線を張りめぐらしたものなどの各種がある．また，工事がほぼ完成して建築物の竣工引渡しまでの間，バリケードを仮囲いとして使用することもある．鋼板塀には，万能鋼板・安全鋼板・波形鋼板などがあるが，

図 8.3 仮囲いの設置の一例

最近では各業者とも専用の鋼板塀を設置する例が多い．板塀は，杉板(厚さ 15 mm 以上，幅 180 mm 以上) を横胴縁の縦板張りで仮囲いとするほか，合板製のパネルなどが用いられる．

C. 仮囲いの構造および外観

鋼板塀の仮囲いは，建地パイプに布パイプを直交クランプで固定し，布パイプに鋼板をフックボルトで止める構造が多い．また，強風時に仮囲いが風のあおりを受けて倒れることがないように，建地および控えの根元をしっかりと固定することが大切である．工事の都合で仮囲いを盛り替えるときは，控えに代わる十分な補強を行わねばならない．

従来，建設現場に設けられる仮囲いは，周辺の環境を損なうなど，環境保全の面で問題がなくもなかった．構造的に十分な耐力を保有するということだけでなく，それぞれの地域環境にふさわしい外観を維持するために，周辺と調和する色彩に塗装したり，図案を描いたりする試みが進められている．

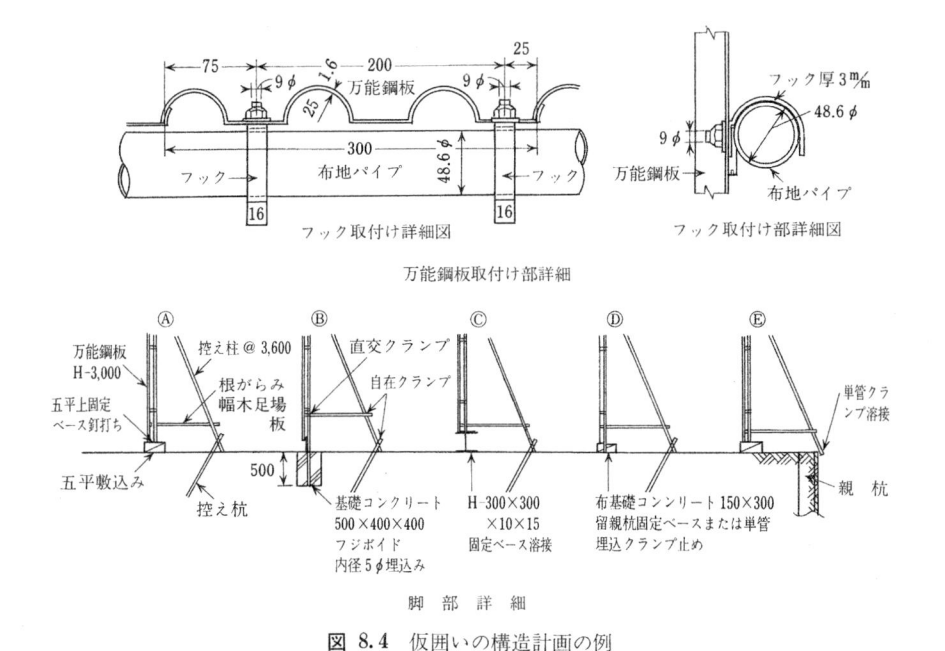

図 8.4 仮囲いの構造計画の例

8.2.2 門　扉

A. 門扉計画

出入口は，現場内における仮設道路や乗入れ構台との関連，工事用車輌の動線，現場外の歩道橋・電柱・街灯・街路樹・電話ボックス・バス停などの位置に配慮し，できるだけ適切な位置に設ける．道路上に存在する設備は，時には所有者の了解のもとに移設し，工事完了後修復することもある．なお，車輌の出入時の安全性を考慮し，通行人の注意を喚起するため，出入口にはブザー・回転警告灯を設置する．

B. 門扉の種類

門扉は，各種資材および工事用重機類の搬出入が容易であるように，5.5m程度の幅と，4m内外の高さを必要とする．門扉には，ハンガー式・スライディング式・シート式のゲート，簡易シャッター・両開き戸などがある．設置の目的や要求機能を考慮して，適切なものを選定する．

● 8.3　仮設建物

8.3.1　工事事務所・作業員詰所

A. 工事事務所

工事事務所とは，工事監理者および施工業者の現場事務所である．敷地に余裕がある場合は，敷地内で現場を一望に見渡すことができ，しかも作業員の出入りや諸資材の管理しやすい位置に，仮設の建物として建設する．

仮設事務所は，工事の規模や敷地の状況により，1階建てまたは2階建てとし，工事監理者用・施工業者用の各事務室，電子計算機室・製図室・打合せ室のほか，必要に応じて集会室・休養室・炊事室・食堂・シャワー室・倉庫などが計画される．

10人用 100.63m² (10.06m²/人)

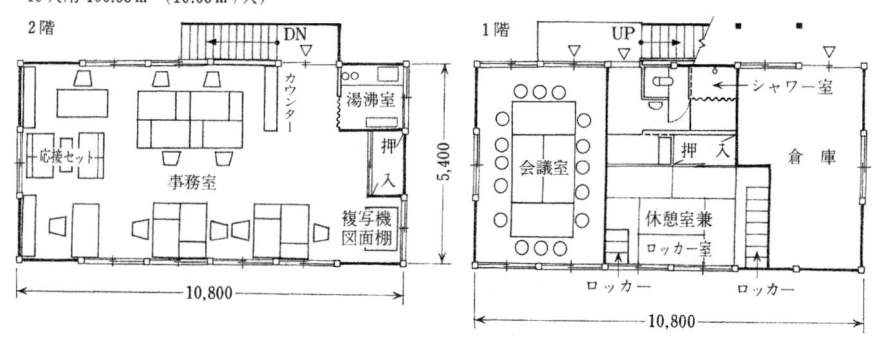

図 8.5　仮設事務所の計画例

仮設事務所の構造は，軽量型鋼造のパネル組合せ式が最も普及しているが，その主要部の構造は，「鋼製仮設建物・仮設工作物設計施工規準」[3]による．また，この仮設建物は，労働省が定める期限付寄宿舎としての「建設業付属寄宿舎規定」[4]の適用を受ける．

B. 作業員詰所

作業員詰所は，現場の作業に従事する専門工事業者の労働者が更衣・昼食および休憩の場として使用するほか，小道具・機器類の置場などを目的として建てられる仮設の建物で，小部屋式と大部屋式がある．建物は，構造・設備とも工事事務所に準じたものが用いられる．

8.3.2 下小屋・倉庫・危険物貯蔵所

A. 下小屋

下小屋には，大工・鉄筋工・鉄骨鍛冶工・左官工・ペンキ工および付帯設備の各職が，現場内の工作所として用いるものと，機械類の保守および保護を目的とした変電室・ウィンチ小屋・コンプレッサー小屋などがある．

構造は，単管で主要な骨組をつくり，屋根や壁には亜鉛メッキ波形鋼板を用い，床には合板を敷き並べた程度の簡単なものが多い．しかし，最近では，なるべく使用する資材の工場加工度を高めて現場作業を削減し，作業者の省力化を目指す傾向が強くなっている．

B. 倉庫および危険物貯蔵所

倉庫には，セメント・プラスターなどの左官材料をはじめ，陶磁器質タイル・内装用壁紙類などを入れる材料倉庫，金物・物品類の小物を入れる雑品倉庫，ペイントやボンベを入れる危険物倉庫などの固定式倉庫と，鉄骨建方に用いる工具類，溶接・鍛冶関係

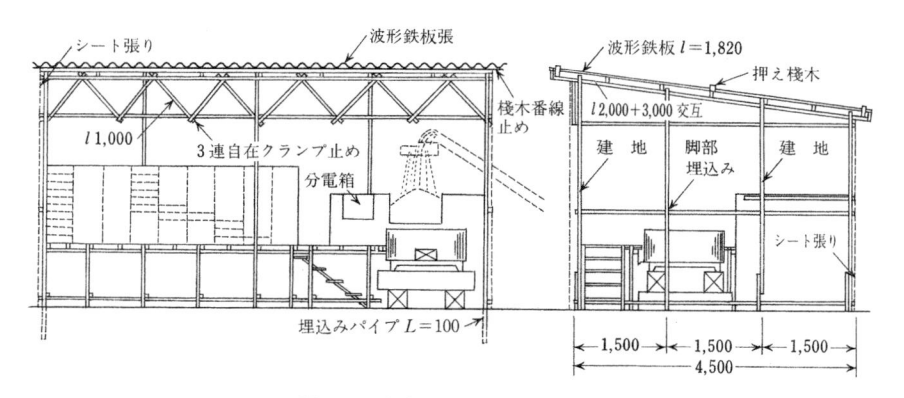

図 8.6 左官練場下小屋の計画例

の材料や機器類などを収納保管するための移動コンテナーがある.

危険物の保管をする倉庫は,その種類・数量・貯蔵期間によって,消防法[4]・労働安全衛生規則[5]・高圧ガス取締規則[6]などの規制を受ける.その計画にあたっては防火,防炎に十分な注意を必要とする.

● 8.4 工事用電気,用水・排水設備

8.4.1 工事用電気設備

A. 工事用電気設備の計画

工事用の電気設備としては,使用する工事用機械および機器類の動力源となる受電・変電設備,配電設備,仮設建物や現場内の照明設備,通信用の弱電設備などがある.工事用電気設備の計画は,まず,工事に必要な電力量から受電設備を決め,つづいて,場内の配線計画,照明の配置計画,弱電設備計画などが行われる.

受電設備の容量は,工事工程表から工事用機械・設備および照明に使用する電力について,負荷工程表を作成し,最大負荷容量の 40～60％ 程度として決めるのが一般である.

工事用照明設備は,作業面の照度を屋内作業では 70～100 lx,屋外作業では 50～70 lx として計画する.

B. 受電設備工事

電力を使用するにあたっては,関係方面に所定の手続きをしなければならない.使用する電力量が 50 kW 未満の場合は,電力会社に電力使用の申込みをすれば,200 V～100 V の電線をひいてもらって使用できる.使用電力が 50 kW を越える場合には,現場側で変電設備を段取らなければならない.最近では,キュービクル式高圧受電設備を使うことが多く,これを積んできて搬入し,所定の場所に設置するとすぐ変電所になる.

図 8.7 キュービクル式高圧受電設備

8.4.2 工事用給水設備

A. 給水設備計画

工事用用水としては，事務所・手洗いなどの生活用水のほかに，土工事・基礎工事で用いる泥水・ジェット水流,砂質土の水締め,コンクリートおよび左官材料の混練水・養生水，型枠への散水，場内およびダンプタイヤの清掃水，各種機械の冷却水があげられる．

仮設用給水の計画は，工事工程表・積算書および作業人員などを参考にして，着工から工事完成までに現場で使用する水量の総計を把握し，水源の選定，給水システムの設計，給水配管の計画などを行う．

B. 給水設備工事

上水道がある場合は，水道局あるいは各都市指定の公認業者を通じ，給水装置工事申込書を提出し，指定材料を使用して施工を行う．上水道の圧力が不足する場合は圧力給水方式か重力給水方式で行う．特に，超高層建築の工事では，中間階に貯水槽を設け，給水範囲を重力給水方式と圧力水槽方式の2系統に分ける方法をとっている．

上水道が得られない場合は，敷地や周辺の状況に応じ，河川水・湖水・井水などを利用するが，これらを使用する場合には，水質試験を行って使用水の水質を確認し，場合によっては沪過などの適正な水処理を行って使用する．

8.4.3 工事用排水設備

A. 排水設備計画

工事用水は適切な排水設備を設け，不要水の始末をしなければならない．特に，工事用排水には，酸・アルカリ・ベントナイト泥分・油などを含んでおり，地方条令に基づいて必要な処置を講じる．すなわち，現場の排水については，汚水（主として人体からの排泄物），雑排水(洗面・流し・浴室などの不要水)，雨水，地下水，特殊排水(油・酸・アルカリ・泥分などを多量に含んだ不要水）を種類別に分け，排水量・排水期間・排水条件などを明らかにして，最も適した排水設備の方式を計画しなければならない．

B. 排水設備工事

汚水・雑排水・雨水・地下水の排水は，公共下水道が敷地の周辺にまできている場合はこれによる．公共桝の有無と下水道の能力および分流式か合流式かを調べ，状況に応じて必要な処置をとらなければならない．

公共下水道が敷地の周辺にない場合は，浄化処理設備を設けて十分な処理を行ったうえで，河川などに放流するか，敷地内で，浸透方式・蒸発方式または汲取り方式で処理する．

場所打ち杭や連続地中壁などの造成で排出する汚水，生コン車を洗った後のアルカリ分を含む特殊排水は，地域の地方条例を調べ，その規制に従って環境衛生上支障のないものに処理したうえで，排水しなければならない．

● 8.5 足　　場

8.5.1 足場の種類

A. 足場の用途別分類

足場には，建築物の外周面に沿って架設し，軀体工事から外装仕上げ工事に至る各種

表 8.1　足場の用途別・構造別分類

足場の構造 用途区分	本足場	一側足場	枠組足場	吊り足場	移動式足場
外部足場	丸太本足場 単管本足場 張り出し本足場	丸太一側足場 単管一側足場 布板一側足場 ブラケット一側足場	枠組本足場 枠組張り出し足場	ゴンドラ式昇降足場	機械駆動式足場
内部足場	鉄筋地足場 シャフト用棚足場 仕上用単管棚足場 階段用棚足場		仕上用枠組棚足場	鉄骨吊り棚足場 鉄骨吊り枠足場 デッキ吊り枠足場 階段吊り棚足場	ローリング・タワー 脚立足場 うま足場

図 8.8　外部足場の設置例　　　図 8.9　鉄筋地足場の設置例

の作業に活用される「外部足場」と，建築物の内部で左官塗り，天井張りなどの工事の進行に伴って，架設・撤去する「内部足場」がある．

外部足場は，通常，躯体工事の進行に伴って組み立てられ，型枠・鉄筋・コンクリート打設などの躯体工事から，左官塗り・タイル張り・コーキング処理・ペイント塗装などの外部仕上げまで，長期間にわたって使用される．また，外側にシートまたは金網を張り，作業安全の保護設備や現場周辺に対する保護・養生設備として利用するほか，工事関係者の通路・階段としての機能をも果たすものである．

内部足場には，基礎柱および地中梁の組立ておよび鉄筋の位置を正しく保持するための鉄筋地足場，鉄骨の組立てにおけるリベット打ち・溶接・高力ボルト締めなどに用いられる鉄骨吊り足場，内部の鉄筋や型枠の組立ておよび各種の内装仕上げ工事に用いる棚足場・移動足場・脚立足場などがある．これらのほとんどが，工事の進行に伴って設置・撤去が繰り返される．

B. 足場の構造および材料別分類

足場の構造による種類には，単管やその他を用いて架構する本足場・一側足場・棚足場・吊り足場，鋼製の枠組足場，枠組の脚部にキャスターを取り付けた移動式足場のほか，ゴンドラや機械駆動式足場などがある．

また，外部足場を地上より直接架構することができない場合は，工事中の躯体よりブラケットなどを張り出して，その上に本足場や枠組足場を架構することもある．

足場の架構に使われる材料には，木材（丸太足場），鋼材（単管足場・枠組足場・脚立足場），軽金属（枠組移動足場）などがある．また，足場の作業床に使われる材料には，

図 8.10 鉄骨吊り足場の例　　図 8.11 移動足場の例

木材(単板・合板)のほか,鋼製・軽金属製の「歩み板」がある.

8.5.2 足場の計画

A. 足場計画一般

外部足場の計画は,建物の構造・種類・高さ,敷地と近隣との関係,工程と作業の内容などを十分考慮して,軀体工事から仕上げ工事まで,多くの作業に兼用できるように,足場の種類・構造,配置,架構高さおよび建物外面との間隔などを決定する.

また,資材の運搬や従事する労働者などの昇降に便利な位置に,登り桟橋を計画する.なお,足場および作業床の構造・最大荷重・最高高さ・送電線への接近については,「労働安全衛生規則」を順守するとともに,主たる足場については必ず計画図を作成し,必要な諸届を行って実施する[7)8)].

内部足場は一般に設置期間が短く,架払いが多いのが特徴である.したがって,その設置と架払いの時期および転用と管理について,よく検討したうえで計画をする.

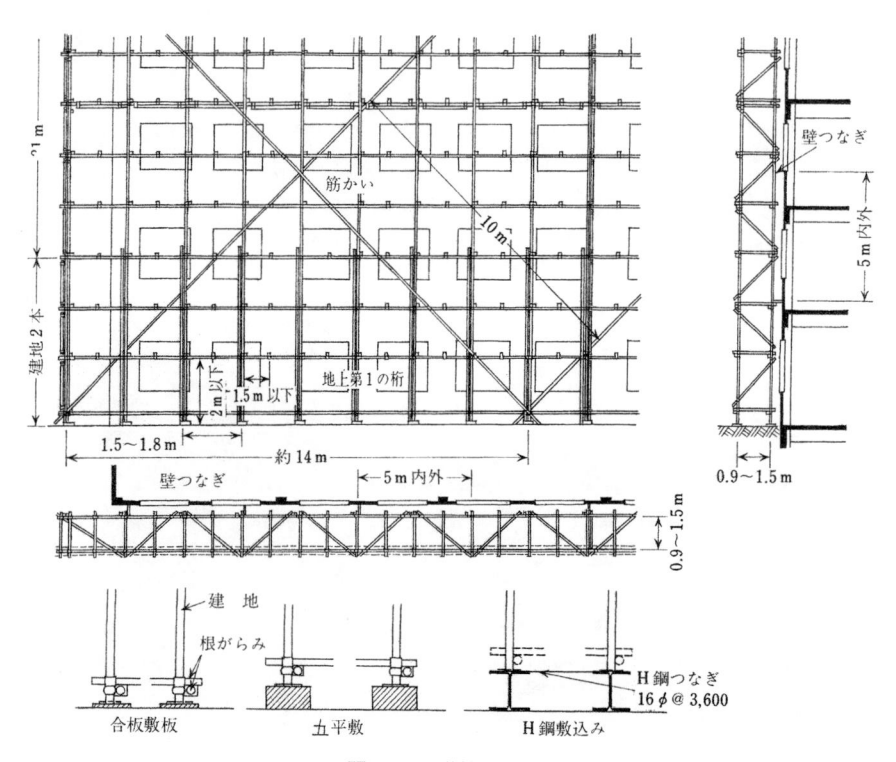

図 8.12 単管本足場

B. 単管本足場の計画

単管足場の部材および付属金具は，原則として JIS の規定に適合するものを用いる[9]．その構造および壁つなぎの取付け間隔は，「労働安全衛生規則」に従う[10]．

本足場の架構は，建地・布・腕木・筋かいで構成し，建地の間隔は，桁行方向で 150〜180 cm，梁間方向で 120〜150 cm，布の間隔は 150 cm 内外，腕木の間隔は 150 cm 以下，建地の最高部から測って 31 cm より下の部分の建地は 2 本組とする．

足場の脚部には，建地 3 本以上にわたる長さの敷板・敷角などを設置し，ベース金物でレベルを合わせる．

高さ 2 m 以上の作業場所には，作業床を設けることとし，建地間 (1 スパン当り) の最大積載荷重は 400 kg 以下としなければならない．

C. 枠組足場の計画

枠組足場は，門形の建枠に H 形の布枠を組み合わせ，ブレースで補強したユニットを積み上げて構成する足場である．組立てや解体が容易で安全性が高く，大規模な建物の足場として，最も一般的に用いられている．枠組足場の材料と構造は，単管足場と同じく JIS の規定および労働安全衛生規則によるものでなければならない[11][12]．なお，積載荷重は 1 スパン当り 400 kg 以下とし，5 層ごとおよび最上部に水平つなぎを設けなければならない．また，最高の高さは 45 m 以下とする．

8.5.3 足場の組立て，保守管理および解体

A. 足場の組立て・解体

外部足場の組立ては，一般に軀体のコンクリート打設に合わせるのが通例で，型枠作業より半階分位上まで，型枠作業の進行に合わせて，順次上層へと最上階まで組み立てられる．軀体工事が終了した後は，外壁のサッシ・仕上げ工事との工程に合わせて適宜解体される．

内部足場は，対象とする工事に先立って組立てあるいは設置され，その工事が終了するとただちに撤去，あるいは同種工事の他の部分に転用される．

足場の組立て・解体は，高所の不安定な場所で行われることが多く，墜落など事故が多い．組立て・解体作業にあたっては，法令・規則に基づいて適切な作業計画を立て，関係者と綿密な打合せのうえで安全に実施する．

なお，足場の組立て・解体にあたっては，以下の事項に留意する．
（1）吊り足場（ゴンドラを除く），張出し足場または高さ 5 m 以上の足場の組立て・解体または変更の作業には，作業主任者を選任しなければならない[13]．
（2）組立て・解体または変更の時期，範囲および順序を労働者に周知させる．

（3） 組立て・解体または変更の作業を行う区域内には，作業に関係する労働者以外の立入りを禁止する．

（4） 強風・大雨・大雪などの悪天候で，危険が予想される時は，作業を中止する．

（5） 足場の繋結，取外し，受渡しの作業などにあたっては，幅20cm以上の足場板を設け，労働者に安全帯を使用させ，墜落の危険を防止する措置を講じる[14]．

B. 足場の保守管理

外部足場は，気象条件（特に降雨・降雪・強風）や地震，地盤沈下などの不可抗力により，また，人為的な過失により変形を起こす．したがって，すべての足場は組立て完了から解体までの間，規則に基づいて定期的に点検し，異常を発見した時はただちに補修処置をとる[15]．

また，足場上には資材のほか，種々のものが設置される．不要材はただちに撤去するが，必要なものについても，許容積載荷重以下となるよう注意を払う．さらに，作業や通行の邪魔にならぬよう，また強風などで転倒・落下・飛散せぬよう，適切な処置をとる必要がある．

● 8.6 工事用機械設備

8.6.1 工事用機械設備の種類

建築工事は，物の移動なしに工事を進めることはできない．従来，手作業を主体に考えていた建築工事においては，形状・寸法や体積の大きな部材および設備機器の取扱い，重量の大きい部材などの運搬は，いずれも尋常なことではなかった．それでも，機械力の使用を避けて，「ころ・てこ・三又」などの器材や仕掛けを工夫して対応していた．ところが，今日ではこれらの作業は，ほとんど工事用機械類を駆使して，容易で，安全かつ能率よく行われるようになっている．

機械化以前の建築工事の進め方については，洋の東西を問わず，いずれも困難な大仕事であり，並々ならぬ工夫や努力が払われたことが，すでにHans StraubやJohn Fitchenにより，それぞれ別個の視点で，建築技術の変遷を扱った名著があるので[16)17]，ここではふれない．

建築施工の機械化は，資材の運搬Material Handlingの開発から始まっている．この新しい潮流は急速に進み，現在は建築工事の広範な分野にまで展開しており，各種の機械・設備・工具類としてその応用が拡がっている．その事例のいくつかを次に示す．

（1） 敷地造成・土工事関係：ブルドーザー，パワーショベル，クラムシェル，バックホウ，ダンプトラック等

（2）杭打ち・基礎工事関係：油圧ハンマ，バイブロハンマ，ソイルオーガーマシン，アースドリル，ニューマチックケーソン等
（3）鉄骨工事関係：炭酸ガス半自動溶接機，スタッド溶接機，高力ボルト締付機等
（4）コンクリート工事関係：バッチングプラント，ミキサ，コンクリート運搬車，コンクリートポンプ車等
（5）仕上げ工事関係：木材加工機械（木工丸のこ盤，かんな盤，ルータ），電動工具類，モルタルミキサ，スプレーガン（左官用・耐火被覆用・ペイント用）等
（6）運搬揚重関係：人荷用エレベーター，荷上げリフト，コンテナ台車，モートラック，トラッククレーン，クローラークレーン，定置式クレーン（ジブクレーン，タワークレーン）等

これらの工事用機械は，共通仮設機械として用いるもの，あるいは専用・直接仮設として特定の工種のみに使用するものとがある．使用状況も，現場に設置されて長期にわたって運用するもの，必要に応じて搬入して短期間使用するものなどあり，工事の種類や条件により様々である．また原価管理上も，その経費を各科目の細目として独立して扱う場合もあり，また各工事の複合単価の中で処理されることもあって，取扱いは一律ではない．本節では，共通仮設として扱う，運搬・揚重機械の計画についてのみ述べる．

8.6.2 仮設機械設備の計画（運搬揚重計画）

対象となる建築物の高層化・大規模化が進むにつれ，運搬する資材も次第に大型化し，重量も増大してくる．また作業に従事する労働者の人数も増加し，場所の移動・昇降に要する輸送も，その頻度・負荷ともに大きくならざるをえない．

したがって，このための運搬・揚重計画は工程管理の要となり，この計画の良否が，現場レベルにおける施工性・作業能率に影響を与え，工期・安全性・経済性を左右する大きな要因となる．

運搬・揚重といっても，人や資材の水平移動と，垂直に揚げ下げする垂直運搬とに分けられる．使用する機械の機種も，トラック・コンベヤのように前者のみを担当するもの，エレベーター，リフトのように後者を対象とするものがある．また水平・垂直の機能を複合して果たす移動式クレーン，タワークレーンのような機械もあり，工事の内容・規模，建築物の構造・高さ，実施する作業の機械化の条件などを総合的に判断し，最も効率的・経済的な計画を立てなければならない．

一方，運搬・揚重機の使用に伴う災害も多く，近隣環境に及ぼす影響も大きい．このため，騒音・振動に対する規制，車輌規制，排ガス規制などの環境保全・安全対策が厳しく求められており，常に適切な計画と管理が必要である．一例として，移動式クレー

ンの機種選定において，留意すべき事項を次に示す[18]．
(1) 環境条件：建築物周囲の地形，スペース，隣接建造物，架空電路・障害物，地盤の強度，移動径路および搬送道路の事情など
(2) 運搬・揚重の種類：対象とする範囲，部材の種類・寸法・形状・荷姿，単体重量，数量
(3) 施工法と施工順序：部材の取付け工法，作業手順，機械の盛替え時期

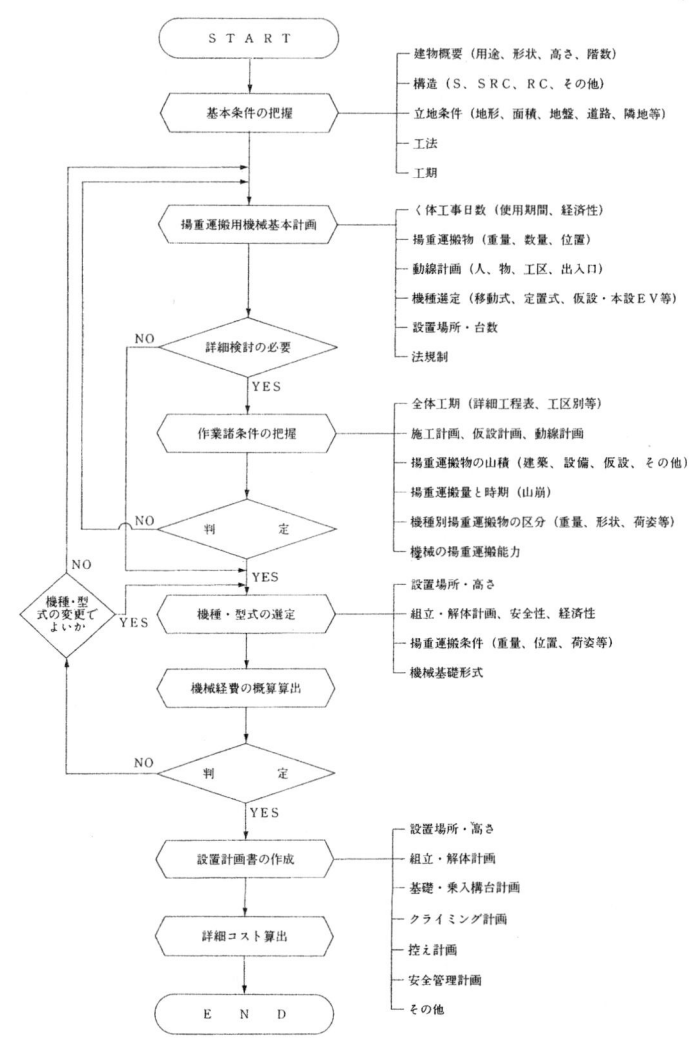

```
          START
            ↓
      基本条件の把握 ────── 建物概要（用途、形状、高さ、階数）
            │              構造（S、SRC、RC、その他）
            │              立地条件（地形、面積、地盤、道路、隣地等）
            │              工法
            │              工期
            ↓
      揚重運搬用機械基本計画 ── 〈体工事日数（使用期間、経済性）
            │                揚重運搬物（重量、数量、位置）
            │                動線計画（人、物、工区、出入口）
            │                機種選定（移動式、定置式、仮設・本設EV等）
            │                設置場所・台数
            │                法規制
            ↓
       詳細検討の必要 ── NO ──┐
            │ YES             │
            ↓                 │
       作業諸条件の把握 ──── 全体工期（詳細工程表、工区別等）
            │              施工計画、仮設計画、動線計画
            │              揚重運搬物の山積（建築、設備、仮設、その他）
            │              揚重運搬量と時期（山崩）
            │              機種別揚重運搬物の区分（重量、形状、荷姿等）
            │              機械の揚重運搬能力
            ↓
         判 定 ── NO ──┐
            │ YES       │
            ↓           ↓
       機種・型式の選定 ── 設置場所・高さ
            │           組立・解体計画、安全性、経済性
            │           揚重運搬条件（重量、位置、荷姿等）
            │           機械基礎形式
            ↓
      機械経費の概算算出
            │
            ↓
         判 定 ── NO ──→ 機種・型式の変更でよいか
            │ YES
            ↓
      設置計画書の作成 ── 設置場所・高さ
            │           組立・解体計画
            │           基礎・乗入構台計画
            │           クライミング計画
            │           控え計画
            │           安全管理計画
            ↓           その他
      詳細コスト算出
            ↓
          END
```

図 8.13 揚重運搬計画のフロー（直接仮設計画標準より）

8 仮設工事

(4) 工期と経済性:工程速度,使用期間,機械経費,組立て・解体費および運搬費

このような数多くの作業条件に対して,揚重機自体の特性などに係わる次の事項のチェックが必要である[19]。

① 作業能力,② 操作性・居住性,③ 安全性,④ 合目的性,⑤ 保全性,⑥ 汎用性,⑦ 無公害性,⑧ エネルギー効率,⑨ 経済性

なお高所での施工を行うタワークレーンに対しては,構造規格として取付けを義務づけられている安全装置以外に,安全な作業を遂行するために,作業上・保安上また業務連絡や作業指揮・合図のため,表8.2に示す各種の機器が必要に応じて取り付けられている。また設置例を図8.14に示す。

表 8.2 クレーン用付属機器（直接仮設計画標準より）

クレーン用付属機器		
危険作業防止機器	─ 作業半径規制装置
	─ 接近警報装置
	─ 絶縁フック
	─ クライミング落下防止装置
保安機器	─ 航空障害灯
	─ 風速計
	─ 避雷針
通信連絡機器	─ 有線式通信装置
	─ 無線式通信装置
	─ 映像装置

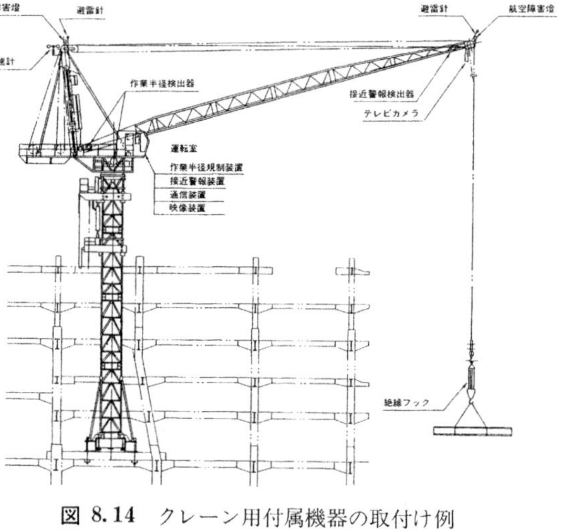

図 8.14 クレーン用付属機器の取付け例
（直接仮設計画標準より）

● 8.7 安全設備

8.7.1 安全設備の計画
A. 安全管理の現状
建築工事の諸作業は，その困難性から労働災害の対策が最も遅れている分野といえる．最近では監督官庁もその法的規制を強め，監督・指導を厳しく行っており，また施工業者自身も安全確保のために組織的にその対策を立て，労働災害の防止に積極的に取り組んでいる．その結果，災害は減少しつつあるが，主要産業の中では災害発生件数が依然として多い．

目下のところは，関係法規に従って十分な安全設備・施設を設け，雇い入れ時の安全教育を徹底するとともに，現場においては，朝礼などによって安全意識の向上を図り，危険予知活動，安全パトロールの励行などによって，安全管理の徹底を期さなければならない．

B. 安全設備の種類
工事の安全を確保するための設備や施設には，以下に示すものがある．
（1） 作業床や通路の端あるいは開口部からの墜落を防止するための防護工（手すり・囲い），安全ネット
（2） 施工時の飛来・落下物が，労働者・通行人や近隣住民の施設に損傷を与えないようにするための，垂直面に施す防護金網・防護シート・垂直養生ネット
（3） 資材や落下物から，場内の労働者・通行人を守るための，防護構台・防護棚（あさがお）・水平養生ネット
（4） 工事に伴う火災を防止するための防火・消火設備
（5） 工事現場における空気の汚染または酸素濃度の低下をきたすおそれがある場合の対策としての，酸素濃度測定器・防護マスク

8.7.2 墜落・落下防止設備
A. 墜落防止設備
高さ2m以上の作業床の端や開口部には，防護工・安全ネット・安全帯の取付け設備などの墜落を防止する措置を講じる必要がある[16]．

墜落防護工は，通路・作業床などの縁，荷揚げ用開口部・荷揚げ構台・乗入れ構台・山留め壁上部などで，労働者の墜落のおそれがあるところに設置する．

安全ネットは，鉄骨工事，荷揚げ用開口部・エレベーターシャフトなど墜落のおそれ

図 8.15 防護工の設置例 図 8.16 安全ネットの設置例

図 8.17 安全帯の使用例 図 8.18 垂直養生ネットの設置例

のある場所に，各階ごとあるいは 3 階に一層程度の割合で設けられる．

安全帯（命綱）は，切ばり点検，鉄骨建方，足場の組立て・解体など，高所作業時の墜落防止に用いる．

B. 垂直養生設備

工事現場の境界線から水平距離で 5 m 以内，地盤面からの高さが 7 m 以上で工事をする場合で，落下物によって工事現場の周辺に危害を生じるおそれがあるときは，工事現場の周囲その他危害防止上必要な部分を防護金網等で覆うなど，落下物による危険を防止するための措置を講じなければならない[17]．なお，必要に応じて外周面に防護棚を，歩道上には防護構台を設ける．垂直養生設備および防護棚は，通常，外部足場を利用して取り付けられる．

C. 落下物による危害の防止

作業のための落下物により，他の労働者に危害をおよぼすおそれのある場合は，防護網の設備を設け，立入禁止区域を設定するなどの危険防止の措置を講じる[18]．

● 8.8 特殊な建築工事における仮設計画

8.8.1 仮設工事変革の動き

施工技術の発展を促した特殊な工事が少なからずある．その中でも仮設工事に対する考え方を大きく変革させたものとして，住宅団地の開発，超高層建築の建設，原子力関連施設の建設，都市開発事業など幾多の事例をあげることができる．いずれも大規模で特殊な内容を持つ工事であり，現場の周辺地域に及ぼす影響を低減すべく多大の努力が払われている．

また高層化に伴う作業安全の確保，工事の迅速化・適正化の目標にそって，いずれのプロジェクトにおいても，仮設工事のあり方について慎重な検討が加えられ，数多くの新技術の開発が試みられている．

大量の住宅建設に関する団地開発の事例では，建築生産の合理化の試みとして，住宅生産の工業化が大幅に進められ，しかも，現場の空地を利用して大型PC板の製造工場を設置した事例もある．

また，団地全体の工事に使用するコンクリートを一元化した体制で供給する方策として，レディーミクストコンクリート工場を設置し，コンクリートの需給を安定化したばかりでなく，現場周辺地域に及ぼす資材の輸送に伴って生じる交通公害の緩和にも寄与した例がある．

超高層建築の出現は，施工技術のあり方を一変させ，仮設工事の考え方にも大きな変化をもたらした．積層工法をとったオフィスビルの現場では，カーテンウォールに用いるPC板を現場工場化方式のPC板プラントですべての生産を行っている．また流れ生産方式の組立てプラントを現場内に設置して，ホテル客室のバスルームユニットの生産を行うなど，最も先端的なプレファブリケーション方式を導入して成功した事例もある．

大規模な建設プロジェクトでは，工事の計画・管理を進めるうえで，克服すべき問題や課題が，常に少なからず含まれている．このような悪条件をもつ本工事の計画を，仮設計画と並行して進め，それが本工事を支えるものとして連動して機能させる方法をとっている．いわば，工事全体を多角的に分析・検討し，その結果を総合して解決するという，新しい視点に立つ仮設計画の理念や方法論が，今日この分野で確立されつつあるように考えられる．

8.8.2 超高層建築工事における仮設計画

超高層建築がわが国に登場して,すでに 40 年以上の歳月が経過している.上述のとおり,仮設工事に対する考え方が一変したのも,この種の工事の出現が大きく関係している.

高さ 100 m を超す本格的超高層建築の第一号といわれる霞ヶ関ビル(1968 年竣工,地上 36 階,延床面積:153,223 m^2)のプロジェクトにおいて,当時の担当者は,以下の点に留意して仮設工事に取り組んでいる[24].

(1) 現場周辺への建設資材の風散・飛来落下物の対策が特に必要である.
(2) 高層部の外部足場は,足場材の強度上,また組立て作業の安全確保上で問題が多く,設置することは好ましくない.無足場で作業ができるように考える.
(3) 内部足場は,全面的に用意すると膨大な量となる.小型でキャスター付きのものとし,移動性に富むものを用いる.
(4) 工事施工に際し,高層部と低層部の工程上の調整を図り,資材の荷捌き場,仮置場の確保を有効に行う.
(5) 資材の適時搬入・揚重と,仮設機械の適切な配置が,円滑な工程確保の要となる.これらの配置計画・動線計画を各工程ごとに検討し,総合的な計画を立てる.
(6) 工程上,作業動線・作業場所の変化に対処し,仮設建物・作業員詰所の移動が必要となる.このため,仮設建物は移動性,組立て解体が容易な形式とする.
(7) 工程の指示,諸連絡,また万一の場合の避難・誘導の告知などのため,場内放送設備・連絡電話を効果的に配置する.
(8) 揚重方式の検討,揚重機械の選定は慎重に進め,新たな機種の開発を行う.また施工性・経済性を考慮し,軀体設計に対する揚重面からの意見を具申する.
(9) 労働者の移動,小型資材の運搬を容易かつ安全に行うため,本設エレベーターの早期使用を促進する.
(10) 仮設電力の計画にあたっては,電力負荷をなるべく平均化する工程上の配慮を行う.本設設備器具の早期仮設使用,本設受電を早める工程計画を練る.
(11) 鉄骨工事に並行して設備本管の配管を行い,一時的に仮使用するなど,仮設工事計画と本計画を並行して進め,本設設備の早期仮設使用を推進する.

仮設工事に対する考え方を一変しようとするこれらの積極的な姿勢は,その後各地で実施された超高層建築工事の施工計画に応用され,施工技術の発展に大きく寄与している.

図 8.19 は,横浜ランドマークタワー(1993 年竣工,地上 70 階,延床面積:392,284 m^2)の総合仮設計画図である.

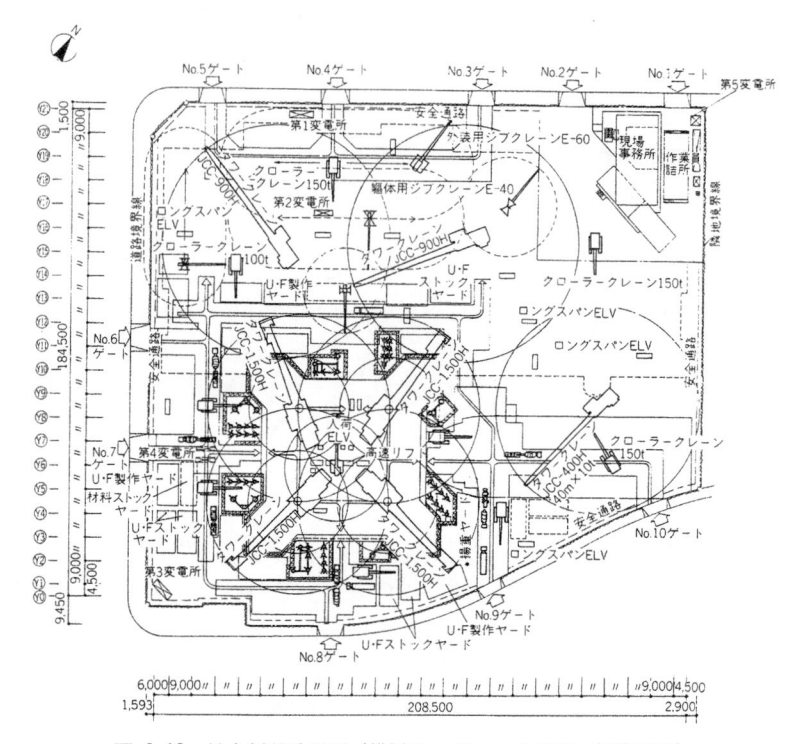

図 8.19 総合仮設計画図（横浜ランドマークタワー新築工事）

文　　献
1) 建設省：建築基準法施行令第136条の2の4
2) 日本建築学会：鋼製仮設建築物，仮設工作物設計施工規準，(1964)
3) 労働省：事業付属寄宿舎規定（1947，労働省令第7号）
4) 消防法第10条
5) 労働省：労働安全衛生規則第263条
6) 通商産業省：高圧ガス取締法施工規則
7) 労働省：労働安全衛生規則
8) 労働省：労働安全衛生法第88条
9) JIS A 8951（鋼管足場）
10) 労働省：労働安全衛生規則
11) JIS A 8951（鋼管足場）
12) 労働省：労働安全衛生規則
13) 労働省：労働安全衛生法施行令第6条，同：労働安全衛生規則第565条
14) 労働省：労働安全衛生規則第564条
15) 労働省：労働安全衛生規則第567条および第568条

16) Hans Straub : Die Geschichte Der Bauingenieurkust. 1 st ed., (1964). Birkhauser Veilage. Basel
17) John Fitchen : Building Construction Before Mechanization 1 st ed., (1986). MIT Press
18) 建設大臣官房営繕部：建築積算のための直接仮設計画標準（1988）営繕協会
19) 田村恭他：建設機械論 施工（1984, 01）彰国社
20) 前掲書18）と同じ
21) 労働省：労働安全衛生規則, 第518条, 第519条
22) 建築基準法施行令第136条の4
23) 労働省：労働安全衛生規則第537条
24) 二階盛：超高層建築4 施工編（1972）鹿島研究所出版会

参 考 書
1) 日本建築学会：建築工事標準仕様書・同解説 JASS 2 仮設工事（1994）日本建築学会
2) 永井久雄：施工計画と仮設工事（1962）彰国社
3) 永井久雄：建築用足場・支柱・支保工（1967）技術書院
4) 斎藤次郎他：建築施工講座1, 施工計画と仮設工事（1979）鹿島出版会
5) 深瀬昭彦：建築の仮設工事（1981）理工学社

9 根切り・山留め工事

● 9.1 根切り・山留め工事の基本

　近年,建築物の規模が大きくなり,特に市街地では地下階を有する建築物が多くなっている.これに伴う根切り・山留め工事は,掘削地盤の崩壊のみならず,周辺地盤の沈下や移動によって,近接する建築物や,ガス管・水道管などの地下埋設物へ被害を与える危険性を多分に有している重要な工事であるといえる.

　また,根切り・山留め工事での事故は,単にその修復に費やされるコストや工期ばかりか,その後の工事全体に及ぼす影響,指名停止など,企業の社会的なイメージダウンを含めた間接的な被害が莫大となる.したがって,工事にあたっては,地盤条件や地下構造物と掘削規模との関連,周辺環境,工期,予算などの工事条件の的確な把握が最も重要である.このためには十分検討された施工計画が必要であり,これを実施に移す人員,機械配置および施工管理が必要となる.しかし自然の地盤や天候を相手とするため,施工計画時に予想できない事態の発生もあり,これに即応できる施工体制をつくり,安全で経済的な施工を進めてゆかねばならない.

　施工計画は,一般に図9.1のフローチャートに従って行われる.まず,計画される建築物自身の設計に必要な地盤調査[1]として,支持地盤の深さとその強度,圧密沈下や液状化の可能性の有無など,主に長期的な安定性を検討するための諸調査が行われる.次に,根切り・山留め工事の計画に必要な側圧分布,せん断強さ,地下水位,水量など,掘り取られる部分の土の性質を把握するための地盤調査が必要となる.

　特に軟弱地盤の場合には,地盤調査を十分に行い,予想される周辺地域への影響の度合いや,必要な排水処理能力などについても検討し,余裕をもった対策を事前に想定しておく必要がある.また,規模の大きな掘削を行うと排土重量により床付け地盤が弾性的に膨れ上り,支持地盤や杭に悪い影響を与えることもある.これなどは,軀体工事を含めた全体施工計画のうちで対処しておかないと,完成後不同沈下を起こしクラックや雨漏りの原因となる危険性もある.

　敷地内の埋設物や既存構造物,特に杭の有無は,施工計画に大きな影響を与えることになるので,その種類・太さ・長さなど確実に把握しておく必要がある.

9 根切り・山留め工事

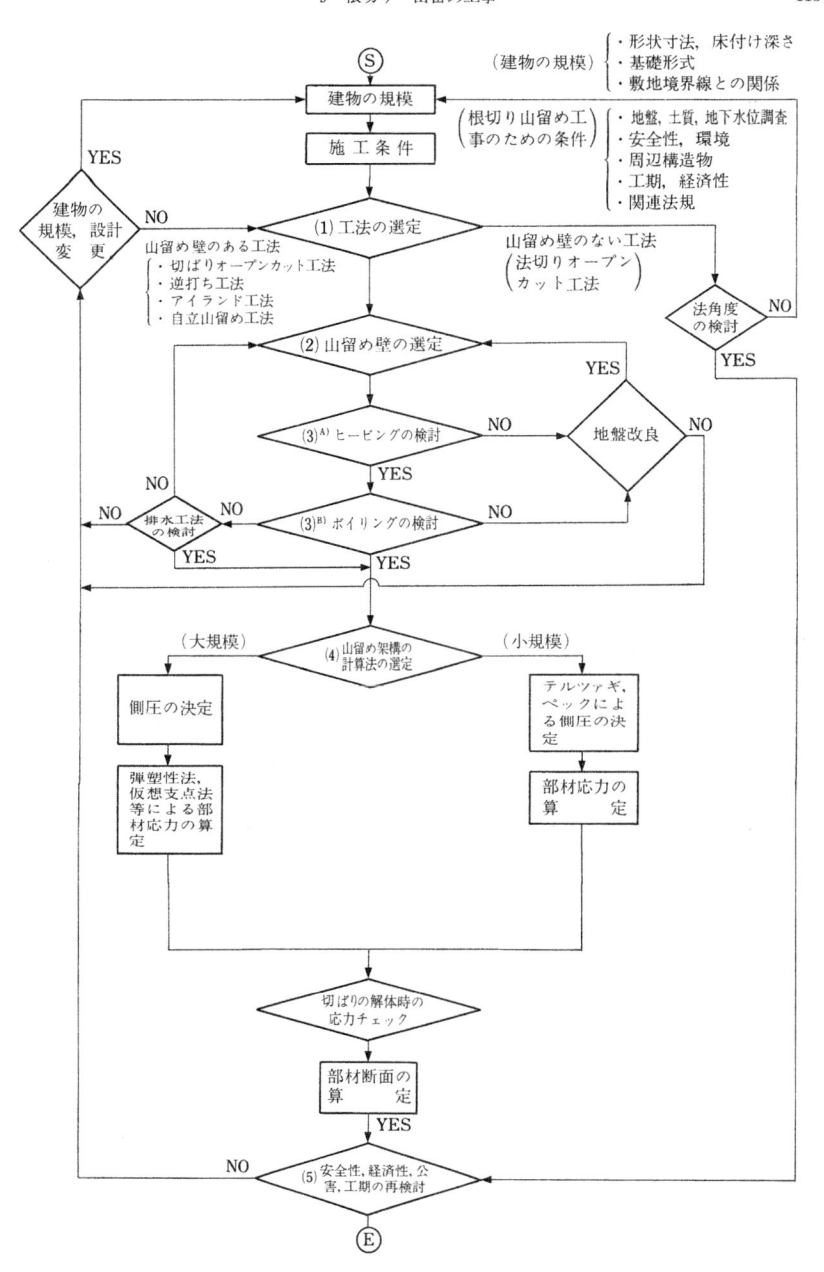

図 9.1 山留め架構設計のフロー

このほか，交通を含めた敷地周辺の環境，近隣住民へ与える工事公害の種類と程度[10]などについても調査し，建築基準法，労働安全衛生法，その他関連法規[2]との照合が必要となる．

● 9.2 施工計画の手順と要点

9.2.1 工法の選定

図9.1のフローチャート中に示す（ ）内の番号に従って解説する．現在一般に行われている根切り・山留め工法の一覧表を表9.1に掲げる．それぞれの特徴と適用条件を考慮して選定する必要がある．最も簡単な法（のり）付きオープンカット工法においても，斜面のすべりや地下水の処理方法に関する検討が必要となる．市街地工事で一般に用いられる工法は，切ばりオープンカット工法・逆打ち工法など山留め壁を事前に設ける工法であり，大規模根切りの場合にはアースアンカーを利用した工法が有利となる．

9.2.2 山留め壁の選定

現在使われている山留め壁を示せば，表9.2となる．それぞれの特徴と適用条件が異なる．敷地の地盤条件や周辺環境などに配慮して，最も経済的でしかも安全な山留め壁を選ぶ必要がある．次に，山留め壁の先端地盤によっては，排水工法の検討，ヒービング現象やボイリング現象[4]の可能性についても検討し，山留め壁の長さが決められる．

9.2.3 根切り底地盤の安定の検討

根切り・山留め工法の選定と同時に，根切り底地盤の安定について検討しなければならない．具体的には軟弱粘性土地盤においてはヒービング現象，地下水位の高い砂質地盤においてはボイリング現象について，それぞれ発生の危険性を検討する必要がある．安全が確保されない場合には，施工法を再検討し，地盤改良工法の採用，またやむをえなければ床付け地盤を浅くするなどの設計変更も必要となる．

    A.　ヒービング現象[4]

ヒービング現象とは，図9.2(a)にその概念に示したが，根切り底面に周囲の地盤が沈下・回り込みを起こして盛り上がってくる現象で，いったんその徴候が現れるとその対策は非常に困難である．したがって，計画時にこの点について十分な検討を行う必要がある．

    B.　ボイリング現象[3,4]

ボイリング現象とは，地下水が山留め壁の先端を回り込んで根切り底面にわき出す現

9 根切り・山留め工事

表 9.1 代表的な山留め工法

工法	工法の概要	概念図
法付きオープンカット工法	根切り深さ，地盤条件に応じて掘削面に安定したこう配〔のり（法）〕を付け，山留め壁，切ばりなどを用いずに根切りをする工法である．機械力が十分に生かせ施工性に優れているが周囲に十分の余裕が必要で，掘削量，埋戻し量ともに多い．地下水および雨水の処理対策も必要となる．	
自立山留め壁工法	掘削敷地外周に山留め壁を設置し，その根入れ部分の抵抗土圧と山留め壁の曲げ抵抗によって土圧を支持する．構造形式がカンティレバーとなるため，変形量が大きくなるため軟弱地盤で使用する場合には測定管理が必要となる．	
切ばりオープンカット工法	市街地工事では最も一般的で，立地条件，地盤条件に影響されることが少ない．また，切ばりなど支持状態が単純であり，応力状態が把握しやすい．切ばりにプレロードを導入することにより変形防止にも有効である．しかし，掘削面に切ばり材があるため後続工事に制約がある．	
オープンカットアースアンカー工法	山留め壁背面地盤にアースアンカーを設置し，この引抜き力で土圧に抵抗する．後続工事への制約が少なく広大な敷地や傾斜地では有利に利用される．しかし，アースアンカーが敷地の外側へ出るため，市街地工事では利用されにくく，軟弱層が厚い場合も長いアンカーが必要となり，不利である．	
アイランド先行工法	山留め壁内側周囲の土を残しながら敷地中央部の根切りを行い，中央部の構造躯体を先行構築する．その構造躯体に反力をとった切ばりをかけ，逐次周囲に残した土を取り去る．敷地が広く全面的に切梁をかけると不経済となるとき利用され，オープンカット工法などと併用されることが多い．	
逆打ち工法	まず連続壁や場所打ちコンクリート杭などで本設の地下壁や杭をつくり，鉄骨などで地下階柱を立て，1階スラブを仕上げる．以後掘削しながら B_1F，B_2F と徐々に下方の本設躯体を仕上げてゆく．地下工事とともに地上の工事も同時に進めることができる．	

表 9.2 代表的な山留め壁

	工法の概要	特徴	適用地盤	施工上の注意
親杭横矢板	H形鋼,I形鋼,あるいはレールなどを800～1,500 mmの間隔に親杭として打ち込み（あるいはプレボーリングして埋め込み）掘削に伴って横矢板をはめ込み,裏込め土を充てんする.	親杭の回収ができ,側圧に水圧が作用しないために経済的である.	遮水性がないので,地下水のある砂質土には排水工法との組合せが必要となる.	掘削スピードと横矢板の施工スピードのバランスを合わせる.裏込め土の充てんが悪いと危険.
ソイルモルタル連続柱列	3～5軸の特殊なアースオーガーを用いて削孔し先端より噴出するモルタルと掘削土を混練し,ここにH形鋼またはI形鋼を挿入する.低騒音,低振動型である.	掘削土を場外に排出させる量が少なく高剛性の壁がローコストでできる.	遮水性も良く,地盤種別を選ばないが,ピート地盤では混練されにくいため不硬化部分が残ることもある.	施工スピードを上げると不硬化部分が生じやすく,鉛直精度も悪くなる.
地中連続壁	特殊なケリーバー付クラムシェルバケットまたは多軸ビットのリバース掘削機を用いて一般に400～2,000 mmの溝状の掘削を行い,鉄筋カゴを挿入し,コンクリートを打ち上げる.低騒音,低振動型である.	仮設の山留め壁としての利用のほかに本設の地下壁,2方向耐側圧壁耐震壁,支持杭などとしても幅広く利用されている.	遮水性も良く,曲げ剛性も高いので地盤種別を選ばない.	砂質地盤では安定液の管理が不十分の場合には孔壁がくずれる事もある.ジョイント部分にマッドケーキが付きやすく欠点になりやすい.
シートパイル	鋼製の矢板をかみ合せ連続させて打ち込むことにより山留め壁とするもので,その断面にはU形,Z形,ボックス形,円形などがあり,規模の小さい場合には軽量シートパイル（トレンチシート）が用いられる.	工場製品であり,強度,品質に信頼性が高く,フレキシブルである.また,転用ができる.	遮水性が高いので地下水のある砂質土や粘土層に適している.砂れき層などでは,打込みができない.	打込みに振動,騒音が伴い,鉛直に打込まないとコーナー部でかみ合せができない,引抜き時に周辺地盤の沈下が起きやすいなどの理由で最近の使用例は少ない.

9 根切り・山留め工事

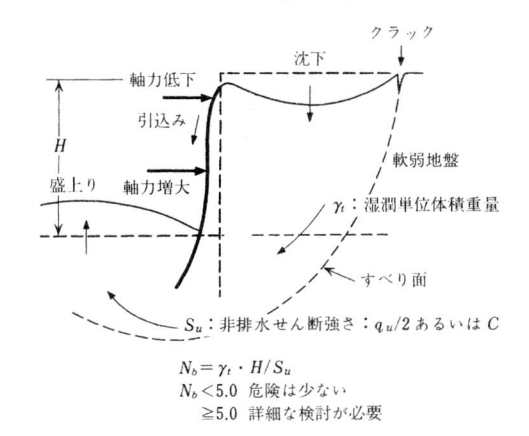

(a) ヒービング現象

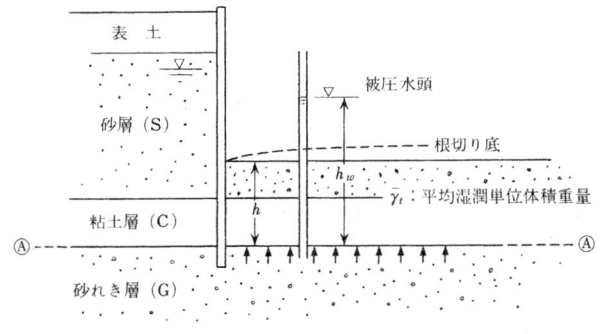

S_u：非排水せん断強さ：$q_u/2$ あるいは C

$N_b = \gamma_t \cdot H / S_u$
$N_b < 5.0$ 危険は少ない
$\geqq 5.0$ 詳細な検討が必要

(b) 盤ぶくれ現象

$1.2 \times h_w \cdot \gamma_w \leqq \bar{\gamma_t} \cdot h$
ここで h_w：被圧水頭
h：滞水層上面（Ⓐ・Ⓐ面）より根切り底までの層厚
$\bar{\gamma_t}$：滞水層上面（Ⓐ・Ⓐ面）より根切り底までの土の平均単位体積重量
γ_w：水の比重

図 9.2 根切り底地盤破壊の模式図

象である．ヒービング現象と同様に根切り底地盤の強度が失われ，山留め架構は崩壊する．

ボイリング現象発生の危険性の有無を判断する詳細は専門書[3]にゆずるが，最近は山留め壁の施工能力が向上し，排水工法が一般的となっているため，図9.2(b)に示すように遮水性の山留め壁を不透水層（C）層まで延ばして遮水する工法をとることによって，地盤を安定させる工法がとられている．しかし，不透水層の下の滞水層（G層）の水圧で根切り底地盤が盛り上がる"盤ぶくれ"現象に対する安全性については，同図によっ

て確認する必要がある．万が一危険が予測される場合は，被圧滞水層（G層）の水圧を深井戸を設けて減圧する対策などが必要となる．

9.2.4 山留め架構の応力計算方法の選定[3]

　山留め架構の応力計算は，根切りの規模や重要性などについても配慮して地盤の種類に応じ，大規模な工事での山留め壁の曲げ応力や変形分布も含めて検討する．仮想支点法[6]や弾塑性法[5]を用いて応力計算を行う場合には，図9.3に示した三角形分布やランキン・レザール式を用いて側圧分布を想定する．一方，3段切ばり程度の浅い根切りの場合で，山留め壁はシートパイルやH鋼横矢板などによって，すでに経験的に山留め壁の安全性が保証されている場合には，切ばり軸力算定用として図9.3に示すような，テルツァギ・ペックの提案する台形分布[7]が用いられている．

A. 仮想支点法[3,4,6]

a. 荷重状態　過大な変形や地盤沈下を起こさないで根切りをする場合には，山留め架構は，根切りによって取り去られる根切り側の土圧に置き替えるように設置すると考えた方が実測結果を良く説明し，かつ合理的であるという考えに基づいて提案されている．すなわち，後述する弾塑性法では，山留め壁背面の土圧が，山留め壁の移動がある程度進んで主働土圧状態になったものを山留め架構が支持するのに対して，

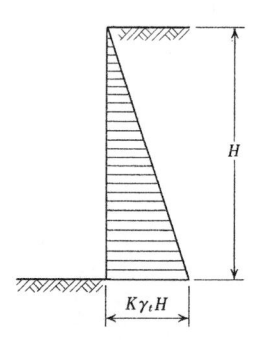

（図：側圧分布 底部 $K\gamma_t H$，深さ H）

地盤		側圧係数
砂地盤	地下水位の浅い場合	0.3〜0.7
	地下水位の深い場合	0.2〜0.4
粘土地盤	軟らかい粘土	0.5〜0.8
	硬い粘土	0.2〜0.5

　　K：側圧係数
　　γ_t：土の湿潤単位体積重量〔t/m³〕
　　H：根切り深さ〔m〕

図 9.3 側圧分布（建築基礎構造設計規準）[4]

9 根切り・山留め工事

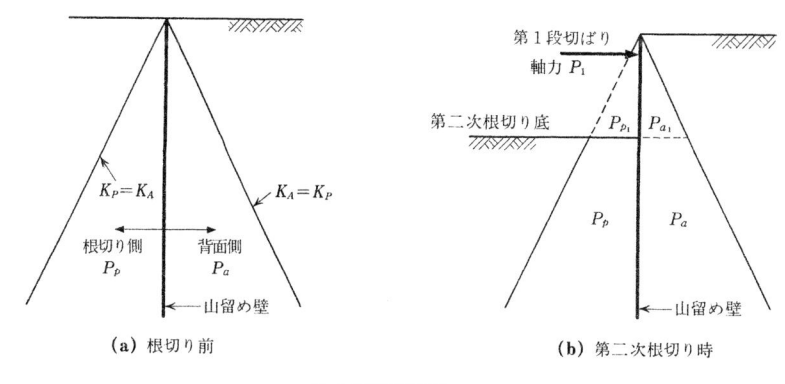

(a) 根切り前 — $K_P=K_A$ / $K_A=K_P$ / 根切り側 P_p / 背面側 P_a / 山留め壁

(b) 第二次根切り時 — 第1段切ばり 軸力 P_1 / 第二次根切り底 P_{p_1} P_{a_1} / P_p P_a / 山留め壁

K_P：受働側圧係数
K_A：主働側圧係数
P_P：受働側圧
P_a：主働側圧

図 9.4 仮想支点法における荷重状態

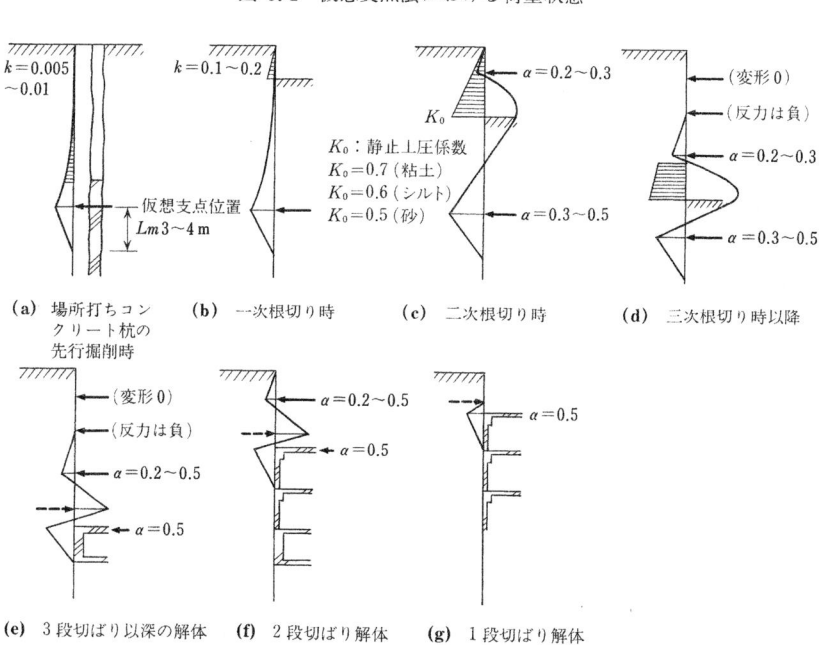

(a) $k=0.005\sim0.01$ 場所打ちコンクリート杭の先行掘削時

(b) $k=0.1\sim0.2$ 仮想支点位置 $Lm\,3\sim 4\,\text{m}$ 一次根切り時

(c) $\alpha=0.2\sim0.3$ / K_0：静止土圧係数 $K_0=0.7$（粘土）$K_0=0.6$（シルト）$K_0=0.5$（砂）/ $\alpha=0.3\sim0.5$ 二次根切り時

(d) （変形 0）（反力は負）$\alpha=0.2\sim0.3$ / $\alpha=0.3\sim0.5$ 三次根切り時以降

(e) （変形 0）（反力は負）$\alpha=0.2\sim0.5$ / $\alpha=0.5$ 3段切ばり以深の解体

(f) $\alpha=0.2\sim0.5$ / $\alpha=0.5$ 2段切ばり解体

(g) $\alpha=0.5$ 1段切ばり解体

図 9.5 仮想支点法による各次応力・反力計算モデル

仮想支点法では，山留め壁に変位を与えない状態での土圧，いわば静止土圧に近い状態の土圧を支持することになる．根切り前においては，山留め壁に作用する土圧分布は，図9.4(a)に示すような掘削側・背面側ともに三角形の対称分布を示し，静止土圧状態である．

b. 根切り時 根切り底以深で，最も浅いところに現れるN値10以上の良質地盤は，根切りを行っても水平方向の移動はないことより，ここを地中の支点（仮想支点）とする．例えば，第二次根切り時には，図9.5(c)に示すように仮想支点と第1段切ばりを支点とした梁に，根切りによって取り去られた側圧，すなわち，図9.4(b)のP_{p1}の部分の圧力が作用するとして，梁の曲げモーメントおよび反力（切ばり軸力）を求める．

この曲げモーメント分布と軸力を，前段階工事ですでに発生していたものに累加し，この時の曲げモーメントおよび軸力とする．この際，荷重条件・切ばり位置ならびに仮想支点位置では，図9.5に示すような支点固定度を考慮して半固定の連続梁として計算する．この支点固定度の大きさは，切ばりプレロード工法採用の有無や地盤状況などを考慮して決められる．

B. 弾塑性法[3,4,5]

掘削に伴う壁体の変形に依存する土圧が，山留め壁を弾性床上の梁と考え，ここに作用すると仮定する．この方法に関する提案は数多く発表されているが，基本的には図9.6のモデルと以下の各項の仮定を設けている．

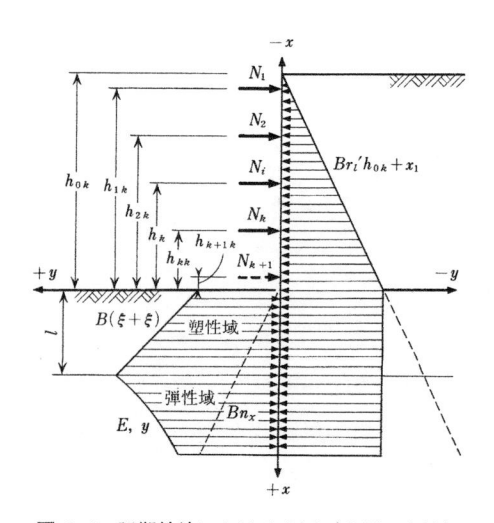

図 9.6 弾塑性法における土圧（山肩の方法）

9 根切り・山留め工事　　　　　　　　　　　　　　　　　　121

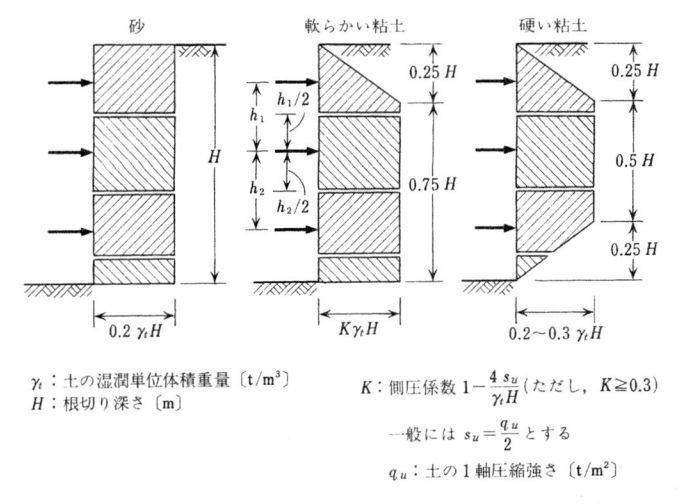

図 9.7　側圧分布（1/2 分割法）（建築基礎構造設計規準）[4]

γ_t：土の湿潤単位体積重量〔t/m³〕
H：根切り深さ〔m〕
K：側圧係数 $1-\dfrac{4\,s_u}{\gamma_t H}$（ただし，$K \geqq 0.3$）
一般には $s_u = \dfrac{q_u}{2}$ とする
q_u：土の1軸圧縮強さ〔t/m²〕

（1）粘土地盤を想定し，壁体は無限長の弾性体とする．
（2）壁体背面の土圧はチェボタリオフの提案する三角形分布で，掘削面以下は長方形分布とする．
（3）掘削面以下の壁体に作用する横抵抗は，壁体の変位に一次的に比例し，かつ受働土圧を超えない．
（4）切ばり設置後の同切ばり支点は不動とする．
（5）下段切ばり設置後は上段切ばりの軸力を一定とし，下段切ばり支点以上の壁体は以前の変位を保持するものとする．

このような仮定にたってコンピュータプログラムが市販され，実用に供されている．

c. そ　の　他[3]

FEM による方法や塑性法など大型コンピュータを使用して解析する方法と，慣用計算法として，図 9.7 に示すような 1/2 分割法，単純梁法，連続梁法などがある．

9.2.5　安全性・経済性・公害および工期の再検討

根切り・山留め工事の計画は以上のようにして終了するが，実施にあたっては，さらに，安全性に関して何か新たな問題はないか，専門工事業者や敷地周辺の同種工事の経験者の意見を聞く必要がある．また，見積りを行い，実行予算と対比して経済性が成り立っているか，台風期・梅雨期の現場の状況はどうか，などを含めて工程を検討し，工期内での完成に無理はないかなどについて再検討する．

その他，計画当初に検討した建設公害問題[10]に関しても再度検討を行い，公害発生の危険性について改めて確認をし，施工計画書を完成する．

● 9.3 施工と施工管理の要点

9.3.1 根切り工事

A. 基本事項

根切りとは，建築物の基礎または地下構造を施工するために，人力または機械によって土を掘ることであり，そのためには表9.1の中から最も適切な山留め工法および排水工法を選定して施工を進める．しかし，土の堆積状況や地下水の状況は事前にすべてを予測することはできず，施工にあたって臨機に対応する必要が生ずる．このため施工中はその変化の状況を見落すことのないように，観察・測定・分析を怠っては危険である．

B. 根切り方法[8,11]

a. 根切り方法，順序の検討 敷地境界線と地下室の関係，建築物の構造種別，地下防水の方法，敷地周辺の状況などにより，山留め架構が必要かなどについて検討する．

敷地内の動線計画，構台計画，資材置場，出入口位置などによって，根切りの順序は検討される．また，超軟弱地盤の場合や狭い敷地で機械が入らない場合には，やむをえず人力掘削が行われるが，最近では機械掘削が主となっている．機械掘削の場合には，機械の性能が最も発揮できるような機種を選定して，工事計画を立てる必要がある．

根切りは一般に切ばりの深さ方向の間隔ごとに一挙に掘り，平面的に切り広げてゆく．その平面的な順序はまず，敷地中央部分で垂直運搬用機械のある所を次段切ばりまで掘り，そこに水平運搬用掘削機を下ろして左右のバランスをとりながら掘り進む．あらかじめ施工されている杭や地下水の揚水井戸などが，掘削によって破壊しないように注意する必要がある．

b. 掘削土搬出 水平移動には，土質・土量・広さに応じて，ブルドーザー・トラック・ベルトコンベヤ・スクレーパーなどから選択される．また，垂直移動にはクラムシェル・ドラッグライン・エレベーター・バックホウショベルなどがあり[11]，水平移動用機械と組み合わせて能力的にバランスのとれたものを選定する．

c. 床付け 根切り底地盤を直接支持地盤とする場合に，機械掘りを行うとその重量や振動で支持地盤を乱すことになる．そこで10~20 cm残して機械掘削を止め，残り分はスコップなどの手掘りで行う．何らかの理由で地盤が乱れてしまった場合には，乱れた分をさらに取り除き，割栗石などを敷き，ランマーや振動ローラーで締め固めるなどの対策が必要である．

9 根切り・山留め工事

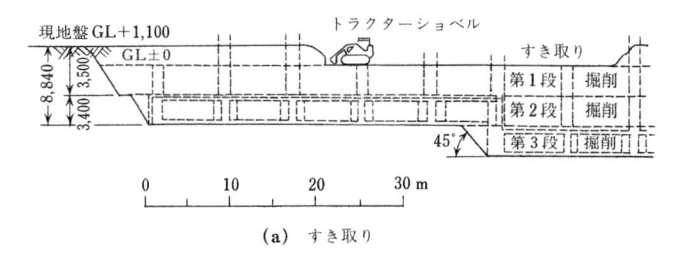

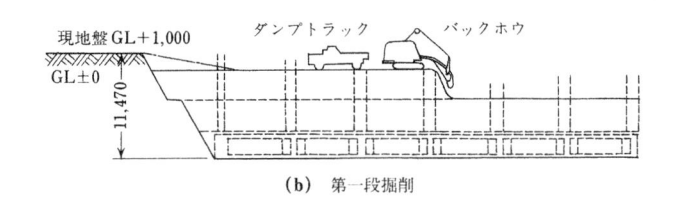

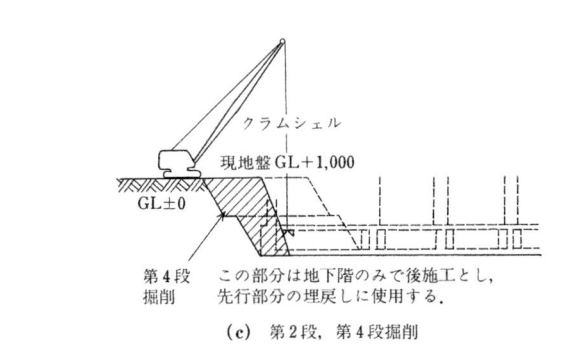

(a) すき取り

(b) 第一段掘削

(c) 第2段, 第4段掘削

図 9.8 根切り計画（のり付きオープンカットの例）

d. 埋 戻 し　地下躯体工事終了後，山留め壁との間には，砂などによる埋戻し作業があるが，これについてもその時期，埋戻し土の搬入方法・締固め方法などを検討しておく．埋戻しは十分強固に行わないと建築物の完成後，周囲の土が沈下し，ここに埋設されているガス・水道・電線などの配管・配線へも影響を与えることになる．図 9.8 に法（のり）付きオープンカットによる根切り計画の一例を掲げる．

9.3.2 山留め工法

A. 基本事項

山留め架構とは，図 9.9 に示す部材で構成されており，根切りに伴う周辺地盤の移動・

変形を防止するものである．したがって，山留め架構全体について，単に側圧に対する強度上の安全性の確認だけでは不十分である．周辺環境に応じて，変形量を確認することが必要となる．

山留め工法はその種類が多く，現在一般に使われているものを表9.1に示した．その呼び名も統一されていない．同じ工法でも材料の使い方，手順，管理状況に応じて，応力度や変形量も変わってくる．したがって，施工にあたっては施工計画書を十分咀嚼したうえで，使用する材料の性能をできるだけ発揮させることが重要である．

B. 山留め壁の施工

山留め壁は，根切りによって発生する地盤の側圧を受けて，腹起し・切ばり材などへ伝えたり，切ばりによって伝えられた軸力を火打ち梁，腹起しを介して背面地盤へ伝える壁である．一般的に使われているものと，その特徴・概略図などを表9.2に示した．

表示のほかには，アースドリルによる場所打ちコンクリート連続柱列や，場所打ちモルタル連続柱列，既製コンクリートパイル柱列，ソイルモルタル柱列なども山留め壁として利用されている．

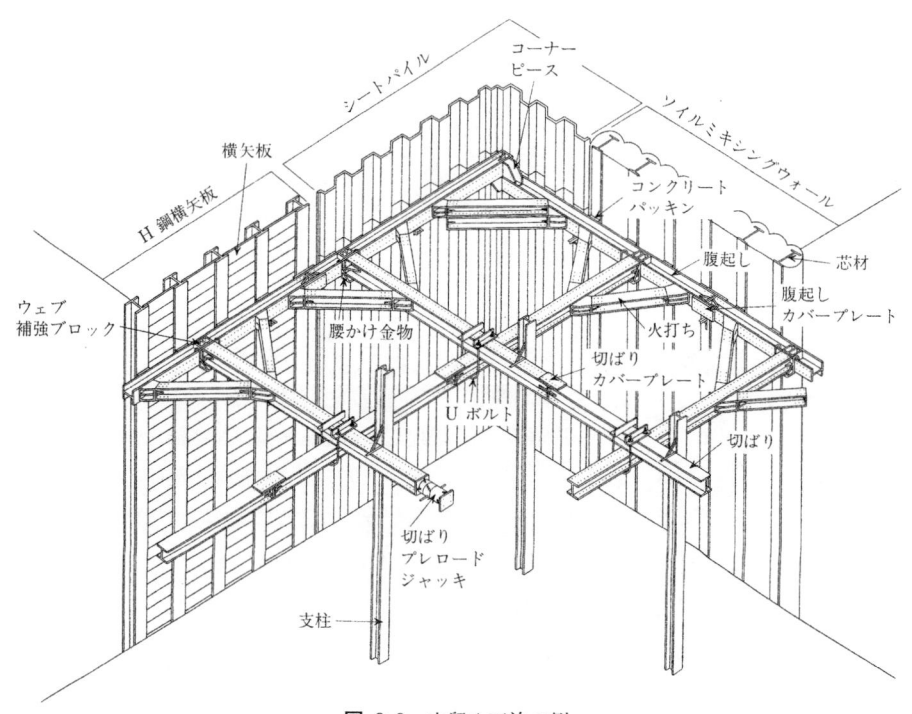

図 9.9 山留め工法の例

山留め壁の施工にあたって，特に注意を必要とする点は，周辺への騒音・振動などの影響を少なくすることと，周辺の建築物の沈下や移動に対する注意である．十分検討された計画をもって臨み，適切な管理を進めることである．このためには，それぞれの山留め壁がもつ施工技術上の特徴と使用する資材の性能および条件を正しく理解し，これにコスト・工期の問題を含めて検討することである．

9.3.3 切ばりの架設工事

A. 基 本 事 項

所定深さの掘削が終了すると腹起し・切ばりを架設し，新たに発生した側圧を保持し，山留め壁の内側への移動を阻止する．腹起し・切ばりは多くの場合，仮設材であり，施工性・強度・安全性・経済性などにおける利点が要求されるので，一般に転用が可能な鋼製組合せ材を使用して，図9.9のように組み立てる工法が採用される．また鉄筋コンクリート製の腹起しや切ばりも使用することがある．しかし，敷地が非常に不整形な場合などの特殊な構造に限られる．

図9.9に実例を示すが，鋼製切ばりを使用する際の切ばりの配置は，一般に柱心通りを避けた正方形配置が最も合理的であるが，機械掘削の能率を上げるため，2〜3本の切ばりを集中する集中切ばり方式をとることもある．

切ばり材はその交点で切ばり支柱（棚杭ともよばれている）によって支持されるが，この切ばり支柱は，山留め壁と切ばりで結ばれており，ともに絶対に沈下しないように注意を払う．また，後述する構台の支柱も，同様に重機やダンプカーの振動によって沈下が発生すると危険であるため，十分硬い地盤に支持しておく必要がある．

B. 腹　　起　　し

腹起しは，山留め壁に生じた側圧を火打ち・切ばりに伝える曲げ材として主に機能する．鋼製組合せ材を使用する場合には，そのジョイントは図9.10(a)のようになり，曲げモーメントの引張り応力の作用するフランジ面はカバープレートが付けられない．このためジョイントの位置は，外側テンションとなる点を避ける必要がある．

腹起しの施工は，山留め壁際の根切りが終了し，腹起し材の重量を受けるブラケットを，山留め壁に5〜10mピッチで設置した後に架設される．このブラケット取付け作業が，一般に時間がかかり，切ばり架設の時期が遅れることになる．また，山留め壁と腹起し材の密着性が悪いと，山留め壁の変形が大きくなるので，図9.10(a)，(b)のような束立てや裏込めコンクリートなどの打設が必要となる．

C. 切　　ば　　り

切ばりは，その両端の山留め壁の側圧を，それぞれ相対する山留め壁に伝えるための

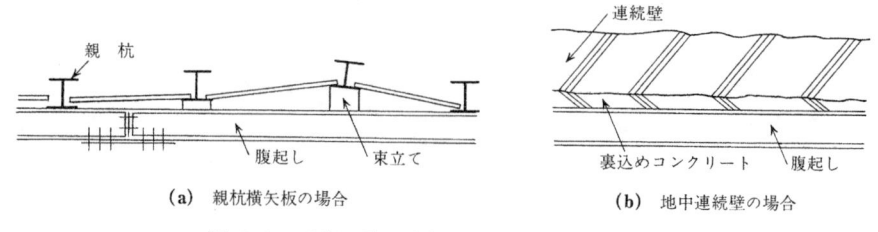

(a) 親杭横矢板の場合　　(b) 地中連続壁の場合

図 9.10　山留め壁と腹起し材のなじみ取り概念図

圧縮材である．しかも，その細長比は大きく，組合せ材であるためそのジョイント部の精度によっては連続性も悪い．さらに，計測管理用の盤圧計や切ばりプレロード用のジャッキの挿入などもあり，弱点となりやすい．したがって，平面的な位置関連を配慮してこれらが弱点とならないような工夫が必要となる．

切ばり組合せ材を配置し，ボルトを締めただけでは機能せず，プレロードの導入[9]を行い，腹起し・火打ちを通じて山留め壁に密着してはじめて機能することになる．切ばりの架設は掘削が終了し，腹起しの架設が完了した部分から逐次行い，掘削したままの放置期間を，できるだけ少なくすることが施工管理の要点である．

切ばりプレロード工法における導入軸力は，実際に作用するであろう軸力の 100% が理想的であるが，一般には設計軸力には余裕があることより，設計値の 50〜80% とされている．プレロード導入後は交差部のUボルトを締め，ジャッキカバーを取り付けることにより切ばりの架設は完了する．

D.　構　台　計　画

構台の大きさは，敷地の道路との関係，掘削面積，掘削地盤の良否，山留め方法，工期などに影響を受ける．最小のスペースで最大の効果を上げるように計画する．

また，この構台を利用する目的，機種によって，その強度やスペースも左右されるので，鉄骨工事や資材置場計画とも合わせて，広い視点から計画・検討する必要がある．

9.3.4　測　定　管　理[3)8)10)]

根切り，山留め工事の測定管理は，現状がすべての面にわたり安全に行われているかを確認し，次の工程あるいは最終工程においても，設計条件以内に納まるかを予測するための資料となるものである．このために最も肝心な点は，道路面や隣接家屋の壁などに生じるクラックあるいは傾斜，切ばりの蛇行などの現象の早期発見と，その進行状況の把握である．このためには現場員全員の注意深い観察と情報の収集，記録，分析の担当者が必要となる．最近はトランシットやレベルなどの光学機器のほかに，土圧計・水圧計・ひずみ計などの電気的測定器の発達とパソコンの一般化に伴って，測定作業，整

理および解析が自動的に行われるようになっている．しかし，コストが安く情報量の多い自動挿入式傾斜計[3]を利用した管理がよく使われている．

文　献

1) 土質調査法編集委員会：第2回改訂版土質調査法（1983）土質工学会
2) 労働安全衛生法，市街地土木工事公衆災害防止対策要綱，騒音規制法および振動規制法施行令
3) 土質工学会：土質工学ハンドブック（1982）土質工学会
4) 日本建築学会：建築基盤構造設計規準・同解説（1975），山留め設計施工指針（1988）日本建築学会
5) 山肩他：掘削工事における切梁山留め機構の理論的考察，土と基礎（1969，09）土質工学会
6) 野尻明美：仮想支点法の提案と工事での検証（1997.3）日本建築学会構造工学論文集 Vol. 438
7) テルツァギ・ペック，星埜他訳：土質力学　基礎編，応用編（1969，1970）丸善
8) 二階盛：建築の根切り山止め工法（1981）鹿島出版会
9) 野尻明美他：根切り工事における切梁プレロード工法，土と基礎（1973，05）土質工学会
10) 榎並昭他編：建設工事に伴う公害とその対策（1983）土質工学会
11) 土質工学会編：土質基礎工学ライブラリー17　掘削用機械（1979）土質工学会

参　考　書

1) 日本建築学会：建設工事標準仕様書・同解説 JASS 3 土工事および山留め工事（1988）日本建築学会
2) 日本建築学会：山留め設計施工指針（1988）日本建築学会
3) 大尾準三：地下工事の計算実務（1982）井上書院
4) 武田長禄：基礎および地下工法（1977）彰国社
5) 沖田幸作・福田礼一郎：第2版山止めの計画（1978）彰国社
6) 労働省労働基準局安全課：第2版山止め支保工組立等の作業指針（1979）建設労働災害防止協会
7) 京牟礼和夫：機械土工の施工計画（1979）オーム社
8) 労働省労働基準局安全課：第6版地山の掘削，山留めの支保組立等の作業指針（1981）建設労働災害防止協会
9) 横山源次郎：建設の山止め工事（1981）理工学社

10
地業・基礎工事

● 10.1　地業・基礎工事の基本

　地業と基礎は，図10.1に示すように区分され，いずれも上部構造を安全に支えるものである．これをつくる地業・基礎工事は建設工事の出発点であり，建築工事全体を通じて建築物の品質を保証するためには，最も重要な部分の工事でもある[1]．
　地業・基礎あるいは同工事に要求される条件としては次があげられる．
（1）　建築物のどのような荷重に対しても安全に支えることができる．
（2）　たとえ沈下が生じても，その建築物がもつべき機能を失うことのない許容値[2]以下である．
（3）　半永久的であり，基礎構造自体の強度が十分であり，変形が少ない．
（4）　施工上の問題が少なく，近接構造物へ支障を与えることなく，影響も受けにくい．
（5）　経済的で工期が短い．

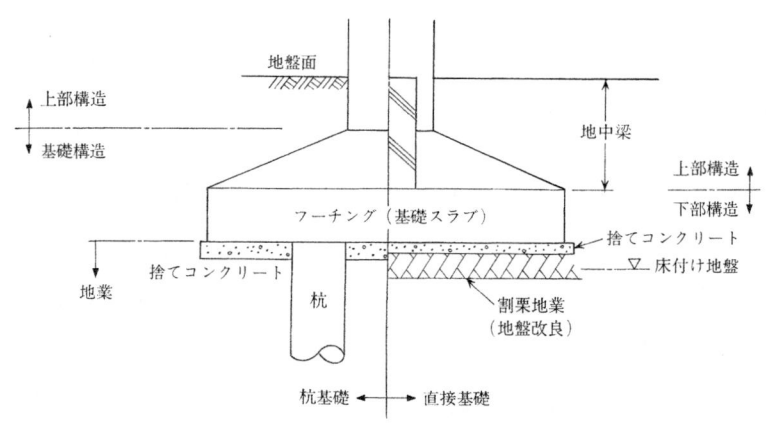

図 10.1　基礎構造の各部の名称

● 10.2 地業・基礎の種類と特長

10.2.1 直 接 基 礎

地業・基礎は，それぞれ表10.1のような種類に分類されており，原則的に一つの建築物には沈下性状の異なる複数種の基礎をもたないように注意する．

杭のように深い地業によらないで，基礎スラブから荷重を地盤へ直接伝える形式の地業を直接基礎とよび，その地盤面を床付け地盤とよんでいる．

この場合，少なくとも建築物の短辺方向の長さの3倍以内に地盤沈下を起こす軟弱粘土層がないことを確認するとともに，地震時には液状化現象の起こらないことを確認する必要がある．床付け地盤が硬い粘土地盤のような場合には，直接捨てコンクリートによる地業でよいが，砂層や砂れき層で掘削によりバサバサにゆるんだ場合には，締め固めたり割栗地業を行い，基礎スラブの荷重をゆるんでいない硬い地盤に伝える必要があ

表 10.1 基礎地業の種類

基礎形式	地業の形式		地業の方法	
独立フーチング 連続フーチング 複合フーチング ベ タ 基 礎	直接地業		地肌，砂，いかだ，玉石，割栗，砂利，ろうそく，捨てコンクリート	
	杭	既 製 杭	木,鋼(管,H),コンクリート(RC,PC,PHC,PRC,SC)	拡底杭
		場所打ちコンクリート杭	アースドリル，ベノト，リバースサーキュレーション，アースオーガー，深礎，BH，連続壁	
		ケーソン	ニューマチック，オープン	
	地盤改良		締固め，脱水，固結，置換	

表 10.2 長期許容地耐力度表

地 盤		長期許容地耐力度〔t/m²〕	地 盤		長期許容地耐力度〔t/m²〕
岩 石		100	粘土質地盤	非常に硬い	20
砂 盤		50		硬 い	10
土 丹 盤		30		中位のもの	5
れ き 層	密実なもの	60		柔らかいもの*	2
	密実でないもの	30		非常に柔らかいもの*	0
砂質地盤	密なもの	30	関東ローム	硬いもの	15
	中 位	{ 20 10		やや硬いもの	10
				柔らかいもの	5
	ゆるい	5	注) *支持地盤としては不適		
	非常にゆるい*	0			

る．

長期許容地耐力度を表10.2に示す．同表はこの目安として活用することができる．

10.2.2 杭 基 礎

A. 杭の種類と特長

a. 杭 の 種 類 杭基礎には，その先端を深い位置にある硬質地盤につけ，基礎スラブの荷重を直接硬質地盤に伝える支持杭と，杭周面の摩擦力で地盤へ伝える摩擦杭がある．

杭の施工方式により区分すれば，打込み・圧入・中掘り・埋込み，あるいはこれらの複合式および地盤改良を伴う既製杭，地盤中に孔をあけてコンクリートを打設する場所打ちコンクリート杭，あるいはケーソン，ピアなどの特殊な基礎杭もある．

基礎杭が設置される過程において，その杭体が形成される方法別に分類すると表10.3のようになる．

既製杭，特に工場製作杭は品質が均一で一般的には良好である．しかし，輸送・保管・打込みもしくは埋設，頭部切断など，所定の位置に設置するまでには，施工上多くの問題を抱えている．一方，場所打ち杭は，地中に鉄筋かごを挿入した後，トレミー管によりコンクリートを打設して形成するもので，コンクリートの品質，地盤のゆるみ，杭先端にスライムの沈積など施工上の問題が多い．

b. 既 製 杭 資源が枯渇している木製杭(松杭など)は，今日では使われることがほとんどない．現在は一般にコンクリート杭，鋼杭およびこれらの複合製品である．

表 10.3 杭 の 種 類

```
工場製作杭─┐                    ┌─埋込み工法─┬(プレボーリング)┐┌(軽 打)
           │         ┌─既製杭─┤            ├(中掘り)        ├┤
   ┌─[地上]┤                    │            └(その他)        ┘└(先端根固め)
   │       │                    │            ┌ドロップハンマー
   │       │                    └─打込み工法─┤(油圧ハンマー)
現場製作杭─┤                                 ├ディーゼルハンマー──(防音カバー)
           │                                 └バイブロハンマー
           │        場所打ち              ┌(リバースサーキュレーション)
           └─[地中]─コンクリ─場所打ち工法─┤(アースドリル)
                    ート杭                 ├(ベノト)
                                           ├(地中連続杭)
                                           ├(深 礎)
                                           ├(BH)
                                           └(その他)
```

注：(　) 低公害型工法

JIS A 5310 で品質, 形状, 材料が決められている遠心力鉄筋コンクリート杭 (RC 杭) は, 所定の養生完了時でコンクリートの圧縮強度 39.2 N/mm² 以上のものを用いているが, プレストレスが入っていないために運搬時や打込み時にテンションクラックが入りやすい. また継手や設置後の杭頭の処理に施工上の工夫が必要となる.

　遠心力プレストレストコンクリート杭 (PC 杭) は JIS A 5335 で品質, 形状材料が決められ, 所定の養生完了時でコンクリートの圧縮強度 49.0 N/mm² 以上で, 導入するプレストレスの違いにより A・B・C の 3 種類がある. 施工的な取扱いは RC 杭に比べて容易であるが, A 種では打込み時にクラックが入りやすく, 杭頭部の処理作業にも注意が必要である.

　高強度プレストレストコンクリート杭 (PHC 杭) は高温高圧蒸気養生で所定の養生完了時のコンクリートの圧縮強度 78.5 N/mm² 以上となっており, A 種で 3.92 N/mm², B 種で 7.85 N/mm², C 種で 9.81 N/mm² のプレストレスが導入されている. また, 杭径も最大 1,200 mm と太径のものが使用されている.

　そのほかに, 曲げ性能を大幅に向上させた鋼管巻きの高強度コンクリート杭 (SC 杭) やプレストレスの入っている鋼線のほかに, 普通の異形鉄筋が入っている杭 (PRC 杭), 三角杭・六角杭などとよばれる 1 m ごとに節の付いた振動詰めコンクリート杭 (節付き杭) などがある. さらに, 先端部を太くした ST 杭など非常に多くの種類がつくられている.

　鋼杭には, JIS A 5525 で規定される鋼管杭と JIS A 5526 で規定される H 形鋼がある. 曲げ性能が良く, 衝撃に強く, 取扱いが容易であるため, 60 m を超すような長い杭に使われることが多い. しかし, H 形鋼の杭は形状的に偏心しやすいため, 打撃時に問題が起きやすいので注意を要する.

　c. 場所打ち杭　場所打ち杭は, 現在一般に表 10.4(a) および (b) に示す各種の削孔機で地盤に孔をあけ, コンクリートを流し込むものであり, 低公害型の杭工法である. 大きな支持力を得やすいために幅広く利用されている. このほかに, RC 地中連続壁をそのまま壁杭として利用するものや, 先端にシューをもった鋼管のケーシングを打ち込み, その中に比較的硬練りのコンクリートを打設し, このコンクリートを打撃しながらケーシングを引き抜くもの, あるいはアースオーガーを用いて地盤を掘削し, オーガーの先端よりセメントミルクを噴出させてソイルモルタルをつくり, ここに太径の鉄筋や, H 形鋼を挿入する工法などもある.

　B. 施工法による分類

　a. 埋込み工法・中掘り工法　埋込み工法には, アースオーガーなどであらかじめ削孔し, 先端にセメントミルクなどを注入した後, 既製コンクリート杭を埋め込むセメントミルク工法や, 削孔された孔中に杭を挿入した後, 支持地盤に打ち込む打撃併用工

表 10.4 (a) 場所打ちコンクリート杭の種類と特徴[6]

種類	掘削原理	特徴
アースドリル工法	掘削用バケットを孔底に下ろし,回転することによりバケット内に土砂を取り込み掘削する.	地下水の少ない地盤では能率的に掘削できるが,スライムがたまりやすく,30 m を超すような長いものには不適当.
ベノト工法	ケーシングを揺動圧入しながらグラブバケットを自由落下させ掘削する.地盤が硬い場合にはケーシングを使用しないこともある.	地下水のあるところでも,玉石層などの硬い地盤でも長い杭が施工できるが,スライムはたまりやすい.
リバースサーキュレーション工法	スタンドパイプをたて,ここに水をため,この水を掘削媒体としてリバースビットで地盤をゆるめ吸い上げながら掘削する.	長い杭・太径の杭などで効率的に低騒音,低振動で行うことができる.スライムはたまりにくいが,土砂の分離が困難.
深礎工法	円形のリビングビームと生子板によって掘削壁面を保護しながら人力で掘削する.	地下水のあるところでは掘削しにくいが,支持層を確認することができスライムを完全に除去しうる.地盤によっては先端の拡大もできる.
BH工法	地盤調査用ボーリングと同じで,先端に掘削用ビットをもったロッドを回転しながら泥水をロッドより下向に送り込み,掘削ズリを周辺より浮かばせる.	低騒音・低振動型で狭い敷地で行うことができるが,スライムが沈積しやすく高い支持力は取りにくい.
拡底工法	逆回転あるいは油圧で掘削ビットを押し広げるもの,傘形に広げるものなどがある.	先端支持力を増大させるものであるが,拡大部に沈積したスライムは除去しにくい.上記のうちBH工法を除いたすべての工法で,拡底工法を採用することができる.
地中連続壁工法	クラムシェル工法,リバースサーキュレーション工法などにより掘削する.	矩形あるいは連続した箱状の杭となるため,鉛直支持性能のほかに水平力などの支持能力も大きい.

法などがある.比較的太径(ϕ: 700 mm 以上)の場合には,既製杭の中空部分を利用して中掘りし,先端が硬い地盤に到達したらセメントミルクをジェット噴出させたり,翼を拡げてセメントミルクと混合し,支持地盤を改良する工法がある.この種の工法には,各既製コンクリート杭メーカーがそれぞれ独自の工法を開発しており,地盤の条件や敷地の条件を考慮して選定する必要がある.

b. 打撃工法　施工法によって杭を分類すると,先に示した表 10.3 の右欄のようになる.打撃工法は古くから最も一般的な工法として使用され,支持力的には最も信頼性の高い工法といえるが,杭材とハンマーの大きさのバランスが悪いと杭材によっ

表 10.4 (b) 場所打ちコンクリート杭の工法

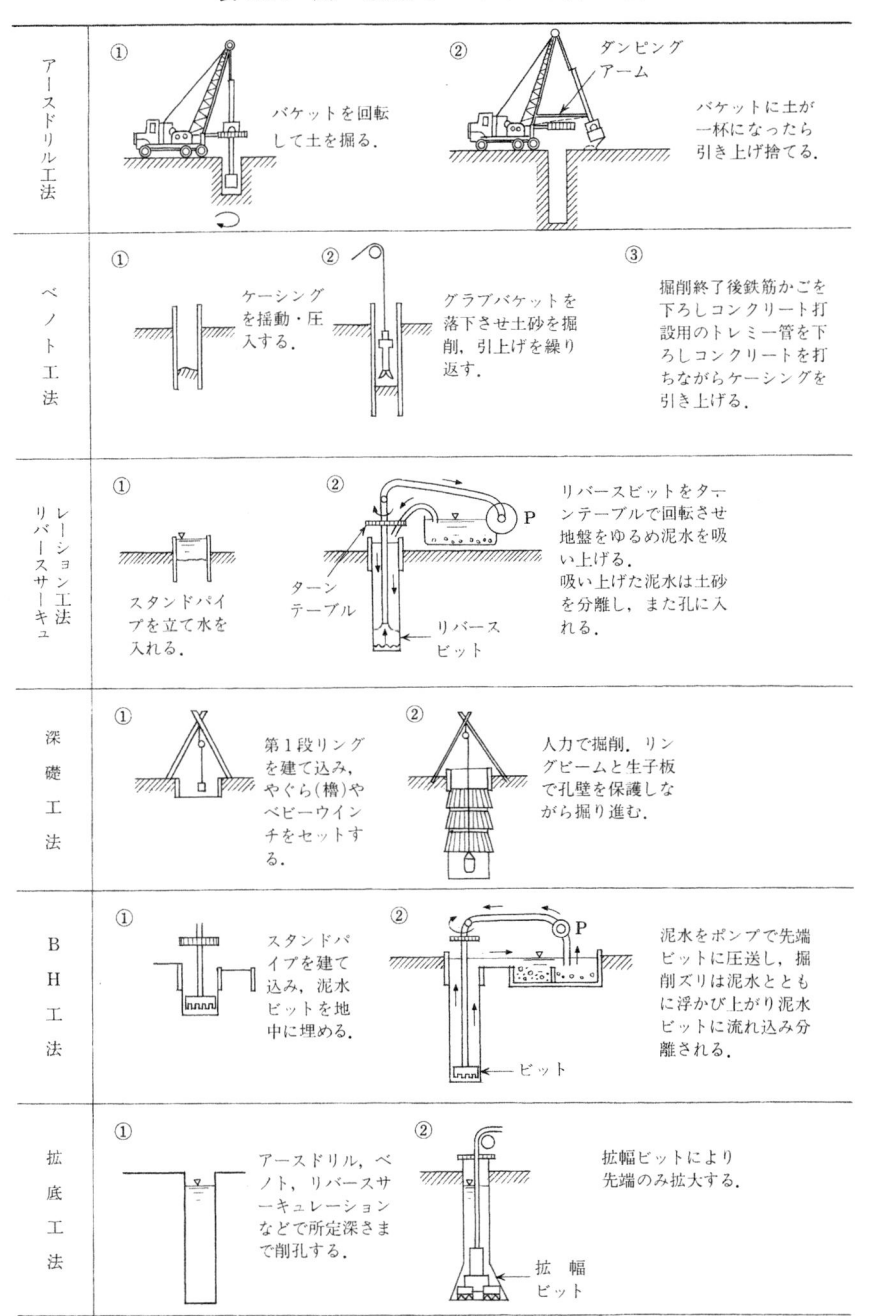

工法	手順
アースドリル工法	① バケットを回転して土を掘る. ② バケットに土が一杯になったら引き上げ捨てる.（ダンピングアーム）
ベノト工法	① ケーシングを揺動・圧入する. ② グラブバケットを落下させ土砂を掘削, 引上げを繰り返す. ③ 掘削終了後鉄筋かごを下ろしコンクリート打設用のトレミー管を下ろしコンクリートを打ちながらケーシングを引き上げる.
レバースサーキュレーション工法（リバースサーキュ）	① スタンドパイプを立て水を入れる. ② リバースビットをターンテーブルで回転させ地盤をゆるめ泥水を吸い上げる. 吸い上げた泥水は土砂を分離し, また孔に入れる.
深礎工法	① 第1段リングを建て込み, やぐら(櫓)やベビーウインチをセットする. ② 人力で掘削. リングビームと生子板で孔壁を保護しながら掘り進む.
BH工法	① スタンドパイプを建て込み, 泥水ビットを地中に埋める. ② 泥水をポンプで先端ビットに圧送し, 掘削ズリは泥水とともに浮かび上がり泥水ビットに流れ込み分離される.
拡底工法	① アースドリル, ベノト, リバースサーキュレーションなどで所定深さまで削孔する. ② 拡幅ビットにより先端のみ拡大する.

ては杭にクラックが入ったり，破壊することがある．また，モンケンやジーゼルハンマーでは振動・騒音が大きいため，最近では油圧ハンマーや防音カバーなどを取り付けた低公害型のものが使用されている．

c. 場所打ち杭工法[4]　　場所打ち杭には，アースドリル・アースオーガーあるいはベノト工法のように機械的に削孔するものと，リバースサーキュレーションあるいは BH 工法のように泥水を利用して削孔するものがある．また，最近は大型基礎として RC 地中連続壁を壁杭として利用する例が多くなっている．孔壁は，一般にベントナイト泥水やポリマー泥水などの圧力や造膜作用で安定させている．

掘削完了後，孔底のスライムを除去し，鉄筋かごを下ろし，コンクリートをトレミー管を使って下部より打ち上げるが，共通的な問題として次が指摘されている．

（1）掘削したズリ（スライム）が孔底に沈積して杭先端の支持力を失わせる．
（2）コンクリートの打設時，コンクリートにスライムや泥水が混り強度を失う．

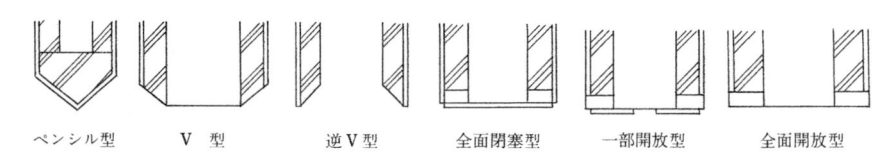

図 10.2　既製コンクリート杭の先端形状

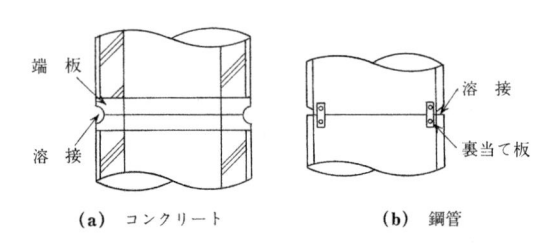

図 10.3　既製コンクリート杭の継手形式

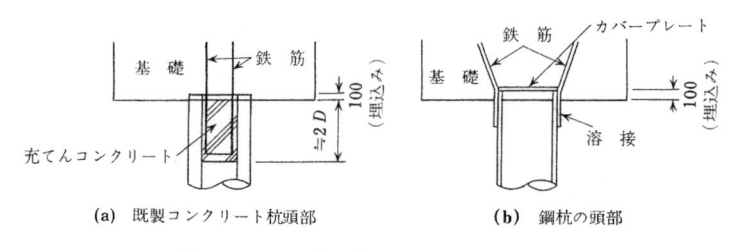

図 10.4　既製杭の杭頭部と基礎との接合

表 10.5 地盤改良工法の分類と施工法

分類			原理
締固め	水締め振動	バイブロフローテーション工法	砂地盤に対して振動などの衝撃的外力を砂の粒子骨格に加えることによって粒子骨格を破壊し，再配列を起こさせ，この際水締めの効果も合わせることにより，さらに大きな効果を期待するものである．
		サンドコンパクション工法	改良地盤の性格に応じて直径が大きく，良く締まった砂柱を所要のピッチで圧入して地盤全体の支持力を改善するものである．
	転圧		ブルドーザー，ローラーなどの動的荷重によって，地表面近くを締め固めるものである．
	載荷（プレローディング）		所要支持力以上の荷重を改良地盤面に長期にわたって載荷することにより地盤を圧密させ建設時にこれを取り除くものである．
脱水	排水	加圧排水工法	軟弱な粘性土地盤に排水性の良い鉛直ドレーンを一定間隔で地中に打設し，載荷重によって，このドレーンから地中の過剰間げき水を脱水させ，圧密沈下を促進して地盤の安定を図る工法である．サンドドレーン工法，ペーパードレーン工法などがある．
		負圧排水工法	加圧排水工法は載荷重にプレローディングなどの実荷重で行うが，本工法は負圧をかけ，バキューム効果を利用するものである．
		動圧密工法	8〜10tの重錘を20〜30m上方より落下させることにより振動・加圧させ，強制的に圧密固結させる工法である．
	電気浸透法		直流通電することによって生ずる諸現象を利用し，軟弱粘土地盤を改良するものである．
締固め 脱水 固結	注入	セメント注入	固結法を採用する目的には力学的強度の増加と不透水層の形成がある．
		薬液注入（ケミカル注入）	目的別あるいは間げきの大きさに応じて注入剤を選定し，注入を行う．
	混合		添加材により土質を安定させるもので，主にセメント系の添加材を地表土あるいは深層土と混合し締め固める．
置換工法			地盤の性質が非常に悪く締固め，脱水固化などの改良が困難な場合，良質土と置き換える．

(3) 鉄筋かごがコンクリートの打設とともに持ち上げられ，所定の位置に鉄筋が入らない．
  (4) 地下水が多く，しかも流れている場合にはセメント分が流出して強度を失う．
  (5) 地盤が非常に軟弱な場合には，掘削機の重量で杭が曲げられたり細められる．
 いずれも施工に係わる問題が多い．特に最近利用例が多くなっている先端部分が拡大する杭には，施工的に欠点が現れやすいため十分注意を払う必要がある．
  d. そ の 他　地下水位が高い砂質地盤で深く，しかも大型の基礎には，ニューマチックケーソン工法が用いられる．この工法はケーソンに加わる水圧を空気の圧力で押さえてロボットや人力で掘削するものである．また，オープンケーソン工法や鋼管矢板をリング状に打設して利用する曲げ剛性に優れた工法などがある．
 C. 既製杭の先端・継手および頭部の詳細
 既製コンクリート杭の先端の形状には，図10.2に示す各種がある．このほかに，先端部にフリクションカットのためのリングプレートを溶接したものや，先端部に沈積している有害なスライムを杭体中空部分に取り込むような工夫を施したものなどがある．
 継手形式には，溶接式・無溶接式(ねじ込み式，2重リング式など)があるが，現在はほとんど図10.3のような溶接式が用いられている．溶接作業は雨・風・気温・泥などの影響を受け，また安全上にも問題が多いため十分な品質管理が必要となる．
 杭頭部と基礎の接合例を図10.4に示す．杭頭の設計条件により配筋や埋込み長さなどが大幅に変わる．既製コンクリート杭では長さを揃えるため，その切断時にはパイルカッターなどを使用して，杭体にクラックを残さないように正しく切断する．杭体にクラックが入るとプレストレスが失われ，鉄筋にさびが出て設計耐力を失うことになる．

10.2.3　地盤改良地業[5]

 埋立地などのように地盤の悪い所で構築物を建設する場合には，杭を用いるのが一般的であるが，非常に長い杭となったり，周辺地盤が沈下した時に建築物だけが浮き上ったようになる可能性があり，しかもコストが非常に高くなる．このような時には土質安定工法ともよばれる地盤改良工法が用いられる．この場合，改良すべき地盤の範囲と性質，その下にある軟弱で未改良の地盤の性質を詳しく調査・検討したうえで，表10.5に示すもののうち，その目的を最も効果的に達成できる工法を選ぶ必要がある．
 いずれの地盤改良工事も，施工時の管理が特に重要であり，必要に応じて試験施工を行って慎重に実施する必要がある．

文　　献

1) 土質工学会：土質工学ハンドブック（1982）土質工学会
2) 日本建築学会：建築基礎構造設計指針（1988）日本建築学会
3) 福岡正己：基礎設計・施工ハンドブック（1977）建設産業調査会
4) 土質工学会：現場技術者のための土と基礎シリーズ 3　地盤改良の調査設計から施工まで（1978）土質工学会
5) 京牟礼和夫：場所打ちぐいの施工管理（1974）山海堂
6) 日本建築学会：建築工事標準仕様書・同解説 JASS 4 地業および基礎スラブ工事（1988）日本建築学会
7) 青木功：埋込み杭工法評定における最近の傾向　基礎工（1995）日本建築センター

11 鉄骨工事

● 11.1 鉄骨工事の基本

11.1.1 鉄骨工事の種類

A. 使用材料による分類

　最近の構造別に見た着工床面積は，鉄骨造によるものが 40% 以上に達し，高率を示している．建築物の高層化・巨大化に伴い，一般鉄骨の需要は上昇する傾向にある．年間発注推定量はこの数年では 1000 万 t 前後となっている．このすう勢は今後とも変わらず，鉄骨工事はさらに増大してゆくものと思われる．

　使用する鋼材は，JIS に適合するものが求められ，普通の鋼構造物には，SS 400, SM 400, SN 400 A・B・C, STK 400, STKR 400 の使用が最も多い．高層および大スパンの建築物には，厚鋼板または高張力鋼を採用することが多く，SS 490 や溶接性を考慮した SM 490, SN 490 B・C が用いられている．このほか高強度の成分調整鋼として SM 520 B・C, 調質鋼として SM 570 があげられる．しかしこれらを使用する場合は，国土交通大臣の許可を得て使用することとなっている．製鉄工場での鋼素材の製作工程における技術革新には目ざましいものがあり，製鋼設備および技術の改良も進み，連続鋳造法によるものがすでに 90% を占めている．

　鉄塔・架橋・水門・海洋構造物などには，鋼の腐食を考慮して，Cu, P, Cr などを添加した耐候性鋼を用いる．また低温度の液化天然ガスなどの貯蔵タンクには，低温度の環境下でもじん性をもつ低温用鋼が使用される．

B. 鋼材の使用形式，使用量による分類

　鋼板の使用形式から，純鉄骨構造と鉄骨鉄筋コンクリート構造の二つに区分する．純鉄骨構造の中でも，軽量鉄骨構造（または薄板構造ともいう）は，板厚さが 4.0 mm 未満の鋼材または帯鋼から冷間加工によって成形した軽溝形鋼・角形鋼管を用いる．住宅をはじめ，小規模な工場・倉庫などの建築物に使用されている．鋼材の使用量は 20〜70 kg/m^2 である．普通鉄骨構造は板厚 4.0 mm 以上の構造用鋼材を用いた構造である．一般のビルから工場・店舗に及ぶ多くの用途に適している．その鋼材の使用量は 60〜100 kg/m^2 である．重鉄骨構造は超高層建築・講堂などの大スパン構造に用いられる．鋼材

の使用量は 120〜240 kg/m² である．また特殊な荷重や大空間建築として発電所・原子力プラントなどの建築物における鋼材の使用量は 190〜600 kg/m² である．

　鉄骨鉄筋コンクリート構造は鉄骨と鉄筋およびコンクリートとの累加強度を利用した構造であり，鉄骨と鉄筋コンクリートの納まりおよびコンクリートの充てん方法を，設計段階から一体化を考慮して計画する必要がある．鋼材の使用量を建築物の種類別に見ると，事務建築は 40〜90 kg/m²，劇場は 25〜85 kg/m²，工場では 20〜45 kg/m² 程度となっている．

　また一般構造用炭素鋼鋼管を使用する構造物に対しては鋼管工事という．ホール・市場・体育館・工場および格納庫のような立体構造による建物に適している．鋼材の使用量はそれぞれ前述のとおりであるが，これらの立体構造における鋼材の使用量は，若干減じることができる．

　特殊な工法として，エルー電気炉または高周波誘導炉で溶解した材料を，金型遠心力鋳造法によって製造した材を柱に使用する構造がある．その材質は SM 490 B 材に相当し，SMK 490 と称する．

11.1.2　鉄骨工事の品質と信頼性

A.　設計強さと工場調査

　のど断面に対する許容応力度は，接合部（継手）の形式に応じて，長期・短期の値が定められ，作業方法（回転ジグ・ポジショナーなど常に下向きで作業できる設備がある場合，それ以外の場合）で二つに区分される．「建設省告示第 1103 号」によって定められている[1]．この許容応力度に対し，母材のそれと同等値を採用する場合には，鉄骨加工業者資格基準による審査による認定済の工場で，鉄骨加工を行わねばならない[2]．

図 11.1　工場における製作工程

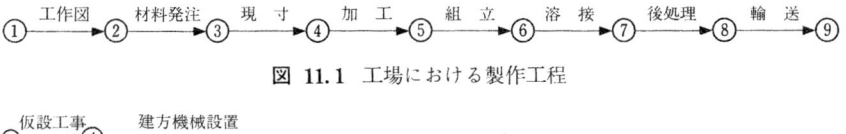

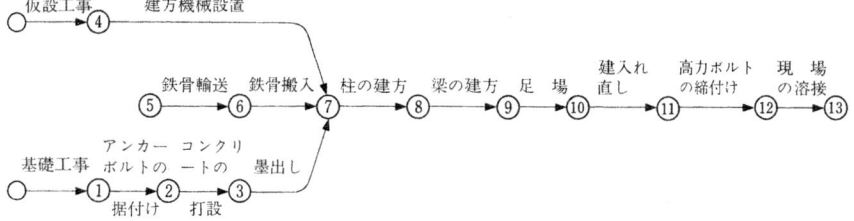

図 11.2　現場における施工工程

B. 製作要領書と工場承認

設計図書としては，設計図面，標準および特記仕様書，構造計算書があげられる．部材の製作要領書は，これらのうち特に構造に係わる図書に基づき，工事概要，製作工場，工場組織，材料・工作・塗装・検査，輸送などの部材製作に関する事項が記載される．溶接によって鉄骨部材を接合して製作する場合には，特に工場の経歴・実績・技術能力を調査して，その工場で製作させるか否かを決定しなければならない．たとえば，施工組織，技術管理者，溶接工の有資格者，機械設備，承認実績などについて，工場視察および書類によって詳細な審査が行われる．

C. 生産段階における試験・検査

生産の各段階における試験や検査は，鉄骨部材や工事の品質を測定する手段である．最も基本となる品質に関して，溶接部については，静的強さ・疲労強さ，高温・低温強さ，クリープ，特性延性，破壊じん性，耐食性，外観，平滑さがあげられる．

これらの試験や検査は，設計段階では材料の選定，鉄骨加工業者の決定，設計基準決定のため，また製作段階では製作方法・加工条件の決定，品質管理，製作のため，その他では調査・研究開発，あるいは材料受入れのために行われる．試験および検査の品質項目や方法は，それぞれの段階の試験目的によって異なる．

鉄骨工事は，今後分離発注される傾向が増加するものと予想される．発注性能について測定・試験する必要があり，第三者的検査機関がこの役割を担っている．工事品質の保証上，検査員の責任は重大であり，その役割や権限の明確化を図り，中立的立場で厳正な検査にあたることが期待される．

D. 鉄骨工事の計画とその基本

鉄骨工事は，工程面で工事全体に与える影響が大きい．また同じ躯体工事であっても，工程上の役割が鉄筋コンクリート工事とは大きく異なり，材料の調達，部材の加工・製作および現場組立てに至るまで，各工程の多くを鉄骨加工業者に依存した形で発注する事例が見受けられる．しかし，品質はもちろん，工程の点においても，後続工事の基幹工程となる重要な工事であることを忘れてはならない．

特に施工計画検討の段階では，構造計画の考え方，製作から工事場作業に至る工程や作業の流れを正しく理解し，仕上げ工事のみならず，設備工事などとの関係についても十分検討したうえで，全体工期に占める役割や，影響にも注意しなければならない．

● 11.2 工 場 製 作

11.2.1 製作のための協議

　発注より工事場搬入に至る間において，種々な項目（製作工程，工作方法，輸送方法，建方計画，軀体工事，仕上げ・設備）について打合せや協議が行われる．これには工事監理者・施工担当者・鉄骨加工業者も参加し，施工中での変更，追加の指示を織り込んで伝達される．主に次の内容について検討が加えられる．
　（1）　製作計画：各節建方，現寸検査，加工着手の予定，入材・特殊材の入荷の時期
　（2）　工作方法：溶接組立ての順序，溶接ひずみ，溶接工法の選択と継手形式，工事場継手の簡素化，鋼種の判別マーク
　（3）　輸送方法：大幅・長尺物の運搬，車積の荷姿，後回し部材，地組の可否
　（4）　建方計画：仮組立ての可否，仮設ピース，積合せと建方工程，搬入時の取付け状態，吊り姿
　（5）　軀体工事：鉄骨心と軀体心，建方精度，鉄骨の被り厚，鉄筋・配管の貫通孔，床レベル，階高
　（6）　仕上げ・設備：鉄骨梁レベルと水こう配，スリーブ補強，一次ファスナー
　工事上の協議の結果は，設計図書に基づいて，工作図に描き直すことが重要である．主な工作図には，アンカープラン，柱平面図・梁伏図，軸組図・断面詳細図，仕口溶接規準図がある．部材1片ごとに詳細な寸法と取合いが決められる．材質・数量・部材マーク・取付け方向，その注意事項なども記入され，工作作業に用いられる．最近の傾向として，製作段階における CAD が普及し，鉄骨生産情報のつくり方が改善され，コンピュータを用いてタイムリーに情報を作成・更新し，それを総合的に管理するようになった．一般には，鉄骨 CAD/CAM システムとよばれ，各工作作業ごとに NC 加工方式を採用し，鋼板の切断から加工・溶接・組立てまでをロボット化している．今後，自動化・省力化が図れるような工場製作ラインと工作基準の採用が，さらに進むものと考えられる．

11.2.2 製作工程の流れ

　A．材料発注

　発注は一般に特約店を通して鋼材のメーカーに対して行われ，製品が納入されるまでには，通常2か月が必要である．製品にはミルシート（鋼材規格合格証明書）が添付されており，鋼板の材端コーナーに刻印された番号およびマークとの照合を行う．

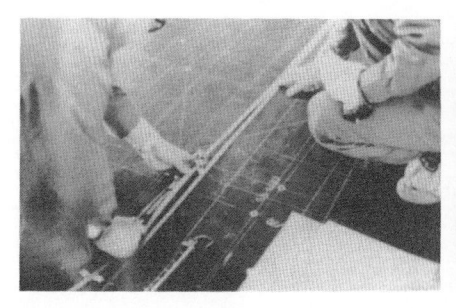

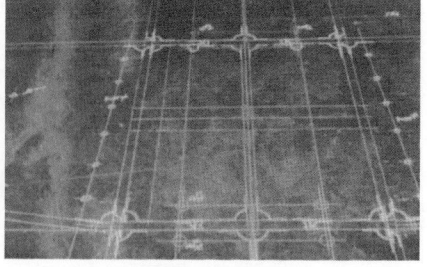

図 11.3 テープ合せ　　　　　　　図 11.4 現寸図

B. 現　　寸

完成時の形状・寸法で示された設計図をもとに，部材のこう配，製作反り（キャンバー），溶接によるひずみや収縮および切断に対する余裕代(よゆうしろ)を加味して，部材の正確な寸法を決定する．けがき(罫書)，加工・組立てに必要な定規，型板，工作図，部材表などを作成することを「現寸作業」とよんでいる．

この現寸作業は現寸場に実物大の展開図を書く「床画き法」と，電子計算機にて展開計算し，自動作画機などの機器を用いて製作情報を作成する「NC法」の二つに大別される．

C. けがき（罫書）

現寸作業で作成した定規・型板を用いて，鋼板の表面に切断線・孔明け位置・部材マーク・材質などを記入する作業を「けがき作業」という．この工程の役割は，加工・組立てなどの次工程に対して明確な指示を与えることである．最近では現寸作業の自動化に伴い，けがき工程を自動化あるいは省略している工場が多い．これには電子写真けがき機とNCけがき機やNCガス切断機・NC孔明け機の活用があげられる．

D. 加　　工

切断・孔明け・曲げ加工(逆ひずみ加工)・開先加工・摩擦面処理があり，せん断・切削・変形・表面処理によって，部材片ごとの形状に製作する工程である．次のように各種の方法がある．

（1）　切断：ガス切断法と機械切断法があり，自動ガス切断機が最も一般的である．

（2）　孔明け：押抜き・ドリリング・リーミングの三つの方法があり，仕上げ精度を左右する．

（3）　曲げ加工：冷間と熱間加工(750〜950℃)とがある．ただし青熱域(200〜400℃)での加工は禁止されている．

（4）　開先加工：ガス切断・ガウジング・機械切削があり，溶接部の開先が仕上げら

11 鉄骨工事

図 11.5 梁仕口フランジの組立て

図 11.6 柱の組立て

図 11.7 柱の大組立て

図 11.8 溶接用傾斜台での本溶接

れる.
(5) 表面処理:ブラストとグラインダーがあり,孔明け後に処理をして黒皮を除去する.

E. 組 立 て

部材集結,小組立て・大組立て,仮付溶接があり,材片相互を治具などで固定し,位置決めがなされる.柱と梁の接合部位を仕口とよび,その接合形式から梁貫通と柱貫通の二つに分けられる.組立て台は溶接する姿勢が下向きになるように工夫されている.特に仮付溶接は「組立て用溶接」ともよばれ,溶接部の品質に大きく影響する.仕様書などで板厚による最小仮付長さ,専門の資格者によることが厳守すべき事項として規定されることが多い.阪神大震災の教訓から,より厳密な検査が大切であるとされている.

F. 溶　　　接

溶接作業については，溶接前・溶接中・溶接後の3段階に応じて管理すべき要点が定められている．まず材片の形状と位置について，目違い・開先角度・ルート間隔が狭少または過大にならないようにする．溶接面の清掃・予熱，溶接機・工具の点検などが溶接前に厳守すべきことである．溶接順序，溶接棒の選択・乾燥，溶接電流・電圧の調整，棒継ぎ，始端・終端の処理，各層間のスラグ清掃，裏はつりの実施などが溶接中に行われる．エンドタブの切断位置・仕上げ状態，ビード寸法(溶接長・のど厚・脚長)，変形・余盛・ビードの形状，表面割れの有無，アンダーカット，オーバーラップ，ピット，内部欠陥などについても，溶接後に測定ゲージや機器を用いて計測される．

G. 後　　処　　理

溶接によって，横収縮・縦収縮，角変形・回転変形など，ある程度のひずみや変形は避けられない．この変形は，プレスまたは，ガス炎加熱法などによって矯正される．線状加熱を行う場合には，鋼材の表面温度および冷却方法に十分な注意を払い，鋼材の材質を損なわないように注意する必要がある．冷間加工部に溶接をしてはならない．

● 11.3　工 事 場 施 工

11.3.1　施工のための調査と協議

A. 現地条件の把握

全体工程の中で，準備工事より工事着手に至る期間にわたって，現地調査が行われる．工事の安全性・施工の妥当性の観点から，最適な組合せに対して設計内容と法令・規則の条項について十分考慮を払い，施工のための具体的な要領や方法が絞られる．次に，以下の内容について，工事監理者・施工担当者・専門工事業者との間で打合せや協議が進められ，総合的な計画が立案される．

(1) 敷地条件：クレーン類の旋回と越境区域，仮設となる通路，図面上と現地の食い違い
(2) 道路条件：工事用車両の搬入出の動線，道路通行の規制，障害物(埋設物，電柱・架線等)
(3) 輸送条件：車両に対する重量・長さ・高さの制約，輸送車種，搬入時の車向き
(4) 近隣条件：騒音・振動の公害，電波障害，近隣への防護対策
(5) 気象条件：夏冬の日中時間差，降雨・降雪，台風の時期と予想日数

B. 工事場施工の妥当性

現地条件の把握が行われ，鉄骨工事のための仮設計画は，設置すべき具体的な工作物

(仮設設備・安全設備・電気ならびに給排水設備)について検討される．そのうえで仮設物の構造の安全性・妥当性，工事品質の信頼性の観点からみた最良の工法と手段が決定される．特に工事原価を定めていく際，この段階の秀逸さは施工担当者によるところが大きく，五つの要素（品質，原価，工程，安全，および環境）の各面について比較される．また次の内容について比較・検討し，工事場施工の妥当性を総合的に確かめる．
（1） 構造条件：クレーン類のための本体補強，荷取りステージ，スラブの補強，吊り足場，吊り治具
（2） 作業条件：墜落防止設備，上下作業・重機旋回半径内の立入禁止，防網・安全装具類
（3） 外的安全：飛来落下物・飛散物の防止設備，外部養生設備
（4） 機器設備：溶接用電源の容量および系統，盛替えの方法，作業用機器の台数と位置
（5） 計測設備：建入れ直し設備，計測機器・治具類，計測時期と頻度

工事上の調査と協議の結果は，設計図書に基づいて，建方計画図・工程表・施工要領書などに表現される．主な建方計画図には，建方機械計画図・建方順序図・ステージング計画図，鋲鋲・溶接足場図がある．各作業ごとに機械の能力，他工事との干渉，重複・後戻りに注意し，必要かつ十分な仮設が準備できていなければならない．近年，施工段階のCAD化・自動化が進められている．従来，人手に頼ってきた図面作成を初め生産情報の管理方法を改め，搬入材・取付け材の情報をコンピュータ処理し，個々の施工を総括管理する自動化建設システムが導入されている．各揚重作業ごとに自動搬送が採用され，建方から，接合・溶接，床打設，外装部材の取付けまでをロボットの活用により少人数化している．施工の全天候化，高所作業の低減による安全性向上が図られるような，工事場施工の工夫や施工用各種装置の開発が進みつつある．

11.3.2 仮設計画・工程計画上の検討すべき事項

A. 建方工程の特殊性と問題点

鉄骨部材は，建方中の強風，重心のずれ，仮設物の積載のため，建方完了後でも倒壊する危険がある．特にスパンと高さの比が4分の1以上の部材や鉄骨歩掛りの極端に小さい鉄骨鉄筋コンクリート造の場合では，水平ブレース・方杖の補強が必要である．また節割りや接合部の位置を調べて，部材の形状および重量(最大幅および成，最大重量)に適合した仮設設備や建方方法を選ぶことが重要である．

建方機械の選定は，鉄骨部材以外の揚重物についても考慮し，揚重内容，台数および設置期間を決定すべきである．特殊な例では大スパンの梁やトラス梁の建方を行う前に，

(a) びょうぶ建て

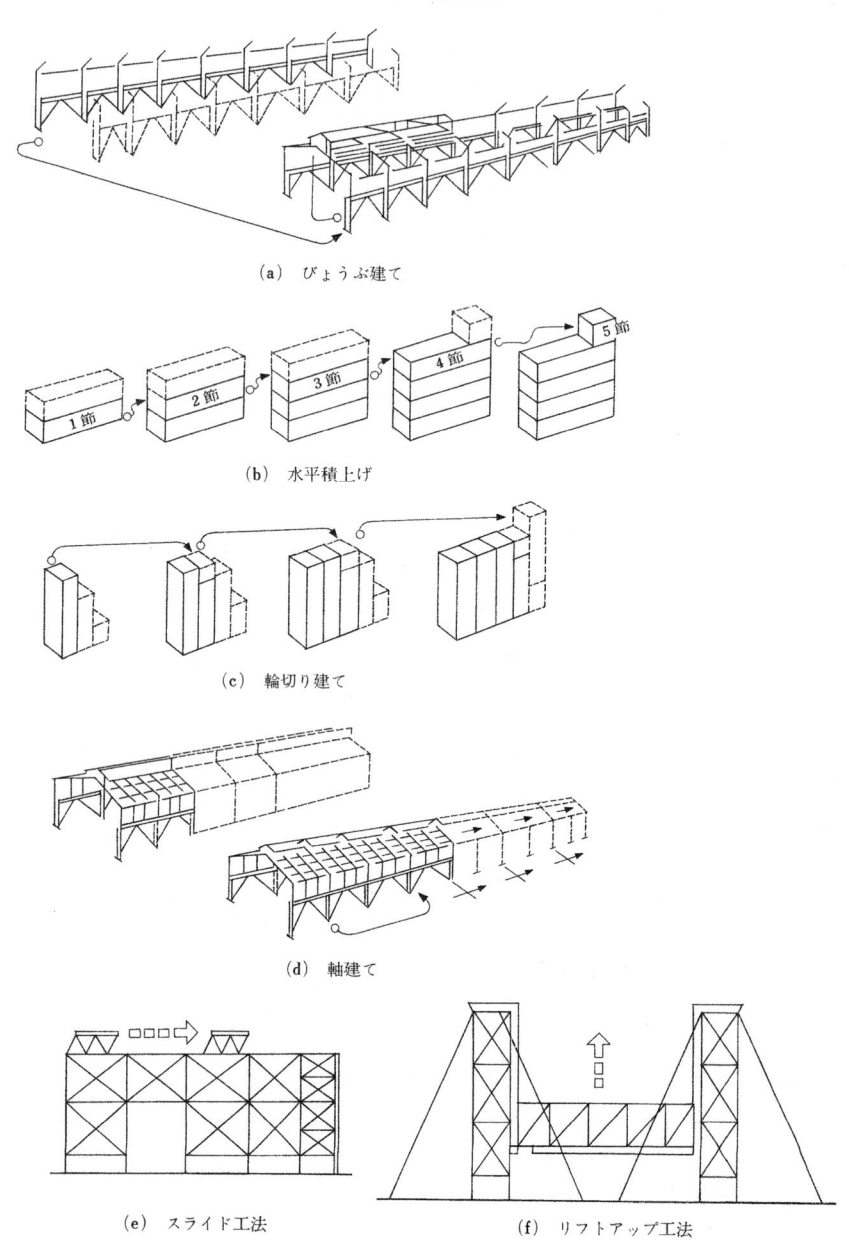

(b) 水平積上げ

(c) 輪切り建て

(d) 軸建て

(e) スライド工法

(f) リフトアップ工法

図 11.9 建方の進め方[3]

むくりを付けたり，支持部材で補強することもある．建方工程における作業の難易度に合わせて，揚重・運搬の方法，仮置きステージ，支持方法・吊り姿の工夫が図られる．

B. 建方方式とその構造形態

建方方式を決定する際には，構造物の種類・規模について，過去の実績や歩掛りを調べる．揚重機や敷地などを有効に活用できるかどうかは工事全体の重要な条件となる．またこの工事が全工程の基幹工程として果たす役割に注目し，図 11.9 に示すように構造形態に適した方法を選定する[3]．建方方式を採用するうえで注意すべき点を以下に示す．

(1) びょうぶ建て：構造的に自立可能か，柱数が少なく，高層時の安定性に注意する．鉄骨工事が完了するまでは後続工事に取りかかれないので，工区割をする．吊り足場，水平・垂直養生の作業を工程に合わせて順次架設できる．ビル鉄骨に適している．

(2) 水平積上げ：揚重機，主にタワークレーン自体を，工事の進捗に合わせて高さ方向に盛り替える．各節ごとにサイクル作業で積み上げられるように建方を行う．後続工事が並行して行えるので，工期の短縮ができる．しかし，揚重機の盛替え・解体はクリティカルな工程となる．超高層建築に適している．

(3) 輪切り建て：敷地条件に余裕がなく，輪切りで建て逃げを行う．走行式クレーンで建方を行うため，路盤の確保，自立のためのブレースによる補強が要る．工場鉄骨に適している．

(4) 軸建て：小屋物や倉庫に採用できる．能率的であるが転倒防止の対策が要る．

(5) スライド工法：大スパンの小屋物・立体トラスに採用される．外部から揚重する際に有効である．

(6) リフトアップ工法：階高の大きい屋根などで採用される．あらかじめ，塗装・設備工事を行う場合がある．

C. 建方機械の種類とその特徴

建方機械選定の原則は，所要工期の算出に関係する面が大きい．機械占有率によって決定する場合は，取付け部材ごとの所要時間を集計し，建方時の機械占有時間率を加味して，所要日数と台数を算出する．また，揚重時間数によって決定する場合は，部材種別（柱・大梁・小梁その他）ごとの 1 日の揚重可能回数を予想して，建方期間の所要日数と台数を逆算する．これに対して，取込み時間数によって決定する場合は，1 日の鉄骨取込み可能量と作業時間（早朝・夜間も含む）を調査して所要日数を合計する．

このように，所要日数と台数を設定するとともに，関連する他種工事の作業量も考慮したうえで，揚重能力（主に最大重量と水平距離）を決定する．

11.3 工事場施工

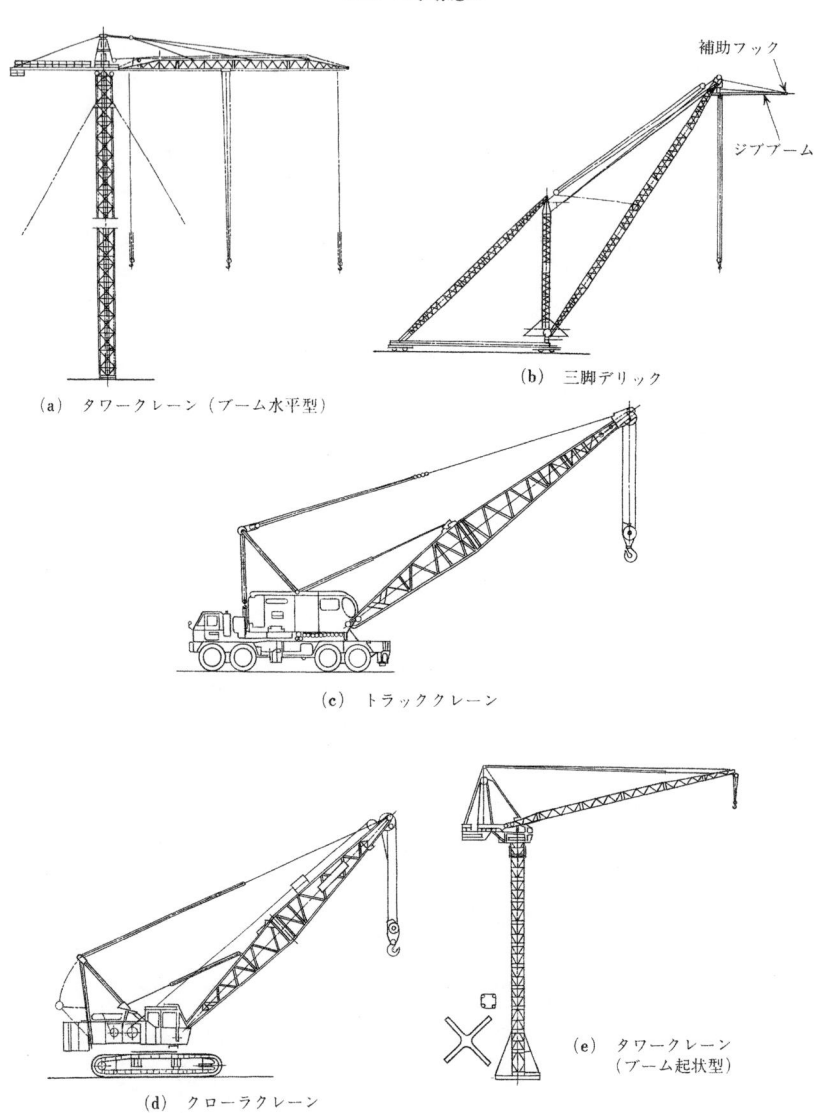

(a) タワークレーン（ブーム水平型）

(b) 三脚デリック　補助フック　ジブブーム

(c) トラッククレーン

(d) クローラクレーン

(e) タワークレーン（ブーム起伏型）

図 11.10 建方機械の種類

また建方機械別に採用を決定するうえでの注意点を，次に示す．
- （1） タワークレーン：定置式建方機械として使用され，ブームの形式により，水平型と起伏型に区分される．高さ方向の盛替え方法によって，ポストクライミング式とベースクライミング式に分けられる．
- （2） トラッククレーン：自走式であるため，機動性に優れ，機種も豊富である．規模に応じて自由に選択することができる．設置・盛替えの点で仮設設備が少なく，またリース業者を利用することができる．
- （3） ジブクレーン：タワークレーンと組み合わせて使用することが多い．また走行台車が用意されれば，作業範囲を大きく確保することができる．タワークレーンの解体用として活用される．
- （4） 三脚デリック：古くから用いられてきたが，定置式で方向性が限られるため，補助的な役割が主である．現在はあまり使用されない．
- （5） ガイデリック：組立て・解体，迫り上げ，安全性，作業能率，建方順序の方向性など，多くの点でタワークレーンよりも劣る．しかし，重量鉄骨や建家の内走行クレーンの上架に使用される．

11.3.3 工事場における工程の流れ

A. アンカーボルトの据付け

柱脚の定着機能を満足させるため，据付け位置の精度確保，ベース下モルタルの充てん，ナットの締付けについては管理すべき要点となる事項が多い．しかも，それらの作業の適否はその後の建方精度を大きく左右する．柱ごとの通り芯，鉄骨ベース小口へのけがき，ボルトの定着長さとねじ部の納まり，梁配筋とボルトの干渉など，ボルトの固定方法の決定については十分な考慮を必要とする．台直し作業を生じないよう適切な据付けが望まれる．アンカーボルトの曲げ戻しは耐震性能を低下させる．

B. 鉄骨部材の輸送および搬入

工事場（現場）と製作工場の密接な連絡を行うため，製品の集積，運搬車の手配，部材の荷姿，混積の禁止，待機場所の指定は車番号ごとに詳しく指示しておき，伝達すべき情報の内容について周知徹底を図る．

搬入を無理・無駄なく，所定どおりに進めるため，待機時間の厳守，車上渡し時の方向と位置，工事場内での配車位置などについて事前に十分打ち合わせておき，これを正確に指示・指導しなければならない．

C. 柱の建方

部材の建方工程の基本となる作業であり，柱起し時の吊上げ方および使用する治具，

11.3 工事場施工

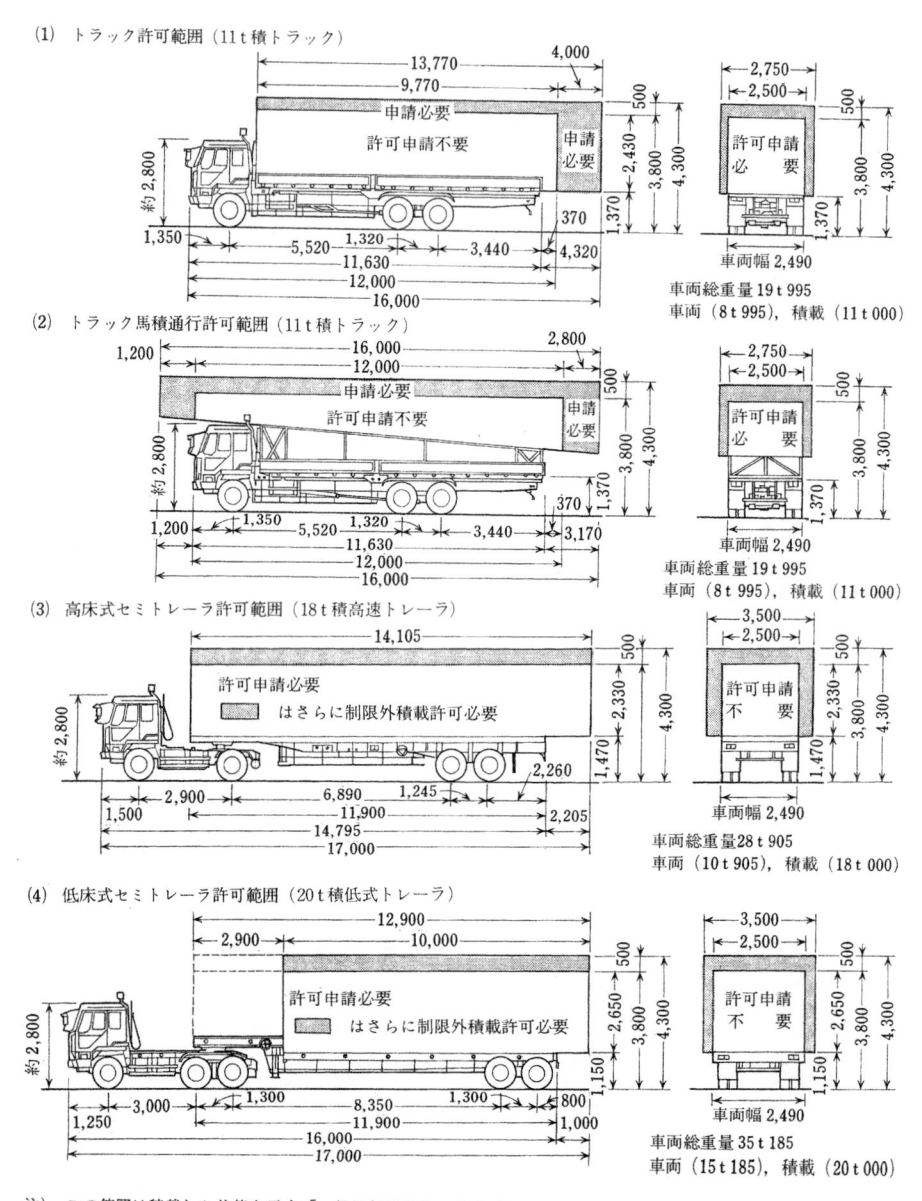

(1) トラック許可範囲（11t 積トラック）

(2) トラック馬積通行許可範囲（11t 積トラック）

(3) 高床式セミトレーラ許可範囲（18t 積高速トレーラ）

(4) 低床式セミトレーラ許可範囲（20t 積低式トレーラ）

注） この範囲は積載した状態を示す「一般的制限値」である。[4]
(1) 幅 2,500，(2) 総重量 20t，軸重 10t，軸荷重 5t，(3) 高さ 3,800，(4) 長さ 12,000
(5) 最小回転半径車両の最外側のわだちについて 12,000 以上の場合は，「特殊車両運行許可申請書」を道路管理者に提出して，道路の通行許可手続きを行わなければならない。

図 11.11 車両制限令による通常の輸送可能範囲（鉄骨橋梁協会輸送委員会による）[5]（単位：mm）

図 11.12 鉄骨部材（柱）の積込み作業　　図 11.13 鉄骨部材（梁）の建方作業

やわら，先付けの仮設材，接合部の取付け方，介錯(かいしゃく)ロープは，建方作業の能率および建方精度を大きく左右する．接合部のクリアランスや部材製作精度（柱の全長・ねじれなど）を十分管理することが望まれる．

D. 梁の建方

鉄骨架構を形づくる作業であり，柱に比べ数量も多い．大梁・小梁・ブレースなどの継手は種類も多く，繰返し作業となるため，吊上げ時の工夫（複合吊り，吊上げ間隔），接合部の工夫（スプライスプレートの払込み，仮ボルトの本数・位置，ボルト袋）は事前に打合せを行うなど入念な検討を行うべき事項である．

E. 足場の組立て・解体

建方工程に係わる足場の組立て・解体は鳶作業の典型であり，作業の標準化を図る．簡素で有用な足場を確保するため，足場上での各種作業（建入れ直し・ボルト締め・溶接・検査・配筋）に適合したものとする．足場のスペースと高さは，労働安全衛生規則をふまえ，正しく計画されねばならない．また解体・盛替え用資材の搬入の計画も重要である．

F. 建入れ直し

鉄骨工事の次の工程に与える影響を最小限にするため，建方精度の確保は最も重要な管理項目の一つである．鳶作業と計測作業を繰り返す作業となるので，合図の方法，修正の手順，計測の方法は，事前に打合せのうえ作業内容やその細部については，作業者間で了解されていなければならない．特に，構造形態や架構上の特殊性を見極め，累積誤差が生じていないか必ず点検し，場合によっては，建方精度の調整スパン・調整階を決めて，施工することが望まれる．

G. 高力ボルトの締付け

鉄骨骨組を接合する代表的な工法であり，この作業によって半製品部分が構造体として永久的な性能をもつものである．接合する部材（本体・スプライス）と高力ボルトが

満足な継手を形成するため，梱包・保管，接合・組立て，締付け，締付け検査の各作業別に管理すべき項目が多い．接合部についてはすべり係数を確保するよう接合面はきちんと処理されていなければならない．特に締忘れ・共回り・再使用の禁止を十分管理することが望まれる．締付け検査については JASS 6（鉄骨工事）の規定がある[6]．

H．現場継手の溶接

現場継手の溶接工法については，鋼材の進歩に合わせて溶接法・溶接材料の開発によって著しく改善され，普及してきた．工場溶接と同一の溶接条件を確保するためには，十分な知識と経験をもつ技術者による管理が必要である．溶接工の技量の確認，電源の準備，溶接の準備，工作・組立て，溶接作業，品質検査など，作業ならびに技術管理上の要点が多い．溶接部については健全性，欠陥の有無を非破壊検査によって確認しなければならない．特に溶接前・溶接中および溶接後に分けて，管理を徹底することが望まれる．溶接部の検査については JASS 6（鉄骨工事）の規定がある[6]．

● 11.4　鉄骨工事の接合

11.4.1　接合法の種類

鉄骨部材の組立ては，各部材の構造上の条件を考慮するとともに，組立て・接合の難易度やそれに要する手間をできるだけ少なくしうるように心がける．工場工作における各部材の形状や大きさは，輸送上の条件，現場における揚重機の能力の限界や組立ての作業量を最小に押さえるべく計画を進める．また工場で組み立てられた部材の寸法精度は，仕様書などによって規定された限度内でなければならない．このためには，材片の組合せ・集結作業を指示どおり正確に行い，正しい形状・寸法の部材に組み立てなければならない．

誤差が著しい時は，その後現場施工における組立て作業の支障となるばかりでなく，建築物としての建方精度に影響を及ぼすなど，問題となる事項が少なくない．

工場工作および現場施工における鉄骨部材の接合法には，大別すると以下の 4 種類がある．

（1）　リベット接合
（2）　普通ボルト接合
（3）　高力ボルト接合
（4）　溶接接合

このうちリベット接合は，リベットを加熱炉で均一になるまで加熱し（900～1,100℃程度），そのうえで組み合わせた材のリベット孔にリベットを挿入し，リベットハンマー

またはジョーリベッターなどの機械を用いて，リベットの頭を成形・締付けを行う方法である．接合部の品質がリベット工の技能に左右され，鋲鋲時にははなはだしい騒音を発し，また火気を使用するので火災の危険性もある．さらに最近では技能労働者が不足するなど多くの問題がある．このため特殊な場合を除いて，ほとんど使用されない．

今日では，鉄骨工事の主要部材の現場継手には，高力ボルトを使用することが一般であり，普通ボルトによる接合は，母屋・胴縁の取付けのような二次構造部材の接合に限られている．この場合，ボルト穴はボルトの軸径より 0.5 mm 以上大きくしてはならないので，加工精度を正しく維持することが必要である．ボルトのゆるみ対策がなされた場合には，構造耐力上主要な部分に使用することができるが，適用しうる建築物については，建築基準法により張間 (9 m 以下)・軒高 (13 m 以下)，延べ面積 (3,000 m^2 以下) の限度に対する規定がある．

以上のような理由から，本節では，最も一般的に用いられている高力ボルト接合および溶接接合について述べる．

11.4.2　高力ボルト接合

A.　高力ボルト摩擦接合

普通ボルトの 2～3 倍の引張強さをもつ高力ボルトを使用して，接合部を強く締め付け，ボルトに初張力を導入したボルト接合である．初張力はボルトの降伏応力よりやや低い程度に押さえている．ボルトに初張力を与えるために，ナットの緩みを防止する効果がありボルト接合のもつ欠点を補っている．

接合しようとする板を高力ボルトによって強く締め付け，板と板の間に生じる摩擦力を利用して外力に耐えさせる方法である．従来のボルト接合は締め付け力が弱く，摩擦力を確保することが困難であり，ボルト軸に生じるせん断力で抵抗する接合法である．これに対して，摩擦接合は上述のごとく全く異なる考えに基づいている．

現在用いる高力ボルトは，トルク係数値が一定となるように製造管理されている．トルク係数は他の機械的性質と異なり，ボルト・ナット・座金をセットとして取り扱うべき性質のものであり，その材質は JIS B 1186 (摩擦接合用高力六角ボルト・六角ナット・平座金のセット) の規格で定められている．実際に広く用いられているのは，同規格の 2 種 (F 10 T) である．1 種は使用実績が少なく，3 種は使用状況によっては遅れ破壊の可能性が否定できないため，あまり使用されていない．

B.　高力ボルト引張接合，高力ボルト支圧接合および特殊高圧ボルト接合

a.　高力ボルト引張接合　　ボルトの軸方向の応力を伝達する接合法であり，高力ボルトを強く締め付けて得られる材間の圧縮力を利用して応力を伝達するものである．そ

の応力伝達機構は摩擦接合とは本質的に異なっている．引張接合では，作用する外力がボルトの締付け力によって生じる材間圧縮力とつり合うので，外力が作用した時に，ボルトの付加軸力が微小となり，接合部の剛性が高いことが特徴となる．この接合形式には，Split Tee 型・Endplate 型・長締め型などの各種の工法がある．

　b．高力ボルト支圧接合　　継手部材を高力ボルトで強く締め付け，板間に生じる摩擦力と中ボルトのように，ボルト軸部のせん断力および部材の支圧力を同時に働かせて応力を伝達する接合法である．

この支圧接合には形状と施工法によって，高力ボルト支圧接合・磨き高力ボルト支圧接合および打込み高力ボルト接合の3種類の方法がある．これらの使用には国土交通大臣の認定を受けなければならぬこととなっている．

　c．特殊高力ボルト接合　　特殊高力ボルトとして管理しやすく，使用実績の多い方法としてトルクシアー型高力ボルトがある．このほかグリップ型・片面施工型などがあり，それぞれの特性に基づいて施工法が開発されている．いずれも国土交通大臣の認定を受けたものに限り使用が認められている．

　C．高力ボルト接合の要点

　a．摩擦面の処理　　摩擦接合は，材の接触面のすべり耐力によって力が伝達される．そこで接触面の表面処理には最も注意を払わなければならない．組立て前に，ショットブラストなどを行って黒皮・浮きさび・じんあいなどを除去し，放置して赤さびを発生させ，赤さび状態に保つ．

　b．締付け後の検査　　高力ボルトの締付け法には，トルクコントロール法・ナット回転法の2種類がある．前者では，各締付け群ごとに規定された本数のボルトについて，抜取り検査の要領でトルクレンチを用いてナットの追締めを行い，締付けトルク値を検査する．後者では，一次締付け後に付したマークによって，所定のナット回転量が得られているかどうかを検査する．いずれにしても，締忘れがないよう注意しなければならない．また，部材接合面の密着状態の維持にも注意を払い，接合部の反り・ひずみは適切な方法によって矯正して，組立て精度の保持に努める．

11.4.3　溶　　　接

鉄骨部材の工場製作は，溶接による接合が主流をなし，しかも構造耐力上最も重要な箇所である接合部・仕口部のほとんどが溶接工作となっている．継手形状・寸法・材質に応じて，最も適切な溶接法を選択することが必要である．したがって設計段階において溶接接合法を検討し，各部の納まりを十分考慮しておくことが大切である．

溶接法としては次に示す各種の方法がある．

（1）　手溶接法：アーク手溶接
（2）　半自動溶接法：ガスシールドアーク半自動溶接，セルフシールドアーク半自動溶接
（3）　自動溶接法：サブマージアーク自動溶接，炭酸ガスシールドアーク自動溶接，ノンガスシールド自動溶接，狭開先溶接，消耗ノズル式エレクトロスラグ溶接
（4）　スタッド溶接

また溶接継手の形式には，突合せ溶接・すみ肉溶接・部分溶込み溶接が使用されている．突合せ溶接は，突合せ継手・角継手・T継手の3種類で，のど厚は母材の厚さ未満としてはならない．また全断面にわたり完全な溶込みを有しなければならない．次にすみ肉溶接は，板と板との重ね目の段になったすみの部分を，ほぼ三角形になるようにすみ肉を付けて溶接する継手である．突合せとすみ肉の中間継手を部分溶込み溶接という．

溶接方法の承認にあたっては，溶接条件の設定，変形対策その他に問題があるか否か，施工試験を行って判断をして決定する場合がある．工事別に溶接工作全般について，計画・管理および技術指導を行う溶接技術者をおかねばならない．

また作業に従事する溶接工については，それぞれ溶接方法に熟知し，かつ作業姿勢，板厚に応じた JIS Z 3901 または JIS Z 3841 の溶接技術検定試験に合格した有資格者でなければならない．

● 11.5　その他の鉄骨工事

11.5.1　デッキプレート捨て枠床版工事

デッキプレートの溝型で断面性能を確保し，コンクリート打設時の鉛直荷重（固定荷重＋作業荷重）に対して耐えうるよう仮設作業床としての機能を満足させている．鉄骨建方作業に並行してデッキプレートの吊込み，敷込みが行われる．作業能率の向上と安

表 11.1　デッキプレートの構造上・施工上の検討項目

区　　分	内　　容
構造上の計画項目	（1）　スタッド貫通打ちの場合のデッキプレートの位置と厚さ （2）　梁とデッキプレートの取合い部の耐火被覆 （3）　一枚の定尺長さ，重さと梁スパンの関係（連続梁） （4）　打設時の作業荷重と断面係数 （5）　梁へのかかり代は原則として 5 cm 以上
施工上の検討項目	（1）　デッキプレート敷込み，割付けの計画性 （2）　デッキプレート梱包，揚重，運搬，敷込みの作業性 （3）　火花養生，上下作業，立入禁止などの安全性 （4）　一次ファスナーまわり，小口ふさぎの納まり（打設時のこぼれ）

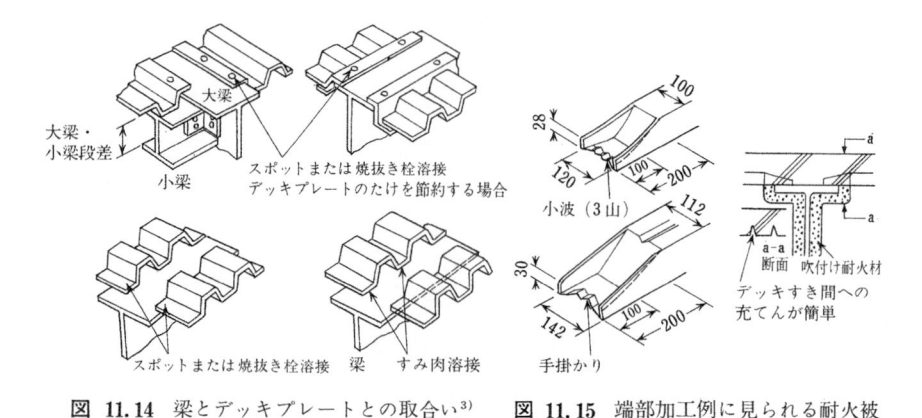

図 11.14 梁とデッキプレートとの取合い[3]　　**図 11.15** 端部加工例に見られる耐火被覆の納まり[3]

全性の確保に効果的で, 普通型枠の場合のような支保工を必要としない利点がある.

デッキプレートについて検討すべき項目を表11.1に示す. また, 梁との取合い, 耐火被覆との納まりについては (鉄骨工事施工指針, 鋼材倶楽部編より) 図11.14および同15のように提示されている[3].

11.5.2 スタッド溶接工事

スタッド溶接工法は, アーク溶接の原理を用いながら圧入を併用する方法と, 介在させた半導体を用いアーク発生熱を利用する方法の二つに区分される.

スタッド棒の先端に溶剤を塗装し, 母材に接触させると大電流が流れ, 0.5～1.3秒ほどのアークによって溶接金属が撹拌され, 溶融池にスタッド材を押し込む. そのまわりを成形焼成された耐熱磁製のフェルール内部でゆるやかに冷却・凝固し, 適正な余盛が形成されて溶接が完了する.

11.5.3 耐火被覆工事

建築物に使用される耐火・防火関係の材料および工法に関しては, 建築基準法により規定が定められている. 近年, 鈍鉄骨造が増加するに伴い, この構造を耐火性あるものとするためには, 建築基準法施行令 (107条) によって国土交通大臣が指定した構造にしなければならない. 1時間・2時間・3時間の耐火性能が規定されている. 鉄骨造で階高, 部位の条件に応じて, 火災時の温度上昇による鋼材の強度低下を防止するためには, 岩綿その他を用いた耐火被覆材を用い, 鋼材の表面を規定に基づいて被覆しなければならないとしている. 表11.2に耐火被覆工法の種類を示す[3].

表 11.2 耐火被覆の種類[3]
(JASS 6による)

耐火被覆工法	耐火被覆材料
打設工法	・コンクリート ・軽量コンクリート
左官工法	・鉄網モルタル ・鉄網パーライトモルタル
吹付け工法	・吹付けロックウール* ・湿式吹付けロックウール ・吹付けモルタル ・吹付けプラスター ・シリカ,アルミナ系モルタル
巻付け工法	・セラミックファイバーブランケット
成形板張り工法	・無機繊維混入けい酸カルシウム板 ・ALC板 ・無機繊維強化石こうボード ・押出し成形セメント板 ・プレキャストコンクリート板
組積工法	・コンクリートブロック ・軽量コンクリートブロック ・石,れんが
メンブレン工法	・ロックウール吸音板
合成工法	・各種材料,工法の組合せ

[注]＊:吹付けロックウール工法には工場配合による乾式工法と,現場配合による半乾式工法がある.

11.5.4 鉄骨のさび止塗装工事

一般の建築鉄骨でコンクリートや耐火材などで被覆されるものについては,塗装を行わないが,大気に暴露されるものはほとんどさび止塗装による防食処理を行う.この防食塗装は,製作工場における最終段階の下塗りだけで出荷され,現場において,中塗り・上塗り・タッチアップが行われることが多い.

防食塗装の耐久性を左右する要因は数多くあるが,素地調整(スケールの除去,さび落し)が最も重要である.また,施工時の気温・湿度などの自然条件も塗膜の耐久性に影響するので,塗装時の施工管理には十分な配慮が必要である.

● 11.6 鉄骨工事における受入れ・立会い検査

11.6.1 工場製作の受入れ・立会い検査

A. 工作図・現寸検査

　設計図書に基づいて工作図を作成し，施工管理者の検図を受ける．検図の要点は，材質・寸法，開先形状，溶接作業の適否，高力ボルト締付け作業の適否，鉄筋穴・スリーブ穴などのチェックである．承認された工作図に基づいて現寸場の床上に現寸図を描く，現寸検査は工事監理者（建築・構造，場合によっては設備技術者も加わる）と施工者，鉄骨加工業者の3者が立ち会って，検査を行うことが必要である．

　この立会い検査において，テープ合せ，スパン・階高などの基準線の設定，各部の納まり，詳細部の形状，継手・仕口部における溶接作業の難易度，アンカーの詳細，現場継手の詳細，溶接の開先形状，鉄筋穴・スリーブ穴の施工性の検討および確認，建方計画に必要な事項などについて検査を行うとともに，鉄骨工事の進め方に関する総合的な打合せを行う．

B. 材料検査および溶接確性試験

　工事監理者が特に必要と認めた場合，仕様書などに基づき使用する材料について，素材試験（鋼材の化学成分の分析，機械的性質の試験）を行う．また，ミルシートの照合，外観・形状，寸法，色識別，数量などの項目についても検査・試験が行われる．高張力鋼で，しかも板厚の厚いものについては，溶接に伴うラメラティア（局面剝離）などの傾向をチェックするために溶接確性試験を行い，材質とともに，溶接工作の方法の適否について判定をする．

C. 溶接工の技量確認試験

　手溶接の場合はもちろんであるが，半自動アーク溶接においても，担当する溶接工に

図 11.16　現寸寸法検査　　　　　図 11.17　製品検査（寸法測定）

11 鉄骨工事

よってその出来映えに個人差が伴う．溶接工作は溶接工として定められた技能資格を有するものがあたるが，このため事前に溶接工の技量について確認試験が行われる．

実技試験として，実施する工事に応じて，板厚・継手形式など溶接方法を変えて作業を行わせ，その試験結果によって当人の技量を判断し，作業に従事する者を選定する．

特に，超高層建築，極厚鋼板・高張力鋼を使用する建築工事の場合などでは，この確認試験が絶対必要である．

D. 仮付け検査

工場製作の段階で，中間検査として仮付け組立ての検査を行う．特に溶接欠陥の出やすい箇所について注意を払う．組立て寸法，溶接タッチ面の肌すき，裏当て金の仮付け位置，柱・梁の接合部における突合せ溶接のルート間隔については，間げき寸法の確保，仮付け溶接の長さ，主要寸法・ねじれ・曲りの有無などについて検査をする．

E. 製品検査

製品検査は，製作要領書において取り決めている事項について，工場における検査課の係員が社内検査を行う．そのうえで社内検査成績表を作成して提出し，それに基づいて工事監理者・施工者が受入れ・立会い検査を行う．主な検査事項は次のとおりである．

（1）寸法の検査：柱については，ベースプレート，全長・階高，ブラケットのせいおよび長さ，大曲り，柱幅などを測定し，規定の精度以内であるか否か検査する．

　　　梁については，全長・梁せい，フランジの直角度，全体の曲りなどの基本寸法を測定し，規定の精度以内であるか否を検査し，合否の判定を下す．

　　　製品の寸法公差については，製品の検査記録を取り，規定の精度以内にあるか否かチェックする．

（2）取合部の検査：接合部の角度，ボルト穴・鉄筋穴，開先形状，高力ボルト摩擦面のさびの状態などを測定または確認をする．

（3）外観の検査：溶接ビードの形状および寸法，アンダーカット，オーバーラップ，ピンホール，クレータの処理，切断面の品質，穴あけ周辺部のまくれなどを測定または確認する．

（4）スタッド溶接部の検査：余盛，溶込み，外観，打撃曲げ，ピッチ・径などについて測定または確認する．

（5）溶接部の非破壊検査：検査方法としては，超音波探傷による場合が多いが，探傷面の清掃，破れ，融合不良・溶込み不良・ブロホール・スラグの巻込みなどについて検査し，規定以内にあるか否かを測定または確認し，不良箇所については手直しを行う．検査は第三者検査機関による[7]．

（6）工場高力ボルトの締付け検査：受入れ検査された高力ボルトを使用し，すべて

試験を行い，摩擦面の処理状態およびすべり係数の確認を検査する．
（7）塗装検査：塗り落し，塗装の仕様，塗装しない部分，塗装面の外観，素地調整の程度，塗り厚などを測定して検査する．

11.6.2 工事場の受入れ・立会い検査

建入れ検査を行い，建入れ直しは「建方精度」として規定する値を満足するように行う．この際，建方精度の値を許容限度以内とする．

工事場の接合が終わり，建方精度の計測に入る．計測用鋼製巻尺にはテープ合せによって検査したテープを使用する．測定にあたっては日照による熱影響などを考慮する．接合部と建方の精度については，通常の場合「鉄骨精度基準」に規定する建方精度による[8]．

A. 工事場溶接の検査

溶接工は溶接工技量確認試験によって合格した溶接工が溶接をする．溶接前の検査は開先形状検査，溶接条件の設定条件について行う．溶接後は外観の検査によって，ビード表面の形状，アンダーカット，オーバラップ，割れ，スタートおよびクレータ部の処理をチェックする．また，超音波探傷検査により割れ，融合不良，溶込み不良，ブロホール，スラグの巻込みなどをチェックし，規定を越す場合は，溶接部の手直しを求める．

B. 工事場高力ボルトの検査

予備試験として締付け力の設定，締付け機械の調整，天候・気温，摩擦面のチェックを行ってから施工にかかる．本締め検査はトルクレンチにより検査を行い，適正な締付け力が得られているか否かチェックし，合わせて締忘れについても検査を行う．

11.6.3 その他の検査・試験

鉄骨の溶接部の品質・性能を保証するためには，種々の方法による検査を実施しなければならない場合がある．これらの検査方法は，破壊検査と非破壊検査に大別される．

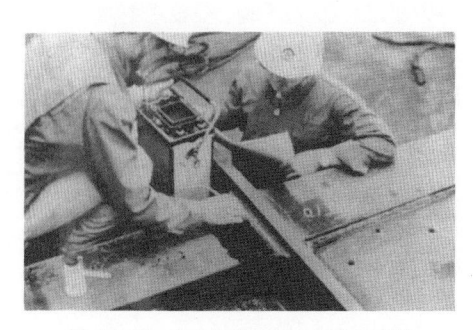

図 11.18 突合せ溶接部の超音波探傷

11 鉄骨工事

図 11.19 鉄骨鉄筋コンクリート造鉄骨部材の建方作業の完了時点

破壊検査は,所定の試験機にかけて試験片が破断するまで加力し,破壊荷重・強度などを調べるものである.これに対して溶接部を非破壊で検査ができることから,X線・超音波などを用いた非破壊検査が重要視されてきた.今日では各種の試験機類が開発され,高性能化・高精度化に伴い実用化が進められている.一般に採用されているものを,以下に示す.

(1) 放射線検査(X線,γ線など,略称R_t):X線またはγ線などを溶接部にあて,透過した放射線を裏面から写真撮影し,その透過度を映像フィルムによって解読し,内部状態を調べる方法である.

(2) 超音波探傷検査(略称UT):周波数$2\sim 5\,\mathrm{MH_z}$の超音波を,溶接部にあて,内部欠陥を検出する.建築では斜角探傷法が使用され,T形継手のようにX線では撮影が困難な箇所も検査することができる.最も広く使用される方法の一つである.

(3) 浸透探傷検査(略称PT):染色浸透探傷法と蛍光浸透探傷法の2法がある.検出しようとする材の表面を洗浄し,暗赤色をした浸透液を塗布する.この浸透液は溶接部表面に開口した割れや小穴があるとその中に浸透してゆく.次に欠陥幅に浸透した着色液を残すようにして,表面に付着した浸透液を洗浄・除去する.最後に乾燥すると,内部欠陥中にある着色液を検出することができる.

(4) 磁粉探傷検査(略称MT):検査しようとする材を磁化し,その表面に鉄粉入りの油を塗布する.溶接部に欠陥がある時は漏洩する磁力線によって,鉄粉が描く模様の乱れによって欠陥を検査することができる.

● 11.7 兵庫県南部地震の教訓

被害を受けた鉄骨構造建築物について分析をすると,不良施工による中小規模の建築

物，新耐震設計法以前の建築物，座屈現象によるもの，溶接部や極厚部材の脆性破断などがあげられる．

建築学会の被害調査報告書によると，鉄骨造建築物988件の被害レベルは，大破・倒壊43％，中破27％，小破30％と報告している．また，構造形式では純ラーメン構造44％，ブレース付ラーメン構造17％，その他不明39％である．

また被害を鉄骨部材別に見ると柱断面による被害はH形鋼41％，角形鋼管23％，日の字H形鋼7％，組立て柱5％，不明23％である．これらの被害から教訓として，柱梁接合部の仕口の改善，既存の鉄骨造建築物の耐震補強および不良鉄骨の防止である．さらに鋼材については，溶接性に優れたSN鋼の移行，冷間成形角形鋼管の適切な設計・施工方法の普及，溶接部の品質管理を徹底することが重要である．

鉄骨構造の建築物といえば，軽量型鋼を使用した軽微な小規模の建築物は別として，重量鉄骨を使用した建築物は地震とは全く無縁な存在であるという考え方が建築界に広く浸透しており，構造技術者が適切な設計を常に果たしているから安全であると信じ込まれていた．今回の震災はこのような考え方を根本から打ち崩く，惨めな現象を市民の目の前にさらけ出す結果となった．すでにふれたように，今回の惨禍を教訓として，鉄骨工事のあり方を見直し，それを根本から再構築する努力が必要であるように感じられる．

文　　献

1) 建設省：建築基準法施行例92条，93条に基づく告示第1103号（1981年6月1日）
2) 建設省：同上告示の運用の住指発　220号（1981年9月1日）
3) 鋼材倶楽部編：建築鉄骨工事施工指針（1983）技報堂
4) 建設省：車両制限令第3条「車両の幅棟の最高限度」
5) 日本建築学会：鉄骨工事技術指針　工場製作編（1996）日本建築学会
6) 日本建築学会：建築工事標準仕様書・同解説　JASS 6鉄骨工事（1996）日本建築学会
7) 日本建築学会：鋼構造建築溶接部の超音波探傷検査規準・同解説（1973）日本建築学会
8) 日本建築学会：鉄骨精度測定指針（1986）日本建築学会

参　考　書

1) 石黒徳衛他：鉄骨の工作　鉄骨工事シリーズ1（1973）理工図書
2) 石黒徳衛他：鉄骨の溶接　鉄骨工事シリーズ2（1975）理工図書
3) 石黒徳衛他：鉄骨の検査と工事施工　鉄骨工事シリーズ3（1973）理工図書
4) 建築業協会：鉄骨工事の施工指針（1979）鹿島出版会
5) 建設業労働災害防止協会：鉄骨の組立て等工事の作業指針（建築鉄骨・その他編）（1980）建設業労働災害防止協会
6) 日本溶接協会：鋼構造溶接工作法通論（1978）産報出版

12 型 枠 工 事

● 12.1 型枠工事の基本

12.1.1 型 枠 の 機 能

　現場を運営する立場から，型枠工事は他の工事に比べて管理すべき事項，特に労務量の多い仕事とみなされている．その背景として，次の各項目があげられる．
　（1）　設計に合致した建築物の形状を決めるため，各種の施工図を作成する必要がある．
　（2）　実施する作業には比較的自由度があり，かつその方法は無数にある．
　（3）　取り扱う資材は仮設のものであり，その種類も多く，選択に苦しむ．
　（4）　仕上げ工事の前工程であり，その下地としての出来映えの確保が重要である．
　（5）　軀体工事の工程を左右する各種の関連工事がある．
　（6）　現場で使用する労務量が他種工事に比して多い．
　（7）　組み立てた仮設資材を解体し，かつそれを転用しなければならない．
　以上のように，適切に処理すべき事項が多い．その理由は，仕上げ工事を含め，工事全体の品質・精度・出来映え，工程および経済性について，この工事が大きな影響を及ぼすからである．

A．品　質　精　度

　型枠の機能は，打ち込んだコンクリートに必要な形状と表面を与えることにある．その機能を達成できない場合には，次の問題が起こる．
　（1）　構造上必要な断面，あるいは仕上げの下地として必要な面と位置が得られない．
　（2）　型枠の建方，接合部の処理不良のため，豆板・砂目などのコンクリートの分離を招く．
　（3）　サッシの開口部および設備関連のアンカーの位置などが，満足に得られない．
　（4）　斫り作業・アンカー位置の補正，仕上げ塗厚の増大などの手戻り工事を生じる．
　上述のとおり，型枠が指定どおりの寸法に加工準備のうえ組み立てられて，所定の位置・寸法で埋込金物を配置するなど，型枠工事をめぐる一連の作業の良否が，建築物の構造耐力，仕上げ・設備工事などの品質に，直接関係することを認識する必要がある．

B. 工　　程

型枠工事は，工程上軀体工事の要であり，かつ主体的役割をもち，次に示す影響をもつ．

（1）取り扱う資材の種類が多く，一部の資材が不足しても手待ちが生じる．
（2）資材の所定位置への運搬・揚げ下ろしの動線計画，集積・保管，転用のための修理場などを，総合仮設計画として考える必要がある．
（3）軀体工事中で，最も仕事量が多く，必要とする資材を所定位置に計画どおり配置しないと，多くの労働者の手待ちになり，そのため工程の遅れも大きい．
（4）工程を早めるあまりに，コンクリートの成形寸法に誤差が多いと，斫り作業などに余計な手間や時間をとる．

そのため計画時に，全体の作業能力を設定し，全体工程とのつり合いを考えて，軀体工事の無理のない工程を決め，さらに型枠工事に必要な日数を割り出してゆく．

C. 経済性（工事費）

型枠工事費は，軀体工事費の約25～30％を占め，コンクリート工事費および鉄筋工事費とほぼ同等の比率である．この型枠工事費の中で約2分の1が労務費である．そのため労働者の効率的運用が，工程や経済性に大きく影響する．資材の原価構成は，転用材と消耗材料とが混在しているので，原価がつかみ難い．また，柱・梁・床・階段などの各部位ごとに単価が違う．これを一括して単位面積当りの平均価格で捉えようとするところに，原価管理上の無理がある．したがって，管理者はできるだけ工事の内容を詳細に分析し，実情をより正確に把握しておく必要がある．

型枠工事における労務費の比率は，先に述べたように高い．その比率は，コンクリート工事（10％），鉄筋工事（30％）に比べてはるかに大きい．これは型枠工事が労務管理上，難しい工事であることを意味する．つまり型枠工事は，計画および管理を含めた現場運営の良否によって，その経済性が大きく左右されることがわかる．

12.1.2　型枠工法の種類

コンクリートを成形する方法には種々ある．揚重機などがなかった時には，人力で型枠材の運搬・組立て・解体をすべて行っていた．そのため，型枠などの資材の重量は20kg以下に押える傾向が強かった．しかし，現場で揚重機が自由に使用されるようになり，それまでは小型化していた型枠が，現在では，地上で大組みした重量500kg前後の大型型枠も使用されている．

型枠工法の種類は，現在，多種多様であり，大別してその内容を以下に記す．

A. 床型枠工法

打込み型枠と仮設型枠とがある．前者は，鋼板製のデッキプレートを用い，その鋼板を補強して構造材としての機能をもたせる合成床である．またスラブの厚さの約2分の1のPC板を敷き，配筋をなし，その上に所定の厚さにコンクリートを打設して一体化した床板とする工法もある．

後者は，床の型枠を大型にし，その着脱作業を機械化して，能率を上げる工夫をこらしたもので，その方式も数多くの種類がある．

B. 柱・壁型枠工法

大型型枠化が進みつつあり，せき板としては，合板・金属製のものが使われている．支保工も種々あり，メーカーの規格に従って組み合わせて用いる．またスラブと同様にPC板の壁型枠があり，捨て型枠として一体化する方式が，広く使われている．

C. その他の型枠工法

1.2~1.5 mの高さに組み立てた型枠を，ジャッキを利用して連続的に上昇させながら，配筋・コンクリート打設作業を順次行い，高さ100 mを超えるRC構造物を短期間で建設するスリップフォーム工法，型枠そのものをコンクリート打設ごとに，機械化した装置を用いて，型枠全体を上昇させるジャンプアップ工法などがある．

このように，コンクリートを成形する型枠には種々の材料や工法が開発されており，対象とする構築物の種類・形状やコンクリート打設方法によって，それぞれ適したものを選択することができる．

● 12.2 型枠に必要な条件

型枠には，コンクリートを打設・成形する機能を要求されるので，次に示す条件を満たすことが必要である．

(1) 強さ：型枠にはコンクリート打設時の固定荷重・作業荷重およびコンクリート側圧に対して，倒壊を防ぎ，一定以上の変形を生じないような構造でなくてはならない．また建込み中の型枠が，風圧・積雪などに耐えることも必要である．

(2) 正確さ：型枠はコンクリート鋳造の鋳型であるから，硬化したコンクリートがあらかじめ計画したとおりの寸法精度であることが必要である．したがって，型枠が寸法誤差の許容範囲内で組み立てられ，かつ支保工によって，打設後の移動や変形を生じないように保つ剛性をもたなければならない．

(3) 打上りコンクリート面：硬化したコンクリートが，そのまま仕上げ面となる打放し面と，左官用の下地面になる場合とでは，要求条件が異なる．しかしいずれ

にしても，密実で，気泡・豆板のない表面をもつコンクリートが要求される．その目的に応じて，適切なせき板および剝離剤の選定が不可欠である．
（4） 作業性：工事を能率よく進めるうえで，型枠は作業性が良いことが必要である．加工しやすく，組立て・解体しやすいことである．型枠工事は，仮設的作業であり，人手に依存する面が多い．このため作業性を良くすることは，材工両面で多大な経済性を得ることになる．

● 12.3 型枠の準備計画

12.3.1 設計図書の確認

型枠工事の計画に先立って，設計図および仕様書の検討と確認が必要である．その結果によっては，設計変更の要望を提出しなければならない．仕様書の基本として，JASS 5（鉄筋コンクリート工事）があり，型枠の設計・構造・組立ておよび支保工に関する規定が明示されている[1]．これを理解して，初めて工事を遂行することができる．

設計図は，構造躯体のみでなく，仕上げや各種設備との関連についても入念な点検が必要である．成形したコンクリートがそのまま仕上げとなる場合と，仕上げ下地になる場合とがあり，サッシやアンカーボルト，設備配管の取付け位置なども，型枠工事に直接関係する．したがって，構造図・仕上げ詳細図および設備図との関係についても，広く検討を行い，そのうえで，次の事項に関して設計者と確認のうえで工事を進める．
（1） 躯体・仕上げおよび設備の各図面の，スパン，階高，間仕切の位置の食い違い
（2） 設備関連の梁・床のスリーブの位置，下り壁，階段など詳細図がないもの
（3） 施工が困難な煙突，ダクトスペース・パイプスペース，シャッターまわり

品質や精度を高め，経済的に施工するための設計変更の提案としては，次があげられる．
① 各階の柱寸法が統一できないか．
② 構造に影響のない範囲で柱・梁などの寸法を変更し，壁の型枠のパネル割が合わせられないか．
③ 柱幅と梁幅が同一寸法にできないか．
④ 大型パネルの使用ができるように断面変更ができないか（外壁・エレベーターシャフトなど）．
⑤ 間仕切壁，下り壁などはコンクリートで成形しなければならないか．

以上を含め型枠工事の合理化は，躯体工事全般にわたる合理化につながる．また設計変更は，工事着工前ではあまり問題とはならないが，着手直前とか，工事中である場合

は，できるだけ速やかに関連事項を検討し，関係者に連絡しなければならない．

12.3.2 コンクリート施工図の作成

コンクリート施工図は，設計図書の指示に基づき，軀体工事にあたって必要な仮設，仕上げ・設備などの諸条件を考慮し，コンクリートの位置，形状・寸法，打上り面，各種定着物を工事関係者に指示し，合わせて設計者に対して，工事の進め方の確認を求める施工用の図面である．

施工図には，建築物の工事を実施するうえで，重要な情報が集約されたものとして位置づけられるので，関係者との連絡を密にして，作図をしなければならない(図12.1参照)．また，コンクリート施工図と関連の大きい他種工事の図面類を図12.2に示す．

型枠施工図の作成は，労働者が工事の方法や内容を容易に理解できるばかりでなく，作業が円滑かつ確実に進められることが基本となる．以下に必要となる事項を示す．

（1）工法区分図：建築物全体の型枠工法の区分を示す．この図面により，資材の搬

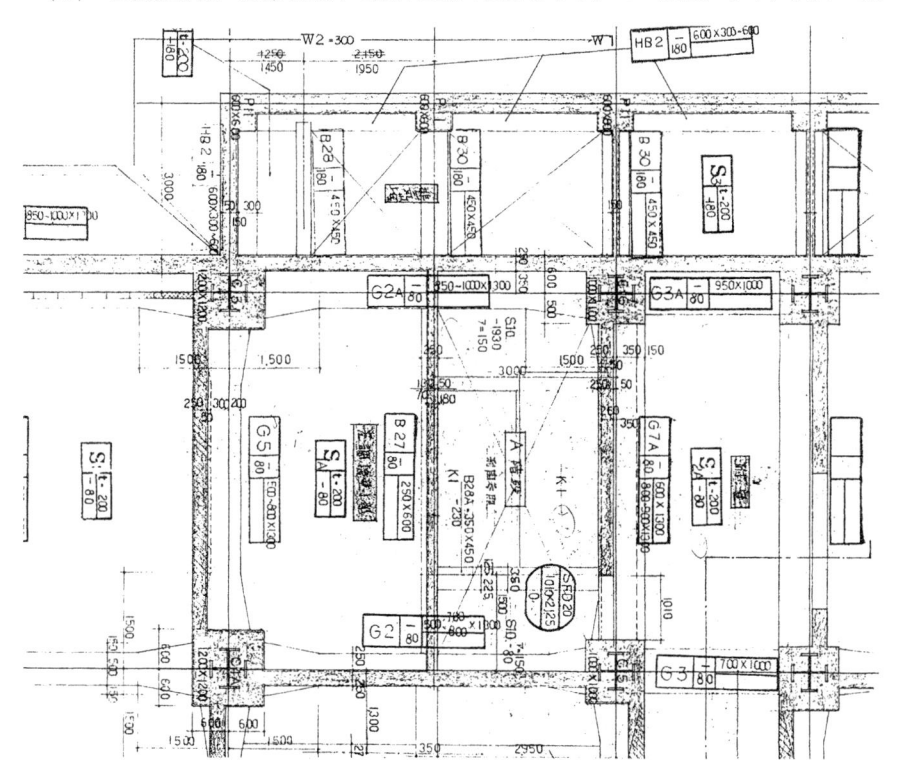

図 12.1 コンクリート施工図の一例

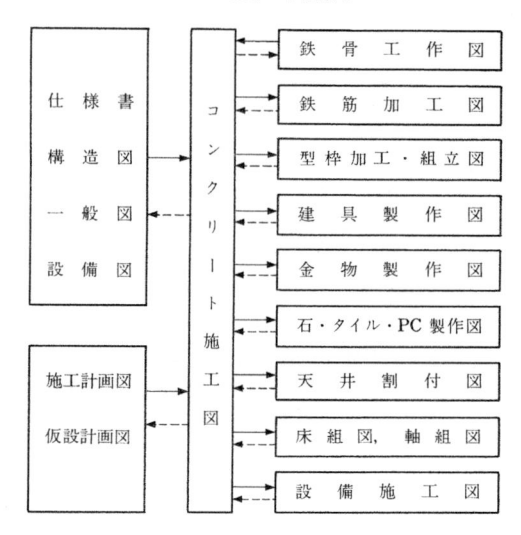

```
仕様書        ─→ 鉄骨工作図
構造図   コ   ─→ 鉄筋加工図
一般図   ン   ─→ 型枠加工・組立図
設備図   ク   ─→ 建具製作図
         リ   ─→ 金物製作図
         ー   ─→ 石・タイル・PC製作図
施工計画図 ト ─→ 天井割付図
仮設計画図 施 ─→ 床組図,軸組図
         工   ─→ 設備施工図
         図
```

図 12.2 コンクリート施工図と各工事の関連図

入・搬出が理解できるように図示する.
（2） 標準組立て図：建築物の大部分を一定の工法で行う場合に作成し，全体の標準とする（図12.4参照）.
（3） 現寸図：各部納まりの詳細図で，根巻き，せき板相互，または他の部材との接合部関係の納まりを示す．また締付金物・床型枠と支保工の納まりなどを示す.
（4） 板取図：合板型枠・メタルフォームなどの配置図であり，定尺の型枠をできるだけ多用するための配置図を示す．これは資材の搬入計画にも利用される.

以上は一つの現場で最小限度必要なものであり，このほかに各工法別の詳細図，大型パネルの転用位置図，資材の搬入・搬出図，支保工転用図，および支保工配置図がある.

型枠施工図の作成において，注意すべき点を以下に示す.
① 型枠施工図は，現場の労働者が読図して作業するものであり，わかりやすく描く.
② 作成にあたっては，経験者や実際の作業を行う人々の意見を加味する.
③ 型枠の組立て・解体時の作業性を考慮する.
④ 型枠は構造計算上も安全であり，限度以上の変形が起きないことを確認する.
⑤ 支保工の配置計画は，労働安全衛生規則をはじめ各種の規準類に適合する.
⑥ 定尺の合板・パネルをできるだけ多用する.
⑦ 型枠は繰り返し転用することを念頭におき，資材の無駄に注意する.

コンクリート施工図・型枠施工図は，図面の縮尺を1/100〜1/20で表し，単位は原則

12 型枠工事

(a) 下拵えした柱型枠の取付け場所への運搬
(b) 柱型枠の組立て完了と梁型枠の組立て中 
(c) 壁配筋完了，壁型枠の組立て中 
(d) 壁型枠片側の組立て完了 
(e) 壁型枠両側組立てが完了し，支保工の組立て完了 
(f) 柱・壁型枠組立てが完了し，梁型枠の支保工の組立て中 
(g) 型枠用支保工の組立て中 

図 12.3 型枠工事の実際

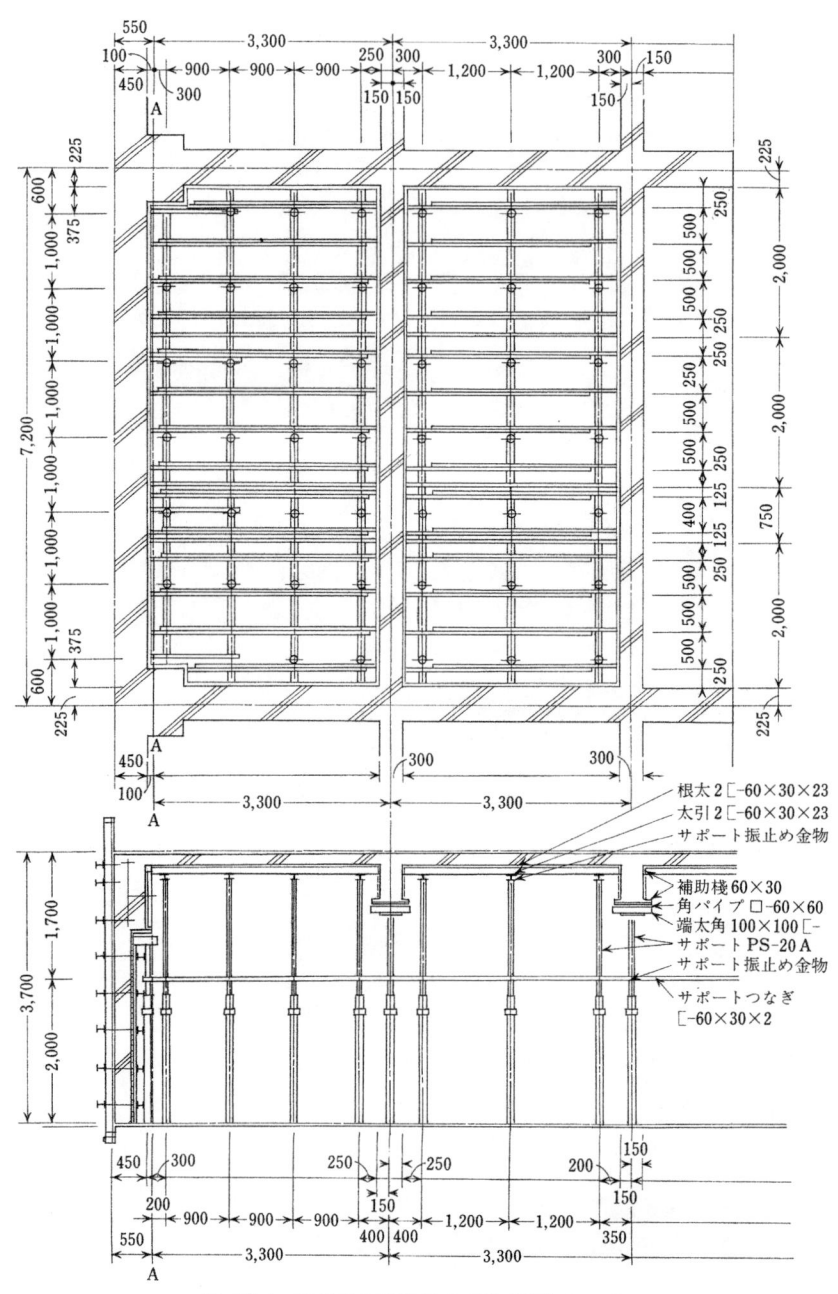

図 12.4 床型枠の標準組立て図〔単位：mm〕

12 型枠工事　171

表 12.1　コンクリート施工図の分類 (一例)

切断面	図面名称	含まれる範囲	注意事項	切断面	図面名称	含まれる範囲	注意事項
No.1	杭配置図	杭,基礎,基礎梁基礎版	柱芯および基礎との取合い	No.8	塔屋1階平面図	P1階立上り(柱,壁),P2階床梁	
No.2	基礎図,同断面図	基礎,基礎梁,底盤,地階床	水抜きパイプ,集水,ELピット,貯水,蓄熱槽,マンホール	No.9	塔屋2階平面図	P2階立上り(柱,梁),PR床梁	ドレーン,ELV関係
No.3	地階平面図	地階立上り(柱,壁),一階床梁	マシンハッチ,吊上げフック	No.10	塔屋,屋上平面図		
No.4	一階平面図	一階立上り(柱,壁),二階床梁	防水欠込,床の段違,入口まわり	NO.11	一階出入口部詳細図	シャッター,サッシ納まり,その他	
No.5	基準階平面図	基準階立上り(柱,壁),直上階床梁	窓,入口まわり建具取合い	NO.12	階段室,平面図,断面図		
No.6	同上	同上	同上	NO.12	煙突,他金物納まり		
No.7	最上階平面図	最上階立上り(柱,梁),P1床パラペット	同上,防水欠込,パラペット,ドレーン	NO.13	屋上関係詳細図	パラペット,防水押えアゴ,塔屋床段違,その他	

として mm である．またコンクリート施工図には，仕上げ工事・設備工事などの関連事項をすべて記入する．

12.3.3　型枠の材料

　型枠工事に必要とする資材は大別すると，コンクリートにじかに接するせき板と，このせき板を所定位置に保持する支保工である．それぞれ各種の材料がある．このうちせき板には，次のことが求められる．すなわち，
（1）強度・剛性に支障のない限り軽量である．
（2）貯蔵中に変形・変質しない．
（3）作業中の振動や衝撃などで破損・分解をしない．
（4）切断・加工が行いやすい．
（5）コンクリートが変質を起こすおそれがない．
（6）転用に耐える．
（7）全体的にみて経済的である．

せき板の選定には，コンクリート表面の要求性能，転用回数，経済性などによって決定され，その材種には，木材・合板・金属板および強化プラスチック製のものがある．
支保工用の資材は，ほとんどが鋼製となっており，鋼管・軽量型鋼によるものがある．しかし，対象とする部位が円形など特殊な形状のものには，現在でも木材が使われている．

12.3.4 型枠の構造計算

型枠の構造計算にあたっては，これがあくまでも仮設であり，コンクリートの成形という役割が終われば解体される．応力が加わる時間は，壁・柱型枠ではコンクリートが固まるまでの数時間，床・梁型枠は1～3週間である．仮設材としてこれらの機能を満足すればよい．したがって，構造計算を慎重に行い，構造上の安全性とともに，作業性・安全性・経済性の判断などを交えて，できるだけ無理・無駄のないものにしなければならない．型枠の構造計算に用いられる荷重は，以下のとおりである．

型枠の架構には，鉛直荷重と，水平荷重として風荷重と地震力を考慮する．
（1） 鉛直荷重：型枠自重：$40\,\text{kg/m}^2 \sim 50\,\text{kg/m}^2$
　　　　　　　鉄筋コンクリートの重量：$2,400\,\text{kg/m}^3$
　　　　　　　コンクリート打設時の作業荷重：$150\,\text{kg/m}^2$ 以上（労働安全衛生規則）
（2） 水平荷重：コンクリートの側圧（表12.2 参照）
　　　　　　　風荷重：$50\,\text{kg/m}^2$
　　　　　　　地震力：$50\,\text{gal}$

以上は一般的な値であり，建築物の種類・構造・形状，施工する時期，作業方法によ

表 12.2 型枠設計用コンクリートの側圧　　　　　　（JASS 5による）

部位 H(m) \ 打込み速さ [m/h]	10 以下の場合		10 を超え 20 以下の場合		20 を超える場合
	1.5 以下	1.5 を超え 4.0 以下	2.0 以下	2.0 を超え 4.0 以下	4.0 以下
柱	$W_0 H$	$1.5 W_0 + 0.6$ $W_0 \times (H - 1.5)$	$W_0 H$	$2.0 W_0 + 0.8$ $W_0 \times (H - 2.0)$	$W_0 H$
壁 長さ3m以下の場合	$W_0 H$	$1.5 W_0 + 0.2$ $W_0 \times (H - 1.5)$	$W_0 H$	$2.0 W_0 + 0.4$ $W_0 \times (H - 2.0)$	$W_0 H$
壁 長さ3mを超える場合		$1.5 W_0$		$2.0 W_0$	

ここに H：まだ固まらないコンクリートのヘッド[m]（側圧を求める位置から上のコンクリートの打込み高さ）
　　　W_0：まだ固まらないコンクリートの単位容積質量 $[\text{t/m}^3]$ に重力加速度を乗じたもの

って変化する．数値の選定によっては部材寸法が不必要に大きくなるので，慎重に行わないと不経済になる．

12.3.5 型枠工法の選定

　型枠工法の選定の適否は，軀体工事全体の進行に大きく係わりをもつ．大量の型枠資材の搬入や搬出を行うので，作業量との関係にも注意し，全体の施工計画に合致したものにしなければならない．型枠工法を決定する条件には，次の各項が要点となる．
　（1）全体施工計画および工程計画の中で，型枠工事をいかに適応すべきか．
　全体施工計画との関連では，次の検討が必要である．
　　① 地下階工法は，順打ち工法か逆打ち工法か．
　　② 地上階工法は，順打ち工法か上階先打ち工法か．
　　③ 仕上げ材を先付けする工法か，通常の工法か．
　　④ 作業工数を減じるには，打放し工法やPC板工法などの設計変更をする．

　逆打ち工法では，地下階の床・梁を地下の山留めに利用する方法で，地下と地上階を同時併行して工事を進めるため，全体工程を短縮できる．しかし資材の搬入，排土の搬出経路が複雑になる．また地下階コンクリートの打継ぎに工夫を要する．
　外壁型枠の場合で，PC板を型枠代りに用いる工法や，タイル先付け工法などを採用する場合は，施工技術の計画・管理の面で注意すべき点が多い．施工手順や養生の方法，精度の確保に十分な検討を加え，労働者には相当高度な技能を求めなければならない．
　（2）建築物の規模・形状・構造形式および設備配管との関係をどう考慮するか．
　建築物の規模によっては，投入できる労働者数，資材の運搬などの動線に大きな影響を与え，工事の進め方にも影響する．大規模な工事では，平面分割あるいは立面分割のいずれかをとり，それにより施工計画や最適工法が変わる．また仕上げ・設備工事との関連で，取付け金物の形状・位置・数量が異なり，工事の進め方や工法が変化する．
　（3）建物の各部位で，型枠をどのように適合させるか．
　各部位とも最も適した工法があることはもちろんである．しかし，その部位に適切なものを組み合わせたとしても，資材・労務の管理がかえって複雑になるおそれがあり，一律に決め難いことにも注意しなければならない．また，外壁に大型パネルを採用する場合には，揚重機の稼動計画にうまく合わせなければならない．
　床型枠にPC板・デッキプレートを用いることは，型枠コストが高くなっても，直下階がコンクリート打設直後から，作業に入れるなどの利点が大きい．要するに，型枠コストが高くても，施工条件が良くなりその他の経費が低くなることがある．この点を見きわめる必要がある．工法の選定にあたっては，すべて必要とする労務量・経済性を重ん

じなければならない．

（4） 敷地および隣地の条件に，どの型枠工法が適合するか．

これらの検討結果に合わせて，施工性・工期・労働安全性との関係を綿密に分析すべきである．

● 12.4　型枠と作業計画

12.4.1　施工計画（仮設計画）

既述のごとくこの工事は，他の工事と比較して，仮設資材を繰り返し転用することをはじめ，コンクリートの成形，仕上げその他の工事への影響など関連する事項が多い．また，躯体工事に占める工程上の比率が大きく，全体工程へ影響する度合も高い．さらに型枠・支保工の構成いかんは，コンクリートの品質や出来映えに直接影響を与える．

さらに，工事をめぐる労務量が多く，作業時の安全性の確保にも注意しなければならない．したがって型枠工事は，十分時間をかけて綿密に計画する必要がある．

また材料置場・現寸場，加工・修理場，そして組立て・解体現場のそれぞれが，有機的に結ばれることを原則とする．このために，敷地に余裕があれば，これらを現場の敷地内に設けることが望ましい．しかし敷地に余裕がない場合には，材料置場と加工場を別の個所に設けることもある．また締付け金物などの付属資材の保管場所は，必ず同一敷地内に設置すべきである．

（1） 材料置場は，作業現場との動線が最小となるように設け，資材の搬入・搬出の時間を最小とする．また，材料探しに要する時間を少なくするために，資材を同一の種類および寸法のものが集積できるように，区分して保管する広さが必要である．こ

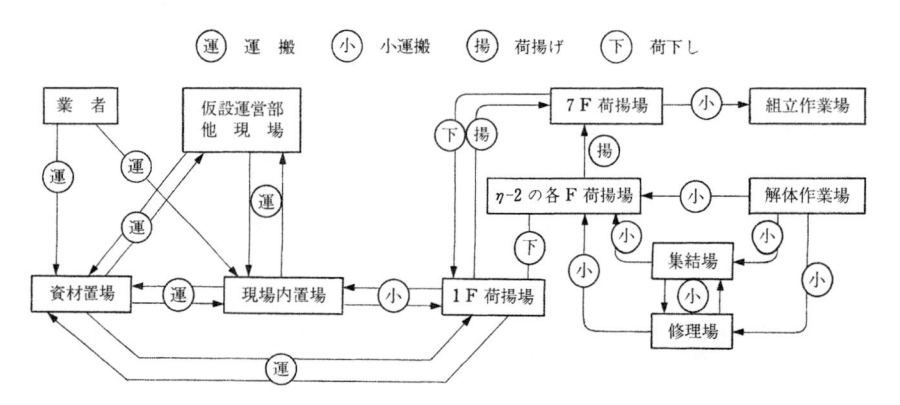

図 12.5　型枠の運搬・荷揚げおよび荷下しの模式図

の必要面積は，工事の規模・工程，型枠工法の種類，資材の量によって決まる．なお締付け金物類は，倉庫に棚を設け，これに整理して保管する．

(2) 現寸場・加工場は，一般に材料置場の近くに設置する．できるだけ揚重機の稼動範囲内がよい．現寸場は，現寸を描かなければ加工作業が進められない複雑な部位（斜路・曲面をもつ部位など）が十分に描ける広さがなければならない．また現寸場は，風雨にさらされないよう上屋を架け，床は水平で平滑にして，現寸図・矩形図が描ける構造とする．なお型枠によっては，加工した部材の寸法合せのため，現寸場に持ち込むこともあるので，その重量に耐える構造とする．

なお，加工場は，現場で短時間で組み立てる必要性や，転用前に点検のうえ修理をこの場で行う都合から，作業現場との関係を考慮して，その位置を決める．

型枠工事の仮設計画は，型枠資材置場をはじめ現寸場・加工場などを作業現場といかに良く結ぶか，またそのとき揚重機の位置をどうするか，運搬および荷揚げ・荷下しをどうするかを計画することであり，この模式図として示したのが図12.5である．

型枠工事は，仮設資材を何回も転用し，最終的にはすべて現場外に搬出しなければならない．作業量として運搬・揚重の占める割合が高い．動線の単純化，揚重機の選定，運搬距離の短縮，水平運搬の方法の選定，安全対策などが仮設計画の要点となる．

12.4.2 工程計画

型枠工事は，コンクリート施工図の作成，型枠の加工・準備・段取りなどに要する日数を，躯体工事の着手日から逆算して割り出すとともに，労務・資材の手配，搬入・組立て，盛替えなどの正規の作業工程を一丸として取りまとめて，工程計画を立案する．

躯体工事のなかでも，型枠工事は全体工程に大きな影響をもつ．ある意味では，この工事の工程そのものが，工事全体の工程をまとめる立場にもある．また天候により，雨や強風のため，作業の中断を余儀なくされる場合もある．したがって，工程にはこの余裕日数をきちんと見込んでおかなければならない．

さらに，鉄筋工事・設備工事，内装工事その他の埋込み金物の取付けに要する作業時間を加味して工程を組む．また各工事の輻湊を避けるために，適切な工程余裕も設けなければならない．

型枠工事が完了すると，コンクリートの打設に進むが，ひとたび成形された硬化したコンクリートは，作り直しが難しい．したがって，各部位に要求される形状・寸法・表面状態に成形することができるよう，組み立てた型枠の状態を検査する日程も必要である．一例として，詳細工程を図12.6に示す．

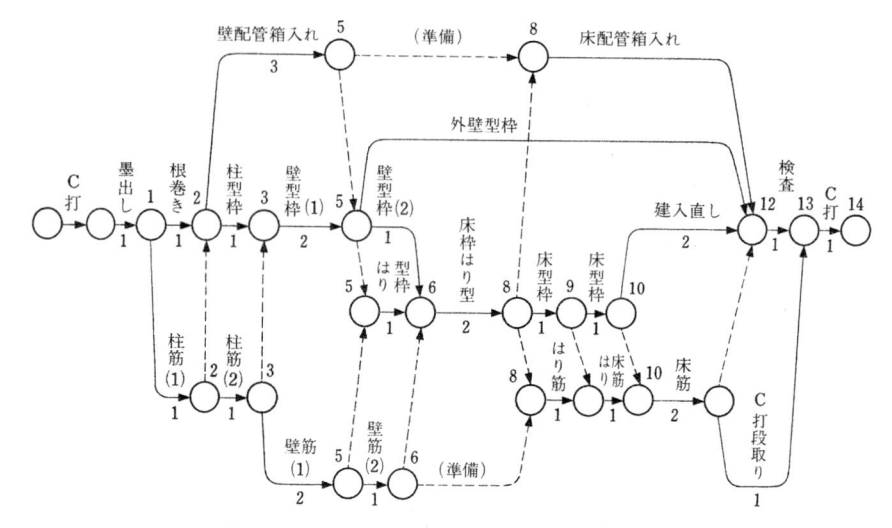

図 12.6　鉄筋コンクリート工事1階分の詳細工程

12.4.3　資材および労務計画

　型枠材料計画は，コンクリートの成形個所のすべてにわたって型枠資材を用意することは不経済であり，転用しながら使用するので，その必要もない．

　各資材は，実際に使用する必要量を確保すればよいわけであり，適切な搬入計画を立てなければならない．しかし鉄筋やコンクリートと違い，資材計画はそれなりに複雑にならざるをえない．

　材料計画の手順を以下に示す．

（1）　型枠面積の算出
（2）　単位面積当りの所要材料の算出
（3）　工事を遂行するための所要材料を算出し，階層別に，型枠の種類・所要量を整理する．
（4）　工程に合わせ，型枠材料搬入の規準となる時期別の使用予定表を作成する．

　型枠材料の搬入には，建築物全体に対し型枠工法別に，単位面積($1\,\mathrm{m}^2$)当りの所要量を算出し，そのうえで，転用による正味必要量を算出する．つぎに転用による損耗を10〜25%に見込む．この損耗率は建築物の形状や，型枠大工の技能の程度によって異なるので，適切な判断が必要である．

　このように綿密な計画を立てておかないと，材料待ちによる労働者の手待ちを生じ，工程の遅れなどの混乱を招くことになる．

表 12.3 型枠面積の計算要領

部　位	計　算　の　要　領
基　　　礎	基礎板端高さ×周長（梁取付部分を除く）
柱	床板間正味高さ×柱周長（梁，壁取付部分を除く）
基　礎　梁	梁間正味長さ×梁側面高さの和
一　般　梁	梁間正味長さ×梁側面および底面の和（床板，小梁取付部分を除く）
床　　　板	梁幅を除いた正味床面積（面木を含む）
壁	全面積（$1\,m^2$ 以上の開口部面積を差引）×2
開　口　部	コンクリート厚×周長

備考　1）　多角形・円その他特殊断面の柱は，それぞれ型枠図を作り，これより面積を算出する．
　　　2）　斜面コンクリートの上端型枠は，コンクリートに求められる軟度により要否を決める．スランプ 20 cm では上面の自然傾斜角度は約 13°である．ただし施工可能な傾斜角の限界は約 25°である．
　　　3）　$1\,m^2$ 以下の開口部の面積は差し引かない．
　　　4）　コンクリート打継部には，特に余裕を見込まない．

　労務計画は，材料計画と同様に，必要とする作業者数を所定の日時と場所に配備するためのものである．労務については作業量の平準化を図り，できるだけ安定した人数で連続して作業を行うことが好ましい．労務量の算出は次式による．

　所要労務工数 $A=(a\times b)/(c\times d)$

　1日当りの所要工数 $B=$ 所要労務工数 $A/$ 所要作業日数 N

　ここに　a：作業量（型枠面積）
　　　　　b：歩掛り（各部位・工法による1人の作業者による $1\,m^2$ 当りの出来高）
　　　　　c：能率係数（揚重機・運搬距離などによって決まる能率）
　　　　　d：天候係数（雨・風・季節などの天候条件）

以上の各係数の値には定説がなく，過去の経験によって，その値は様々である．

　労務計画時には，労働者に作業内容を明らかに指示することが大切である．この場合，材料の搬入場所，現場で準備する揚重機とその作業範囲，埋込み金物の種類とその配置，解体時の材料の分類法など，作業を進めるうえで注意すべき業務の内容を，施工計画図などによって詳しく説明して，工事をめぐる約束ごとの取り決めをする．このように詳細にわたる指示を徹底しておかなければ，作業を円滑に進めることができない．

● 12.5 加工，組立て，撤去

12.5.1 加　　工

　矩計図・手板・現寸図などの作成があって，はじめて加工段階に入ることができる．これらの図面は，型枠業者が型枠材料の準備や加工を行うためのものである．したがって用語・記号などの図面表示を正確に，わかりやすく示す必要がある．また，これらの図面は型枠専門業者が作図する場合が多いが，施工管理者は作図されたものが判断できる十分な知識や能力がなければならない．
　型枠工事での加工作業は，柱型・梁型ならびに壁・床・階段など，定尺の合板で割り付けた残りの補助部分についてである．加工時の注意点を示せば，以下のとおりである．
（1）　矩計図・現寸図を基本とし，加工図・板取り図・標準組立て図に従って行う．
（2）　型枠材の切り無駄をできるだけ少なくし，材料の節減を図る．
（3）　下据え時の墨付けには，墨差しによって1～2 mmの太さの線が引かれる．このため切断寸法に1～2 mmの誤差が発生する可能性がある．何枚も板を横に接続すれば10～20 mmの狂いを生じるので，誤差の累積に注意する必要がある．
（4）　下据えの組立てには，水平方向については現寸どおりとするが，柱などの下端つまり垂直方向は，10～30 mm短くする．したがって，現場組立て時における位置の確保は，木片やキャンバーで調整できるようにする．
（5）　型枠材の加工が終了したら，ただちにそれぞれの面に符号を付けて，下据えの位置を明確にする．

　以上により加工が完了したら，現場で各下据え部分が必要なときに，すぐ取り出せるように分類し，できれば整理しておくと良い．また加工した材を直射日光や雨にさらすと打設したコンクリート面に欠陥を生じるもととなるので，取扱いを注意する．

12.5.2 現　場　組　立　て

　現場組立てにあたって，作業を安全に遂行するために，型枠組立て作業主任者の有資格者のうちから，指揮能力のある者を選任して指揮・統制にあたらせる．組立て作業中の看板を準備し，所定の位置に掲げて，これに合わせて安全柵・安全通路を設定する．
　型枠組立て時には，鉄筋作業・設備配管作業および仕上げ関連の埋込み金物の取付けなど，輻湊する各種の作業があり，お互いの作業が乱れがちとなる．そこで組立て作業に先立ち，工程表・コンクリート施工図・鉄筋組立て図を用い，安全対策を含めて関係作業者間の作業手順について十分な説明をすると同時に，適切な指示を与える．

作業全体を円滑に進めるためには，揚重機の使用時間の調整，作業場内の各種障害物の除去，作業用の足場，作業に必要な動力（電気）および照明などを事前に用意する．
（1） 基礎の型枠組立てについては，コンクリートを高所から打ち込むことが多い．また部材の寸法も大きく，型枠にかかる側圧も大きい．コンクリートポンプによる打設時の衝撃荷重にも耐えうる構造となるよう，堅固に組み立てる必要がある．
（2） 柱・壁の型枠組立ては，据付けのための定規金物を地墨に合わせ，高さの位置も正確に建て込まねば，すべての形状に誤差を生ずるので，注意が必要である．
（3） 梁の型枠組立ては，柱型枠が自立し，少々の荷重でも位置ずれが起きないことを確認してから，組み上げることが重要である．
（4） 床の型枠組立ては，サポート・大引・根太と順次組み上げるが，組立ての初期はすべてが不安定である．したがって安全・防災に注意を払い，労働者の墜落や，支保工の落下・倒壊に注意する必要がある．なお梁および床の型枠には，中央部で1/500〜1/300のむくりを付けておく．
（5） 階段の型枠組立ては，この部位の作業が型枠工事の工程を左右するほど重要な作業である．したがって，下拵え，現場組立てを担当する階段型枠の専任者を決めて，作業を行う方法が良い．
（6） 支保工の組立てで，サポートは必ず，サポート相互に水平つなぎを施すこと（労働安全衛生規則第24条の7）．

以上の組立て時の注意をもって作業にあたるが，施工管理者は，各職種の労働者との情報交換を密にし，作業環境の保持と作業の円滑な推進が果たせるよう努力しなければならない．

12.5.3 解　体

型枠の解体を計画する際には，型枠を何日で解体するのかを十分に検討する．型枠を解体する時期が早ければ，資材を次の階で使用することができ，その現場で準備する型枠材の数量が少なくてすむ．また最上階の内装工事にも早くかかれるので，工期の短縮にもつながる．

一方，コンクリートの品質面からみると，強度の発現が不十分である早期の解体は，解体作業中にコンクリート表面に欠け・キズが入りやすい．またコンクリート肌が日射あるいは寒風にさらされ，過度に乾燥して強度の発現や耐久性に悪い影響を及ぼす．また曲げ荷重を受ける床や梁などでは大たわみの原因となり，コンクリートに有害な曲げ・ひび割れが発生する．

このように解体時期は，なるべく早く解体したい現場側の要望と，コンクリートの品

表 12.4 型枠および支柱の取りはずしに関する基準

せき板又は支柱の区分	建築物の部分	セメントの種類	存置日数（日） 存置期間中の平均気温 15℃以上	15℃未満 5℃以上	5℃未満	コンクリートの圧縮強度
せき板	基礎，はり側柱及び壁	早強ポルトランドセメント	2	3	5	1 m² につき 50 kg
せき板	基礎，はり側柱及び壁	普通ポルトランドセメント，高炉セメントA種，フライアッシュセメントA種及びシリカセメントA種	3	5	8	1 m² につき 50 kg
せき板	基礎，はり側柱及び壁	高炉セメントB種，フライアッシュセメントB種及びシリカセメントB種	5	7	10	1 m² につき 50 kg
せき板	版下及びはり下	早強ポルトランドセメント	4	6	10	コンクリートの設計基準強度の 50 %
せき板	版下及びはり下	普通ポルトランドセメント，高炉セメントA種，フライアッシュセメントA種及びシリカセメントA種	6	10	16	コンクリートの設計基準強度の 50 %
せき板	版下及びはり下	高炉セメントB種，フライアッシュセメントB種及びシリカセメントB種	8	12	18	コンクリートの設計基準強度の 50 %
支柱	版下	早強ポルトランドセメント	8	12	15	コンクリートの設計基準強度の 85 %
支柱	版下	普通ポルトランドセメント，高炉セメントA種，フライアッシュセメントA種及びシリカセメントA種	17	25	28	コンクリートの設計基準強度の 85 %
支柱	版下	高炉セメントB種，フライアッシュセメントB種及びシリカセメントB種	28	28	28	コンクリートの設計基準強度の 85 %
支柱	はり下	早強ポルトランドセメント		28		コンクリートの設計基準強度の 100 %
支柱	はり下	普通ポルトランドセメント，高炉セメントA種，フライアッシュセメントA種及びシリカセメントA種		28		コンクリートの設計基準強度の 100 %
支柱	はり下	高炉セメントB種，フライアッシュセメントB種及びシリカセメントB種		28		コンクリートの設計基準強度の 100 %

(1988年7月26日 建設省告示第1655号)

質確保とのトレードオフの関係にある．したがって，解体計画にあたっては，二つの条件を慎重に検討し，適切な時期を決定することが大切である．

型枠の解体作業は，組立て時と同様に作業主任者を選任し，解体および手順・方法，解体した材料の集積方法ならびに安全確認の方法の詳細について，解体作業要領書を作成し，この要領書に沿って作業を進めるよう指導する．

解体時期の決定は，型枠（せき板の支柱）の解体が，コンクリートの品質を確保することができる最も早い時期に行うことが合理的である．通常は，表12.4に示す建設省告示の規定に従わなければならない．せき板はコンクリートの圧縮強度 $5\,\mathrm{N/mm^2}$，床や梁の支柱類は設計基準強度を発現した時点で解体する[2]．

しかし，コンクリート躯体の寸法・形状および構造形式，使用するコンクリートの種類・養生方法，および型枠の架構形式を綿密に検討することで，表記の規定値より早く解体することができる．すなわち，ある階の支柱を解体する場合に，各部位の自重とこの部位に支柱を伝わって伝達される荷重の大きさ，床や梁の構造形式などから曲げ応力が定まる．この曲げ応力の最大値 $\sigma_{b\max}$ を，コンクリート打設後の強度発現とともに向上していく曲げ強度が，安全率を見込んだ許容曲げ応力 σ_a を超えた時点（$\sigma_a \geqq \sigma_{b\max}$）で，支柱を解体することができる[3]．

なお，解体作業における注意事項として，以下に留意する必要がある．

（1） 解体時に型枠材を落下させたり，解体材を一か所に集中して置き，躯体に過度の応力を発生させると，コンクリートに亀裂が生じることがあるので，型枠の取扱いに注意する．

（2） 解体後，打設をしたコンクリートの状況を点検し，ひび割れ・欠けなどの欠陥の有無を調査する．何らかの欠陥が発生している場合は，早急に対策をとる．

（3） 解体材は釘じまいを行い，セメントなどの付着を取り除き，転用可能な材を選別しておく．

● 12.6 型枠工事の管理

12.6.1 工 事 管 理

型枠工事の工事計画がまずいときには，これに後続する各種の工事に影響を及ぼすこととなる．したがって，型枠工事のみに視点を向けず，関連工事を含めて常に幅広く検討し，よりよい方策を考えねばならない．

工事に先立ち，型枠作業を担当する責任者を選任し，作業の内容，責任および権限を明確にする．また大規模な現場の場合には，資材・組立て・解体の責任者をそれぞれ別

個に定めておく場合もある．なかには墨出しを含めることもあるが，一般に型枠工事係は，組立て・解体をも含めたものにする．

型枠の責任者は，軀体工事全体の中で，型枠工事の管理を行うもので，これは鉄筋工事や設備関係の工程との関連をふまえ，工事の進捗状況を的確に把握し，それに合わせて型枠工事を注意深く管理しなくてはならない．また，コンクリート打設までの工事の進み具合を点検し，仮に工程が遅れている時は，労働者の増員，段取りを改めるなどの措置によって，遅れを取り戻さなければならない．

型枠工事費に労務費の占める割合が多いことはすでにふれた．工事費の管理は毎日の労働者数，それも大工と手元に分類して，早出・残業時間を正確に確認する必要がある．

資材については，損耗量を極力少なくすることが大切であり，転用回数を極力高める努力をする．このため納入材の正確な把握と，加工時の切り無駄を少なくする．特に，合板型枠は不注意な切断による損耗を防ぐために，型枠解体後はただちに清掃し，材料を常に，種類・寸法別に整理することが必要である．

型枠工事に関連する他種工事との連絡・調整を常に行う．安全・工程，仕掛り中の作業場所，施工量・労働者数，揚重機の使用予定，コンクリートの打設計画などについて打合せを密にすることが重要であり，以下の項目について注意をうながしたい．

（1） 型枠工事は，コンクリートを成形する準備工事にあたる．図面に基づく適切な管理が重要である．
（2） 設計変更にも注意し，作業現場にすぐ伝達できる仕組みを準備する．
（3） 労働者の業務の中で，意外に多いのが材料探しと材料待ちである．このため，資材は，せき板・支保工・締付け金物・鋼製仮設材を，分類整理して保管する．
（4） 作業場所に資材の過不足がないように，揚重機・運搬用具の手配を行う．

いずれにしても，型枠大工の世話役との打合せを十分行い，無理・無駄のないようにするべきである．

12.6.2 検　　査

型枠工事に関する検査の時期を列挙すれば，加工・墨出し，建込みの各作業の開始時・完了時，コンクリート打設の前・中および後である．

その時々の検査項目は，実施している作業内容によって異なるが，① 墨出しの正確さ，② 寸法，③ 建込み・引通しの精度，④ 定着物の位置・数量，⑤ 他種工事との関連，⑥ 下拵え材の形状・寸法，⑦ 締付け金物の位置・数量，⑧ 支保工の割付け，⑨ 型枠の移動・滑動防止の処置，⑩ 鉄筋の被り厚さ，⑪ 各種の補強金物の位置・種類・径および本数，⑫ 型枠内の清掃状況などである．

これらは現場に合わせたチェックリストを事前に作成し，現場ではこれを常に持ち歩いて，作業の実態を詳しく調べ，また進捗状況に注意を払う．

● 12.7 型枠工事の改革

12.7.1 型枠材料の変化

　型枠の材料が多様化していることは先に述べた．しかし，その主流をなすのは今日においても，木質系の合板である．この合板型枠用の単板(ベニヤ)には，ほとんど外来材（ラワンなど）を用いており，仮設材という理由から，従来，乱暴な取扱いのため，その現場限りで廃棄され，転用回数は極めて低かった．

　ところが，森林伐採による環境悪化を契機に，南洋材の使用量の制限が起こり，価格が高騰するばかりでなく，安易に使い捨てる考え方に厳しい是正が求められるようになった．また，一方では産業廃棄物として，これらの廃材処理をめぐり環境問題として様々な対応に迫られている．

　金属製型枠（メタルフォーム）が登場した時期は早いが，土木分野にひきかえ，建築物各部の寸法や構造軀体の寸法・形状が，階ごと・張間ごとに変化するという自由度の大きい用途には適さず，また仮にこれを使用すると，設計が型枠の規格寸法に制約されて扱い難いという問題を持ち，使い馴れた合板に比べて重量が過大であり，さらにコストも高額であることが難点となって，その活用が阻まれていた．

　それでも，超高層建築の床板用に鋼板製のデッキプレートを捨て型枠として使用し，工程や施工性を大幅に改善する試みとして採用され，すでに一般化するに至っている．

　他方，構造学や構造設計技術の進歩が，建築物の構造システムの変革をうながし，中空スラブ・無梁版構造などの新しい構造形態が生み出され，床板用の特殊な型枠が考案され，金属製，時には強化プラスチックFRP製の型枠などが次々に登場し，それらの発展に大きく寄与している．

12.7.2 型枠工法の合理化

　本章の型枠工事に関する記述は多くの個所で，労務量が大きく，技能の優れた労働者の手配の良否が，この工事の品質・工事費・工程などに大きな影響を及ぼすことにふれている．

　建築界において，合板型枠のあり方を抜本的に見直そうという気運を喚起した原因は，前項でふれた環境問題への対応であり，また型枠大工の不足と高齢化による著しい技能低下という建築労務上の問題であった．

特に近年，オフィスビル・住宅需要の増大に伴って建築需要が急速に高まり，建築労務の需給体制に生じたアンバランスが，はなはだしい人手不足をもたらし，一時は極限に達して，現場運営を破綻に招く事態が相次いだ．

このため，当初は現場型枠工法でまとめられていた原設計を，工場生産されたPC板による構造に改めたり，薄肉PC板を型枠として用い，打設したコンクリートとこれが一体化して補強した梁・床・壁・柱などを，直か仕上げとしてゆく工法を，合理化工法と称して積極的に活用する新しい機運が開かれていった．

過大な重量物を仮据えして，コンクリートが硬化するまで安全に支持しなければならない．運搬・建込み・据付けなどの作業について機械化を図る必要があり，特殊な工具・機械の利用が求められ，支保工・支柱等を新たに開発したケースもある．しかし，逆に相当程度の強度・剛性を備えた部材を用いることから自立しうるので，支保工・支柱等の省略が可能であり，型枠の徹去，支保工の解体の手間を要せず，かつ直下階では，他種の作業が自由に行えるという数々の利点が見出されるという理由で，この合理化工法が積極的に取りあげられた．

部材の大型化・軽量化を進めて，省力化および工事費の一層の低減や，工程の削限による工期短縮を果たし，労務不足の急場を凌ぐ工法として高く評価された．

しかも，この型枠材料・工法の合理化は，技能労働者の著しい不足が予測される次世代の建築施工法として，容易に見捨てることのできない多くの利点を備えており，今後とも多角的な技術開発が進められるものと思われる．

文　　献
1) 日本建築学会：建築工事標準仕様書 JASS 5 （鉄筋コンクリート工事）（1997）日本建築学会
2) 建設省：現場打ちコンクリート型枠及び支柱の取りはずしに関する基準　建設省告示第1655号
3) 型わく支保工研究委員会：型わく支保工存置期間の算定および施工要領（1984）建築業協会

参　考　書
1) 日本建築学会：型枠の設計・施工指針（1988）日本建築学会
2) 労働省職業訓練局技能検定課：型枠施工必携（1976）東京建設工業共同組合
3) MK.ハード著，高橋久雄他訳：コンクリート用型わく（1979）技報堂
4) 亀田泰弘他：建築施工講座4　コンクリート・鉄筋コンクリート工事（1980）鹿島出版会
5) 髙田博尾：型枠工事の施工と管理（1982）井上書院
6) 大屋準三：型枠支保工計画（1984）彰国社
7) 内藤龍夫・氷見恵二：型枠の材料と合理化工法（1985）鹿島出版会

13 鉄筋工事

● 13.1 鉄筋工事の基本

13.1.1 鉄筋工事の種類

A. 鉄筋材料による分類

鉄筋工事用の材料には，丸鋼・異形鉄筋・溶接金網，および補助材料として各種のスペーサ類・緊結用クリップ・なまし鉄線などがある．また，特殊材料としての PC 鋼線および鋼繊維がある．鉄筋および溶接金網には JIS が規定されており，JIS 適合品および規格相当品が用いられている．

材料の種類による工法として，一般の鉄筋コンクリート工事のほかに，PC 鋼線を用いてストレスを導入するプレストレストコンクリート工事，鋼繊維などを混入する繊維コンクリート (FRC)，鉄網にモルタルを巻くフェロセメント工法などがある．

B. 施工する部位による分類

鉄筋工事は，施工する部位の条件や加工・組立て作業の内容によって，下記のように区分する．

(1) 基礎鉄筋工事：一般に部材断面が大きく，鉄筋量はそれほど多くはないが，複雑な配筋部分が多いので，正確な作業が求められる．

(2) 柱および梁鉄筋工事：鉄筋量が多く，かつ断面が小さいため過密配筋となりやすい．鉄筋のあき，被り寸法の確保には，特に注意が必要である．

(3) 壁および床鉄筋工事：部位の面積は大きいが断面は小さく，施工が難しい．作業内容が細かく，面倒な作業の多い部位であり，配筋精度の確保が大切である．

(4) その他の鉄筋工事：階段・パラペットなど，いずれも床および壁の鉄筋に準じて配筋する．階段はその構造形式によって配筋方法が異なるため，設計図書の内容を十分把握して行わなければならない．

C. 加工・組立て方式による分類

(1) 現場加工方式：従来から行われてきた加工・組立て方式である．現場に鉄筋の仮置場および作業小屋を設け，配筋順序に沿って鉄筋を順次加工し，所定の場所まで運搬して，組み立てる方法である．

（2） 先組み方式：鉄筋を加工工場あるいは現場内の作業小屋で，あらかじめ切断・加工を行い，さらにこの加工済みの鉄筋を各部位の単位で先組みし，現場では部材化した先組みユニットを建て込む方法である．近年，鉄筋加工の分野で工場加工の技術が急速に発達し，一部には自動加工の高レベルな工場が出現している．

13.1.2　鉄筋工事の構成とその要点

A. 鉄筋工事の構成

（1） 鉄筋施工図の作成：配筋方法の詳細は，構造設計図および仕様書に記載されているが，実際の作業のために，設計者または工事監理者と打合せを行い，別途に正確で詳細にわたる鉄筋施工図を作成する．

（2） 施工業者との打合せ：工程計画・鉄筋施工図を基にして，日程計画，鉄筋工法，加工の形状・寸法，その他細部にわたって専門工事業者と打合せをする．

（3） 材料の発注・受入れ：必要となる鉄筋の数量を調査し，その結果を材種別・径別・長さ別に集計して明細書を作成し，製鉄業者に発注し，所定の検査を行い，合格したものを受け入れる．

（4） 鉄筋の加工：納入された鉄筋を，施工図に従って加工する．加工は施工工程に合わせて正確に行う．

（5） 鉄筋の組立て：鉄筋は，組立て図に従って配置し，精度良く，かつ堅固に組み立てる．特に柱・梁・床の接合部分は，納まりを十分検討して，手順良く作業を進める．

B. 鉄筋工事の要点

a. 鉄筋工事の要求条件の把握　　鉄筋は，部位に生ずる応力をコンクリートと分担して負担し，またコンクリートは鉄筋の発錆のおよび耐火上の欠点を補う機能を果たす．このためには，鉄筋は打設するコンクリート中の正しい位置，正しい寸法で配筋することが必要である．また，コンクリートの打込み時の荷重や衝撃によって，その位置がずれたり，欠陥を生じないように堅固に固定する．

b. 鉄筋の加工法の検討　　鉄筋の加工にあたっては，その方法・使用機器を検討し材質に影響を及ぼさないよう注意しつつ，形状・手法とも正確に加工する．

c. 組立て方式の検討　　組立て方式には，すでに述べたように現場組立てと先組み方式がある．前者は従来から行われてきた方式で，中小規模の工事，複雑な断面の構造体の組立てに用いる．後者はあらかじめ組み立てた鉄筋ユニットの部材を現位置に固定し，型枠工事が後続する先組み方式と，すでに組み立てた型枠内に，鉄筋を落とし込んでゆく置き組方式がある．

13 鉄筋工事

表 13.1 鉄筋の継手工法

種別	方法	特徴	例
重ね継手	鉄筋を重ね合せ，周囲のコンクリートの付着力による．	作業・検査が容易，鉄筋量多い	
ガス圧接継手	研磨した鉄筋の両端面を突きつけ，加熱加圧で溶融接着する．	鉄筋量少ない 検査難しい	図 13.1
アーク溶接	鉄筋端面に開先をとり，アーク溶接補助板使用もある．	太径に適す 作業工数大	突合せ 重ねなど
カラー圧着	鋼製カラーに鉄筋を通して，圧着またはダイスで絞る．異型筋のふしに食いこませる．	太径に適す 装置大 検査難しい	
スリーブ充てん	スリーブに鉄筋を通して内部に高強度モルタルの充てん	同 上	図 13.2(a)
ねじ	鉄筋にねじを切ってカップラーでつなぐ．	同 上	図 13.2(b)

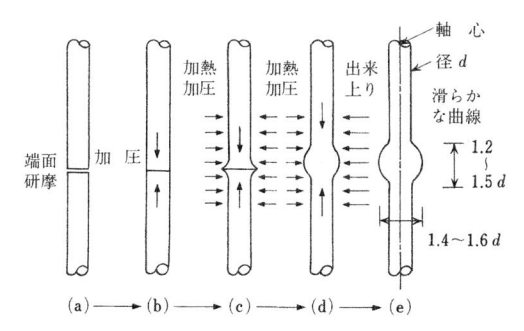

(a) ⟶ (b) ⟶ (c) ⟶ (d) ⟶ (e)

図 13.1 ガス圧接継手

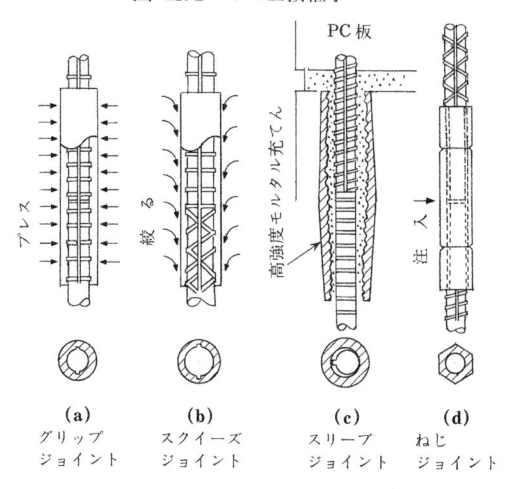

(a) グリップジョイント　(b) スクイーズジョイント　(c) スリーブジョイント　(d) ねじジョイント

図 13.2 特殊ジョイント（一例）

d. 継手方式の検討　　継手工法には，表13.1に示す各種の方法があり，それぞれ特徴をもつ．

　ガス圧接継手が最も広く用いられているが，細径の鉄筋では重ね継手が，また径が32mmを超える太径の鉄筋では，溶接継手あるいは各種の機械式継手工法が用いられている．

　ガス圧接継手は，作業能率の向上，および継手部の鉄筋量を減少する利点があり，経済的にも有利な工法である．しかし，図13.1のとおり加熱・加圧して接合するため，冷間加工の鉄筋には適用できない．また太径鉄筋および高強度の鉄筋には，適用上の問題がある[9]．そのため，図13.2に示す特殊ジョイントが選ばれている．

　なお圧接工は，技量検定による資格の種類に応じて，作業の範囲（材質・径）が定められている．また，地域によって技能資格をもつ圧接工が不足しており，圧接工の確保には，事前に十分な検討が必要である．

● 13.2　鉄筋工事の計画

13.2.1　構造図の検討，施工図の作成

A. 構造図上の要点

　a. 配筋の基本　　鉄筋は部材中に生じる引張応力・せん断応力に抵抗する役割を担っており，それらの応力の大きい位置は構造計算から求められ，所要鉄筋量・配筋位置が決められる．鉄筋とコンクリートは，その境界面の付着力によって応力を伝達しあうため，鉄筋の周辺は，コンクリートが密実に充てんされることが必要である．このため配筋する位置，鉄筋相互の間隔，被り厚寸法の確保が重要となる．

　また，鉄筋の端部は圧縮応力を受けている部分に，十分にのみ込ませることが必要であり，各部の条件に応じて，定着長さとして必要な寸法が定められている．

　b. 鉄筋各部の納まり　　配筋の各部，特に柱・梁・壁・床の接合部には，各方向からの鉄筋が集中し，定着長さを確保するために納まりが複雑となる．したがってこれらの箇所では，組立て手順を検討しつつ納まりを決定しなければならない．

　各部の納まりは配筋基準に準じるが，部位によっては型枠工事，設備配管・スリーブの作業と錯綜するために慎重な検討が必要となる．

　c. 鉄筋の数量調書の作成　　構造図に基づいて，鉄筋の必要数量を調査して，数量調書を作成する．すべての作業は，この調書に基づいて行われる．したがって，正確な調査や数量拾いが必要である．数量調査の手順は，構造図から鉄筋の種類・径，継手・定着・フックの指定，開口部・貫通孔まわりの補強法を確認し，これを各工事別・工区別・

階別・部位別に分類し，作業工程に沿って所要数量を算出する．

なお，補強筋などについては構造図に明記されていない場合がある．これらについては，仕様書および配筋規準に従って求めなければならない．

鉄筋メーカーへの発注は，この調書から，各材種別・径別・長さ別に集計した明細表を作成して行う．鉄筋の加工場では，定尺物として扱う場合もあるが，それに沿った明細表を作成して発注する．

B. 鉄筋施工図の作成

a. 施 工 図　鉄筋施工図は，鉄筋工作図ともよばれ，各部位の鉄筋の加工・配筋・組立て，各種補強筋・差し筋の一つひとつについて，その形状・寸法・配筋位置を明記したもので，作業の指示書ともなる．主要な鉄筋は構造図に記載されているが，フックや定着部分の寸法，被り厚さ，補強筋・補助金物の詳細については，構造図に示されていなくても，仕様書・配筋規準に従って明記する必要がある．施工図の縮尺は，1/20～1/30が一般であるが，特に複雑な部分では，現寸図とすることがある．

b. 加工上の要点　鉄筋の加工は，切断および曲げ加工に大別される．いずれも材質へ悪い影響を与えないことを原則とし，常温加工とする．折り曲げの場合は，長さが変化するため，事前にチェックが必要である．

加工は，現場の工程順序に合わせて行い，終了したものから順次検査を行って，搬出しやすい方法で保管する．鉄筋検査では，曲げ部分は合板などで型板をつくり，これを検査部分にあてがって行うなどの工夫が必要である．

c. 組立て上の要点　打設・硬化したコンクリートの表面に生じたレイタンスを取り除き，型枠内の清掃が済み次第，鉄筋組立てを行う．正しい位置に，堅固に固定することがその要点である．注意すべきことは，① 継手の位置，② 鉄筋の定着長さ，③ 鉄筋相互のあき間隔・被り厚，その他である．

各部位の接合部周辺は，相当な過密配筋となることが多い．配筋順序を十分に検討しないと鉄筋が納まらなくなる場合がある．特に，柱の帯筋および梁のあばら筋は，正しい位置に配置できるよう十分な検討が必要である．

C. 配筋規準の作成[1]

配筋の詳細について規定している基準・標準類には，以下に示すものがあり，各工事ごとに準拠すべき項目が明記されている．

（1）建築基準法および同施行令[2]
（2）鉄筋コンクリート構造計算基準（日本建築学会）[3]
（3）鉄筋コンクリート工事標準仕様書（JASS 5）（日本建築学会）[4]
（4）建築工事共通仕様書（公共建築協会）

（5） 鉄筋のガス圧接工事標準仕様書（日本圧接協会）[5]
（6） 圧接工の資格：JIS Z 3881（ガス圧接技術検定における試験方法および判定規準）に基づく技量試験による．

● 13.3　施工業者との打合せ，材料の発注・受入れ

13.3.1　加工・組立て業者との打合せ

A.　加工に関する打合せ

施工図および配筋規準を提示して，鉄筋加工の詳細について業者との打合せを行う．その項目は，加工場所，加工の方法・寸法，検査方法，保管方法および工程計画である．また，現場工程に合わせて，材料の入荷および加工鉄筋の出荷スケジュールを検討し，長期間鉄筋を保管することのないように注意する．

B.　組立てに関する打合せ

組立てに先だって，鉄筋の運搬・保管・揚重について打合せを行う．揚重機は，他の資材と交互に使用するのが一般で，揚重機の運用計画および保管場所の効果的な利用については，細かい検討が必要である．

組立てに関しては，組立て方法の技術上注意すべき点，現場の準備状態，継手の位置・工法，開口部・貫通孔まわりの補強方法，補助金物の設置，差し筋の準備，建込み順序，仮設足場，工程計画ならびに安全管理の方法について打合せを行う．

特に，先組み工法の場合は，型枠工事との関連，先組み鉄筋ユニットの位置決め，ユニット相互の取合いなど，現場加工法とは手順や組立て方法が，多くの点で著しく異なるので綿密な協議を行う．

C.　ガス圧接業者との打合せ

圧接作業は，鉄筋組立て業者とは別に，鉄筋圧接業者が担当するものである．別途に打合せを行う必要がある．その項目は，圧接工の資格・種別，圧接条件（圧接箇所・本数，鉄筋の径・材質，加熱・加圧作業の方法），工程，外気の条件（寒冷時・強風時）に対する処置および対策などである．

13.3.2　材料の発注・受入れ

A.　鉄　筋　の　発　注

鉄筋の発注は，先に述べた数量調査を基に，材質別・径別・長さ別の明細表を作成し，現場工程に合わせて納入時期を指定し，代理店を通して行う．

13 鉄筋工事

B. 鉄筋の受入れ

a. 受入れ時の検査　鉄筋その他の搬入時の受入れ検査によって確認すべき事項は次のとおりである．

（1）　入荷した鉄筋の種類，径・長さ，数量の確認
（2）　ミルシートと材質との照合
（3）　曲り・割れ・さびの発生状態の外観検査

規格相当品については，材質試験を行う（JASS 5 による試験は，鉄筋の種類・径の各 20 t ごとに 1 回，項目は JIS による降伏点・引張強さおよび伸びである）．

b. 保管に際しての注意事項　鉄筋は枕を用い，直接地面に接しない方法で積み，シート掛けまたは上屋を設けて保管する．工程順序に合わせて仕分けし，材料の搬入・搬出が容易な方法とする．また，保管中は作業日ごとに使用数量を記録し，在庫量を明確にするとともに，長期間の保存による有害な曲り・さびが発生しないように注意する．

● 13.4　鉄筋の加工および運搬

13.4.1　鉄筋の加工とその準備

A. 作業の確認

鉄筋の加工に先立ち，事前に配筋規準・仕様書・加工図類を確認する．加工は素材の材質に影響を与えないことを旨とし，加工図に示された形状・寸法どおりに正しく行う．加工寸法の一例を表 13.2 に示した[4]．加工作業における主な注意点は次のとおりである．

表 13.2　鉄筋末端部の折曲げ形状・寸法　　　（JASS 5 による）

折曲げ角度	図	鉄筋の種類	鉄筋の径による区分	鉄筋の折曲げ内法の直径(D)
180°	d 余長 $4d$ 以上 余長 $6d$ 以上[(2)] 余長 $8d$ 以上[(2)]	SR 235, SRR 235	径 16 以下	$3d$ 以上[(1)]
135°		SR 295, SRR 295 SD 295 A, SD 295 B SDR 295 SD 345, SDR 345	径 16 以下 D 16 以下	$3d$ 以上
			径 19 以下 D 19～D 38	$4d$ 以上
90°			D 41	$5d$ 以上
		SD 390	D 16～D 41	$5d$ 以上

［注］（1）　d は丸鋼では径，異形鉄筋ではよび名に用いた数値とする．
　　　（2）　片持スラブの上端筋の先端，壁の自由端に用いる先端は，余長が $4d$ 以上でよい．

（1） 鉄筋の搬入，貯蔵：鉄筋の加工場への搬入は，貯蔵が長期間とならないように必要量を数回に分けて行う．貯蔵に際しては，鉄筋を，種類・径・長さ別に整理し，角材を敷いてさび・曲りを生じないように，かつ作業順序に従って貯蔵する．
（2） 鉄筋の確認：鉄筋は著しい曲りのあるものは使用しない．軽微な曲りは材質に影響を及ぼさない方法で矯正して用いる．
（3） 加工方法：加工図・配筋規準による指示に従い，所定の寸法・形状に加工する．加工には，鉄筋の材質および用途に合わせた機器を用いる．電動の折曲げ機によれば，D51筋まで常温加工が可能である．特に圧接継手の端面については，正確な加工が要求される．
（4） 加工順序：現場の工程，出荷順序に沿って加工の手順を決定する．加工済みの鉄筋は，順次現場に搬出し，加工場には長期間保管しない．
（5） 機器類の整備：加工機器類の点検・整備を常に心掛け，切断・折曲げなどの機能の正しい維持と安全管理に努める．

B. 納まり，加工上の要点の指示

a. 精度の確認 最初に加工した鉄筋によって，切断面の状態，折曲げ角度・半径，長さ・形状について，図面と照合して加工条件の確認をする．加工の許容誤差は標準仕様書（JASS 5）によると表13.3のとおりである[4]．

b. 施工順序の関連 現場の組立て手順を検討してから，各部の詳細を決定する．柱・梁の接合部では，フープ筋・スターラップ筋が複雑な納まりとなりがちであり，加

表 13.3 加工寸法*の許容差 （JASS 5 による）

項　　目		符　号	許容差（mm）	
			計画供用期間の級	
			一般・標準	長　期
各加工寸法[1)	主筋	D 25 以下	a, b	±15	±10
		D 29 以上 D 41 以下	a, b	±20	±15
	あばら筋・帯筋・スパイラル筋		a, b	±5	±5
加 工 後 の 全 長			l	±20	±15

［注］*：各加工寸法および加工後の全長の測り方の例を下図に示す．

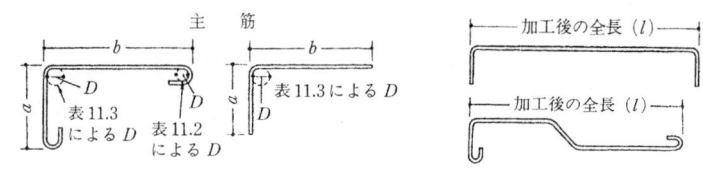

よび加工手順を十分検討する．

  c．その他の注意事項　曲げ加工後，鉄筋は元の状態に戻る性質がある．曲げ角度は事前に検討し，その分を見込んで加工する．また，異形鉄筋では，リブ間軸に直角方向に曲げ加工しないと，ねじれを生じることがある．

13.4.2　鉄筋の運搬・揚重

  A．鉄筋の運搬
  市街地の工事では，現場の敷地内に鉄筋加工場を確保することが難しく，工場加工とする場合が多い．この場合，トラックなどによる鉄筋の運搬のために，現場への進入，仮置き・荷揚げの計画が必要である．現場の出入口は，重機類や資材などで混雑していることが多く，また先組み鉄筋では仮置きすると相当なスペースが必要となるので，運搬計画を細かく検討する必要がある．補助金物などの小物類は，作業中に見失ったり，紛失しやすいため，結束あるいは袋づめとして，鉄筋と一緒に運搬することが望ましい．

  B．揚重管理
  鉄筋の揚重は，巻上げ機・クレーン・仮設エレベーターなどで行われる．揚重は危険を伴う作業であり，機器類の整備に心がけ，有資格者による運転とする．特に，長尺の鉄筋は横吊りとし，抜け落ちないように玉掛けワイヤは2本掛けとし，端部は袋で覆うなどの注意を払う必要がある．

● 13.5　鉄筋の組立て

13.5.1　鉄筋の組立て準備

  A．作業の確認
  鉄筋の組立てに際し，事前に仕様書・配筋規準・組立て図類を提示する．配筋詳細図の一例を図13.3に示す．主な注意点は次のとおりである．

（1）作業手順：手戻りを防ぐ．特に接合部分の作業手順の検討は大切である．一般に鉄筋は，コンクリートの打込み直前に組み立てるために，工程上余裕のない場合がほとんどである．迅速で，しかも手戻りや手直しのないように，適切な工事を行うことが必要である．

（2）作業内容の確認：組立て図から配筋位置を確認し，各部の所要寸法，補強筋の位置，スペーサーブロックなどの補助金物の位置を把握し，作業の内容を確認する．開口部は構造図上に示されていない場合でも，その周囲には補強筋が必要である．これらの鉄筋工事については，配筋規準・施工規準に基本原則が示されて

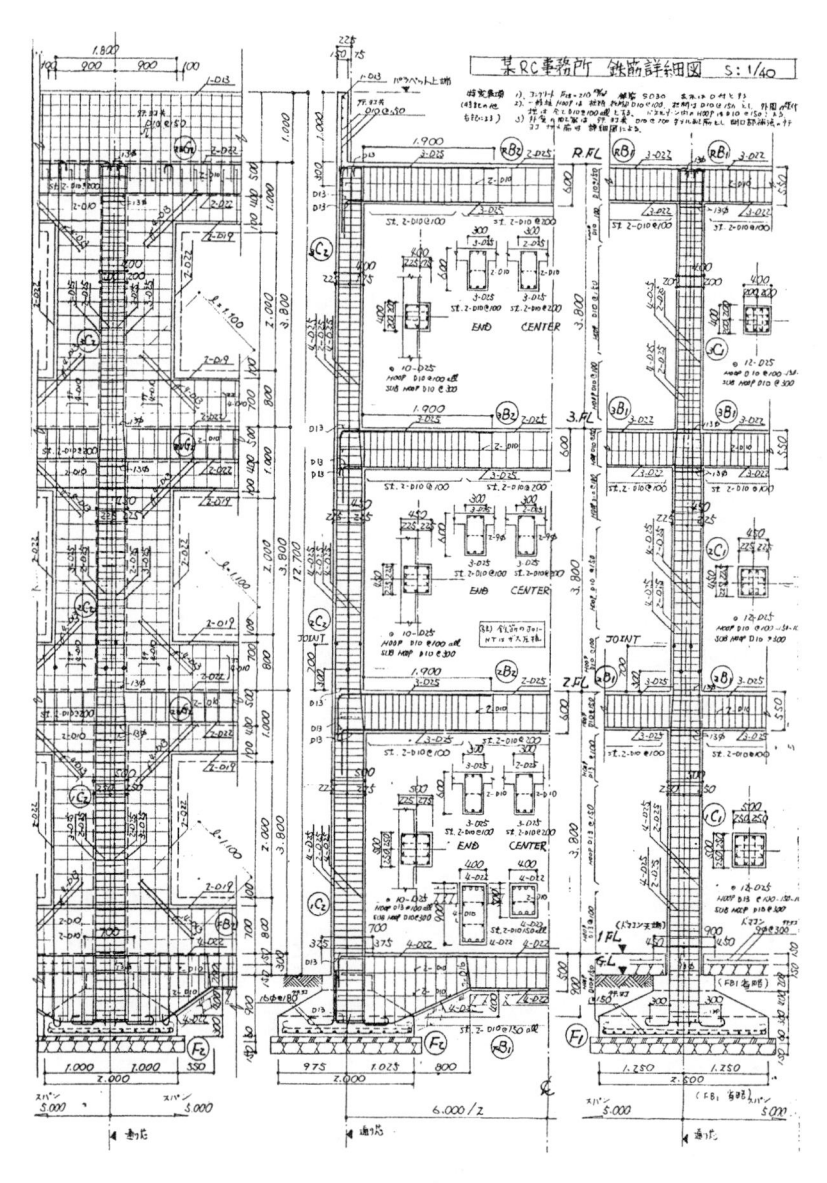

図 13.3 配筋詳細図の一例

おり，すべてこれに準じて工事が行われなければならない．
(3) 組立て用足場：足場の構造，設置の方法について検討する．
(4) 鉄筋の付着物の除去：浮きさび・油類など，コンクリートとの接着を妨げるおそれのある付着物は，すべて除去する．
(5) 差し筋が必要な場合：鉄筋の準備，作業の時期と方法を確認し，労働者に適切な指示を与える．
(6) 他種工程との関連：型枠工事および設備工事との関連について検討をする．柱および壁の鉄筋の組立てでは，型枠工事と工程や手順が錯綜する部分が少なくない．また設備の配管工事や貫通孔の納まりなどの他種工事と関連する部分もあり，これらを含めた総合的な工事の順序に従って組立て作業を行う．

B. 現場の確認

鉄筋の組立て前に，現場の状態に関し次の事項を確認する．
(1) 地墨：地墨が正確か，明瞭に打たれているかを確認する．
(2) コンクリート面の処理：サンドブラスト・ワイヤブラシなどでレイタンスを除去し，コンクリート面を清掃する．
(3) 下階からの鉄筋の確認：下階からの鉄筋の位置は正確であるか，また必要箇所の台直しは正確に行われているかを調べる．

13.5.2 鉄筋の組立て作業

A. 主筋および補助筋の組立て

主筋および補助筋の組立てに際し，次の諸点に注意する．
(1) 目視観察：鉄筋の種類，径・形状および本数は，施工図どおりに行う．
(2) 配筋精度：組み立てた鉄筋は，施工図に従ってバーサポート・吊り具を挿入して固定し，被り厚さ，鉄筋相互のあき間隔を正しく確保する．
(3) 鉄筋の折曲げ：梁および床における折曲げ位置および形状は正しく行う．
(4) 継手位置：継手は施工図に従って正しく，かつ部材の同一断面に集中しないように，その位置を確認する．
(5) 重ね継手：重ね長さ，フックの形状・寸法は正しくとる．特に継手部分は鉄筋のあき間隔を規定どおりに確保する．
(6) 緊結状態：鉄筋はコンクリート打設時の衝撃や荷重に耐えるように，また各鉄筋の交差する箇所は，クリップまたはなまし鉄線で堅固に緊結する．
(7) 補強筋：開口部まわりの補強筋は，配筋規準に従って正しく挿入する．
(8) 帯筋・あばら筋：種類，形状・寸法・間隔は正しくとる．端部フックの処理お

表 13.4　鉄筋の定着の長さ　　（JASS 5による）

種　類	コンクリートの設計基準強度 (N/mm²)	定着の長さ		
		一般 (L_2)	下端筋 (L_3)	
			小梁	床・屋根スラブ
SR 235 SRR 235	18	45 d フック付き	25 d フック付き	150 mm フック付き
	21 24	35 d フック付き		
SD 295 A SD 295 B SDR 295 SD 345 SDR 345	18	40 d または 30 d フック付き	25 d または 15 d フック付き	10 d かつ 150 mm 以上
	21 24	35 d または 25 d フック付き		
	27 30 33 36	30 d または 20 d フック付き		
SD 390	21 24	40 d または 30 d フック付き		
	27 30 33 36	35 d または 25 d フック付き		

[注]（1）末端のフックは，定着長さに含まない．
　　（2）d は，丸鋼では径，異形鉄筋ではよび名に用いた数値とする．
　　（3）耐圧スラブの下端筋の定着長さは，一般定着（L_2）とする．

よび接合部分は，施工図に従って正しく施工する．
（9）組立て後の養生：組立て後の養生として，床鉄筋については，他の作業で配筋した鉄筋の位置が乱れぬように，足場板などで保護し，養生をする．

B.　ガス圧接継手

ガス圧接は，正確な知識と経験を有する圧接工が，正しく作業を行った場合にのみ，信頼できる接合部が得られる．したがって，圧接工の技量のチェック，作業管理および良好な作業環境の確保が重要である．圧接作業に際し，次の点に注意を払う．
（1）圧接工の資格：圧接工は鉄筋の種類および径に関し圧接工の作業可能な範囲が定められており，作業を行うためには，1種・2種・3種または4種の技量資格が必要である．実地作業に先立ち，事前に技量資格証明書を提出させて，技量試験を行い，圧接工が有資格者であるかどうかの確認をする．
（2）圧接材料：圧接できる材料は JIS G 3112 に規定されるもののうち，SD 50 を除

13 鉄筋工事

表 13.5 圧接技量資格者の技量資格と作業可能範囲

技量資格種別	作業可能範囲	
	鉄筋の材質	鉄筋径
1 種	SR 235, SR 295 SD 295 A, SD 295 B, SD 345, SD 390	径　　25 以下 よび名 D 25 以下
2 種	同　　上	径　　32 以下 よび名 D 32 以下
3 種	同　　上	径　　38 以下 よび名 D 38 以下
4 種	同　　上	径　　50 以下 よび名 D 41 以下

いたもので，有害な欠陥のないものとする．
（3） 圧接装置：圧接装置はガス供給装置・加熱器・加圧器などからなる．ガスは酸素とアセチレンを混合して用いる．加圧器は鉄筋断面に対し 30 MPa（およそ 300 kgf/cm^2）以上，加熱器は圧接部中心温度が，1,300℃ 以上の能力が必要である．
（4） 圧接位置：圧接位置は施工図に従い，同一断面に集中してはならない．
（5） 鉄筋の圧接面：鉄筋の圧接面は直角に加工し，さび・油などを除去し，端面を平滑に研磨する．鉄筋を突き合わせた時のすき間は 3 mm 以下とする．
（6） 鉄筋の位置：圧接する両鉄筋の軸は，偏心を生じないこと，また軸の曲りを生じないように注意する．
（7） 外気条件：圧接作業は，天候に対する配慮が必要である．寒冷時および高温時

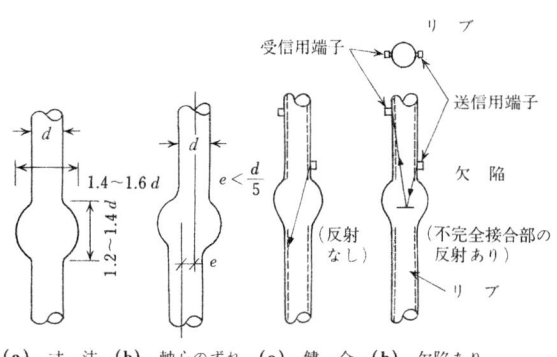

(a) 寸　法　(b) 軸心のずれ　　(a) 健　全　(b) 欠陥あり
① 外観検査　　　　　②圧着部の超音波探傷

図 13.4　鉄筋の継手圧接部の検査

にはガス供給装置の管理を厳重にする．降雨時などは雨水に対する保護を，また強風時には覆いを準備し，風速 4 m/sec 以下の外気条件を確保する．
（8） 圧接作業：圧接する鉄筋は，断面積当り 30 MPa 以上に加圧し，圧接部および周辺を加熱し，ふくらみのある接合部を得る．作業は標準どおりの加熱・加圧を行う注意が必要である．
（9） 圧接箇所の外観検査：圧接部のふくらみの状態，偏心・ひび割れの有無を検査する．ふくらみ寸法は鉄筋径に対し，径は 1.4～1.6 倍，幅は 1.2～1.4 倍とする．また鉄筋軸のずれ・曲りに注意する（図 13.4 参照）．また作業後の圧接による鉄筋の縮み量についても検査をする．

C. 補 助 金 物 類

鉄筋の緊結・組立て，型枠おける配筋位置の固定に，各種の金物類が用いられる．その取扱いは次のとおりである．
（1） 緊結：鉄筋の交点の要所は，なまし鉄線，クリップ類で堅固に固定する．
（2） スペーサ：スペーサ類は十分な数を堅固に固定する．特に床版では上端筋・下端筋のスペーサ類を正しく固定する．
（3） 梁・壁の幅止め等：必要な箇所に幅止め筋を入れる．

表 13.6 鉄筋工事の主な管理確認項目

設 計 終 了 時	加 工 時	組 立 て 時
1. 共通仕様書・特記仕様書および構造設計図の再確認 ○定着長さ・継手長さ・余長・折曲げ寸法 ○鉄筋のあき・被り ○2段筋・補強筋・バーサポート・スペーサーの位置および数量 ○加工・組立ての順序 2. 設備配管などの確認 3. ガス圧接その他の継手方法の検討	1. 工事監理者との打合せ 3. 施工図の検討	2. 加工・組立て要領書の検討
	1. 鉄筋，開口補強材および継手材の受入れ検査 2. バーサポート・スペーサーの選定と受入れ検査 3. 資格者の確認（ガス圧接，溶接その他） 4. 加工工場の選定と加工中の検査 5. 切断・加工の方法とその寸法の確認	1. 種別・径・本数 2. 配筋の方向の確認（柱・梁スラブ） 3. 開口部補強材の種類・本数・取付け位置 4. 継手の種類，主筋継手の間隔，取付け位置の検査 5. 折曲げ寸法・フック・余長の検査 6. 鉄筋のあき・被り厚さの検査 7. バーサポート・スペーサーの配置・数量の確認 8. 定着位置・長さの確認

13.5.3 配筋検査

A. 配筋規準との照合

鉄筋工事に関連する検査・管理確認項目の一覧を表13.6に示した．鉄筋が組み終わった箇所については，構造図・組立て図・配筋規準と照合のうえ，作業の適否について確認を行う．誤っている配筋箇所は，ただちに手直しを指示し，そのうえで再度検査を実施する．鉄筋は組立てが終了すると，手直しがきわめて困難となるため，検査は作業の進行に従って逐次行う．検査の要点は次のとおりである．

(1) 各部位に共通する項目：鉄筋の種類・径・本数，位置・精度，継手の種類・間隔，位置・方法および緊結程度などの基本的事項について，組立図に従って確認をする．また，コンクリート中に埋め込まれる埋設物の位置・固定方法について同時にチェックする．

(2) 柱鉄筋：主筋の位置の精度について確認が重要である．特に下階と上階で柱寸法が異なる場合の処理について確認をする．また梁との接合部の帯筋の納まりにも注意する．

(3) 梁鉄筋：梁の鉄筋は，作業後の手直しがほとんど不可能となる場合が多く，事前のチェックを主とする．柱との接合部への定着，あばら筋にも注意を要する．

(4) 壁筋：壁の鉄筋は不安定となりやすく，特に幅止めを入念にチェックする．また開口部まわりの補強筋に注意する．

(5) 床鉄筋：床の鉄筋は水平位置がずれやすく，またコンクリート打設時に鉄筋が乱されることも多い．スペーサー・サポート類の位置や固定状態を特に注意する．

B. 圧接部の検査

圧接部の検査方法には，外観検査・非破壊検査および破壊検査がある[6]．

(1) 外観検査：圧接部の形状および偏心・割れについて，目視およびノギスなどを用いて検査をする．ふくらみ部の形状は滑らかで，その径は鉄筋径の1.4～1.6倍，幅は1.2～1.4倍とする．鉄筋の軸心のずれ（偏心）は，鉄筋径の1/5以内とし，曲りがあってはならない[6]（図13.4参照）．

(2) 非破壊検査：日本圧接協会検査基準 NAKS 0001 に準じて行われるが，方法は図13.4に示すように超音波法が主に用いられる．この検査は抜取り検査であり，検査の精度は必ずしも十分とはいえないが，接合部の品質の目安は得られる[7]．

(3) 破壊検査：JISに準じて行う．圧接作業が終了した箇所から試験片を抜き取り，外観検査・曲げ試験および引張試験を行う．

圧接部で破壊や有害な割れを生じない場合を合格とする．これによって信頼できる資料が得られるが，検査回数には限界があり，非破壊検査と効果的に組み合わせて計画的

に実施する．

● 13.6 鉄筋工事の信頼性

　過去数十年間における鉄筋コンクリート構造をめぐる諸技術の進歩には，まことにめざましいものがあり，ひと頃に比べると隔世の感がする．この構造による個々の建築物の施工を支える重要な部分工事の一つである鉄筋工事においては，鉄筋その他の使用材料，鉄筋の加工および組立て技術に関して，少なからぬ技術進歩があり，現場における鉄筋工事の姿は，今日では一変している．また，これが新しい構造形式を生み出す原動力になっていることは，誰もが認める疑いのない点である．

　それでも，鉄筋コンクリート工事全般についていえば，天然骨材の枯渇，建築労働者の不足，施工時に起きる騒音・振動・粉塵という公害問題など，未解決の難題を数多く抱えてはいるが，耐震・耐火・不燃というこの構造が持つ特徴に寄せる期待は非常に大きい．

　ところが，看板ともいえるこの特徴をゆるがす事故が，最近目立つようになり，鉄筋コンクリート造建築物に対する信頼性が揺らぎ始めている．

　わが国は地震列島の上に位置しており，数年に一度の割合で激しい地震が起きている．九州・東北・北海道などで大地震の度に，鉄筋コンクリート造の学校・図書館・庁舎などの建築物にはなはだしい被害が起きている．特に，先年の兵庫県南部地震においては，数多くの事務所・商店・集合住宅などの鉄筋コンクリート造建築物に，亀裂・破損・圧壊・倒壊などの大被害を招いてしまった．

　これらの中には，旧耐震基準によって設計された古い建築物が多いが，建設後の経過年数が短い新しいものも含まれており，市民の期待を著しく損うもととなった．事故の原因として，構造設計そのもののあり方を指摘する点も多いが，工事品質の欠陥について施工者の工事管理のあり方をただす声が強い．鉄筋工事もその例外ではない．設計者・工事監理者・施工者を含め，鉄筋工事に関する幅広い知識の欠如，材料・工法・圧接技術に係わる品質管理の甘さなど，見直さざるをえない事項が少なからず認められている．

　次に，鉄筋コンクリート造建築物の法定耐用年限は，60年とされているが，新築後の経過年数がわずかであるにもかかわらず，数年で鉄筋のさびが壁面に現れ，つづいて亀裂が生じたり，コンクリートの表面剥離などの欠陥を生み出すものが続出している．

　この原因は，骨材に起因するもの，コンクリートの調合に係わるものなど雑多であり，一律には述べ難いが，鉄筋の被り厚の不足，配筋の集中によるコンクリートの充填不良など，鉄筋工事のあり方も無縁とはいえない．

技術的に改善されつつあるとはいえ，鉄筋工事の信頼性を確立するためには，不断の努力が望まれる．特に，超々高層建築・大深度都市空間の構築など，高度の品質・性能が要求され，施工技術的にも困難度を伴う分野での鉄筋コンクリート技術の開発が直面する課題となっている．これには，多くの面でひたむきな研究開発が求められよう．

文　献

1) JIS Z 3381（ガス圧接技術検定における試験方法及び判定基準）
2) 建築基準法施行令第 72～79 条
3) 日本建築学会：鉄筋コンクリート造計算基準・同解説（1996）日本建築学会
4) 日本建築学会：建築工事標準仕様書・同解説 JASS 5 鉄筋コンクリート工事（1998）日本建築学会
5) 国土交通省大臣官房営繕部：建築工事共通仕様書鉄筋工事（2002 年）公共建築協会
6) 日本圧接協会：鉄筋のガス圧接工事標準仕様書（1994）日本圧接協会
7) 日本圧接協会規格：NAKS 0001 鉄筋ガス圧接部の超音波探傷検査規準（1983）
8) 建設省住指発第 273 号鉄筋継手性能判定基準（1983）
9) 日本建築学会：鉄筋コンクリート造配筋指針（1996）日本建築学会
10) 日本圧接協会：ガス圧接作業員技術資格検定試験実施規程
11) JIS Z 3120 鉄筋コンクリート用棒鋼溶接継手の検査方法

参　考　書

1) 日本建築学会：鉄筋コンクリート造配筋指針・同解説（1996）日本建築学会
2) 日本建築学会：鉄骨鉄筋コンクリート造配筋指針・同解説（1995）日本建築学会
3) 日本建築構造技術者協会：RC 建築躯体の工事監理チェックリスト（1996）日本建築構造技術者協会
4) 井上博・北小路宏：新配筋読本（1997）建築技術
5) 日本コンクリート工学協会：既存鉄筋コンクリート構造物の耐震補強ハンドブック（1996）日本コンクリート工学会

14 コンクリート工事

● 14.1 コンクリート工事の基本

14.1.1 コンクリート工事の目標

　構造物に要求される最終的品質を満足し，しかもできるだけ均質なコンクリートを確実に，かつ経済的に施工することがこの工事の目標である．要求される最終的品質とは，一般にコンクリートの強度・剛性・耐久性・水密性などをさす．しかし，特殊な構造物においては，たとえば，放射線遮へいコンクリートにおける乾燥単位容積質量，穀物貯蔵サイロにおける気密性，化学工場における耐薬品性，工場床における耐摩耗性，コークス炉建家における耐熱性などといった特殊な品質・性能が要求されることもある．

14.1.2 工事の特徴

　構造物に要求される最終的品質は，コンクリートの製造・運搬・打込み・締固めおよび養生という一連のプロセスを経たのちに固定されるので，プロセスの各段階においては，いわば「半製品」としてのコンクリートの品質を管理することになる．たとえば，ワーカビリティーの管理は，無理なく密実なコンクリートを打ち込むことを目的とする半製品の品質（プロセス特性）の管理であって，強度・耐久性・水密性といった最終的品質を保証するための中間段階の管理として位置づけられる．

　半製品の品質が，定量的に表現できないものについては，「作業の手順・方法」を規制することによりプロセスコントロールが行われる．一例をあげれば，「柱や壁部材のコンクリートは，フレキシブルホースを介して落としこまねばならない」という規定は，コンクリートの分離やその結果として生じやすい「じゃんか」あるいは「豆板」を防止する措置であり，部材の強度・耐久性・水密性などを保証するための作業や工程に対する管理といえる．つまり工事あるいは作業の管理の大半が，「半製品」を扱うプロセスの品質管理となっている点が，コンクリート工事の特徴である．

　もう一つの特徴は，最大限の努力をはらっても，コンクリートの品質にはある程度のばらつきが避けられないということである．したがってコンクリート工事における施工管理は，常に品質のばらつきを念頭においたものでなければならない．建設工事の中で

も，コンクリート工事にいち早く統計的品質管理が導入された理由もこの点にある．

14.1.3 地震の教訓

　1995年1月の兵庫県南部地震によって，従来，耐震性が優れていると称されてきた鉄筋コンクリート構造の建築物において，少なからぬ被害が発生した．建築学会近畿支部の委員会によって進められた，震度7相当の激震地域におけるコンクリート系建築物約4,000棟の調査によれば，中破以上の被害を受けた建築物は全体の8.4%（無被害のもの55.6%）と報じている．

　これらの調査において，個々の被害例を見ると，材料の品質や使用方法，施工の面において，少なからず問題点を含んでいることが明らかとなり，品質保証システムの確立が不可欠であることを指摘している．

　すなわち，鉄筋コンクリート構造物の構造性能に係わる被害として，以下の諸点をあげている．
　（1）　充てん不良による損傷がある
　（2）　コンクリートの圧縮強度の変動係数が大きい
　（3）　コンクリート打継ぎ部処理の不良による損傷がある
　（4）　コンクリートの中性化が予測を大きく上回る速度で進行している
　（5）　アルカリ骨材反応によるコンクリートの異常膨張が起きている
　コンクリート工事のあり方を考えるうえで，被災建築に認められるこれらの事象は，コンクリート工事の計画や管理を進めるうえで，施工のプロセスの各段階には様々な問題があることを示しており，慎重な対応が必要であることを厳しく教えている．

14.1.4 工事の全体フロー

　コンクリート工事・鉄筋工事・型枠工事を合わせて躯体工事とよんでいる．コンクリート工事は，特にこの二つの工事と密接な関係がある．通常，鉄筋工事・型枠工事という順序で行われ，躯体工事の最終段階にコンクリートが打ち込まれるが，各種の設備工事もこの工事に絡むので，それら相互の工程の調整は，全体の工程管理上非常に重要な点となっている．

　また，品質面においても，型枠の変形と躯体の精度，配筋精度と被り厚さ，コンクリートを打ち込みやすいような断面の配筋，躯体を損傷させない支柱の撤去など，各工事相互に密接な関係を有している．つまりコンクリート工事は，一連の躯体工事の中で最後の総括をする工程として位置づけられる．

　これらの躯体工事のフローを，誰が，いつ，何をするかという観点からまとめたもの

14.1 コンクリート工事の基本

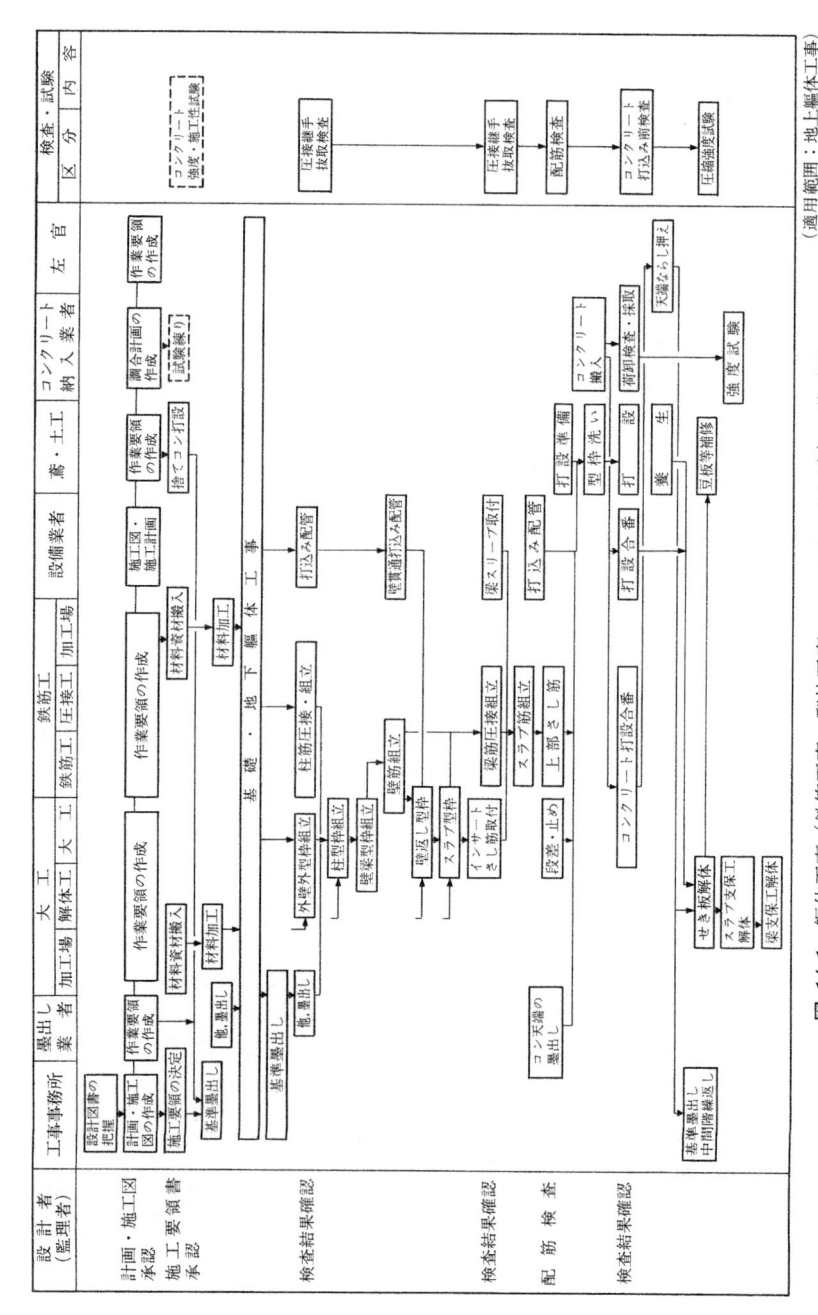

図 14.1 躯体工事(鉄筋工事・型枠工事・コンクリート工事)の体系図 (適用範囲:地上躯体工事)

14 コンクリート工事

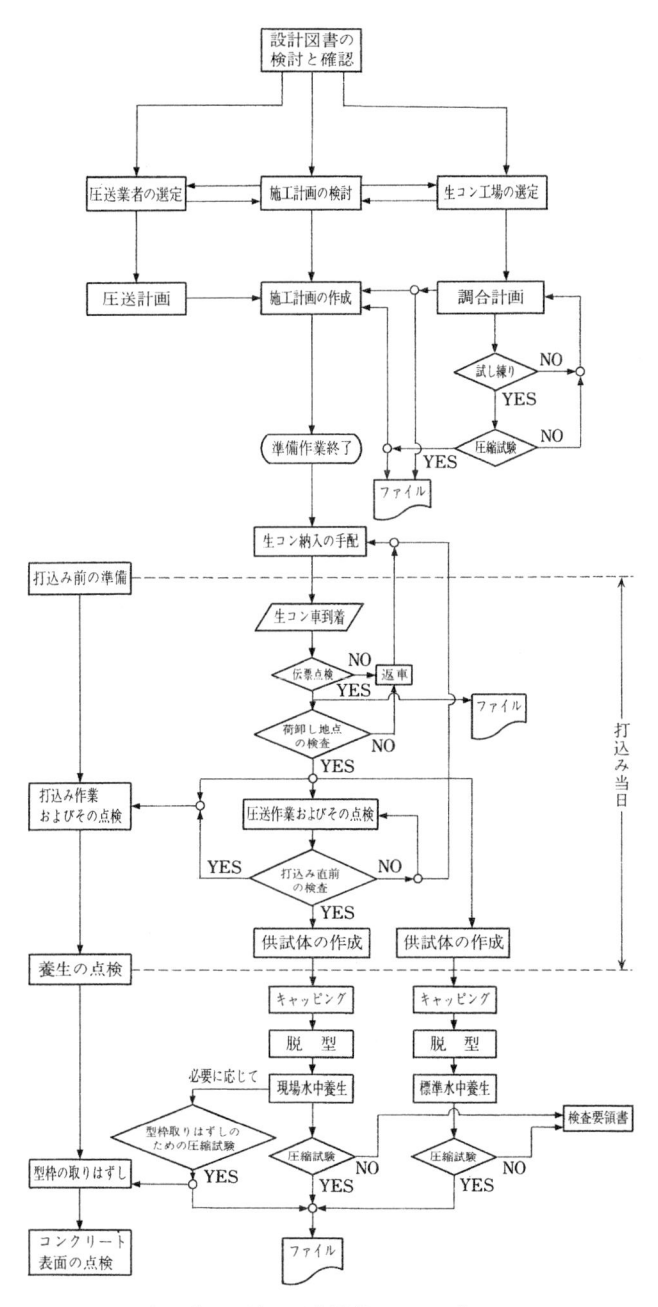

図 14.2 コンクリート工事における工事管理のフローチャート（一例）

の一例を図 14.1 に示すが,各工事が互いに錯綜している様子がわかる.またコンクリート工事だけを取り出し,通常実施される工事管理の項目をフローチャートとして示したものが図 14.2 である.このうち特に留意すべき項目を取り上げ,以下の各節で説明する.

● 14.2 施 工 計 画

14.2.1 当該工事の賦与条件の確認

コンクリート工事に与えられる条件は,現場ごとに異なっているのが普通である.高度の品質が求められるとか,短い工期で施工しなくてはならないとか,周辺の状況から安全・公害に特に考慮を払わねばならぬ……等々,担当する工事に賦与される条件は多種多様である.そこで,要求条件を確認し,これらの諸条件について一つひとつ検討を加え,それに沿った施工計画を立案しなければならない.

このような条件を整理すれば,おおむね以下の各項目となる.
（1） 建築物の規模・構造上の特殊性
（2） 要求される品質・精度の水準
（3） 工期・工程の制約
（4） 安全・公害の対策
（5） 搬入すべき材料・資材の種類と数量
（6） 確保しうる労働力,工事用機械設備の種類および能力
（7） 建築工事費

これらの諸条件の多くは,時には両立し難く,施工上限られた範囲内で賦与条件をいかに充足するかが施工計画上の課題となる.また,コンクリート工事の計画は,鉄筋・型枠などの他種工事と一体となるものであり,これらの関連工事との整合性も忘れてはならない.

14.2.2 発生しやすい工事欠陥の把握

工事計画の立案に際し,どのような工事欠陥が生じやすいかをよく理解しておかなければならない.一般的なコンクリート工事においては,表 14.1 に示す工事欠陥が最も発生しやすいので,あらかじめ十分な対策を講じておく必要がある.

さらに,詳細な対策を検討する手法として,FMEA(Failure Mode and Effect Analysis の略称)がある.表 14.2 はコンクリートのひび割れの発生を低減するために用いた FMEA による検討例を示している[1].この表は,「重要な機能が適切に行われない」という仮定をおいて,「何が故障するか」,「なぜ故障するか」,「その故障がどんな影響を及ぼ

表 14.1 コンクリート工事において発生しやすい工事欠陥の種類と対策

欠陥の種類	主に影響を受ける品質	事 前 対 策
豆板・じゃんか・空洞	強度（部材耐力） 水密性，耐久性	調合計画・打込み・締固め計画の点検
ひび割れ （コールドジョイント， 打継ぎ不良も含む）	水密性（漏水） 耐久性	配筋設計・調合計画・養生計画・ 打込み計画の点検
強 度 不 足	強度，剛性	調合計画・養生計画の点検
被 り 不 足	耐久性	配筋設計の点検 スペーサー配置間隔のチェック

すか」，「どんな頻度で発生するか」，「故障をどうして検知するか」，「故障を制御するにはどうするか」，といった内容を一覧表にまとめたものである．致命度の高い故障について，とるべき事前対策を把握する信頼性工学の技法の一つである．

14.2.3 施工計画の作成

品質管理・予算管理・工程管理・労務管理・機械管理・安全管理などを念頭において，設計図書を確認しながら，施工計画を作成しなければならない．施工計画に盛り込むべき具体的項目を列挙すれば，以下のようになる．これらの多くは，設計者あるいは監理者の承認を得なければならない．

（1） 工法（垂直・水平分離打設など）
（2） サイクル工程表（他作業との関連も含む）
（3） レディーミクストコンクリートの種類および調合
（4） 同コンクリートの輸送経路および所要時間
（5） 現場内の運搬方法（ポンプ圧送の方法および使用機種，台数）
（6） 打込み計画（打込み順序・ブロック割）
（7） 養生計画（天候急変時も含む）
（8） コンクリート施工図
（9） 労務計画（労働者の適正配置）
（10） 管理組織およびその体制
（11） その他

なお，揚重・足場・動力・給水などの計画および近隣対策は，総合工事計画の中で扱う．さらに，上記の項目に関連し，必要に応じて施工要領書・品質管理工程表を作成する．前述のようにコンクリート工事の品質保証は，プロセスの管理を中心にして行われるので，施工標準や作業標準を定め，「作業の手順・方法」を標準化している企業が近年増加している．

表 14.2 コンクリートのひび割れ発生の FMEA[1)]

記号	サブシステム	故障モード	推定原因	影響 構造的安全性	影響 構造物耐久性	影響 構造物の機能	使用者	修正の方法	等級 頻度	等級 総合
A	硬化前のひび割れ発生機構	沈　降	(1) ブリージングが大		○			・硬練りコンクリートの採用	3	IV
			(2) 表面近くの障害物		○			・被り厚さを十分にとる	3	
		乾燥収縮	(1) 強い風にあたる		○			・突発的な気象は避けられないが急激な乾燥をしない	2	III
			(2) 直射日光にさらす		○				2	
			(3) 低い湿度		○				1	
		プラスチック収縮	(1) セメントの化学反応			○		・リフローティング	5	IV
		施工時の外力	(1) 支保工の沈下	○	○	○	○	・型枠の設計を十分考慮	1	IV
			(2) 型枠の移動, はらみ						2	
B_1	乾燥による収縮機構	単位水量が過度	(1) ポンプ工法用調合		○	○	○	・できるだけ硬練りとする	4	II
			(2) 砕砂・砕石の使用			○			3	
			(3) 故意による施工中の加水	○	○	○	○	・モラルの確立	1	
		乾燥速度が過度	(1) 型枠の早期除去		○			・存置期間を十分にとる	4	II
			(2) 極度に薄い部材		○				2	
			(3) 空調による早期乾燥		○			・仕上げ時期の吟味	3	
B_2	過剰外力の載荷	施工の不良	(1) コンクリートの強度不足	○	○			・調合のチェック	2	II
			(2) 初期材令中の振動や載荷			○		・養生計画点検	1	
			(3) 配筋の乱れ	○	○			・施工管理徹底	3	
		設計のミス	(1) 鉄筋量の不足	○	○			・設計の基本方針の再検討	2	III
			(2) コントロールジョイントが不適正			○			2	
			(3) 養生鉄筋等の配慮不足		○				2	
		予期しない荷重条件	(1) 基盤の不同沈下	○	○	○		・設計に際し事前の調査を十分行う	1	III
			(2) 過大な地震荷重	○	○	○			1	
			(3) 使用条件の変更	○	○				1	
B_3	温度による伸縮機構	内部温度による伸縮	(1) 水和熱の蓄熱と冷却		○			・マスコン対策	2	IV
			(2) 熱的性質の異なる材料の組合せ使用	○	○			・材料の事前吟味	1	
		外部温度による伸縮	(1) 外気温の通年変化が大	○	○	○	○	・必要に応じて温度を考慮した設計をする	4	II
			(2) 温度の不均一分布	○	○				2	
			(3) 過度の熱的雰囲気	○	○				1	
B_4	凍　害	凍害による劣化	(1) 寒冷地などの立地条件		○		○	・外断熱工法の採用	1	IV
B_5	化学反応	鋼材の腐食による膨張	(1) 被り厚さの不足		○			・塩分含有量の規定の遵守	4	II
			(2) 塩分の多い海砂の使用	○	○		○		3	
			(3) 酸・塩類のある雰囲気	○	○	○		・防錆剤使用	1	
		コンクリート材料の化学反応	(1) セメントの異常凝結	○	○	○	○	・事前の予測を十分に	1	IV
			(2) 反応性骨材の使用	○	○	○	○		1	
			(3) 膨張材の不均一分布		○				2	
			(4) 酸・海水中での劣化		○				2	

注) 総合評価はⅠ, Ⅱ, Ⅲ, Ⅳの順にクリティカルであることを示す.

● 14.3 コンクリートの製造

　現場打ちされるコンクリートのほとんどが，レディーミクストコンクリート（以下生コンという）工場で製造されており，昨今では，大規模な現場で，仮設のプラントを設置してコンクリート練りを行う場合を除き，現場練りすることはきわめてまれである．この生コン工場における，一般的な製造プロセスと検査を示せば，図14.3のようになる．
　一般的なコンクリートの調合計画は，生産者（生コン工場側）が担当する．施工管理者は，設計図書に基づき，あらかじめコンクリートとして必要な品質（一般に呼び強度・スランプ・空気量など）を指定し，必要に応じて使用材料・調合内容などを生産者と協議する．コンクリートの製造に関しては，JIS A 5308（レディーミクストコンクリート）の規格があり，JIS表示許可制が適用されており，工事現場で荷卸しするまでの取扱いを規定している．
　このようにコンクリートの製造は分業化し，工事現場の業務から切り離された形態をとっている．しかし工事の管理者は，その製造に直接関与しなくても，取り扱うコンクリートの種類は多様化しており，「半製品」の購入者として，納入されるコンクリートの品質を正しく判断できる技術と能力を養っておかなければならない．近年，良質な骨材資源の枯渇から，アルカリ骨材反応や塩害などのトラブルに結びつくコンクリート材料

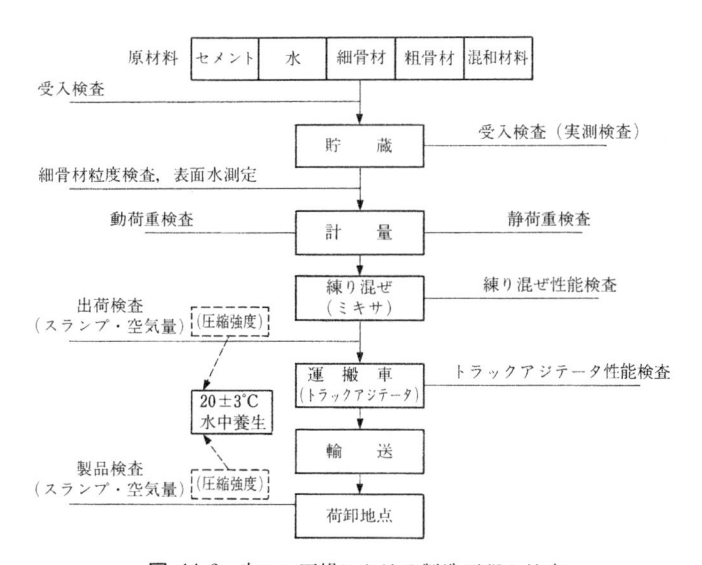

図 14.3　生コン工場における製造工程と検査

が使用された事例が多発しており，それらを未然に防ぐためには，製造の内容を十分把握し，不良品を排除する役割が重要になっている．

また，使用実績が急速に増大している高流動コンクリートについては，生産者と施工者との責任の分岐点がわかりにくいので，関係者でその取扱いや管理の要点を事前に十分協議しておく必要がある．

● 14.4　現場内でのコンクリートの運搬

14.4.1　運搬方法の種類

現場内におけるコンクリートの運搬は従来，手作業に依存しがちであったが，機械化が浸透し，その方法には表14.3に示すものがあり，それぞれ特色がある．このほかに，ディストリビュータ，プレーシングクレーンなどの自動化・省力化を目指した新しい機械が使用されはじめている．

図14.4は，クレーンとポンプ式ディストリビュータを組み合わせたプレーシングクレーンの一例を示している[3]．このような新しい運搬・施工機械が，手作業の省力化・ロボット化の気運とあいまって，次々と出現しようとしている．

14.4.2　コンクリートポンプ工法

運搬機械として最も広く用いられているのが，コンクリートポンプである．駆動方式によってピストン式とスクイーズ（しぼり出し）式とに分けられる（図14.5参照）．

ポンプによるコンクリートの圧送が可能かどうかを検討する手法として，建築学会「コンクリートポンプ工法施工指針」では，以下の二つの方法を提案している[2]．

A．水平換算距離による方法

配管の水平換算距離は，垂直管・テーパ管・ベンド管およびフレキシブルホースについて，表14.4の水平換算長さから，それぞれの水平換算距離を求め，それらと水平管の長さを合計した長さとする．計算された水平換算距離とポンプの能力を比べて，機種を選定する．

B．圧送負荷による方法

圧送負荷は，次式により計算する．

$$P = KL + 1/10\ WH + 3\ KM + 2\ KN + 2\ KT \quad \cdots\cdots (式14.1)$$

ここに P：ポンプに加わる圧送負荷〔kg/cm²〕

K：輸送管1m当りの管内圧力損失〔kg/cm²/m〕
　　（圧送条件によって変化する係数）

14 コンクリート工事

表 14.3 運搬方法の種類と特徴

運搬方法	運搬方向	運搬量 [m³]	適 用
手押し車（カート）	水 平	0.05~0.2/台	カート道が必要．振動により分離することがある．小規模工事にむく．
ベルトコンベヤ	ほぼ水平	10~50/時	硬練りコンクリートの運搬にむく．分離しやすい．
シュート	斜め垂直	10~50/時	補助的手段として用いられる．高い位置からの打込みに必要．
コンクリートポンプ	水平・垂直	30~80/時	現在，最も一般的に使用されている．運搬の能率がよい．
コンクリートバケット	水平・垂直	0.5~2/回	分離が少ない．
コンクリートタワー	垂 直	0.2~1/回	高所運搬にむく．ポンプ・カートなどと組み合わせて使用

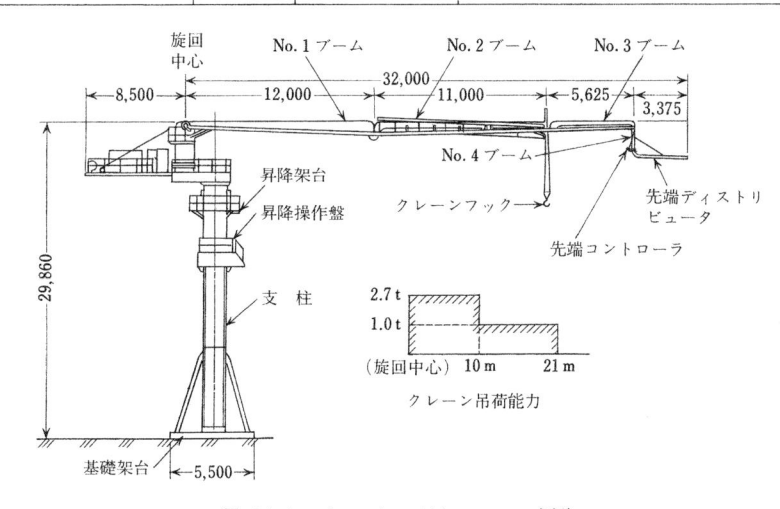

図 14.4 プレーシングクレーンの例[3]

L：配管の実長（直管のほか，ベンド管・テーパ管など）[m]

W：フレッシュコンクリートの単位容積質量 [t/m³]

H：圧送高さ [m]

M：ベンド管の長さ [m]

N：フレキシブルホースの長さ [m]

T：テーパ管の長さ [m]

計算された圧送負荷の1.25倍以上の吐出圧力をもつポンプを選定しないと，コンクリートの安定した圧送が期待できない．

ポンプ圧送が可能かどうかの判断は，上述の方法によって行うことが原則であるが，

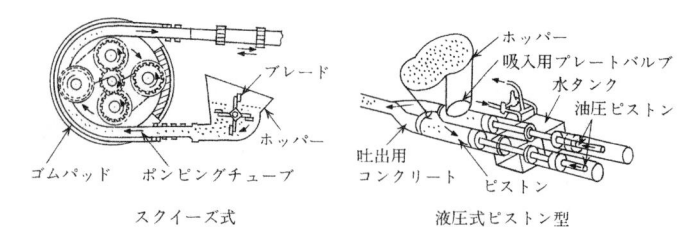

図 14.5 コンクリートポンプの種類

表 14.4 コンクリートポンプの水平換算長さ[2]

項 目	呼び寸法	水平換算長さ〔m〕
上向き垂直管 （1m当り）	100 A（4 B） 125 A（5 B） 150 A（6 B）	3 4 5
テーパ管 （1本当り）	175 A—150 A 150 A—125 A 125 A—100 A	4 8 16
ベンド管	半径0.5 m 半径1.0 m　90°	6
フレキシブルホース	5〜8 mのもの1本	20

表 14.5 ポンプ圧送が困難となる諸条件

(a) 水平換算距離が300 mを超す場合
(b) 垂直圧送高さが，軽量コンクリートで60 m，普通コンクリートで70 mを超す場合
(c) 軽量コンクリートの圧送前のスランプが20 cm以下の場合
(d) 普通コンクリートのスランプが10 cm以下の場合
(e) 軽量コンクリートの単位セメント量が300 kg/m³未満の場合
(f) 下向き配管，または下りこう配の先に水平配管が接続している場合
(g) 人工軽量骨材を使用する場合で，骨材のプレウェッチングが不十分な場合

一般的な傾向として表14.5のような条件下での圧送は，困難となることが多い．

14.4.3 運搬中の品質変化

運搬中に生じるコンクリートの品質変化とは，主として材料（水・セメント・骨材など）の分離，ワーカビリティーの低下などである．ワーカビリティーの低下は，スランプ・空気量・セメントの凝結などの変化を介して生じるが，これには運搬方法・時間・気温などが要因として作用する．

ワーカビリティーが低下したコンクリートは，圧送管の閉塞を招いたり，打込み後の締固めが不十分になり，コールドジョイントの発生にもつながるので注意を要する．

● 14.5 打込み・締固め

14.5.1 準備作業

打込み前に準備しておくべき作業には，以下のものが含まれる．準備が十分尽くされ

ていれば，突発的に生じる事態にただちに対応ができる．特に天候の予測は，各種の手配に関連し，判断を誤ると事後の収拾に苦労する．したがって正確な気象情報を収集し，雨天・降雪のときの連絡方法を事前に取り決めておくことが肝要である．
  (1) 打込み区画と打込み順序の決定
  (2) 生コンの手配
  (3) 型枠・支保工，配筋，先付け埋設物の検査
  (4) 打込みに用いる機械・器具類の手配
  (5) 給水・排水の対策，電源の準備
  (6) 所要作業人員（多職種にわたる）の手配および配置
  (7) 養生，仕上げの準備と手配
  (8) 現場技術者の業務分担の取決め
  (9) 天候の予測と対策
  (10) 型枠内の清掃

14.5.2 打込み時の一般的注意事項

コンクリートの打込み時には，一般に以下の事項に注意しなければならない．
  (1) 運搬距離の遠いところから打込みを始める．
  (2) 打込み位置に近づけてコンクリートを落とす．
  (3) 自由落下高さを小さくする．
  (4) コンクリートを垂直に落とす．
  (5) 型枠や鉄筋にコンクリートを衝突させない．
  (6) 分離を防ぐため，横流しを避ける．
  (7) 十分締め固めてから次の層を打つ．
  (8) 各層が一様な高さで，水平になるように打ち上げる．
  (9) コールドジョイントができないよう打ち重ねる．
  (10) 型枠への側圧が過大とならない速さで打ち上げる．

コンクリートの打込み Placing は，「物を置く」という概念に近い．しかしわが国で用いられる建築用のコンクリートは，諸外国のものより軟度が大きいので，ともすれば「流し込む」という光景が見受けられる．しかし流し込むとコンクリートの分離を促進することになる．したがって，コンクリート打ちの基本は，打込み場所にできるだけ近い位置へもっていって「置く」ことにある．高い位置からの落下や，物への衝突，横流しなどは，分離を防止する観点から極力避けなければならない．

14.5.3 難しい条件下の打込み

A. 打込み高さが高い部材

打込み高さをはじめ，以下の条件下ではコンクリートの打込みが難しいので，特に注意を要する．

高所から落下させると，鉄筋によるスクリーニングが生じ，じゃんか・豆板が発生しやすい．これを防止するには，長いフレキシブルホースを用いて自由落下高さを小さくするか，あるいは2層に分けて，日を改めて打設する施工計画を採用する（図14.6参照）．

B. 壁厚が薄いとき

バイブレータの挿入が容易でなく，充てん不良の箇所が生じやすい．このようなときには，型枠バイブレータ・木槌などによるたたきを重視し，充てんしていることを確認しながら施工を進める．

C. 連続して長い壁

シュートまたは亀の子による落し口の間隔が大きいと，分離・コールドジョイントが生じやすい．図14.7のように落し口の間隔を小さくし，打重ね時間を的確に管理して，新旧コンクリートを重ね混ぜるように突き棒やバイブレータを挿入する．

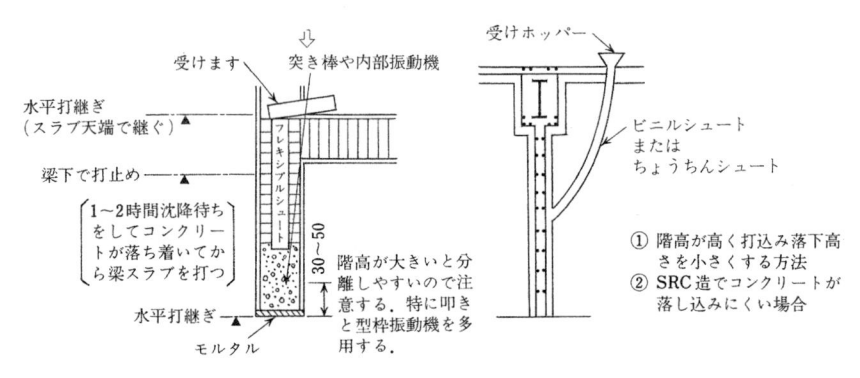

図 14.6 高い部材の打込み

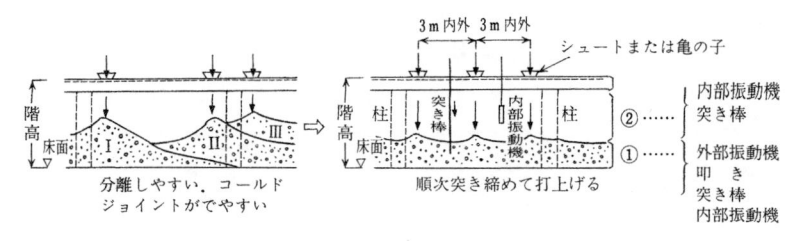

図 14.7 長い壁の打込み

D. 壁付き階段および壁付き柱

これらの部位における打込みでは，コンクリートが横流れして分離が生じやすい．壁付き階段では，側壁からのかき出しをせず，下部から時間をかけて打ち込み，一段おきに踏み面に蓋をするとよい．壁付き柱では，打上り速度を大きくせずに，周辺の壁にも打ち回しながら打ち上げる．

E. 鉄骨フランジの下端

鉄骨鉄筋コンクリート構造における梁下のフランジの両側からコンクリートが流れ込むと，フランジの下端に空洞ができやすい．打ち始めのコンクリートの投入は，フランジの片側から落とし込むようにして，充てん・脱泡を容易にさせる．

F. 開口部下端

サッシュなどの開口部の下端にはEと同じ理由によって空洞が生じやすい．開口部下端の型枠に穴をあけて直接打ち込む．

G. 傾斜した壁面

傾斜した壁面は，バイブレータを挿入しにくい．また，締固めにより発生した気泡が，型枠面にとどまって抜けにくい．このため上蓋側の型枠は，コンクリートを打ち込みながら順次建て込んでいく．

14.5.4 締固め

締固めは，型枠中にコンクリートを充てんするとともに，コンクリート中の空げきを少なくし，鉄筋や埋設物とコンクリートとの付着をよくするために行う一種の脱泡作業でもある．表14.6に示すように締固め方法によってそれぞれ特徴があるが，バイブレータによる締固めの効果が最も顕著である．これは，コンクリートをある加速度以上で加振すると液性化し，コンクリートの粘性が液体のように小さくなり，比重の軽い内部空げきが抜けやすくなるからである．

表 14.6 締固め方法の種類と特徴

方法	主たる効果	適用
挿入型バイブレータ	振動によりコンクリートを液性化させ，締固めの効果が大である．	すべてのコンクリートに適用
型枠バイブレータ	せき板を介して内部コンクリートを振動させるので，影響範囲が限定される．	挿入型バイブレータが，使用できない薄い壁などに適用
突き	コンクリートを液性化できないので，締固め効果は劣る．	バイブレータが使用しにくい部分に使用
叩き	せき板面の水途をつぶしたり，なじみをよくするのに有効である．	打放しコンクリートに有効

14.5.5 打 継 ぎ

原則として，応力の小さいところを打継ぎ部とする．すなわちスラブおよび梁においては，スパンの中央または端から4分の1付近で打ち継ぐ．柱および基礎では，スラブの上端で打ち継ぐ．しかし片持梁では，打継ぎをしないで一度に打つ必要がある．

コンクリートを打ち継ぐ場合は，あらかじめ表面のレイタンスを取り除き，粗面にしておく．さらに打込みに先立ち水湿しをし，締固めを特に入念に行う．

このように計画的に行う打継ぎ部分に対して，施工中に，主として打重ね時間が長びいたために生じる不連続部分を，コールドジョイントとよんでいる．このコールドジョイントは，硬化後の漏水の原因になるばかりか，鉄筋のさびの発生などによって軀体の耐久性を損なうこととなる．このため不測のコールドジョイントが極力発生しないように努力しなければならない．

● 14.6 養　　生

養生とは，打込み後のコンクリートが，低温・乾燥，急激な温度変化による有害な影響を受けないように，また硬化中に振動・衝撃および過大な荷重を受けないように，保護することをいう．特にコンクリート打設後の初期には湿潤状態を保つことが重要であ

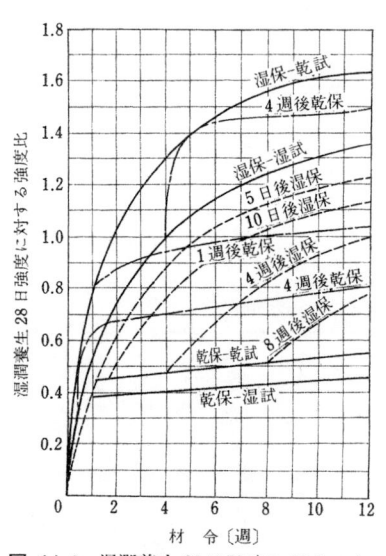

図 14.8　湿潤養生28日強度に対する各種養生方法の場合の強度比
（H.J. Gilkey の実験による）

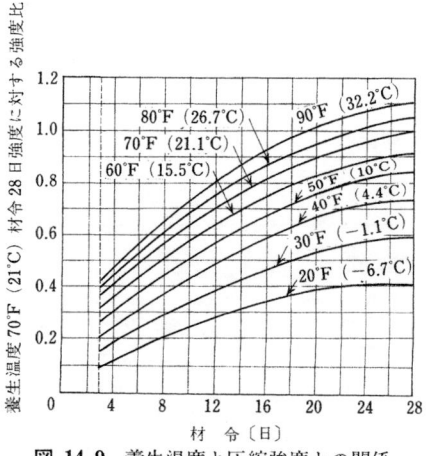

図 14.9　養生温度と圧縮強度との関係
（McDanieal の実験による）

る．これは，初期に乾燥が進むと，十分な水和反応が得られなくなり，長期強度の増進が期待できなくなるからである．図14.8は，このことを示す実験結果の一例である．また，初期材令における急激な乾燥は，コンクリート表面のひび割れを発生させるドライアウトの原因にもなるので，夏期にはこの点に留意しなければならない．

次に，セメントの水和は化学反応であるから，養生する温度によって，図14.9のようにコンクリート強度の発現が左右される．したがって，温度が低い冬期においては注意が必要である．特別な保温養生を行わない場合でも，強度の発現の不足分を補償するためJASS 5では，調合計画上の割増（気温による強度の補正値）を規定しているが，酷寒期には，十分な保温・採暖などの特殊な養生（寒中養生という）を行わねばならない[7]．

型枠・支保工の取外しは，コンクリートの強度が十分発現したのちに実施することが規定されている．この取外しの時期については，建設省告示第110号およびJASS 5の規定があり，その意を体して正しく励行せねばならない（12章，型枠工事参照）[4]．

● 14.7 品質管理および検査

通常のコンクリート工事においては，製造時・荷卸し時・打込み時の各段階でコンクリートの品質検査が行われる．

これらは，半製品として定量化しうるコンクリートの品質（主として，スランプ・空気量・強度など）を測定して管理するための検査といえる．しかし，コンクリートの重要な品質である強度は，コンクリートが打ち込まれてから長期間経ないと結果が得られないという欠点があり，実質的には十分な計画がなされたものを事後に確認するという性格が強い．このため，最近では，フレッシュコンクリートを分析することにより，施工時にコンクリートの強度を推定する方法が提唱され，徐々に採用されている．

品質を定量化しうるものについては，管理値を設けて統計的な品質管理が行われる．コンクリートの多くの特性は，正規分布をするものと仮定して，所定の不良率以内に納まるように合格判定値が設定される．図14.10は，正規偏差と不良率の関係を示すものであり，調合強度を決めたり，強度試験の結果の合否判定をする考え方の基礎になっている[5]．

このほかの統計的品質管理手法として管理図がある．コンクリートの管理に用いられる管理図としては，一般に $\bar{x}-R$ 管理図，$x-R_s$ 管理図が多用されている．図14.11は，コンクリートの圧縮強度の管理に $x-R_s$ 管理図を用いた例を示している．

このほかに，コンクリートの品質を保証するためには，工事の特徴の項で述べたように，「仕事の手順・方法」を管理していくことが重要である．このようなプロセスを体系

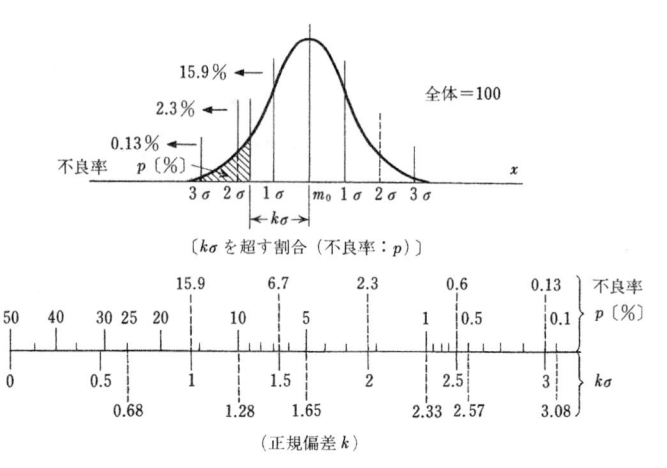

図 14.10　正規分布の特徴

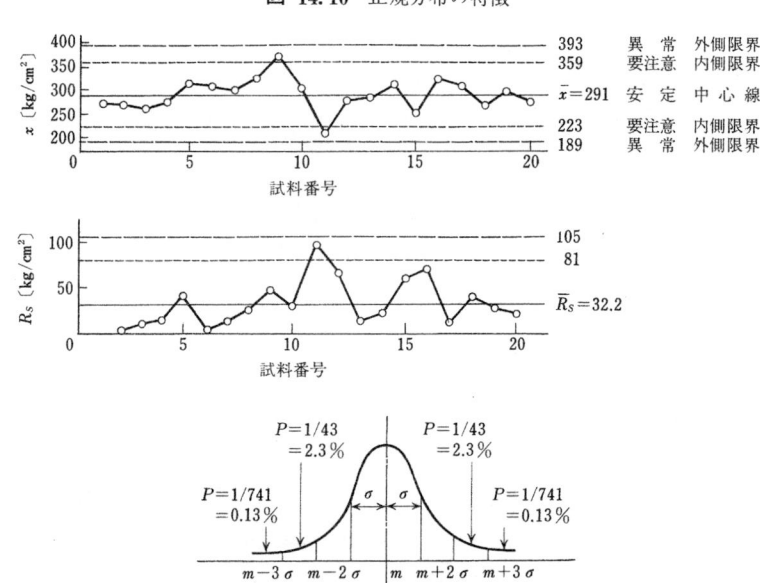

図 14.11　圧縮強度の管理図の一例

的に管理するために，以下のような手法が採用されている．
 (1)　品質特性表
 (2)　施工標準
 (3)　品質管理 (QC) 工程表

(4) 作業チェックシート

表14.7に，QC工程表の一例を示した．縦の欄は，工事の詳細工程順に作業内容を表し，横の欄には，誰が，いつ，どのような項目について，どのような方法と管理値によって管理するか，また不具合があったときの処置をどうするかを示している．管理した結果を記入する書式が，チェックシートやデータシートということになる．

コンクリートの施工品質に関する管理の基準や方法については，日本建築学会「コンクリートの品質管理指針」が定められている[5]．これに準拠して，品質管理責任者を定めて実施することとなる．

しかし，兵庫県南部地震においては，管理の実態が必ずしも適切でなかったことが指摘されている．その意味からもコンクリートの品質管理は，努めて厳正に行われねばならない．

● 14.8 工業化工法によるコンクリート工事

前節まで述べてきた内容は，主として現場打ちのコンクリート工事を対象とするものであるが，このほかに部材の一部または大半を工場で製作し，硬化後に現場へ搬入して組み立てる工法がある．これらの工業化された工法は，通常，プレキャストコンクリート部材を用いるので，俗称PC工法とよばれている．工法の特徴を簡単に述べれば，以下のとおりである．
 (1) プレファブリケーション方式の工法であるので，建設現場での工程が短縮される．
 (2) 天候・気象に影響される割合が少ない．
 (3) 現場での労務量が減少する．
 (4) 建設費の面では，量が多くなればなるほど工事費の低減を図ることができる．
 (5) 作業がシステム化されるので，習熟効果により作業能率が高められる．
 (6) 品質の均一性やより高い精度を期待することができる．

プレキャストコンクリート工法として実用化されたもののうち，代表的なものとして次のようなものがある．

A. WPC工法

壁式プレキャスト鉄筋コンクリート板構造を施工する工法で，中層の共同住宅などに広く採用されている．この工法では，壁・床・屋根のPC板を，水平および鉛直のジョイントに鉄筋を入れて補強し，コンクリートを充てんして接合し，空間を構成する．また，このような接合部にPC鋼棒によりプレストレスを導入するものもある．

14.8 工業化工法によるコンクリート工事

表14.7 コンクリート施工のQC工程表の例

工程	重要度	管理項目	管理値	担当係 責任者 所員	管理区分 変更	時期	方法	頻度	管理値を外れた場合の処置	管理の記録	備考
打込み直前検査	A	所要スランプ	>18cm ±1.5cm ≤18cm ±2.5cm	⊗	○ ○ □	打込み直前	JIS A 1101	1回/日かつ 150m³	原因調査のうえ、変更を要するもの(プラント及びシュートまたはビーター)	ⓐ写真 データシート	品管チェックリスト コンクリート品管検査要領書 本細則は必要に応じ決める
	A	空気量	普通con ±1% 軽量con ±1.5%	⊗	◎ ○ □	打込み直前	JIS A 1128	1回/日かつ 150m³	〃	〃	
	A	テストピース採取	別々のコンクリートより 3本一組、本細則よる	⊗	◎ ○	打込み直前	JIS A 1132	1回/日かつ 150m²		〃	
	A	テストピース圧縮強度(28日)	(X̄)≧設計基準強度	⊗	◎ ○	打設28日後	JIS A 1108 公共試験場	打設ごと	品質管理検査委員会 解説 P.8参照	ⓐ圧縮試験成績書	
	A	テストピース圧縮強度(型枠解体用)	施工管理者による		◎ ○	適時	JIS A 1108	打設ごと	解体計画見直し	圧縮試験成績書 データシート	
施工	A	フレキシブルホースの取扱い	鉄筋を乱さない		◎ ○	打込み中	目視	常時	改善する		
ポンプ圧送	A	配管切断時こぼれ	放置しない		◎ ○	切断時	目視	そのつど	処理する		
打込み、締め固め	A	打込み方法、順序	施工要領書、打込み前打合せどおり		◎ ○	打込み中	目視	そのつど	是正する	チェックシート	JASS 5
	A	バイブレータ間隔	@600程度		◎ ○	打込み中	目視	そのつど	是正する	チェックシート	
	A	バイブレータ挿入時間	10～15秒/ヶ所程度		◎ ○	打込み中	目視	そのつど	是正する	チェックシート	
	A	型枠振動機使用時間	タテコン@ 900程度(せき板にくっつける)		◎ ○	打込み中	目視、時計	そのつど	是正する	チェックシート	
	A	型枠振動機使用時間	10～15秒/ヶ所程度		◎ ○	打込み中	目視	そのつど	是正する	チェックシート	
	A	たたき回数	20回/600～900程度 (せき板をたたく)		◎ ○	打込み中	目視	そのつど	是正する	チェックシート	
打継ぎ	A	打継ぎ許容時間間隔 (運搬時間40分)	con温度 時間間隔 30℃ ≦ 80分 25℃ ≦ 110分 20℃ ≦ 140分		◎ ○ □	打込み中	目視、時計	そのつど	大至急打設する (バイブレーターつき使用)		
	A	打継ぎ際のたたき	20回/㎡程度(バイブレーター併用)		◎ ○	打込み中	目視	そのつど	是正する	チェックシート	
スラブコンクリート打設	A	コンクリート自由落下高さ	1m以下		◎ ○	打込み中	目視	そのつど	是正する	チェックシート	

重要度は ⓐ>Ⓐ>A とする

○:記事者 □:解説安部者 ●:管理担当者 ⓐ:管理者 ◎:管理担当者 □:協力者

ⓐ:法で定められたもの ◎:管理面からの要求があるもの 無印:管理上必要なもの

B. HPC工法

H形鋼の柱に，梁・壁・床および屋根のプレキャストコンクリート部材を接合し，柱のH形鋼周辺に鉄筋を配し，柱部のコンクリートを現場打ちする工法をHPC工法という．H形鋼とプレキャストコンクリート部材との接合方法は，一般的な鋼構造の工法が採用される．この構法は高層建築物に向いており，集合住宅・事務所・ホテルなどの建築物に適用される事例も多い．

C. RPC工法

鉄筋コンクリート造ラーメン構造のPC工法をいう．複数の部材を組み合わせてプレキャストされることもある．現場内でプレキャスト部材を効率よく小運搬し組み立てる

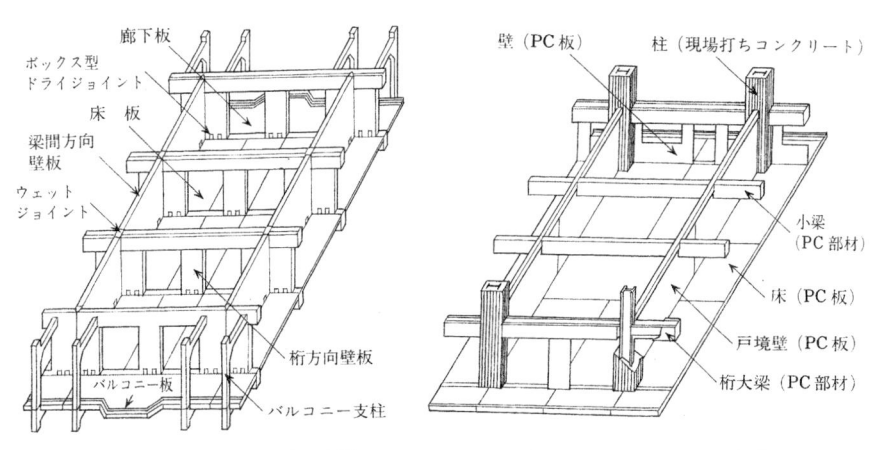

図 14.12 中層WPC工法の例[6]

図 14.13 HPC工法の例[6]

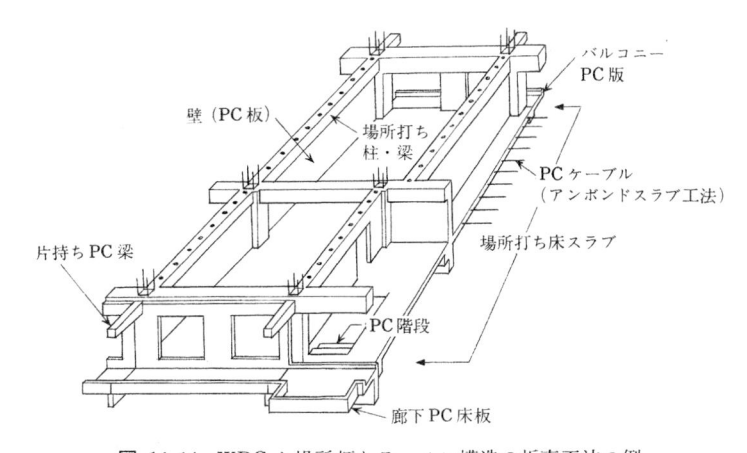

図 14.14 WPCと場所打ちラーメン構造の折衷工法の例

図 14.15 RPC工法の例

ために，最近ではいろいろな工夫が凝らされている．図 14.15 は，建物の四隅に設置した支柱によって，施工階上に鉄骨トラス構造の剛性の高い屋根を構築し，屋根に組み込んだ天井走行クレーンを駆使して効率よく荷捌きする例を示している．施工の進捗によって屋根を昇降させる．天候にも左右されないので，極めて施工能率が高くなる．

以上のほかに，A～C 各項の折衷工法，半 PC と称する乾式・湿式の折衷工法がある．工夫を凝らした各種のジョイント方式，型枠兼用の薄いプレキャスト部材（通称：ハーフ PC 板)を用い，プレストレスを導入するものなど，種々の形式の工法が考案されており，この種の工法は多様化している．現場施工の機械化と PC 工法とは，相通ずる側面を有し，複合工法として今後の発展が期待されている．

● 14.9 特殊環境下のコンクリート工事

14.9.1 寒中コンクリート

コンクリート打込み後の養生期間中に，凍結するおそれのある場合(材令 28 日までの平均気温が 3.2°C 以下)に施工するコンクリートを寒中コンクリートという．初期凍結を受けないように断熱または加熱による保温養生を施すほか，コンクリートの調合計画においても特別の配慮を必要とする．JASS 5 の技術指針である「寒中コンクリート施工指針(案)」が示す管理手順を図 14.16 にあげる[7]．

14.9.2 暑中コンクリート

月平均気温が 25°C を超える高温度の時期に施工するコンクリートを暑中コンクリー

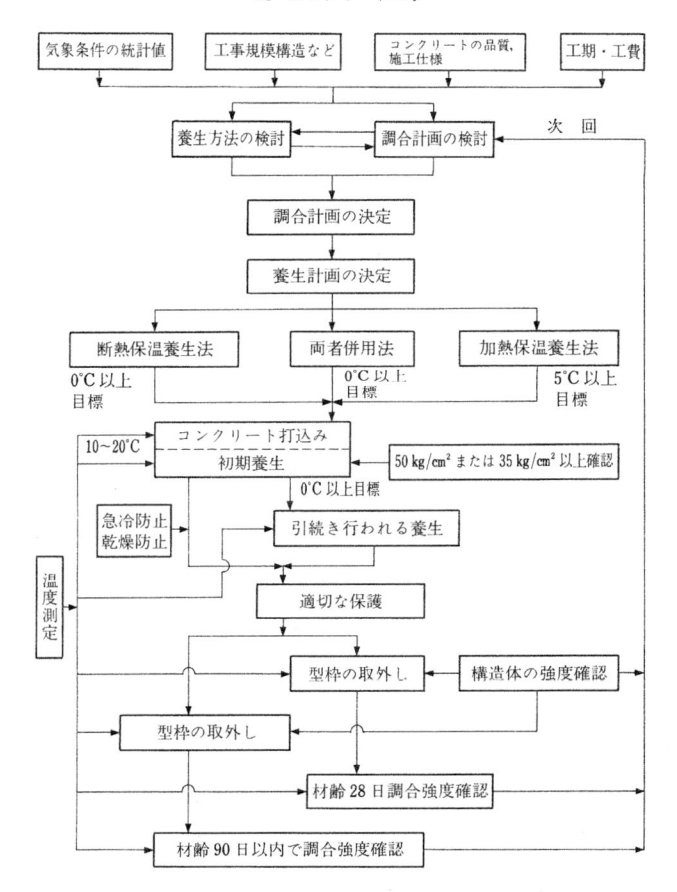

図 14.16 寒中コンクリートの管理フロー図[7]

トという．この時期の問題点としては，次があげられる．
（1） スランプロスなどワーカビリティーの変化が生じやすい．
（2） 同一スランプを得るための単位水量が多くなる．
（3） コールドジョイントが生じやすい．
（4） 初期強度の発現は速やかであるが，長期強度の増進が小さい．
 このため，調合計画上の配慮を行うほか，必要に応じてコンクリートの冷却などの対策を講じなければならない．

● 14.10 特殊なコンクリートの施工

14.10.1 軽量コンクリート

　コンクリートの重量を軽減する目的または，非構造用のコンクリートでは断熱・防音などの特性を利用するために用いられる．軽量骨材コンクリートと気泡コンクリートに大別される．

　構造用軽量骨材コンクリートには，主として人工軽量骨材が用いられる．普通コンクリートと特に異なる施工上の注意点は，骨材の比重が小さいため，まだ固まらないうちは骨材が浮き上がって分離しやすいこと，コンクリートが軽いために充てん性が劣ることなどがある．このため，スランプ値をできるだけ低く押さえ，型枠内でのコンクリートの移動を少なくし，入念な締固めを行う必要がある．

　ポンプによる圧送性については，表14.5を参照して，入念な施工管理を行う必要がある．またコンクリートの単位容積質量の管理が重要である．

　気泡コンクリートには，混和剤によってすでに起泡されたコンクリートを打ち込む場合と，型枠内で発泡させる場合とがあるが，後者はコンクリートの単位容積質量の管理が難しい．また起泡剤と発泡剤とでは気泡（空げき）を生じる機構，その性質が異なり，工法を含め施工上の要点が専門業者によって様々であり，標準的な仕様はない．

14.10.2 重量コンクリート

　放射線を遮へいする目的で用いられるコンクリートをいう．したがって単位容積質量の管理が重要であり，均質性・密実性，ひび割れ・じゃんかなどの工事欠陥のないことが厳しく要求される．また，打継部は特に注意しなければならない．

　重晶石・鉄鉱石などの比重の重い骨材とセメントペーストとの分離を防ぐため，硬練りのコンクリートで，振動打ちとする．原子力施設などで，金属埋設物が多い場合には充てん・締固めを特に入念に行う．また高い寸法精度が要求されるうえに，打設時の側圧が大きいので，型枠は十分剛強なものとしなければならない．

　部材の断面が大きい場合が多いので，マスコンクリート（14.10.3項）としての注意が必要となる．また，現場打ちのほかプレパックド工法（14.11.3項）が用いられることもある．いずれにせよ，対象とする施設の要求条件，コンクリートの構成などの特殊性を考慮し，綿密な施工計画を立て，また厳しい施工管理が必要である．

14.10.3 マスコンクリート Mass concrete

　断面が大きい部材のコンクリートは，セメントの水和熱が内部に蓄積されてコンクリートの温度が上昇し熱膨張を起こすが，次第に冷却するにつれてその収縮によるひび割れが生じやすい．ダムのコンクリートはその典型である．

　最近は建築工事でも，建築物の大規模化につれて基礎構造など大断面の部材となることが多くなった．JASS 5 では，部材断面の最小寸法が 80 cm 以上で，かつ水和熱によるコンクリートの内部最高温度と外気温との差が 25℃ 以上になると予想されるコンクリートを「マスコンクリート」とよび，特別の取扱いを求めている．

　まず，材料では，できるだけ水和発熱の低いセメントやフライアッシュのような混和材，凝結遅延型の混和剤などを用いる．調合では，できるだけ発熱源となる単位セメント量を減ずる工夫をする．部材断面が大きいので，配筋を工夫すれば骨材の最大寸法を大きくすることができ，これにより単位セメント量を減ずることもできる．諸材料の温度を低くしておき，練上りコンクリートの温度を押さえることもある．

　施工にあたり打込み部位のブロック割は，放熱面積が大きくなるよう計画するのがよい．外気温が高いときは日光の直射を避ける．打込み後のコンクリート面は急激な水分の蒸発や直射日光を避けるため，散水や覆いによって十分な養生が必要である．

　施工が酷暑期となる場合は特に注意が必要であるが，寒冷期においても急激な温度低下を避けるようにしなければならない．型枠のせき板は，できるだけ長く存置するのがよい．打込み後のコンクリートの表面および内部の温度を，自動記録装置を用いてその変化を測定し，その温度差を管理することが必要である．

14.10.4 水密コンクリート

　貯水槽・プールなどのように底床や周壁に水の圧力が作用し，特に高い水密性が要求されるところに用いられるコンクリートをいう．

　一般に構造部材であることから，通常のコンクリートの性能に加える要求性能として，ひび割れ・じゃんかなどの工事欠陥をつくらないよう，できるだけ単位セメント量・単位水量の小さい調合のコンクリートとする．打込み・締固め・養生には細心の注意を払う．打継部は施工に特に留意する．また型枠用のセパレータやボルト類については，漏水の原因とならないように工夫を要する．

14.10.5 膨張コンクリート

　コンクリートがもつ乾燥収縮という欠点を軽減するため，水和膨張性のある混和材料を入れて必要な膨張性を与えるコンクリートをいう．これによりひび割れの発生を防止

しようとするものである．そのほか，コンクリートの膨張を拘束してプレストレスを導入するケミカルプレストレス法や間げきを充てんする目的にも用いられる．

しかし，膨張の時期や程度に影響する要因は多く，かつその影響も微妙であるので，過剰膨張の危険や膨張が無効となることを避けるためには，慎重な計画と入念な施工管理を欠くことができない．すなわち，必要とする膨張量を定めて，使用混和材による膨張のメカニズムを確かめ，混和材使用量の管理，養生期間における温度および湿度条件の維持などに対しても十分注意を払う必要がある．

14.10.6 繊維コンクリート

コンクリートの引張強度・曲げ強度，ひび割れ抵抗性，じん（靱）性あるいは耐衝撃性などの改善を図るために，短い繊維状の補強材を配合し，これをできるだけ均等に分散させたコンクリートを繊維コンクリートあるいは繊維補強コンクリートとよんでいる．

この補強繊維には，炭素鋼やステンレス鋼を原料とした鋼繊維が多く用いられているが，このほか合成繊維・ガラス繊維・炭素繊維なども開発の対象となっている．

混入量は，コンクリートに対する容積比で鋼繊維 2％，ガラス繊維 1.5％ 前後である．施工上は，ワーカビリティーの低下，練混ぜの際の繊維の分散しにくさ，所要締固めエネルギーの増大などに注意を要する．これらの難点を解決する施工法として吹付け工法（14.11.2項）は有効である．

14.10.7 高強度コンクリート

高強度コンクリートとは，設計基準強度が $36\,\text{N/mm}^2$ を超える強度のコンクリートをいう．建築物の高層化や長大スパン化，あるいは高性能化のニーズに応じて，技術開発が進められ実用化されつつある．高強度コンクリートに関する技術は，設計から施工にわたって今後ますます開拓されるべき分野であるだけに，あらゆる面で基礎データが不足しがちであるが，従来の延長線上への安易な外挿は許されないので，採用にあたっては十分な研究や準備が必要とされる．

各工程において，普通コンクリートと特に異なる留意点は次のようである．すなわち，
（1）製造においては，練混ぜ方法の影響が大きい．
（2）運搬・打込み・締固めにおいては，単位セメント量が多いので，粘性が高くなり，またコンクリートの水和熱が高い．
（3）打継ぎ・じゃんかなどの工事欠陥が構造耐力に及ぼす影響が大きい．
（4）仕上げ・養生においては，ブリージングが少ないので表面のこて仕上げ性が悪

い.

(5) 表面が早期に乾燥し，プラスチックひび割れが発生しやすいので，初期養生や脱型時期に配慮する．

(6) 品質管理試験においては，スランプ値で表せないワーカビリティーの測定方法の工夫，圧縮試験機の容量・剛性などの性能についても事前検討が必要である．

14.10.8 再生（骨材）コンクリート

1993年の時点で，建設系廃棄物は全産業廃棄物(約4億t)の1/5を占め，しかもその約1/3はコンクリート塊である．建築工事には既存建築物の解体が含まれることが多いから，環境保全のうえでコンクリート解体物の再利用が積極的に図られなければならない．同一現場内で再生処理したものを再利用できれば理想的である．また，コンクリート解体物がすべて再利用されれば理想的であり，各種の研究が進められている．

このように，コンクリート解体物を破砕してつくった骨材（再生骨材）を用いるコンクリートを，再生コンクリートとよんでいる．

この再生骨材は，骨材としての品質が劣るのは当然であるが，普通骨材と併用するなどの工夫によって，適所に使用することができよう．骨材としての品質のばらつきが大きいこと，混練中にさらに砕けたり，吸水性が大きいことからワーカビリティーが変化しやすい．また，不純分が含まれやすいことなどが欠点とされ，取扱いに留意すべき点である．

14.10.9 高流動コンクリート

高流動コンクリートは，非常に高い流動性と施工性をもつため，振動締固め作業なしで，型枠内に自己充てんすることができる．施工の省力化を図るとともに，鋼管中詰めコンクリートのように締固め作業が困難な箇所への充てんに用いることができる．しかし，流動性がよくても骨材などの材料分離を伴うことがあるので，適切な分離抵抗性をもつように計画調合を定めなければならない．このコンクリートの採用に際しては，一般的な技術標準が未だ充分に確立されていないので，施工実験を行うなど周到な事前の検討が必要である．

● 14.11 特殊な工法によるコンクリート工事

14.11.1 流動化コンクリート工法

硬練りコンクリートに高性能の流動化剤を添加して，単位水量を増さずに軟練り化し，

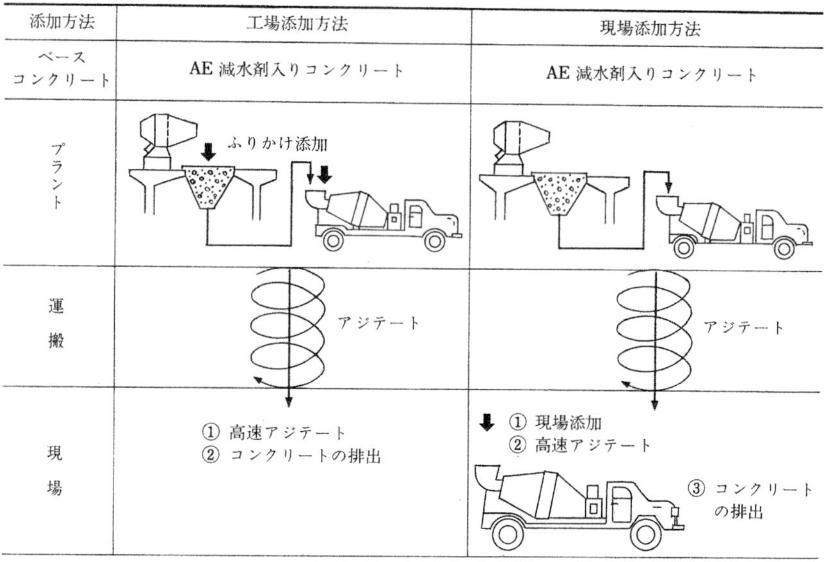

添加方法	工場添加方法	現場添加方法
ベースコンクリート	AE減水剤入りコンクリート	AE減水剤入りコンクリート
プラント	ふりかけ添加	
運搬	アジテート	アジテート
現場	① 高速アジテート ② コンクリートの排出	① 現場添加 ② 高速アジテート ③ コンクリートの排出

図 14.17 流動化剤の添加方法(一例)

硬練りコンクリートの品質を確保しながら,良い施工性を得ようとする工法である.流動化剤を混練時に同時に投入しないで,後で添加する方が管理しやすく効果も大きいので,一般に後添加法がとられる.この二つの例を図14.17に示す.

普通の軟練りコンクリートに比べて骨材量が多いので,分離が生じないように,添加量とスランプを終始チェックする必要がある.流動化剤の添加量は,セメントの銘柄・種類,混和材料の種類などによって変化するから,事前に使用材料による試験練りによって定めておく必要がある.この際,分離に対する抵抗性を十分配慮した調合とする.なお,流動化効果は当日の温度などにも影響されやすいうえに,時間が経つにつれて軟度が低下(スランプロス)するから,経験者による細心の管理を欠くことができない.

14.11.2 吹付けコンクリート工法

モルタルやコンクリートをホースによって導き,圧縮空気によって高速度で施工面に吹き付ける工法であり,ショットクリート shotcrete 工法ともよばれる.その利点を示せば以下のとおりである.

(1) 比較的小さい水セメント比のものが施工できる
(2) 施工機械が比較的小さい
(3) 型枠を省略することができる

(4) 厚さを自由に変えられる
(5) 曲面にも施工できる

その反面欠点としては，施工者の技能や熟練度による差が大きく，品質のばらつきが大きくなりやすい．また表面が平滑になりにくく，材料のはねかえりが付着しやすい．さらに施工中に粉塵の発生が大きいことなどがあげられる．

工法には大別して，乾式と湿式の2種類がある．乾式法はセメントと骨材をミキサで混ぜたものを，水と別個に圧縮空気で送り，ノズルで合流させる工法である．また，湿式法は全材料をミキサで練り混ぜたのち，圧縮空気でノズルへ送る工法である．

14.11.3 プレパックドコンクリート Prepacked concrete 工法

あらかじめ型枠または施工箇所に粗骨材を充てんしておき，その間げきに特殊なモルタルを注入してコンクリートをつくる工法をいう．この特殊なモルタルを注入モルタルといい，高い流動性・分離抵抗性，低い収縮性などが特に厳しく要求される．一般にはセメント，フライアッシュ，砂，減水剤，アルミニウム粉末および水などを高速で混練してつくる．

型枠は注入圧に耐えること，継目から注入モルタルが漏れないことが必要で，注入は最下部から始めて上方に向かうように施工する．

通常の構造物のほか，水中コンクリート工事，逆打ちコンクリート工事あるいは鉄骨や鉄筋が密に配置されている場合の工事などに用いられる．

14.11.4 真空処理コンクリート工法

コンクリートを打設した直後，真空マットまたは真空型枠パネルによって打設したコンクリートの上表面に真空状態をつくり出し，表面近くのコンクリートから水分を除去すると同時に，気圧によってコンクリートを加圧処理する工法である．真空処理によって余剰な水分が吸い出されるから，水セメント比が打設当初より小さくなり，緻密なコンクリートができる．また早期強度も高くなる特徴をもつ．

真空処理が有効な厚さは 30 cm までとされているが，吸引時間から考えて 20 cm までが実用的であろう．したがって，スラブ・道路や PC 工場におけるパネルの製造などには有用な方法である．

14.11.5 スリップフォーム Slip form 工法

コンクリートが時間とともに硬化する性質を利用した工法で，打設したコンクリートが自立できる強度に達したら，型枠をずらして配筋とコンクリート打設を行う．これを

繰り返しながら，常時上方へ型枠を連続してずらし，コンクリートを打設してゆく工法である．コンクリートは打設後数時間して型枠からずれて露出してくる．この露出面はただちに鏝などで平らに仕上げてゆく．

この工法では，1回のコンクリート打設深さが20 cm前後と浅いので，硬練りのコンクリートを十分に締め固めながら打ち上がっていく．また緻密で高品質のものが早い速度で得られることが特色である．

施工上の注意点は，一時的に多数の労働者を必要とし，かつ連続した作業となるので，綿密な施工計画と管理が必要となる．またコンクリートが打設後2～3時間という若材令で脱型されるので，十分な養生と強度管理，施工精度の管理が重要となる．穀物や飼料の貯蔵用サイロの建設に開発された工法であるが，最近では高い塔状構造物，海洋構造物などを短い工期で施工できるので，幅広く応用されている．

14.11.6 逆打ち工法

地下部分の構造体を施工する場合，あらかじめ地中に地階の柱となるべき鉄骨や鋼管を固定しておき，これを支柱として周囲を掘削しながら，上層階から下層階へコンクリートを打ち進んで，構造体を施工する工法である（表9.1参照）．

地階数が2以上の場合，一度に深くまで掘削しなくて済むこと，地下工事とともに地上工事も同時併行的に進めることができるなどの利点がある．

逆打ち工法は，打継ぎ目が，常に先に打設したコンクリートの下面になるから，その下面に打ち継ぐコンクリートのブリージングや沈下によって，打継ぎ部には間げきを生じやすい．この対策として，分離し難いコンクリートを打ち込むこと，後から膨張性のモルタルを充てんするか，グラウトを注入することなどが行われている．

14.11.7 コンクリート充てん鋼管柱（CFT）工法

鉄骨構造では，鋼管柱が多用されるようになったが，高層建築物などの構造材としては，座屈や剛性の低さが難点となる．この対策として鋼管内部にコンクリートを充てんする工法がCFT工法であり，これらの問題の解決を含めた構造性能が向上するほか，耐火性の付与や型枠不要という大きな利点がある．

コンクリートの打込みは，鋼管下部の注入口から高流動コンクリート（14.10.9項）をポンプで圧入して，上部で充てんを確認する方法によることが多いが，鋼管内のダイアフラム下面におけるフレッシュコンクリートの沈下など，硬化後の充てん度に注意する必要がある．

● 14.12 コンクリート構造物の補修・補強工事

14.12.1 補 修 工 事

　コンクリートは，ひび割れ・巣・中性化・亀裂・損耗・火害・凍害・化学的侵食などの欠陥のため，補修を必要とすることがしばしば起きる．早くは工事中から竣工後長期間を経た後のものまで，種々な欠陥が多くの原因によって生じている．

　補修にあたっては，まず，欠陥を生じた原因，損傷の程度と状況，補修の目的・影響などを十分調査したうえで，最適の補修方法を選定する．調査が不十分であると，たとえば成長過程のひび割れなどのため，再補修を要する場合もまれではない．

　鋼材のさびやアルカリ骨材反応が原因となるひび割れなどは，表面的な処理だけでは役立たない．補修材料としては，セメント系とポリマー系のもの，両者の複合されたものなどがある．また補修方法としては，塗布・注入・吹付け，あるいはコンクリートの打足し，打直し，プレパックド工法などの方法がとられる．

14.12.2 補 強 工 事

　設計ミス・施工不良，過大な荷重などにより，構造耐力が不足する場合，補強が必要となる．また，古い規準に基づいて設計された既存の建築物などについては，耐震の面から保有耐力の見直しなどにより，耐震補強工事が行われるようになった．従来，コンクリート構造物は後からの補強が難しいとされていたが，鋼板や形鋼を主材とした補強方法が研究開発され，地震の被害を受けた建築物の復旧再利用など，種々の場合に適用できるようになってきている．

　特に，先の兵庫県南部地震においては，鉄筋コンクリート構造・鉄骨鉄筋コンクリート構造の建築物に多大の被害が現れ，これを契機として，コンクリート系構造物の耐震診断ならびに補強対策が，大きな問題として浮上している．補強工事の考え方は対象となる建築物の条件によって様々であり，一律には記述し難いが，今後とも多くの研究や提案が期待される点である．

●14.13 プレストレストコンクリートPrestressed Concrete* 工事

　プレストレストコンクリートは，鉄筋コンクリートの一種であるが，曲げ部材への適

---

* PCと略称されるが，PCは建築ではプレキャストコンクリートの略称としても用いられているので注意を要する．

用には，合理的な面が多い．通常の鉄筋コンクリートに比べて施工上では，特に以下の点が異なる．コンクリート・鋼材ともに高強度のものを用いること，コンクリートにはプレストレス導入のため早期強度が要求されること，緊張材の定着端付近に大きな局部応力が働くこと，プレストレス導入時にはコンクリート強度が所定の条件を満足していないと破壊のおそれがあること，供用後のコンクリートのクリープや乾燥収縮が構造耐力に及ぼす影響が大きいことなどである．

施工方法はプレストレス導入の方式により，次の2種類に大別される．

A. ポストテンション方式

コンクリートの強度が発現した後に，プレストレスを導入する現場型の工法である．PC鋼材を通すために，コンクリート中にはシース（薄鋼板でできたパイプ状のもの）を配置しておく．PC鋼材を通して緊張した後にシース内の間げきにはセメントグラウトを注入して充てんする方式と，グラウトを注入しないアンボンド方式とがある．

B. プレテンション方式

緊張したPC鋼材を配した型枠にコンクリートを打ち込む工場型の工法である．この工法は原理的には単純であるが，実際には，設計をも含めた非常に多様な工法（特にPC鋼材の定着方法）が開発されている．特殊工法として，それぞれの専門業者に所属するものが少なくない．

● 14.14 鉄骨鉄筋コンクリート工事

鉄骨鉄筋コンクリート構造は，コンクリートに鉄骨の耐火被覆と構造耐力という二つの役割をもたせた，わが国独特の構造形式である．しかし，コンクリート施工そのものは鉄筋コンクリート工事と変わらない．

普通の鉄筋コンクリート工事と比較して，鉄骨部材の建方が先行するので，建方を終えたこの骨組を基準として施工することができるから，寸法精度が良くなり，鉄筋・型枠材の運搬，揚重のための仮設にも便利である．また逆打ち工法や二段打ち工法も可能となる．

しかし，鉄筋の配筋が鉄骨に妨げられて，納まりが難しくなり，しかも鉄骨および鉄筋によりコンクリートの充てん性が悪くなることなどが施工上の欠点としてあげられる．特に，柱・梁の接合部にはコンクリートが廻り難く，鉄骨梁のフランジ下面には空洞部が生じやすい（14.5.3項E）．したがって，設計時の部材断面に対する十分な配慮が前提条件となる．またコンクリートの調合と打込み・締固めの管理が大切である．

文　献

1) 中根淳他：コンクリートのひびわれ調査における FTA, FMEA 手法の適用について，日本コンクリート工学協会「コンクリート構造物のひびわれに関するシンポジューム」(1977.3)
2) 日本建築学会：コンクリートポンプ工法施工指針・同解説 (1979) 日本建築学会
3) 大林組パンフレットより
4) 日本建築学会：建築工事標準仕様書・同解説 JASS 5 鉄筋コンクリート工事 (1996) 日本建築学会
5) 日本建築学会：コンクリートの品質管理指針 (1991) 日本建築学会
6) 川瀬克己：「プレキャストコンクリート技術の現状と問題点」コンクリート工学 (1984.12) 日本コンクリート工学協会
7) 日本建築学会：寒中コンクリート施工指針案・同解説 (1981) 日本建築学会
8) 日本建築学会材料施工委員会：施工における品質管理（阪神・淡路大震災における鉄筋コンクリート造建物の被害状況）(1996) 日本建築学会大会研究協議会

参　考　書

1) 米国内務省開拓局編，近藤泰夫訳：コンクリートマニュアル (1978) 国民科学社
2) 近藤泰夫・坂静雄編：改訂新版コンクリート工学ハンドブック (1981) 朝倉書店
3) A. M. Neville 著，後藤幸正・尾坂芳夫監訳：コンクリートの特性 (1979) 技報堂出版
4) 建設材料研究会：生コン工場の設備と管理 (1983) 技術書院
5) 神田衛・中山紀男：コンクリートの製造と管理 (1983) 共立出版
6) 尾坂芳夫：コンクリートの品質管理入門 (1981) 彰国社
7) 建築業協会編：コンクリートの品質管理 (1979) 鹿島出版会
8) 桜井紀朗・壺阪裕三，宮坂慶男：特殊コンクリートの施工 (1978) 共立出版
9) 日本建築学会：建築工事標準仕様書・同解説 JASS 10 壁式プレキャスト鉄筋コンクリート工事 (1972) 日本建築学会
10) 六車　煕：建築構造講座 8 プレストレストコンクリート (1963) コロナ社
11) 大畠久次：コンクリート施工マニュアル (1982) 理工学社
12) 加賀秀治：鉄筋コンクリート工事の基本と実務 (1988) 建築技術
13) 毛見虎雄他：コンクリート工事の施工技術 (1990) 日本コンクリート工学協会
14) 日本コンクリート工学協会：コンクリート便覧 2 版 (1996) 日本コンクリート工学協会

15 石　工　事

● 15.1　石工事の基本

15.1.1　石工事の役割

　石材は，その質が概して緻密・堅硬であり，強度は高く，また石質に応じた加工を施せば色調が優れ，美しい結晶・斑紋・縞目を描き，豊かな光沢を放つなど，他の材料には求めることのできない天然の建築材料として数々の特色を備えている．

　かつては構造材料として，大きな塊状の石材を用い，一つひとつ積み上げて使用する組積式による施工が主であった．しかし，わが国は地震国であり，耐震性の点で石造建築がなじみにくいこと，有用な石材資源に欠けることも影響し，張石などの形式による仕上げ材としての利用が一般となっている．近年では海外各地から優れた石材を輸入するようになった．石材の加工技術も急速な進歩を遂げ，石材を建築材料として応用する分野が大きく広がっている．またこれに伴い施工技術も急速に変化しようとしている．

15.1.2　石工事の種類

　A.　施工する部位による区分

　石材の施工技術は，これを用いる建築部位の条件，意匠上の狙い，石材の種類・形状などによって異なる．特に施工する部位により石材の用い方や工法が著しく異なっている．そこで施工法を左右する部位別の区分を示せば，次のとおりである．

（1）　外壁（張石）
（2）　内壁・窓台・カウンターなど（張石）
（3）　屋内部の床・階段（敷石）
（4）　外構広場の敷石・縁石および階段（敷石その他）
（5）　門柱および塀（石積み）
（6）　土留め・擁壁・石垣（石積み）

　B.　工法による区分

　前項に示したように石工事の工法は，使用する石材の種類・形状，応用する部位の条件によって，著しく異なる．その工法は大別すると次のとおりである．

（1） 組積工法
（2） 張石工法（乾式・湿式），敷石工法
（3） 石積み工法（石積み・野面積み）
（4） 石材先付け PC 板工法

　組積工法は，石材を構造体として用いる場合に従来から実施されてきた．所定寸法に加工した石材を一段ずつきちんと積み上げてゆく工法である．石材を単独で自立した構造とする本格的な組積工法と，石材の組積を先行させ，その背後に鉄筋コンクリートなどの主体構造の施工を行ってこれを主要構造とし，外部の石積みをこれによって補強する形式の複合組積工法とがある．

　張石工法は，板石を外壁・内壁その他に取り付ける場合の工法である．敷石工法は，板石や小舗石（寸法 10 cm 程度の荒割の立方体）を床面に敷き込む工法である．

　石積み工法は，山留め・擁壁など地盤の崩壊を防ぐ目的で石を積み上げる場合の工法で，間知石・割石などを谷積みあるいは布積みで積み上げたり，野面石をつらづみ（面積）する工法とがある．このほか，階段，笠石など施工する部位の条件に合わせた様々な特殊の工法がある．

　石材先付け PC 板工法は，厳密な意味での石工事とはいえないが，陶磁器質タイルを先付けした PC 板工法に倣って応用されるようになった工法である．優れた技能をもつ石工の不足対策として考案され，工期を短縮する合理化工法として普及している．

15.1.3　石材の選択ならびに構法設計

　石工事の目的は，石材に叩き仕上げ，あるいは研磨仕上げなどの加工を行い，雅致に富む石材の優れた外観を生かして，堅牢で耐久性に富む部位を構成することにある．したがって，石工事を適切に行うためには，石材の選択，形状・寸法および構法の設計，石材の加工および工法の良否が，その性能や出来映えを左右する大きな原因となる．

　石材の選択の要点としてあげられる事項は，以下のとおりである．
（1） 建築物の構造，使用目的と石材の種類および用途との関係
（2） 石材の性質とこれを用いた部位の総合的性能の把握
（3） 建築物の美観効果に対する表面仕上げ（仕上げ加工）の選択
（4） 石材の象徴的効果
（5） 構造体への取付けに係わる耐震上の考慮
（6） 石材の風化や損傷に関連する気象および環境条件の判断
（7） 同種の石材の入手可能な量

　特に注意すべきことは，石材の種類や性質によっては，いかに適切な工法を行っても，

その使用効果を十分発揮しえないことが少なくない．

　石割りをはじめ加工条件や工法に関連して，また石材の用法をめぐり，石材そのものの性質として検討しなければならない項目を示せば，次のとおりである．

　① 力学的性質(強度・硬度)，② 耐摩耗性，③ 吸水性・耐凍害性，④ 外観性状(色調・斑紋・光沢の良否)，⑤ 耐久性，⑥ 耐火性，⑦ 加工性，⑧ 経済性

　特に最近では，仕上げ材として外観性状を重視し，奇をてらった使用事例が目につく．色感・肌理などの特性をはじめ，研磨して生み出すことができる光沢の美麗さは，石質そのものや加工法に大きく係わる．したがって，その性質の検討は石材の応用上重要な意味をもつ．

　また，石材の性質だけでなく，石割りの工夫や目地の形式，各部の形状や納まり，太柄や取付け金物などの詳細設計は，石造建築物の構造的原則をふまえて進められなければならない．これを誤ると仕上げ面の性質，部位の強度・構造的安定性に大きな影響をもつこととなる．

　さらに，石材は強度・硬度などが，他種材料より優れ，堅牢であることを特徴とするが，比重が重く，加工・運搬・施工の面では多大の手間を要し，おのずから工事費が高額となる．それだけに，使用目的に合致した石材の選定および工法計画が重要である．

　施工を担当する側においても，設計図書の内容を子細に点検したうえで，現場の実測を行い，詳細図・施工図を作成し，石材の加工については製作要領書によって的確な指示を与える．また，現場の据付け・張付けなどの施工に関しては，安易に取り組むことなく，石割り図・施工計画および施工要領書をきちんと取りまとめ，工事に遺漏を生じないよう適切な管理に心がけなければならない．

● 15.2　石工事の構成

15.2.1　石材の加工・施工法の種類

A.　加工方法の種類

　石丁場で採取された石材は，庭石・玉石などの自然石と同様に，のづら（野面）で使用することもある．しかし大半は石材の特質に合わせた加工の手が加えられる．その加工作業の大半は石材加工工場で実施される．加工工場に搬入された石材はある程度の期間は貯蔵・保管される．この間に石材の気孔中に含まれていた山水 quarry water は乾燥し，組織は緻密となり，質も硬くなる．

　石材の加工は，ほとんど注文製作である．設計図書・石割り図・現寸図に基づいて，形状・寸法を定め，切断機を用いて切断のうえ，各種の加工が行われる．硬石と軟石で

は，加工の方法が著しく異なるが，加工および仕上げの種類は大別すると，次の3通りとなる．
 （1） 叩き仕上げ
 （2） 磨き仕上げ
 （3） ガスバーナー仕上げ
 (1) 叩き仕上げは，金槌を用いて石の表面を叩いて加工し，形状や面を整え，また同時に仕上げを行う伝統的な石材加工の方法である．叩き仕上げの程度は，使用する工具の名称でよばれ，同時にそれが意匠効果を示す代名詞にもなっている（例，のみ切り・びしゃん叩き・小叩き仕上げなど）．
 (2) 磨き仕上げは，張石に用いる板石の表面を研磨機を用いて研磨するもので，工程を追って使用する砥石の粒度を細かくして，表面の平滑度を高めてゆく．この磨き加工の程度で，その仕上げ程度を示している（例，粗磨き・水磨き・本磨きなど）．
 (3) ガスバーナー仕上げは，花崗岩を対象とする独特な加工法である．一般に硬石に対する叩き仕上げの方法は，非常に手間や時間を要して経済的ではない．そこで表面に凸凹をもつ粗面仕上げを簡単につくる手段として考えられたものである．すなわち，この石の特徴を利用し，ガスバーナーの火焰によって表面部を急激に加熱すると，表面層の膨張によって剝裂を起こさせ，希望する粗面仕上げをうる．表面層を加熱して痛めるばかりでなく耐久性にも影響を及ぼすので，好ましい方法とはいえないが，一部では，簡易な加工法として利用されている．

B. 現場における据付け・張付け工法の種類

 石材の現場施工の方法は，前述のごとく組積工法・張石工法および石積み工法の3種類に分かれる．作業は石工が担当し，墨出しのうえ石積み用の足場を組み立て，吊上げ用具を準備して施工にかかる．
 組積工法は，所定の石高に加工した石材を積み重ね，石材のあいば（合端）を組積モルタルによって固着し，目地部の接着強度を太柄・引き金物などによって補強し，壁体を支持するものである．1日で積み上げうる石材の段数にも限度があり，重量も重く，わが国のように地震の多い地域では，耐震性を確保するうえで問題が多い．組積する石材の加工・施工の難しさや，耐震性の問題から今日ではほとんど実施されていない．
 張石工法は，厚さ25～50 mmの板石または100～150 mmの厚板（スラブ）を鉄筋コンクリート造などの壁や床の下地面に，張付けまたは敷き込んで固定する工法である．壁の場合は太柄や取付け金物（ストリップ・ファスナーなどという）を用い，石材の背面に注ぎとろを充てんして固定する工法（湿式工法）である．最近では注ぎとろを行わずに金物だけで固定する工法（乾式工法）がある．また大理石のような石積みでは，注ぎとろによ

って生じる欠陥を避けるため，注ぎとろを行わないのが一般である．

　住宅団地・市街地，建築物の外部などにおいて石垣・擁壁・階段や，市街の広場・公園・道路を建設するにあたり，様々な形式で石材が用いられている．石積み工法とは自然石のままの玉石・野面石を利用したり，板石・切石・割石または間知石を使用する場合に行う工法である．施工する部位の機能や設計意図によって，石材の取扱いや石積みの形式が異なり，工法の詳細は一概に述べ難い．

　地盤その他の状況に応じ，石垣，門柱・塀，階段などとして，それぞれ構造上求められる条件に合致した石組形式を選んで施工することが必要である．

15.2.2　工法の計画

A.　石材に対する理解

　石工事による建築物の仕上げは，多額の工事費を要するばかりでなく，設計者が期待する仕上げの程度も，おのずから水準が高いのが一般である．石工事の良否は，仕上げ面の出来映えに直接影響するばかりでなく，工法の細部に欠陥を伴う時は，外観に大きな支障を招くことになる．このような不具合の根底をなすのは，担当者の石材の性質に対する正しい理解の不足にある．

　すなわち，石材の種類によって性質が異なり，また同じ種類の石材であっても産地によって石質や外観性状に大きな差違がある．石質として重要な事項は，15.1.3項ですでに述べた．しかし外観性状として石張りの表面に生じる変色・劣化・さびなどは，短時日の実験室試験では的確な情報をつかむことができない．むしろ過去の施工事例や，石丁場周辺の石片によって判断するなどの注意が必要である．また，加工前の荒石の時にはわからなくても，加工時に底から疵が現れてきたり，後日になって醜い斑点を生じるものもある．したがって，外壁などに用いるものについては小さな見本品による外見だけで決定することなく，材質を十分検討したうえで適切な工法を選定する必要がある．

B.　石割り・工法計画上の注意

　組積構造として，蛇腹・繰形・アーチなどの複雑な石組みを伴う石造建築は次第に姿を消し，ほとんどの用例が張石による近代的な仕上げ工法に傾いているので，石割り図の作成も，従来に比し非常に簡単なものになっている．しかし，どのような場合であれ，石材を取扱う基本は，組積構造の原則に従わなければならない．そこで，石割りや工法計画における注意事項を示せば，次のとおりである．

　（1）　意匠的な考慮に係わる事項

　　壁（床）面の寸法・形状および面積，根石・腰石・幅木部分の取扱い，柱型・開口部まわりの形式，繰形・蛇腹の形状，目地の形式，石材の形状・寸法（等寸法か乱石張

りか），石の色合・肌理などの外観性状
（2） 機能的な考慮に係わる事項
　開口部の寸法，窓台・窓楣・柱型の必要条件，各部設備機器などとの取合部の納まり，合端・目地幅・目地の形式，水垂れ部・水切り部の形状および寸法，張り代・緊結金物および構造強度
（3） 工法上の考慮に係わる事項
　形状・寸法，石目の方向，繰形・額縁，彫刻加工の有無，加工・運搬・据付け作業の難易，太柄・取付け金物の位置および工法，合端・目地幅，張り代，石受け用の迫持仮構，工期・工程，石工の技能

石材の選択，意匠計画など，設計者の石工事に取り組む姿勢はとかく外観美にとらわれて，加工・運搬・施工上の難易度や，機能上の要求性能に対する考慮に欠ける面が少なくない．設計者自らが専門工事業者の意見を聞き，詳細図・現寸図を作成する心構えが必要である．担当者の工法の細部にわたる取組み方いかんによって，施工の品質が決定される．石割りの拙劣さのために外観を損じている事例が少なくない．

15.2.3　石割り図・施工図の作成

　使用する石材が決定したら，ただちに石割り図および施工図の作成に取りかかる．これらは石材の発注や石工事計画の基本となるものであり，石材の割付けだけでなく，役物の拾い出し，取付け工法を決定する重要な資料となる．
　石割り図の作成においては，単に意匠面からとらえた外観の検討にとどまらず，取付け部の強度その他の要求性能をはじめ，施工の手順や施工上の条件を考えて取りまとめるべきである．また石材の加工や現場施工にあたり，張石作業の手順，張り付ける段や位置が容易に判断しやすいように符号や番号をつけ，しかも極力簡単な表現をとる．
　特に，柱型，窓・出入口廻り，隅石などの役割は，同寸法であっても出来上りに左右の別があるので，その区分も明確にしなければならない．
　通常の場合は石の大きさをなるべく揃えるようにするが，乱石積として，寸法の異なる石材を雑多に交差させて張り付けてゆく工法がある．主要な目地は通し，主だった箇所を押さえ，ブロック区分を定めて，全体を割り付けるようにすれば，混乱もなく，加工・工作にも便利である．
　施工図（取付け工作図など）は，張石工法や，取付け金物の種類，取付け位置を明確にするとともに，各部の詳細が明らかにされなければならない．内装の場合は，ねむり目地が一般であるが，外装の場合は必ず目地をきちんととる．目地の幅や形式は，意匠上の効果に影響するばかりでなく，雨仕舞にも関連をもつ．また水垂れ・水切りなどの

構法上の処理も的確でなければならない．

また，面積が大きい壁面で，吸水性のある石材は，水和膨張や乾燥による収縮によるムーブメントが起きる．これを考慮して目地の適切な設定が必要である．

● 15.3 石材の加工

15.3.1 叩き仕上げ

荒石は，切断機にかけて所定の大きさより幾分大きめにひき割るか，矢割りを用いて石割りする．前者をひきもの（挽物）とよび，後者をまもの（真物）という．

叩き仕上げの場合は，使用する石の板厚を厚くとるので真物による．表面のはなはだしい凸凹（こぶ）をそのままにして，形を整える程度に叩き仕上げるもの（こぶ出し）から，こぶを落とし順次これを平坦に整えて，均一な粗面仕上げにするまでには，数段階の叩き仕上げの工程がある．

通常，使用する工具は，玄翁(げんのう)・片刃・両刃・びしゃん・とんぼなどの金槌や，のみを主体とし，工具も大きいものから，小さいものに順次取り換え，工程を重ねて細かい作業へ進む．こうして平坦でかつ均一な粗面へと仕上げてゆく．これらは手工具を使って行う加工作業であるため，叩き仕上げは非常な手間や入念な工作を必要とする．近年で

表15.1 堅石の仕上げの種類および加工工程[1]　　（JASS 9による）

仕上げの種類	加工工程	こぶだし	こぶ落し げんのう または片刃ばらい	のみ切	びしゃん叩き 25目	びしゃん叩き 64目	びしゃん叩き 100目	小叩き 1回	小叩き 2回	小叩き 3回	備考	
こぶだし		①									こぶの大小は特記による．	
のみ切り仕上げ	荒切り		①→②								のみ跡 6cmま	
	中切り		①→②								のみ跡 4.5cmま	
	上切り		①→②								のみ跡 3cmま	
びしゃん叩き仕上げ	25目		①	②	③						石質をいためないよう留意する	
	64目		①	②	③	④						
	100目		①	②	③	④	⑤					
小叩き仕上げ	1回		①	②	③	④	⑤	⑥			5cmにつき25刻み	のみ跡が残ってはならない．
	2回		①	②	③	④	⑤	⑥	⑦		5cmにつき33刻み	びしゃん目が残らないように最終とぎ刃で小叩きをする．
	3回		①	②	③	④	⑤	⑥	⑦	⑧	5cmにつき50刻み	

は，コンプレッサー式または電動式工具が導入され能率を高めているが，形状が複雑で手の込んだ加工は，堅石については次第に困難になっている．

加工工程の一例を表15.1に示す．

15.3.2 磨き仕上げ

磨き仕上げも，叩き仕上げと同様に，粗面の状態から平坦に，また光沢を伴う鏡面を示すようになるまで，順次磨き上げてゆく．

磨き仕上げを行う下地としては，ひきものの場合はひき肌のままで，まものの場合は，びしゃん目で100目程度になるまで叩き加工を行ってから，磨きの工程に入る．

磨き仕上げは，使用目的や意匠効果の点で仕上げ程度が数段階に区分されている．加工は，先述のごとく，円盤機およびうず巻機とよばれる研磨機を用いた機械加工による．その第一段階は，円盤機を用い，アランダム等の細粒を水とともに石面に注ぎ，摩擦してこれを平坦にする．次いで，うず巻機を用い，使用する砥石の粒度を次第に細かくして研磨を進める．

堅石の主要な磨き仕上げの工程を表15.2に示す．

大理石や花崗岩は，このような磨き加工により水磨き程度にまで仕上げてゆくと，美しい光沢と色調が得られ，さらに本磨きまで仕上げると鏡のような光沢面となる．しかし，堅石であっても安山岩は磨いても，石質の点で花崗岩のような雅致に富む光沢面にはならない．また，軟石の砂岩・凝灰岩の場合は，平坦にはなるが光沢のある面は得ら

表 15.2 堅石の磨き仕上げの種類および加工工程[1]　　（JASS 9による）

仕上げの種類			下地	磨き
磨き	真物	粗磨き	びしゃん 100目	最終#60の鉄砂またはカーボランダムを用い，円盤に掛けるか，うず巻を掛ける．
		水磨き		最終#180のカーボランダムをうず巻に掛けて仕上げる．
		磨き つや消し		最終#Fのカーボランダムをうず巻に掛けて仕上げる．
		磨き つや出し		最終#Fのカーボランダムをうず巻に掛けて仕上げる．さらにつや出し粉を用いバフで仕上げる．
	ひき物	粗磨き	ひきはだ	鉄砂を用いて円盤で仕上げる．
		水磨き		最終#180のカーボランダムを用いて，うず巻に掛けて仕上げる．
		本磨き つや消し		最終#Fのカーボランダムを用いて，うず巻に掛けて仕上げる．
		本磨き つや出し		最終#Fのカーボランダムを用いて，うず巻で仕上げさらにつや出し粉を用いてバフで仕上げる．

れない.なお,床に用いる板石は,極端に平滑な面にすることは,床面において歩行者が足を滑らせて転倒の危険を伴うので,水磨き程度にとどめるべきである.

15.3.3 石材の検査

加工を終えた石材は,① 石質,② 形状および寸法,③ 仕上り程度,④ 欠点の有無,⑤ 合端などの加工程度,⑥ 数量などの諸点について検査を行う.

もととなった石玉（荒石）が同じであれば,ほとんど同様な外観を呈するが,位置によって多少の違いは避けられない.許容しうるものであるかどうか,異質の石材が混じっていないかを調査し,適切な判断を下さなければならない.

形状や寸法が指示どおりに加工されているか,形や寸法の正確度を確認する必要がある.繰形部分などについては,要所に型板を当て,また定規によって形状や稜角の精度・直角度を調べる.現場の取付け段階では石材の形状・寸法の修正は不可能であり,寸法は大きすぎても,また小さすぎても好ましくない.工場加工については特に厳正さを求めなければならない.

仕上げについては,指示どおりであるか,あらかじめ提出された見本品どおりに仕上がっているかを確認しなければならない.特に全部の石材が,一様にむらなく仕上げられていることが原則である.また,この仕上げに関連して,疵・斑点・さびの有無,切り欠き部の亀裂や欠点についても調べる必要がある.

合端は,張り付ける石材相互の接触面であり,寸法とともに平坦度を確認する.また太枘その他の取付け金物を埋め込むので,孔の位置や端部の加工が適切に行われているかどうかの点検も必要である.

● 15.4 現場における取付け施工

15.4.1 組積工法

石工事の施工法は,各種の石積み工法まで含めると,相当な種類となる.しかし,ここでは壁を対象として,最も一般的な組積工法と張石工法について述べる.

組積工法は,先述のごとく伝統的石造建築の工法として普及したものである.花崗岩あるいは安山岩などの堅石を用いた重厚な構造を特色としたが,耐震性などの制約から次第に衰退して,大規模な建築物ではほとんど実施されていない.今日組積造として施工されるものは,凝灰岩・砂岩などの軟らかい石材を用いた中小規模の建築物（倉庫や蔵など）に限られている.

工法は大別すると,次の2種類に分けられる.

(1) 石材を組積した後に，れんが造その他の裏壁を設ける．
(2) 石材を組積する前あるいは組積後に，鉄筋コンクリート構造などの裏壁を設ける．

このような裏壁や，建築物内部に設けられる支持構造体との関係によって，組積の形式や工法には大きな差異がある．しかし，ここでは石の据付け作業を主体に述べ，裏壁との取扱いについてはふれない．

組積工法の工程は，おおむね以下のとおりである．

① 地墨打ち，② 足場組立て，③ 吊上げ用機器の準備，④ 石材の合端の加工，⑤ 据付け，⑥ 養生・水洗い

基礎コンクリート上に，遣方（やりかた）に基づいて地墨を打つ．墨打ちは特に正確を期し，建築物の隅，壁の長さ，各区画の内法・外法，独立柱・片蓋柱の位置，出入口・窓などの施工上の要点となる主要な部位の位置および寸法を正しく求め，その墨を出す．1階の窓台のレベルまでは各種の役物が据え付けられるので，特に綿密な注意が必要である．また石割りに基づき，竪遣方の準備が必要である．

石積み用の足場は，組み積みが上方に進むと，石材を一度，足場の上に降ろすことがある．このため足場は，単純な作業用足場としてだけではなく，石受け仮構として十分な筋かいを施し，ある程度の堅固さをもたせることが必要である．

石の吊上げ，据付けは，小さなブロックであれば手運搬することができるが，大きなブロックになると簡単なリフトを設けたり，トラッククレーンを使用する必要がある．また石材のつかみ具などを工夫し，安全で，しかも能率の良い施工を考えねばならない．

次に石の据付け面となる合端の調整を行う．使用する太柄や緊結金物の形式や取付け工法を考慮して，石材の端面を加工する．また太柄孔をあけ，太柄を植え込む．これら緊結金物には，従来は黄銅製や亜鉛メッキを施した鉄製の金物が使用されていた．しかし，現在はステンレス鋼製のものが用いられている．

石の据付けは，墨および竪遣方から通す水糸を基準にして位置を合わせ，石材の下面には木のくさび（楔）をかう．目地厚，据付け位置および石材の傾きなどの角度を調整して，仮据えとする．さらに位置や目地の通りなどを確認したうえで，全面に組積用モルタル（敷きとろともいう）を施して本据えをする．

また隣接する石材との間には，目地厚と同じ楔などの支い物をして，積石の縦・横の目地や石の水平度を確認し，目地幅の調整をしたうえで注ぎとろを施し，順次積み固める．

太柄は一般に，上積みする石材（上石）に植えてあるので，据付けに先立ち，下段の石材（下石）の孔との位置合せを行う．もし合わぬ場合は太柄孔を掘り直す．下石の太柄孔中のごみや石粉を取り除き，接合用のモルタルを注入して上石を据える．

表 15.3 石工事用モルタルの調合(容積比)および目地幅[1]　　(JASS 9 による)

用途	材料	セメント	消石灰	砂	目地幅
堅石	組積用	1	0.2	3	6 mm とし,1 mm 程度のしずみ目地とする
	化粧目地用	1	—	0.5	
	敷とろ用	1	—	3	
	つぎとろ用	1	—	2	
軟石	組積用	1	0.2	3	
	化粧目地用	1	—	1	
	敷とろ用	1	—	3	
	つぎとろ用	1	—	2	

　据付けの進め方は下段の石積みに準じるとともに,下方の組積部分に衝撃や振動を与えぬよう十分な注意を払う.合端の太柄には引き金物などの緊結金物を取り付けて,裏壁に固定するかかりとする.

　組積工事に用いるモルタルの調合を表15.3に示す.モルタルは,空洞部を生じないように入念に施す.また混練した水分が石材に吸収されてドライアウトを起こさぬよう,合端およびその周辺はあらかじめ湿らせておく.注ぎとろの流出を防ぐため目地部の支い物に用いる布類には,染料による石材の汚染を避けるため,染色されている布の使用を避け,白色布地を用いる.これらの支い物は,モルタルの硬化程度を見計らって順次取り除く.セメント汁などによって汚れた部分は,そのつど洗って清掃をする.なお組積工法によって,1日に積み上げることのできる高さは,1,200 mm 程度である.

15.4.2 張石工法

　石材の施工法は,今日では張石工法が主流となっている.しかし,同じ板石でも,大理石の場合と花崗岩の場合では,石の取扱いをはじめ,工法には差異が多い.また,外壁と内壁の場合でも,工法の詳細は要求条件がからんで,大きく相違する.

　張石工法の工程の概略は,以下のとおりである.
　①地墨打ち,②石材の合端の加工,③張付け,④養生・清掃

　外壁の石張りの場合は,地墨に従い位置を正確に,出入りや傾きを正して仮据えする.下端に木の楔をかい水平を確認し,根石の石高まで注ぎとろを行って,上石を据える基礎とする.張石の寸法に合わせて1枚の板石当り2～4本の太柄を植え,これに緊結用の引き金物を施す.引き金物は裏壁となる鉄筋コンクリート壁の鉄筋と緊結してつなぎを取り,押えモルタルで固める.このモルタルの硬化を見計らって楔を取り除く.

　下石のモルタルが硬化した後,上段の板石の取付けにかかる.上石には太柄を植え込む.取付けに先立って下段の板石の太柄孔との位置合せを行う.そのうえで,太柄孔中

のごみ類を取り除き,接合用モルタルを注入して,上石を据える.注ぎとろを流し込む時に,一度に多量のモルタルを注入すると,側圧で張石を前に押し出すこととなる.そこで,3回位に分けてモルタルを注ぎ込み,硬化後再び注ぎとろを行い,板石の上端より60 mm程度下がった位置まで完全に充てんする.太柄や引き金物のあるところは,石裏に当てところを施してこれを保護するとともに,裏壁とのつなぎとする.

目地は6 mm程度とし,ねむり目地としない.他種の工事が終わり,仕上げ面の汚れが避けられるようになってから目地づめを行う.目地づめは,目地ざらいをきちんと行い,石材の小口廻りを清掃して,目地モルタルをつめる.入念に目地を押さえて化粧目地とする.

目地づめは,縦目地を先につめ,横目地を後に行う.目地部の施工が適切でない時は,雨水が浸入して白華(エフロレッセンス)現象を生じるほか,付着強度の低下などの欠陥を招く.ただし内壁の張石工法においては,目地はねむり目地として,目地幅は大きくとらない.

大理石の張付けは,注ぎとろのあくで大理石の光沢が消えるので,注ぎとろは避ける.横目地で引き金物をとり,裏壁と緊結する.横目地の上下は100～200 mmの幅で帯状に当てモルタルを充てんして引き金物を固定すると同時に,上部の石材の重量を支持する.縦目地には太柄・引き金物を要所にとり,裏壁に固定する.大理石は板厚によっては,張付けモルタルが表面に染み出ることがあるので,裏面に瀝青質,変性シリコン・変性エポキシ系塗料などを塗布する.

高層建築の出現に伴って,支持金物(ストリップ,クランプ)を用いて石材を取り付ける乾式工法が試みられるようになった.取付け金物としてステンレス鋼製などの製品がファスナーやクランプとして用いられている.石材に生じる様々な挙動や地震時の層間変位を避ける意図で生み出された工法であり,種々の利点をもつ.しかし,工法としての信頼性は必ずしも十分ではない.海外のように取付け金物の考案や新技術の開発が望まれている.

文　献

1) 日本建築学会:建築工事標準仕様書・同解説書JASS 9 石工事(1960)日本建築学会
2) 日本建築学会:建築工事標準仕様書JASS 9 張石工事(案)(1985)日本建築学会

参　考　書

1) 有松実:石,内装・天井仕上材料の選び方と使い方(1962)日本建築学会関東支部
2) 田中昌穂:建築石材,施工と積算(1957)相模書房
3) 横田暉生:新・建築石工事(1987)彰国社
4) Hugh O'Neill : Stone for Building (1965) The British Stone Federation
5) J. Ashurst & F. G. Dimes : Stone in Building (1977) The Architectural Press Ltd.,

16 屋根工事・防水工事

● 16.1 屋根・防水工事の基本

16.1.1 屋根葺きの要点

　屋根葺きは，こう配屋根の防水を主な機能とする一種の仕上げ工事である．屋根葺き材としては，天然スレート・粘土瓦・金属板・石綿スレートなどがある．これらの屋根材を葺き合わせて屋根を構成し，屋根のこう配および葺き重ねを利用して雨仕舞をすることが特徴である．

　屋根葺き材は，その種類が多種多様であり，屋根葺き材料の性質に応じた葺き方の原則があり，その構法については材料ごとに標準化がほぼ進んでいる．しかし，工法の選択から割付けに至るまで，設計段階における検討が不十分であると，工事中のみならず，工事後に雨漏りなど様々な欠陥を招く原因となる．

16.1.2 メンブレン防水の要点

　メンブレン防水（膜防水）は，アスファルトルーフィング，プラスチックおよび合成ゴムシートなど各種のルーフィングを，防水下地の上に全面あるいは部分的に接着させ，またルーフィング相互の接合部を接着して，連続した薄い膜状の防水層（メンブレン防水という）を形成する工法である．このメンブレンの端末は，庇部あるいはパラペットの立上り部へ堅固に留め付け，雨水が侵入してメンブレンの裏側へ水が回らないように，適切な処置を施しておく必要がある．

　コンクリート版に生じた亀裂や，プレキャストコンクリートパネル・ALC板などの防水下地に生じるムーブメントによって，メンブレンが破断することがある．したがって，工事計画の段階で，施工方法の細部について十分煮詰めておく必要がある．

　また，工期を急ぐあまり防水下地が十分乾燥しないうちに防水工事を行うと，下地に含まれていた水分の蒸発により，施工後メンブレンにふくれを生じ，はく離・漏水などの事故の発生につながる．

　非歩行屋根の場合は，防水層の上に保護塗料を塗布して仕上げとするが，歩行用屋根の場合は，コンクリートを打設したり，各種のブロックを置いて防水層押えとする．

16.1.3 接合部防水の要点

 従来の構法ではガラスのサッシへのはめこみ，外壁とサッシ枠の取合部に，パテまたはコーキング材を止水の目的で用いていた．しかし，現在ではPC部材の発達，メタルカーテンウォールの普及により，壁その他の部位が工場生産部材によって構成されている．この部材の接合部に対する防水技術として，新たな材料や工法が必要となった．また，これらの接合部には温度の変化，地震や振動などによる複雑なムーブメントが作用するので，これらを吸収する構法を採用せねばならない．シーリング防水はこのような必要性から，従来使用されてきたパテや止水棒に代わって登場し急速に発達した．

 一般に外壁などの接合部から雨水が浸水する機構については，① 雨水の存在，② 浸水を許す接合部・空げきおよび気孔がある，③ 雨水が通過するエネルギーをもつ，の3点が注目される．このうち，②をなくすのが接合部にシーリング材を充てんするシーリング防水であり，③のエネルギーを消減させる機構を接合部内に設けるのがオープンジョイントである．なお，この種の部位における一般的な技術としては，シーリング防水が主流をなしている．

● 16.2 屋根・防水工事の計画

16.2.1 屋根葺きの工事計画

 屋根葺き工事の計画は，以下の項目について検討を進め，材料の選択および施工方法を決め，その内容を施工計画書あるいは施工要領書として的確に記述せねばならない．
 （1） 屋根の形状・こう配および求められる外観
 （2） 建築物の用途および規模
 （3） 軀体構造の種類，小屋組の形状，屋根葺き材の種類，形状・寸法および性質
 （4） 建築物の立地条件（景観，周辺の建築物）および環境条件（降水量・風など）
 （5） 屋根に求められる性能（遮音・断熱・採光など）
 （6） 法令による規制（景観，防風・耐火など）

16.2.2 メンブレン防水の工事計画

 メンブレン防水の工事計画は，次の項目を検討したうえで進めなければならない．
 （1） 防水する部位（屋根，ベランダ，外壁，共用廊下，地下階内壁，水槽など）
 （2） 屋上の用途（非歩行・軽歩行・一般歩行，運動場・駐車場など）
 （3） 軀体構造の種類（鉄骨構造・鉄筋コンクリート構造など）および下地の種類（コンクリートスラブ，プレキャストコンクリートパネル・ALC板など）

- (4) 施工する部位に求められる性能
- (5) 排水計画（下地こう配，排水溝・ドレンの位置など）
- (6) 防水層の保護（コンクリート，コンクリートブロック，砂利敷など）
- (7) 法令による規制（防火地域など）
- (8) 施工する部位の形状（凹凸・複曲面など）
- (9) 直下階の重要程度（図書室・美術品収蔵庫など）
- (10) 工程・工期の制約
- (11) 保全管理の条件

16.2.3 接合部防水の工事計画

接合部防水の工事計画は，まず，①外壁の厚み（構法上の減圧機構を設けることができるか），②排水した水の結氷の可能性，③外壁構成材の加工性（接合部に複雑な加工ができるか），④工事費，などについて検討を行う．そのうえでシーリング防水とするかオープンジョイントとするかを決めなければならない．

オープンジョイントを採用する場合は設計者と十分な打合せを行い，必要に応じて，部分あるいは実大寸法の部材について実証実験を行うなど，綿密な実験計画を立て，排水機構の有効性について検討をする必要がある．一方，シーリング防水とする場合は，さらに次の項目を検討しなければならない．

- (1) シーリング材の種類と性質．ならびに耐用年数
- (2) 接合部のムーブメントとシーリング材の形状および寸法（目地幅・充てん深さ）
- (3) 施工の難易度
- (4) 被着材に適したプライマーの選定
- (5) 施工中の品質管理（シーリング材の硬化状況，被着材との接着性の確認など）
- (6) 保全管理の条件

● 16.3 屋根葺きの工法

16.3.1 下　葺　き

屋根葺き工法において，屋根葺き材の裏面に生じる結露水の浸入を防ぐため，また強風を伴う降雨時に生じる屋根葺き材のすき間からの吹込みを防ぐために，下葺きを施すことが必要である．

従来，下葺き材には，こけら板や樹皮などが用いられていたが，今日ではアスファルトフェルトおよび合成樹脂系シートなどの非透水性シート類が主流となっている．

16.3.2 屋根葺き工法の特徴

A. 瓦葺き

瓦葺きに使用する材料は，粘土瓦・石材（スレート）・セメント瓦・アルミニウム瓦・ガラス瓦などがある。これらのうち粘土瓦は歴史が最も古く，一般的であり広く利用されている。

粘土瓦には，和形・洋形があり，その形状に応じ屋根葺きの構法が違う。平瓦葺きを標準に，工法の概略を述べれば以下のとおりである。

下葺きを施した屋根野地面に，所定の間隔で桟木（瓦桟）を釘止めし，割付け定規によって棟から軒先に水糸を張り，これらに倣って屋根面の左側より葺いてゆく。雨仕舞の点については，こう配に応じて縦・横の葺き重ね寸法に十分注意する。また強風を受ける地域，および地震による瓦のすべり落ちのおそれのある箇所は，これを防止するため，釘止めを堅固にする。また，棟・けらば・軒先部などの要所を屋根漆喰で固定する。

B. 金属板葺き

金属板葺きに使用する材料は，亜鉛鉄板・着色亜鉛鉄板・ステンレス鋼板・アルミニウム合金板・銅板・チタン板などがあり，その種類は非常に多い。

金属板葺き工法としては，平板葺き（一文字葺き・菱葺き），瓦棒葺き，波板葺き，折板葺き（図16.1）などがある。現在では薄板の長尺物を用いた瓦棒葺きが多い。

いずれの工法も，下葺き材の上にあらかじめ加工して所定の形状・寸法に整えた金属板を，吊子で野地面に固定し，金属板相互は，図16.2に示すごとくこはぜ掛けによって，雨水が浸入しないようにして葺き上げてゆく。

C. アスファルトシングル葺き

アスファルトシングルは，アメリカで最も普及した屋根葺き材の一つであり，基材となるラグ原紙にアスファルトを含浸・塗覆し，表面に着色砂を付着させ，所定の形状・寸法に裁断した一種の砂付ルーフィングである。他の屋根葺き材に比べて柔軟性を有し，

図 16.1 大屋根の折板葺き　　　　図 16.2 銅板葺き

図 16.3 アスファルトシングル葺き

複雑な形状の屋根にも適用することができる．

葺き方は，図16.3のごとく下葺き材の上に，急こう配の場合には釘打ち留め，緩こう配の場合にはアスファルト系接着剤を用いて，軒から棟に向かって葺き重ねて取り付けてゆく．

16.3.3 施工管理上留意すべき事項

A. 割付け

屋根工事の着手前に，意匠面からの検討だけでなく，雨仕舞を中心に，積雪時・強風時などの条件を考慮し，適切な構法に合わせて，瓦の割付け，固定方法について十分な計画を練る必要がある．防水性能は屋根葺き材の葺き足（こう配方向の葺き重ね寸法）などによって決まることを忘れてはならない．

B. 耐風性の確保

屋根葺き材は，屋根面に吊子，釘などで固定されるが，強風時には強いサクション（吸引力）を受けて浮き揚がる．したがって，瓦葺きでは緊結線の使用，金属板葺きでは吊子数の増加，アスファルトシングル葺きでは釘本数の増加を検討しなければならない．

● 16.4　メンブレン防水の工法

16.4.1 防水下地

A. 鉄筋コンクリート下地

メンブレン防水工事の成否は，下地によって決まるといっても過言ではない．その種類ごとに下地の条件を検討し，各部の構法をまとめ，適切な計画に基づいて施工が行われなければならない．

メンブレン防水といえども，屋根面から雨水を速やかに排水することが原則である．防水下地には適切な水こう配をとらなくてはならない．鉄筋コンクリート造の陸屋根に

おいては，ほとんどこう配がとられていないので，特に注意しなければならない．

押え層を設ける場合は 1/100～1/50，防水層を露出する場合はそれより大きなこう配をとる必要がある．また下地が現場打ちコンクリートの場合は，十分に乾燥させておかないと，施工後に防水層のふくれが生じたり，下地との接着不良の原因となる．特にデッキプレート併用のコンクリート屋根版の場合は，乾燥が遅いので，工事に着手するためには，工程上適切な養生期間をとらなければならない．

コンクリート表面の仕上げは，防水層の種類によって異なる．アスファルト防水に対しては木ごて仕上げ，シート防水および塗膜防水では，防水層が薄いため，金ごて仕上げが求められる．

B. プレキャストコンクリートおよび ALC 板

プレキャストコンクリート部材や ALC 板を用いて屋根面を構成する建築物が増えている．しかもその多くは軀体が鉄骨構造である．建築物全体が柔軟な構造であるため，地震や強風によって動き，パネルの接合部に複雑な挙動が生じる．またパネル自体も温度変化によって大きなムーブメントが起きる．この複雑な動きが防水層の疲労や破断を招き，雨仕舞の欠陥を生ずる．したがって，防水層の種類と性能を十分わきまえたうえで，パネルの接合部では増し張りを施すなど，事前に適切な対策を立てる必要がある．

16.4.2 アスファルト防水

A. アスファルト防水の特徴

アスファルト防水に使用する材料は，アスファルトプライマー，防水工事用アスファルト，あなあきルーフィング・網状ルーフィング・アスファルトルーフィング・ストレッチルーフィング・砂付ルーフィング，ゴムアスファルト系シール材などである．

アスファルト防水は，防水下地にまずプライマーを塗布した後に，240～260℃で加熱溶融した防水用アスファルトによって，各種のルーフィングを張り重ねて防水層を構成する工事である（図 16.4 参照）．

アスファルトは防水材であるとともに，接着剤でもある．防水層の最上層は，非歩行用の場合は砂付ルーフィング，歩行用の場合は上がけアスファルトとなる．なお使用するルーフィングの種類および枚数は，設計・仕様によって異なり，防水層の性能が左右される．一般的な仕様では，約 10 mm の厚みをもつ防水層となる．

他のメンブレン防水との違いを示せば，次のとおりである．
（1） 最も古い工法であり施工実績に富み，施工品質に対する信頼性が高い．
（2） ルーフィングを張り重ねるので，施工上生じる欠陥を補うことができる．
（3） アスファルトは「ホットメルト」で使用しており，冷却すれば防水層としてた

図 16.4 アスファルトルーフィングの流し張り

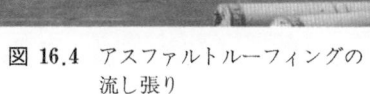

図 16.5 防水シートの張付け

だちに機能する．

B. 施工管理上留意すべき事項

a. アスファルト釜の設置と防臭対策　アスファルト防水では，施工する箇所の近くにアスファルトを加熱・溶融するための釜を設置しなければならない．この釜の設置場所については，その重量および火気の使用による防災・公害対策などを事前に検討しておく必要がある．また溶融させたアスファルトは独特の臭気を発するために，近隣への影響も大きく，十分な考慮を払わなければならない．特に，病院・ホテルおよび集合住宅が近接する場所では，このことが常に問題となる．

b. アスファルトの温度管理　アスファルトは1袋 (25 kg) を4つ割り程度のブロックにして，釜に投入して溶融する．温度の管理はアスファルトの品質を確保するうえで重要である．この溶融温度は，アスファルトの軟化点に 170℃ を加えた温度が上限である．この温度を超えるとアスファルトが分解して品質を低下させ，また釜の火が引火して火災を発生する危険があるので，十分な温度管理が必要である．

16.4.3 シート防水

A. シート防水の特徴

シート防水に使用する材料は，プライマー，下地用接着剤・シート接合用接着剤，および防水シートである．この防水シートには，加硫ゴム系・非加硫ゴム系および塩化ビニル樹脂系などの各種シート類がある．

この工法は，防水下地にプライマーを塗布後，図 16.5 に示すように下地用接着剤を用いて防水シート (0.8〜2.0 mm の厚さ) を張り付ける．シート相互の接合部はシート接合用接着剤で重ね継ぎをし，図 16.5 に示すような防水層を構成する工法である．使用するプライマーおよび接着剤は，防水シート製造業者の指定するものでなければならない．

シート防水の特徴を示せば，次のとおりである．
(1) 薄いシート1枚によって構成する防水層である．
(2) シートは合成高分子材料を基材としているために，アスファルト防水に比べて伸縮に対する抵抗性能の良い防水層を得ることができる．
(3) 何層かを重ねて張り合わせる工法ではないので，工数が少なく，工期が短くなる．

B. 施工管理上留意すべき事項

a. 接着の管理　下地と防水シートおよびシート相互の接合部における接着力を確保するために，プライマーによる下地処理，接着剤の均一な塗布およびオープンタイムの遵守，防水シートの圧着など接着時の作業管理が施工管理上のポイントである．
特にシートが3枚重なる箇所については，水みちをふさぐために接着剤による張り重ねだけではなく，シーリング材を併用するなどの注意が必要である．

b. 施工後の養生　シート防水の防水層は，軟らかくかつ薄いために，わずかな外力が働いても傷がつきやすい．したがって，他種の工事による損傷を防止するため，実施する作業の内容に応じて，施工した面の養生を適切に行わなければならない．

16.4.4　塗膜防水

A. 塗膜防水の特徴

塗膜防水に使用する材料は，プライマー・塗膜材料および補強材である．塗膜材としては，ウレタンゴム系・アクリルゴム系およびゴムアスファルト系のものがある．これらの塗膜材料には硬化機構によって，1成分型と2成分型がある．また補強材としては，ガラス繊維・合成繊維の織布あるいは不織布が用いられている．

塗膜防水は，防水下地にプライマーを塗布した後に，液状の塗膜材料を刷毛・ローラー・こてなどを用いて塗布し，補強材を敷き，さらにその上から塗膜材料を塗布する．この塗膜材料が硬化して防水層が形成される．

塗膜防水の特徴を示せば，次のとおりである．
(1) 工法が比較的簡単である．
(2) 防水層には接合部がなく，シームレスの工法である．
(3) アスファルト防水などのようにルーフィングを使用しないので，下地面の形状が複曲面などで複雑な箇所，および貫通するパイプ材などの多いところでも，防水層を形成することができる．
(4) 防水層の上に床仕上げ材や舗装材を施すことが可能である．

B. 施工管理上留意すべき事項

a. 下地の精度および清掃　防水下地面の凹凸は，防水層の膜厚がばらついたり，ピ

ンホールをつくる原因となる．下地面の平滑度については十分な検討を行い，適切な管理が必要である．また砂粒や異物が下地面に残っていると，塗膜（防水層）の中にまき込んでしまうので，作業に先立ち下地面の清掃を特に入念に行わなければならない．

　b．技能士による施工　　塗膜防水の場合，その工法は簡便であるが，出来上がった防水層の性能は，塗膜材料の取扱いや，労働者の技量に左右されるところが多い．したがって塗膜防水の施工については，防水技能士の有資格者による施工が望ましい．

16.4.5　防水層の押え

　メンブレン防水では，非歩行用屋根の場合を除き，防水層の押えを施工する．防水層の押えとしては，現場打ちコンクリート，コンクリートブロック，砂利敷などがある．いずれも防水層を傷つけないように施工することが必要である．

　特に現場打ちコンクリートの場合は，メンブレンの上にポリエチレンシートを敷いたうえに，2〜3 m間隔に伸縮目地を設けてメンブレンと防水層の押えを絶縁して，コンクリートの熱伸縮によってメンブレンの損傷を招かないように施工しなければならない．

● 16.5　屋内・地下防水工法

16.5.1　浴室・プール・貯水槽

A．浴　　　室

　屋内で防水を必要とする箇所は数多くあるが，ここでは屋根同様にしっかりした防水層を設定しなければならない浴室・プールおよび貯水槽の防水工法について述べる．

　浴室の防水は，浴槽の種類，大きさ，その位置によって防水工法が異なる．いずれの場合も浴槽の水のレベルと，防水層の立上り端末部の高さとの関係が問題となる．すなわち，この立上り部で水がオーバーフローしないように注意しなければならない．特に，浴槽を防水してない場合は，水のレベルが出入口の沓づり部分の防水層の立上り高さを超えないようにしなければならない．

　防水工法そのものは，既述のメンブレン防水工法と同じであるが，防水層の施工後に行うタイル張り工事などを考えれば，シート防水や塗膜防水は防水層が薄いので，浴室には避けるべきである．

B．プ　ー　ル

　プールは水深が概略 0.8〜2.0 m となり，その底部では静水圧 $0.2\,\mathrm{kgf/cm^2}$ が常時作用する状態であり，わずかな不良箇所も許されない．また，屋根に比べて立上り部分が大きく，いずれの防水工法においても信頼性の高い施工技術が求められる．

C. 貯水槽

貯水槽には，飲料水槽・雑排水槽などがある．貯水槽の防水は，防水層を壁面にも施工すること，また，施工場所が密閉された空間であることが特徴である．

防水工法はメンブレン防水と同じであるが，壁面への施工では，防水層の自重による垂れ下がりを防止することが注意すべき点となる．アスファルトや接着剤の塗布には高度の技術が求められる．また端末部の固定を十分に行わなければならない．

さらに，施工環境が密閉空間となることが多い．このために，引火性をもっていたり，作業者の中毒を招くおそれのない材料および工法を選ぶとともに，作業中は換気のための設備を準備するなど，安全・防災上の対策が重要である．

浴室・プール・貯水槽の防水工事では，施工後必ず水張りテストを行って欠陥のないことを確認したうえで，次の工程（押えコンクリートの施工）に移る．

16.5.2 地下外壁

地下階の外壁に対する防水は，建築物の外側を底盤も含めて，防水層でそっくり包みこむ「外防水工法」が原則である．しかし，地下外壁の外側に 2 m 以上の空間が必要であり，市街地でこの条件を満たすことは難しい．このため地下壁の内側から防水を行い，外壁を漏れてくる水はピットへ導き，ポンプで揚水する「内防水工法」を採用することが多い．また，山留めや地下連続壁の施工との関連から，各種の防水工法が行われている．

いずれの工法においても，施工上注意しなければならない共通的な事項は，次のとおりである．

（1） 防水下地が湿潤であることが多い．
（2） 作業場所が狭かったり，換気が不十分なことが多い．このため火傷や有機溶剤による中毒・酸欠事故に対する注意が特に重要である．防水工事に従事する労働者に起きる労働災害は，この地下防水における作業時に起きるものが最も多い．
（3） 連続した防水層の施工が難しいので，コンクリートの水密性に期待することが多い．したがって打継部に設ける止水板の処理およびセパレーター穴の処理については，特別の配慮が必要である．

● 16.6 シーリング防水工法

16.6.1 シーリング防水の特徴

シーリング防水に使用する材料は，各種のプライマーとシーリング材である．シーリ

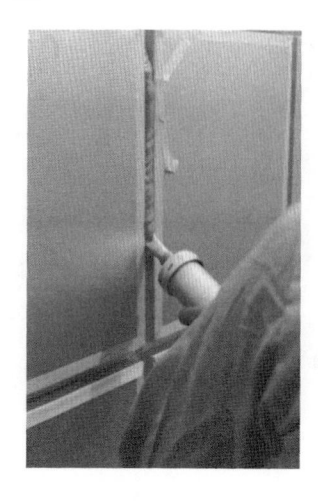

図 16.6 シーリングガンによるシーリング材の充てん

ング材としては，シリコーン系・変成シリコーン系・ポリサルファイド系・ポリウレタン系・アクリル系・ブチル系および油性コーキング材などがある．これらは，その硬化機構によって，湿気硬化型・乾燥硬化型の一成分型と反応硬化型の二成分型がある．

シーリング防水は，各種パネル類や，サッシとガラスなどの工場生産部材あるいは製品を現場で取り付けるために生じる接合部のすき間，地震による変形や温度変化による部材の伸縮を制御するために設けた間げきや逃げ clearance などに，止水の目的でシーリングガンを用いてシーリング材を充てんする工法である．作業時の状況を図 16.6 に示す．

シーリング材は被着材に接着すると同時に，それ自体がゴム状に硬化して防水材としての機能を果たさなければならない．

シーリング防水の特徴を示せば，次のとおりである．
（1） 液状の材料を現場で充てん・硬化させる工法である．
（2） 接合部の構法によって，品質のみならず作業性が影響を受ける．
（3） 現場の環境条件によって，品質が左右される．
（4） 労働災害防止のため，作業の安全対策が特に重要な工事である．
（5） 竣工後，老化したシーリング材を容易に補修することが難しい．

16.6.2 施工管理上留意すべき事項

A. 工事前の検討

a. プライマーの選定　　シーリング防水の重要な項目は，シーリング材と被着材の接着性の確保である．シーリング材の接着は，被着面に施すプライマーに頼っている．

プライマーの種類は非常に多く，シーリング材ごとに被着材別にプライマーが準備されており，その選定には製造業者・シーリング工事業者と打合せを十分行う必要がある．また，経験のない被着材の場合は，事前に接着試験を実施して効果を必ず確認しておく．

b. シーリング材断面の形状・寸法　メタルカーテンウォールのように大きなムーブメントが予想される接合部に，シーリング材を充てんする場合は，シーリング材の材質と断面形状によって，シーリング材がそのムーブメントに耐えられるか否かが決まる．したがって，設計図・仕様書によって施工要領書・施工図を作成し，シーリング材断面の形状・寸法を詳細にわたって検討して，作業の万全を期さなければならない．

B. 工事中の施工管理

a. シーリング防水技能士による施工　シーリング防水の工事は，ゴンドラや足場上での高所作業になりがちであり，施工管理者が直接管理することが難しい．したがって，事前の検討を十分に行ったうえで，技能資格をもつシーリング防水技能士に適切な指示を与え，その技量と自主管理に頼る方法をとる．

b. 切り取り検査　大規模なカーテンウォールのシーリング工事では，切り取り検査を行って，シーリング防水工事の品質を管理している．

検査すべき項目は，被着材との接着性，硬化状態，充てん形状，表面の仕上り状態などである．

文　　献

1) 日本建築学会：建築工事標準仕様書・同解説　JASS 8　防水工事（1993）日本建築学会
2) 鶴田　裕他：屋上の防水（1983）井上書院
3) 松本洋一他：シーリング防水（1982）井上書院
4) 小池迪夫：入門建築の防水（1980）工文社
5) 岩井孝次他：防水工事の知識（1983）鹿島出版会
6) 松本洋一：建築用シーリング材の損傷防止に関する研究（1986）清水技研報告

参　考　書

1) 小池迪夫：建築メンブレン防水（1970）工業調査会
2) 小林孝悌：建築の防水工事（1979）理工学社
3) 鶴田　裕他：屋上防水のおさまり（1976）井上書院
4) 鶴田　裕他：屋内の防水（1982）井上書院
5) 渡辺敬三：外壁の防水（1982）井上書院
6) 日本シーリング材工業会：シーリング材ハンドブック（1993）
7) 日本シーリング材工学会：建築用シーリング材――基礎と正しい使い方（1993）

17 カーテンウォール工事

● 17.1 カーテンウォール工事の基本

17.1.1 カーテンウォールによる外壁工事の特徴

カーテンウォール curtain wall は元来荷重を受け持たない非耐力壁を意味する語である．今日では，より狭義に，工場生産した部材を現場で組み立てて構成する外壁をさしている．工事の相当部分が工場製作として進行するため，現場工程を大幅に短縮することが可能となり，建築生産の工業化に寄与する工法として発展を続けている．

本工事は素材を現場で取り扱う他種の工事と，工事工程や施工管理の要点が著しく異なっている．また，多くの場合，完成後に部位全体として保有すべき性能を，設計時点で定量的に設定し（性能発注），これを目標として製作および施工が行われる．

カーテンウォールの構造軀体への取付けは，無足場作業を原則とし，しかも，多数の大型部材を取り扱うこと，高所作業と繰返し作業が多いことなどをその特徴としてあげることができる．

17.1.2 カーテンウォールの種類

A. 材料による分類

カーテンウォールをガラスを除く壁体部分の主構成材料によって分類すると，以下の3種類に大別される．

(1) 金属カーテンウォール metal curtain wall：アルミニウム合金・ステンレス鋼・銅および同合金等の形材・板・鋳物を用いるもの．

(2) プレキャストコンクリートカーテンウォール precast concrete curtain wall：陶磁器質タイル・張石などの外装または各種の表面仕上げを先付けして施した工場製作のコンクリートパネル部材を用いるもの．

(3) その他：上記の二者を併用するもの（複合カーテンウォール），および繊維補強コンクリート，プラスチック，石材，その他の材料を用いる各種がある．

B. 構造方式による分類

カーテンウォールの構造の分類には，いくつかの観点があるが，次のような区分が最

も一般的である．
  （1） 方立方式：力骨である方立 mullion を軀体に取り付け，これを介して壁体を構成する無目材，腰パネルなどの部材を取り付けていく方式
  （2） トランザム方式：腰壁のある外壁軀体に力骨である無目 transam を取り付け，これに縦骨や窓ユニットを取り付けていく方式
  （3） パネル方式：階高大のパネル状の部材を順次軀体に取り付けて壁面を構成する方式
  （4） カバー方式：柱型，梁型あるいはスパンドレルパネル spandrel panel，サッシなどを，軀体に対して別個に取り付けていく方式
 C． 組立て方式による分類
構成部材を工場から現場にどのような形で搬入するかによって，次のように区分する．
  （1） ノックダウン方式 knock down system：方立，無目材，スパンドレルパネルなどを部材加工の状態のまま搬入し，取付け位置で組み立てる方法．スティック方式 stick system ともいう．
  （2） ユニット方式 unit system：工場であらかじめ壁体ユニットとして組み立てたものを搬入し，現場では取付けだけを行う方法．パネル方式はおおむねこの方式に該当する．

17.1.3 材料および部材
 A． カーテンウォール部材
カーテンウォール本体を構成するものとして，方立・無目などの棒状断面材，各種パネルがある．使用する材料，加工方法，表面仕上げは設計に応じて多種多様である．
 B． ファスナー fastener
カーテンウォール部材を軀体に取り付けるために使用する金物類を総称していう．一般に鋼製で，軀体アンカー金物，連結用金物（1次ファスナー・2次ファスナーに分割される場合が多い），部材付け金物（ブラケット）・位置調整用金物がある．
 C． シーリング材および関連資材
シーリング材は，接合部の水密性・気密性を確保するために用いるもので，不定形シーリング材と，ガスケットあるいはひも状シールなどの定形シーリング材に大別できる．
前者の施工に際しては，目地内のバックアップ材・マスキングテープ・清掃材・プライマーなどの副資材を用いる．
 D． そ の 他
本体各部と取り合う付属部材として，笠木・ボーダー・額縁・幅木・腰カバー・方立

または無目カバー，その他ブラインドまたはカーテンボックスなどがある．ガラスは壁面の主要な構成要素であるが，そのはめ込みは通常独立したガラス工事として扱われ，カーテンウォール工事の範囲外である．なお，その他の資材としては，断熱材・耐火被覆材・フラッシング（雨押え）・火煙防止層用材料などがある．

17.1.4　カーテンウォールの要求性能

建築物の外壁に要求される主要な性能項目として，耐風圧性，層間変位に対する追従性，水密性，気密性，耐火性，断熱性，遮音性などがあげられる．カーテンウォールの基本設計にあたって，これらの全部または一部について，建築物の環境・規模・構造・用途に応じた性能値が設定される．カーテンウォールの詳細設計，工場製作，施工は，この要求性能を満足するものでなければならない．製品の性能は，所定の計算によるか，あるいは実物大実験によって確認する．このため本工事には，設計または仕様に基づいて，これらの項目を中心として実験工事を含むことがまれではない．

● 17.2　カーテンウォールの施工計画

17.2.1　カーテンウォール工事の計画

A.　全体工程

カーテンウォールの設計から完成までの概略工程を図17.1に示す．同図から明らかなように，本工事の設計・製作・取付けの諸作業は，各部材の製作，他種工事との係わりなど複雑多岐にわたり，しかも実際工程上互いに関連し合っている．

B.　工場製作の計画

注文生産のカーテンウォールの場合，その設計・仕様や，生産規模・製作期間は，建築物によって異なるので，その製作計画の立案にあたっては，事前に設計・施工および製作の各担当者が周到な打合せを行う．計画の主な内容としては資材計画，生産設備計画，作業手順計画，工程計画および検査に関する各種の計画がある．特に製造工程については部材の取付け順序と使用箇所，建築物の総合的な工程と工事計画を考慮して，出荷遅れによる現場側の手待ちなどの事態を招かないように注意する．

C.　現場施工の計画

カーテンウォール工事の工程計画では，工事の規模・内容，作業順序，全体工期，建築物の立地条件，構造，仮設設備などの諸条件をもとに，施工設備・労働者の効果的運用を考慮して，各種作業を工期内に適切に割り当てる．図17.2にカーテンウォールの現場施工の工程表の一例を示す．同図のように先行作業が下階から順次上階に移行し，後

17 カーテンウォール工事

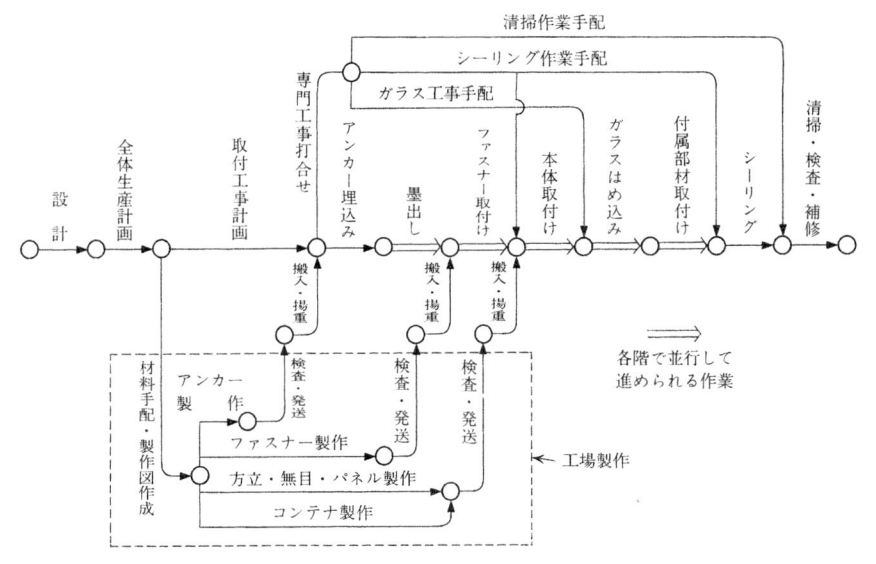

図 17.1 カーテンウォール工事の工程（方立式メタルカーテンウォールの例）

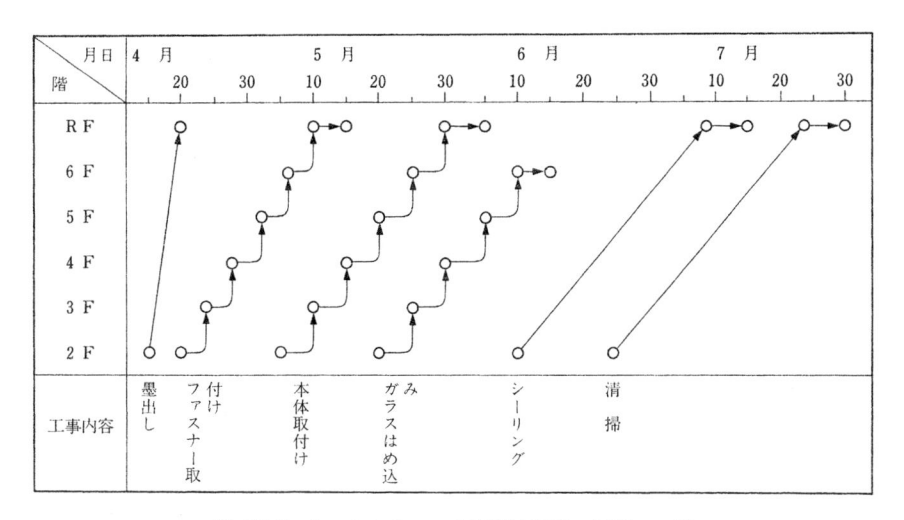

図 17.2 カーテンウォール取付け工事の工程の一例

続作業が数階遅れてこれを追うという工程の姿が一般的である．

施工計画の主な項目としては，以下に示すものがある．

（1） 部材の搬入，揚重・小運搬および保管の方法
（2） 取付け用の設備，取付け方法および作業の順序
（3） 労務計画
（4） 検査・養生・清掃計画
（5） 安全計画

● 17.3　カーテンウォール部材の工場製作

17.3.1　メタルカーテンウォール部材の製作

　一般の形材・板を使用するカーテンウォール部材の製作は，材料の手配，分解図・工作図・製作要領書の作成，切断・孔明け・折曲げ加工，部分組立て，表面処理，本組立て，シーリング，断熱・防音材，耐火被覆材の取付け，養生・梱包，出荷の順序で行われる．

　部材の加工・組立て作業にあたっては，規定された各部寸法の許容差の要求条件を満たし，かつ外観に影響するゆがみ・傷・変色などを最少限にとどめるように注意する．また異種材料との組合せ部における接触腐食の防止や，相互付着性の問題を十分考慮し，適切な材料選択を行うとともに絶縁処理などの対策を講じる．

17.3.2　プレキャストコンクリート部材の製作

　製作は，一般のプレキャスト鉄筋コンクリート部材に準ずるが，外装仕上げとして陶磁器質タイル，張石などを先付け仕上げとして同時に打ち込む場合も多い．また製品の形状が薄肉かつ複雑で，寸法許容差の要求も厳しいため，型枠の準備，先付け材の取付け，配筋，コンクリートの調合・打設・養生作業の全般にわたって，高度の作業管理および品質管理が要求される．タイル・張石・サッシなどの先付け材料，合成樹脂塗料の吹付け仕上げなど，関連する業者との品質管理上の役割分担と責任体制について，品質保証のあり方を協議し，この点を事前に明確にしなければならない．また，構造用ガスケットを用いる場合は，その装着部については詳細設計とともに，厳密な精度管理が必要である．

　これらの設計品質を実現するため，製作工場においては，適切な能力をもつ部材製造設備を保有することはもちろん，品質管理のための社内規格，作業標準，生産組織および製造設備を整備して，対応しなければならない．

17.3.3 検査および試験

　カーテンウォールの製造業者は，製造の過程および最終製品について，設計者の指示の下に各種の検査を行って，品質水準の確保，不良品の排除に努めなければならない．また設計者の要求に応じて，実物大の試験体による性能試験を行う．

　一般的な試験項目は，耐風圧強度・水密性・気密性，層間変位に対する追従性などである．これらの試験には少なからぬ費用と時間を要するので，設計者は事前に実験工事の必要性と目的，試験項目などについて適切な指示を行う必要がある．

● 17.4　カーテンウォールの施工

17.4.1　運搬，揚重および保管

　工場製作したカーテンウォール部材は，取付け工事の進捗状況に応じて適時現場へ搬入する．輸送手段や輸送経路が，製品の形状・寸法に対する制約となることがあり，事前の検討が必要である．運搬にあたり製品の保護のため梱包や養生を施すが，台車付きの専用コンテナを準備して，梱包の簡易化と現場における小運搬の能率化を図っている．

　現場に搬入した部材を取り付けるまでの作業手順には，次の2方法がある．
（1）　地上から直接吊り上げ，同時に取付けを行う方法
（2）　上階の保管場所まで揚重し，吊出し・取付けは別途行う方法

　このうち(1)は主に大型で重量の大きい部材に適用され，(2)はさらに次の2種類の方法で行われる．

　　① 外部揚重式：搬入した部材をクレーン等で外部から保管階に揚重する．この場合，必要に応じて取込み構台を設置する．
　　② 内部揚重式：荷卸しした部材を，一担搬入階に仮置きし保管階まで揚重する．

　いずれも，揚重後は保管場所までの小運搬が必要である．

　揚重には一般にロングリフト・クレーンなどの揚重機械を利用するが，これらは他種工事と共用であるので，作業日程に合わせて施工管理者と協議し，事前の計画と調整が行われる．

　部材の仮置・保管は，他の作業の障害にならず，損傷をこうむる恐れのない場所を選び，取付け順序を考慮して整理・配列する．保管の方法は，傷や変形を生じないよう，じか置きを避け，枕木の上に立て掛けまたは平置きとし，高所では強風により移動・飛散を起さぬように固定する．

　製品の解梱，取付け後の空コンテナは，その回転利用のため搬入階まで降ろして，速やかに工場に返送する．

17.4.2 墨出しおよびファスナー取付け

　仕上げ工事に先立って，軀体には仕上げ工事全般の基準となる墨出しが行われる．カーテンウォールの取付けでは，面内・面外方向の上下階の通りが特に重要であるため，垂直方向の連続計測に基づくカーテンウォール取付け専用の墨を正確に設定する．

　一般的な墨出しの手順は，まず特定階に設けた仕上げ工事用の基準墨を原点として，5, 6階おきに設定した2か所の基準階にカーテンウォール取付け用基準墨を表示する．次にこの基準墨をもとにして中間の各階に基準墨を移設し，さらに各階に設けた基準墨をもとにカーテンウォール部材を実際に取り付ける際の基準となる取付け墨を打つ．

　また，部材取付けにあたっての位置決め作業を能率的に行うため，基準階の間で建築物の外部に，ピアノ線を垂直に引き通し，さらにこれを基準として水平方向にもピアノ線を張って，面内方向・面外方向それぞれの基準として使用する．

　ファスナーの軀体アンカー金物への取付けは，軀体コンクリート打設に先立って，配筋に溶接して埋込固定する場合（先付け）と，軀体工事の完了後，ホールインアンカー・スタッドボルトの溶接などの方法によって行う場合（後付け）がある．このアンカーに対し，連結用金物を取り付けるが，一般にこの金物の位置決めによって高さ方向を除く本体の取付け位置が決定されるので，前記の取付け墨を基準として正確に留め付ける．

　位置の調整は，金物に設けられたルーズホールの範囲での移動およびライナー（位置調整用鋼片）の挿入によって行い，位置決めが完了後，各部を溶接して固定する．

17.4.3 本体の取付け

　図17.3はメタルカーテンウォールの取付け時に，取付け階を中心とした各階の労働者および機械の配置，実施する作業の種類の一例を示す．

　取付け階の保管場所から吊出し位置まで移動した部材を，上層階に設置した揚重機によって吊り上げ，取付け階および直上階の労働者との協同作業によって，ファスナーあるいは既設部材に取り付ける．重量が大きいプレキャストコンクリートユニット，大型パネルなどは，地上あるいは地上と取付け階の中間階の外壁面に設けた保管場所から吊上げを行うことが多い（図17.4参照）．

　部材には設計時に，重量・重心などを考慮して，適切な位置に専用の吊上げ用の孔（荷取り孔）またはインサート金物を設けておく．また吊上げ時に回転を防ぐため，補助ロープを使用して操作する．

　ユニットおよび方立をファスナーへ取り付ける際は，いったん仮締めした後，取付け墨に従って最終の位置決めを行い，ボルトの本締めを行う．さらに必要に応じ溶接して固定する．方立方式のカーテンウォールにおいては，方立の取付け後，無目材・スパン

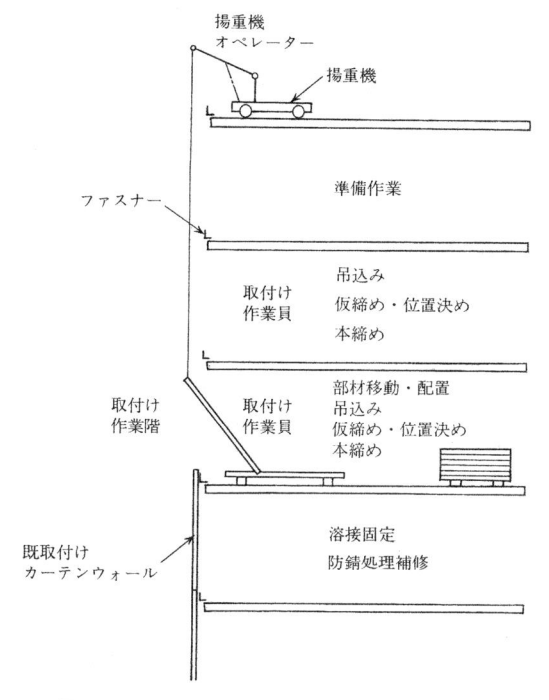

図 17.3 カーテンウォール取付け作業時における
作業員の配置および各階の作業内容

ドレルパネルを方立に取り付ける．本体の取付けが完了したら，ガラスをはめ込み，室内側付属部材の取付けを行う．

17.4.4 シーリング

　前項の取付け作業が完了したら，各部材の接合部のシーリングを行う．方立方式のカーテンウォールでは，本体の組立て途中でも無目材と方立の取合い部のシーリングを行う．

　シーリングの施工の良否は，カーテンウォールの水密性・気密性を左右するため，特に入念な施工が要求される．ガスケット・ひも状シールなどの定形シーリング材は，あらかじめ部材の端部に装着し，他の部材を吊り込んで圧密する方法と，後から目地内に挿入する方法がある．

　不定形シーリング材の施工は，充てんする目地部の清掃，乾燥，バックアップ材の装てん，マスキングテープ貼り，プライマーの塗布，シーリング材の調製・混合，充てん，へら仕上げを行い，そのうえで，マスキングテープの除去，清掃の順で作業を進める．

(a) 吊上げ準備	(b) 吊込み	(c) 位置決め

図 17.4　PC カーテンウォール部材の取付け
(写真提供：高橋カーテンウォール工業(株))

充てん作業は，目地に合ったノズルをもつコーキングガンにより，空げきや打ち残しを生じないよう注意を払い，入念に実施する．なお，シーリング作業用の足場には，通常ゴンドラを使用する．

17.4.5　清掃および検査

シーリングの終了後，順次カーテンウォールの外部および内部の清掃を行う．清掃作業は，大気中の汚染物質のほか，モルタル・金属粉など，諸作業に起因する各種の付着物があり，これを除去するために行うものである．現場の状況によっては，取付け作業の中間段階および竣工直前の時点で，清掃を行うこともある．清掃にあたっては，付着物・汚染物質の種類，汚れの程度，カーテンウォール表面仕上げの材質を考慮して適切な作業方法を決定する．清掃時には，表面の汚染状態の確認に努め，腐食・打痕・傷などの損傷を発見した場合は，ただちに適切な方法によって補修をする．

カーテンウォールの施工における検査は，工事の最終段階のみならず上述の諸作業の中間段階においても行う．検査は手直し工事の必要性が判明した場合でも，関連工事に対する影響を最少限にとどめうるような時期と方法で行うことが大切である．

検査の内容は，各部材の取付け部位，施工精度，取付け強度，外観，雨水・結露水の排出機能，シーリング材の施工状況，サッシ・金具の作動，清掃状況などである．

検査方法は各種の計測，見本との照合，試料の採取，目視観察，打診などであり，その結果を，事前に定めた検査基準に照らして判定する．問題点が発生した場合は，工事監理者と協議のうえ速やかに対策を講じ，修正結果についても再検査を行って，必ず確認する．

● 17.5　カーテンウォール工事の注意点

17.5.1　工事計画上の注意点

カーテンウォール工事の工程は，軀体工事，部材の工場製作，現場取付けおよび関連する諸工事がきわめて密接に関連し合っている．そこで工事の開始にあたっては，設計者・施工管理者，工場製作および各工事の担当者による打合せを密に行い，相互の連絡を着実に進めるとともに，問題点を明確にして，無理のない工事計画の立案に努めることが重要である．この際，設計変更，災害・悪天候など不測の事態が生じても，これに対応することが可能になるように，計画にはある程度の柔軟性をもたせる．

取付け工事は長期間にわたり，多数の労働者の連繋作業によって実施するものであるから，無駄のない効果的な作業を進めるためには，工程および作業方法を十分検討し，労働者と機械設備の運用を適切に進めることが特に大切である．

17.5.2　工事管理上の注意点

カーテンウォールの取付けは高所作業で，しかも揚重機を多用し，大型の部材を取り扱うという性格から，人間-機械系作業としての安全対策は特に重要な問題である．施工設備・作業環境・作業方法の各面にわたる安全計画の立案と，管理体制の確立に努めなければならない．

カーテンウォールの性能は，その設計および製作いかんによることはもちろんであるが，正しい取付け工事によって初めて発揮されることを忘れてはならない．

水密性や耐火性を直接左右するシーリング，火煙防止層の工事などに関する管理の重要性は，比較的理解されやすいが，構法に対する無理解のために，性能上重要なポイントの作業ミスが見逃がされることが少なくない．層間変位をすべりによって吸収する設

計のファスナーを，誤って溶接するなどはその例である．

このような事態を避けるためには，担当者全体が設計および製作の意図を十分理解したうえで，施工にあたることが不可欠である．したがって事前の打合せを十分行うとともに，性能に対する影響度が大きい作業に関しては，特に綿密な管理と検査を実施する必要がある．

文　献

1) 日本建築学会：建築工事標準仕様書・同解説 JASS 14　カーテンウォール工事（1995）日本建築学会

参　考　書

1) 二階　盛：超高層建築学 4　施工編（1974）鹿島出版会
2) 日本カーテンウォール工業会：カーテンウォール，作品・カタログ集（1974）
3) 中川中夫・菊池純一郎：カーテンウォール（1976）技術書院
4) 日本カーテンウォール工業会：メタルカーテンウォール施工要領（1993 改訂）
5) 内藤龍夫：メタルカーテンウォールの計画と施工（1984）鹿島出版会
6) 安部一郎，相場新之輔：PC カーテンウォールの設計と施工（1984）鹿島出版会
7) 日本建築学会：カーテンウォールのオープンジョイント（1987）彰国社
8) 竹中工務店設計部：PCA カーテンウォール：ファスナーの基本とディテール（1992）理工図書

18
建 具 工 事

● 18.1　建具工事の基本

18.1.1　建具の種類

　建具は，材質別に分類すると，木製建具とアルミニウム合金製・鋼製・ステンレス鋼製およびブロンズ製といった金属製建具に大別される．

　形式別に分類すれば，出入口としての機能をもつドア・シャッター類と，主に採光や換気を目的とした窓類に分けられる．

　また，工法別に分類すると，軀体の施工後に取り付ける後付け建具と，軀体の施工と同時に一体化するか，PCパネルにあらかじめ取り付けてしまう先付け建具に大別される．

18.1.2　建具の機能と性能

　建具は，開口部として必要な気密性・水密性，防火性，防風性・通風性，遮音性，防塵性，断熱性，採光性・遮光性，防盗性，防煙性，操作の容易性および安全性，さらには美観といった種々の機能が要求される．

　また，それぞれの機能に対しては，標準的な試験方法が提案されている．その一部はJISとして規格に取り上げられ，すでに各種の性能値が定められている．

● 18.2　建具工事の施工計画

18.2.1　建具工事の全体工程

　一般的な建具工事の設計から完成までの流れを図18.1に示す．建具工事は，壁・床などの仕上げ工事に先立って施工するものであり，後続する仕上げ工事の基準となるので，仕上げ面に対して，正しく取り合いまた取り付けなければならない．正しい位置に施工が行われていないと，仕上げ工事の進捗に従い，取付けの欠陥が判明し，仕上げを取り壊しのうえ取付け直しをしなければならないことになる．このような手直しは不経済になるばかりでなく，工程遅延の影響も大きい．図に示したように，工事計画を綿密に計

18.2 建具工事の施工計画

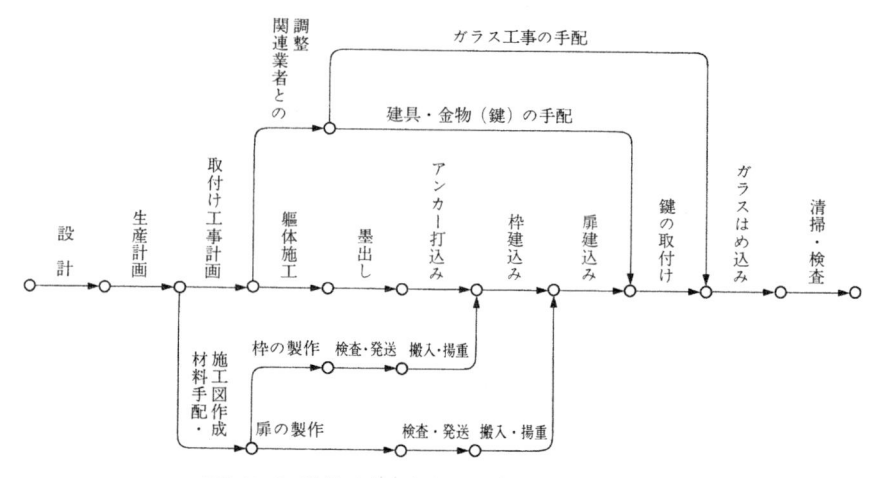

図 18.1 建具工事の全体工程（金属製ドアの場合）

画して，建具工事にとりかかる必要がある．

　取付け工事の計画にあたっては，①建具および建具金物の製造業者の技術力，②各種建具の仕様と要求性能，③防火戸・排煙窓としての適用，④施工図および施工要領書，⑤ガラス工事との関連，⑥施錠の方式，⑦設備工事との関連の検討および確認など，以上の項目を十分検討のうえ，体系的に行う必要がある．

18.2.2　工程計画および仮設計画

　工程計画の作成にあたっては，全体工程との関連性を的確に把握し，建具工事のみならず関連する諸工事の工程についても調整を図り，各作業に無理・無駄を生じることがないよう適切な工程を計画しなければならない．

表 18.1　建具工事の仮設計画立案上の検討項目

項　　目	検　討　内　容	
	細　　目	内　　容
製品の搬入に係わる事項	搬入時期	前工程の進捗状況と搬入すべき時期
	搬入量	1回当りの搬入量
	搬入の区分	階別・工区別および建具の種類別
運搬・揚重に係わる事項	運搬・揚重の方法	フォークリフト・トラック・クレーン・人荷用エレベータ
	運搬・揚重に要する人員	担当者と人数
保管に係わる事項	保管場所	分散配置か集中保管にするかの検討
	保管方法	平積みか縦置きかの検討

全体工程との関連では，建具工事に求められる工期，前工程および後工程となる工種との関連性についても細かく分析し，作業面の整合を図る．建具工事そのものについては，施工図の作成などの準備期間，建具の製作期間および製品の搬入時期，建具の取付け期間，建付け検査の時期など，それぞれについて明確な日程を定めておく．

建具工事のための仮設計画については，建具が一般に大型の資材であることを考え，表18.1に示す各項目について事前に検討を加え，建具工事が遅滞なく進捗するように計画しなければならない．

● 18.3 施工図・見本

18.3.1 施　　工　　図

施工図は，建具の製作および取付けの基本となるものである．その作成にあたっては設計図・仕様書との照合を十分に行い，食い違いのないようにしなければならない．特に注意すべき点は，①建具の位置（建具芯と通り芯・壁芯の関係），②建具の数量，③建具各部の寸法（内法幅・内法高さ，見付け・見込み寸法など），④建具の形式および形状，⑤建具の構法および要求性能，⑥建具の表面処理・表面仕上げ，⑦建具の開き勝手・開閉方式，⑧建具金物などであり，施工図に必ず書き込まなければならない．

このうち建具の製作上，特に重要な項目については，一括して建具表にまとめて示す．対象となる項目は，建具数量，取付け場所（室名など），内法寸法・見込み寸法，建具金物，表面の仕上げ，ガラスの種類・厚さなどである．

また，実際に建具を取り付ける際の納まりおよび施工上の細部について検討をする．続いて，建具枠に対する取付け方法，異種材料との接触部の絶縁処理，各種仕上げ材との取合い，建具金物の適否，ガラスの品種・厚さ・使用面積などを調べる．

18.3.2 見本品・製作模型の提出

建具および建具金物については，設計者の指示によって，見本品あるいは製作模型を作成することがある．建具の見本は，主要な構成材料および各部の構造形式・寸法，防錆処理および表面処理の方法，表面仕上げの種類・程度を確認するためのものである．

建具金物の見本については，材質・形状・構成および機能，仕上げの程度，建具に取り付けた時の操作性や堅牢性，防盗性などについて調べ，適否の判断を下す．

● 18.4 木製建具工事の工法

18.4.1 木材の選定

　木材については，通常，樹種や等級が指定されていることが多い．選定されたものが使用する部位の条件に適したものでなければならない．特に，木材の乾燥程度（含水率）は，建具の狂いを生じる原因となるので，十分な管理が必要である．

　また，木材の接合や合板類の張付けに使用する建具用接着剤には，一般にフェノール樹脂系・ユリア樹脂系・酢酸ビニル樹脂系の3種類があるが，使用箇所・用途の条件に応じ，適切なものを使い分ける．

18.4.2 製　　作

　建具の製作には，優良な製作工場を選定する必要がある．ほとんどが注文生産であり，製作は現場寸法取りのうえ，実施することが多い．一般に木取りした材料を所定の寸法に木削りを行い，そのうえで加工に入る．各部材の加工にあたっては，けがき（罫書）を正確に行い，ほぞ（枘）その他の加工を行う．各部材の仮組立てをして，取合い部の調整をしたのち，本組立て・仕上げ加工を実施する．

　木製建具は，現場搬入をしたのち，削り合せのうえ建て込むので，製品検査は，寸法・精度というよりも，削り代を見込んだ寸法で出来上がっているか，を確認する必要がある．木製建具の製品検査には次の諸点を考慮する．

（1）　見付けおよび見込みなどの各部寸法，出来上り寸法，ねじれ・反り，直角度の狂い
（2）　かんな削りの程度，取合い部・組付け部，面との取合い，各部の目違いなどの仕上り状態
（3）　柄・仕口・各部の構法
（4）　框の欠損，やにつぼ・傷の有無

18.4.3 建　付　け

　建具の建付けにあたっては，柱・枠・鴨居などの反りや倒れを調査したうえで取り付ける．框の削り合せは，片方だけでなく両方の框を削って合わせるようにする．また，扉の吊込みについては，本吊込みの前に必ず仮吊込みをして，建付け具合を確認する．各部との取合いを図18.2に示す[1]．

　建具金物を取り付ける位置は，柄穴を避け，丁番は枠および框にそれぞれ厚さだけ掘

18 建具工事

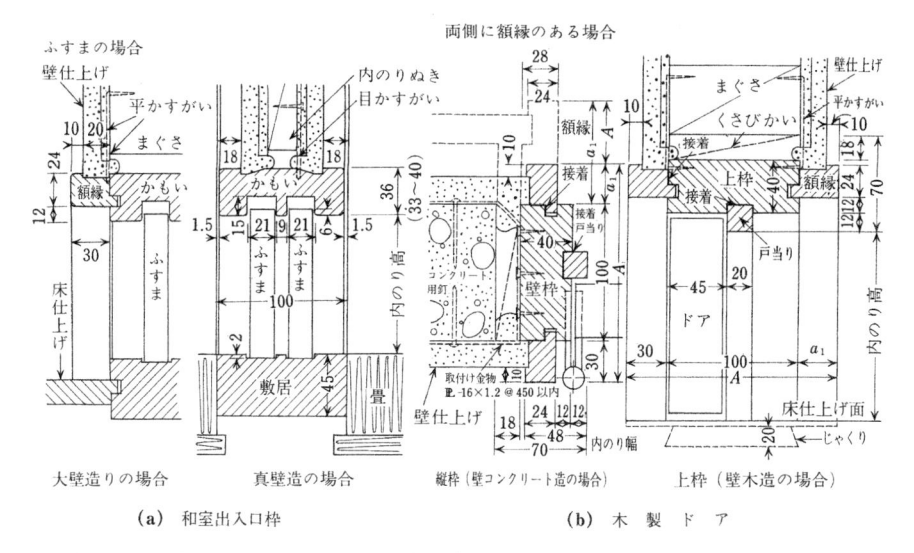

図 18.2 木製建具の取付け部の詳細（一例）〔建築施工 講座 8 より 内外装工事（Ⅰ）〕

り込む．この場合，深く掘り込まないように注意する．吊込み後，枠その他に狂いがあることが判明した場合は，その狂いを等分に分散して目立たないように調整し，建具にねじれを生じないように注意して取り付け，開閉が円滑にできるようにする．

建付け検査は，扉・障子のねじれの状態，所定のちりの確保など，建付け状態を調べる．同時に開閉に対する支障，可動時に建具金物が発する異常音の有無，施錠の良否を確認する．

● 18.5　アルミニウム合金製建具工事の工法

18.5.1 材料の選定

アルミニウム合金製建具に使用する材料は，JIS A 4702 および同 4706 に定められている．ただし，押出し型材については，メーカーにより形状が異なるので，設計図等に示された形状との照合を行い，使用箇所に適した断面・寸法をもち，かつ所定の材質・強度を有するものを採用する．

また建具の表面処理の種類および方法は，美観・耐久性の点で重要な事項である．仕様の決定（陽極酸化被膜処理の種類・膜厚など）にあたっては，外観性状にとらわれず，設置する箇所の環境条件に適した表面処理の方法を選ばねばならない．

自然発色などのアルミニウム地金以外の色に仕上げるように指定された場合は，発色

または着色の方法，色調などの仕上り条件について，設計者の設計意図を尋ねるとともに，製造業者の意見を聴取し，見本品提出を行うなど，十分検討することが必要である．

18.5.2 製　　作

アルミニウム合金製建具は，その生産形態によって次の3種類に分けられる．
（1）レディメイド方式（規格品）：部材断面・建具寸法・構造などがすべて規格化されており，標準品として在庫生産されている．
（2）セミオーダーメイド方式（半規格品）：部材としては規格された標準型材を用いるが，建具の寸法などを指示して注文生産する．
（3）オーダーメイド方式（注文品）：特注により，時には新しい断面形状の型材を製作し，建具の寸法，構造・要求性能などをすべて指示して，注文生産する．

レディメイドサッシやドアの場合は，一般にある程度の在庫があり，また新たに製作するにしても，製造方法や品質については，製造業者ごとに社内規格が整備されているので，あらためて協議をすることもなく，所定の品質条件に合致するものを搬入してもらうことができる．

しかしセミオーダーメイドおよびオーダーメイド方式の建具の場合は，製作期間として2～3か月は必要となる．特にオーダーメイドの場合は，建具形式，各部の寸法，部材の構成，表面処理・仕上げの方法などについて，十分な協議を行うことが必要である．なお，これらの製作方法については，製造業者の意見を聴取することが重要である．

一般に，アルミニウム合金製建具の製作工程は，図18.3に示すとおりである．したがって特殊なオーダーメイドサッシにおいては，型材・板材などの表面処理を含め，部材製作工程を考慮し，計画的な発注が必要である．

製品検査の項目は，大別すると次の4項目である．

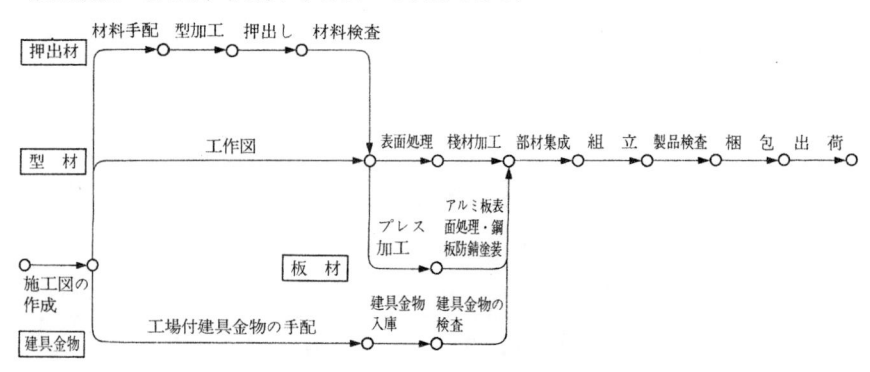

図 18.3　アルミニウム合金製建具の製作工程

（1） 寸法検査：全数検査とし，寸法が許容誤差以内であることを確認する．
（2） 機能検査：建具金物・ガラスを取り付けた状態で，障子または扉の作動状況，気密性の程度を確認する．また建具金物の機能，締り具合，はめ込んだガラスの納まりを調べる．
（3） 外観検査：曲がり・ねじれ・傷の有無，接合部の目違い，突合せ部の溶接の程度，表面仕上げの均一性，色違い・色むらなどを調べる．
（4） 雨仕舞その他の検査：閉鎖時における雨仕舞の確認をする．取り付ける部位，性能の要求条件によっては水密試験（静圧・動圧下）および遮音性試験を行う．

18.5.3 取付け工法と取付け検査

取付け工法には，大別して，後付け工法・先付け工法，およびPC板先付け工法の3種類がある．以下に工法の概要を述べる．
（1） 後付け工法：コンクリート打設後，開口部の芯墨を出し，建具を建て込み，精度を確認のうえ，アンカーあるいは取付け用ボルトを溶接して固定する．次に枠の周囲と軀体とのすき間に防水モルタルを詰め，作業を完了する．このモルタル詰めが不十分であると漏水につながるので，施工は特に入念に行う．
（2） 先付け工法：コンクリート型枠工事にあたり，建具枠を型枠にあらかじめ取り

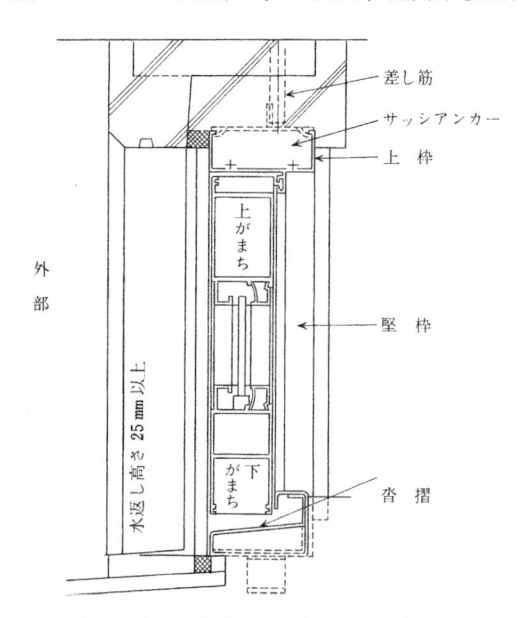

図 18.4 アルミニウム合金製建具（ドア）の取付部の詳細（一例）

図 18.5 アルミニウム合金製建具の現場取付け
(a)
(b)

付けておきコンクリートを打設する工法である．建具枠の取付けは，既製品のサッシ先付け用補強金物を使う場合と，建具枠に合わせてそのつど補強金物を製作する方法がある．コンクリートの打設後は，建具位置の修正ができないので，型枠の組立て精度，建具の取付け精度には特に注意する．またコンクリートの打設によって建具枠に変形が生じないよう，支柱などによって補強を施す．

（3） PC板先付け工法：PC板製造時の打込み用型枠の組立て時に，アンカープレートを取り付けたサッシを，PC板製造の底盤(ベット)に移動しないように取り付け，そのうえで配筋その他の金物類を取り付け，コンクリートを打ち込む工法である．コンクリート打設時の衝撃やバイブレータの振動によって，サッシが移動しないように，建具枠を補強する措置をとる．

取付け検査の方法については，木製建具に準じて行う．

● 18.6 鋼製建具工事の工法

18.6.1 材料の選定

鋼製建具に使用する材料は，JIS A 4702 および JIS A 4706 に定められている．板厚については設計図書によるが，出入口扉の枠類などは丁番やヒンジが取り付き，大きな外力が加わる．これらの部分については耐力上の検討を十分に行う．また，出入口の沓(くつ)摺(ブリ)にはステンレス鋼を使用することが望ましい．ドアなど上吊り建具の下枠との取合い部などは頻繁にすれあうため，防錆の塗膜がとれやすい．このような部分にはステンレ

ス鋼製の包み板を用いる．

18.6.2 製　　作

　鋼製建具は，アルミニウム合金製建具に比べて雨仕舞に弱点があるので，外部に使用する場合には，雨仕舞の機構を十分に検討する．必ず仮組立てを行い，適切な雨仕舞になっていることを確認する必要がある．また，防水性・防煙性能が要求される場合には，その性能が満足されるように製作する．防錆処理についても十分な検討のうえで実施する必要がある．図18.6に製作工程を示す．特に，ステンレス鋼製建具では製作日数がかかるので，日程に余裕をみた発注をする．

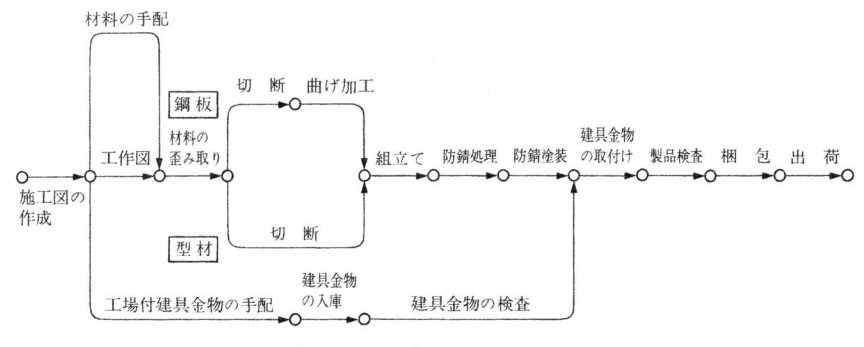

図 18.6　鋼製建具の製作工程

　製品検査においては，寸法精度，機能検査などとともに，鋼製建具は溶接が主体で組み立てられているので，溶接工作が完全であるか，ゆがみがでていないかなどの確認を行う．また，溶接部の防錆処理についても，これが完全であることを確認する必要がある．このほか工場塗装を施す場合は，指定の塗料を用いているか，見え隠れ部も塗装されているか，塗面は平坦であるかなどのチェックをする．

18.6.3　取付け工法

　鋼製建具の取付けは，アルミニウム合金製建具同様に，コンクリートの打設後，開口部の芯墨を出し，建具を建て込む．アンカーが建具枠に溶接で固定されているので，このアンカーを躯体に溶接する際は，溶接順序に注意し，建具枠にゆがみを生ずることがないように注意する．

　取付け検査については，木製建具に準じて行う．

18.6.4 その他の鋼製建具

鋼製建具には，特殊なものとして，鋼製巻込みシャッターがある．シャッターにはスラットの形状や形式によって各種のものがあり，通常，設計から施工に至るまで建具製造業者の責任施工体制で工事が進められるが，防火性能などの法的規制があり，この点については事前に性能の確認を行うとともに，躯体および仕上げとの取合いや納まりについて，十分な検討を行う必要がある．また，施工後は，電気系統の検査および試運転を行うなど，開閉作動の機能検査を繰り返し，シャッターの各部が適正に作動し，常に円滑かつ正確に開閉することを確認する．

● 18.7 建具金物工事

18.7.1 建具金物の機能と種類

建具金物には，建具の開閉運動と戸締りの二つの機能が求められる．したがって建具の良否は，建具金物およびその取付け工事の良否によって大きく左右される．

建具金物の選定にあたっては，開閉運動が円滑で，建具の重量に対して十分強度をもち，破損・摩耗・腐食のおそれが極力少ない耐久性の優れたものを選択しなければならない．また，建具およびその金物は意匠計画上の要点となるので，美観についても考慮を払うとともに，外部に面する建具では防盗性を保証する閉鎖機能が大切である．

建具金物は機能上，大きく四つに大別できる．
（1） 支持金物：開き戸を支持するための丁番・フロアヒンジ類，引き戸を支持する戸車・吊り車類が主たるものである．黄銅製・ステンレス鋼製のものが多い．
（2） 締り金物：ドア用の錠前，窓用のねじ締り，キャッチ・手掛け締りなどがある．錠前としては黄銅製・ステンレス鋼製のものが多く，ねじ締りには黄銅製が多い．
（3） 自動開閉装置：建具の自閉装置で，一般の出入口を自閉するためのものと，防火ドアの自閉のためのものに分けられる．ドアチェック，オートヒンジ，フロアヒンジなどがこれにあたる．
（4） その他の建具金物：開き戸用として，握玉・レバーハンドル・取手・ドアチェーン，戸当りなどがあり，引き戸用としては，引手類がある．

18.7.2 建具用金物の選定・取付け

建具金物は，その機種の選定の良否が建具そのものや開口部の機能を大きく左右する．あらかじめ見本品を取り寄せ，十分検討を加えたうえで，その採用を決定する．

建具金物の取付けにあたっては，取付け位置・方法を確認し，下地の状態および適切

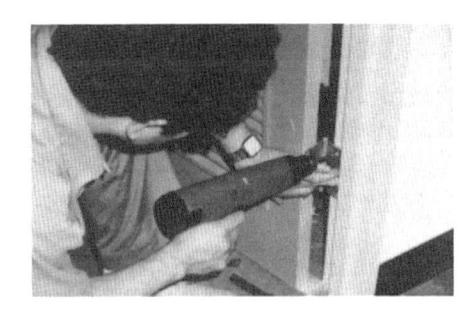

図 18.7 木製建具の吊込み作業

な補強がなされているかを確認する．建具金物の取付けの良否は，建具の開閉の状況を大きく左右し，クレームの発生につながる可能性が高い．したがって，取付け位置の適正さなどについて，担当する建具工のきちんとした自主管理を求めなければならない．

図 18.7 はフランシュ戸の吊込み作業の一例を示す．また，施錠が確実であるか，自閉装置の作動の具合，取付けビス類のゆるみ，製品の傷・汚損など，すべての事項について点検を行う．もし不具合がある場合は，調整をし直したり，部品の交換をしたりといった処理をする．

文　献
1) 渡辺, 本間, 菊池他：建築施工講座 8　内・外装工事 I（1979）鹿島出版会

参　考　書
1) 日本建築学会：建築工事標準仕様書・同解説 JASS 16　建具工事（1994）日本建築学会
2) 建設大臣官房官庁営繕部：建築工事共通仕様書（1981 年度版）（1981）（社）営繕協会
3) 小原, 今泉, 宇野：建築内装技術ハンドブック（1984）朝倉書店
4) 建築工法事典編集委員会：建築工法事典（1977）産業調査会
5) 山片三郎：建具の知識と意匠（1979）学芸出版社
6) 大阪建築士事務所協会編：建築工事監理（1982）市ヶ谷出版社
7) 斉藤潮：金属製建具の知識（1985）鹿島出版会
8) 五反田基博：システム錠の知識と使い方（1985）鹿島出版会

19 ガラス工事

● 19.1　ガラス工事の基本

　ガラスは，建築物の開口部材として，外気の遮断のほかに，採光・透視・遮蔽・防げん（眩），防音・断熱，装飾など，幾多の機能を果たす目的で使用される．
　ガラス工事は，使用する部位の種類から，外周部と屋内部の工事に大別することができる．前者は，窓・カーテンウォール，1階まわりの開口部，ベランダのフェンス，ショーウィンドウ，トップライトなどの工事である．後者には，屋内の間仕切・建具・浴室扉，防煙たれ壁，吹抜け，階段まわりのフェンス，光天井，戸棚，陳列棚などの工事がある．このように使用目的によって選ぶガラスの種類が異なり，要求される機能も多様である．
　ガラス工事には，開口部や建具などに採用する板ガラス類のはめ込み工法，採光・防音壁のガラスブロックの組積工法，床に用いるデッキガラスの取付け工法などがあり，ガラスをサッシにはめ込んだり，あるいはガスケットを用いて壁体に直接はめ込んだり，金物を用いて建物に直接取り付けたりする．
　ガラスは硬く，相当程度の強度をもつが，傷つきやすく破砕性も大きい．また，乱暴な取扱いをすると，ガラスを傷めるばかりではなく，操作を誤ると危険でもある．したがって，ガラス工事を適切に進めるためには，ガラス製品の材質や各々の特徴を理解するとともに，一方では，法令などによって定められた使用基準を遵守し，正しい工法によって施工することが大切である．

● 19.2　ガラス工事の計画

19.2.1　工法の選定

　ガラス工事は，常に設計図・仕様書に基づいて行われるが，建築物外周の開口部に用いるガラスの取扱いについては，事前に，次の事項について検討を加え，寸法・板厚をはじめ，取付け工法，各部との納まりを適切に定めなければならない．
　（1）風圧による破砕・脱落の防止

図 19.1 実大モデルの耐風圧・耐震試験

（2） 地震による破砕・脱落の防止
（3） ガラス周辺から雨水の浸入およびガラス面に生じる結露水処理の方法
（4） ガラスの熱割れの対策
（5） 反射公害の対策
（6） 異常人物の侵入，防盗などの対策
（7） 破損した場合の取替え方法

とくに超高層建築における大規模なカーテンウォールやデパート・商店のショーウィンドウなど，特殊な形状や大きさのガラス工事，海中展望塔・水族館プール側壁のガラス工事については，風洞実験，実大寸法のモデルによる耐風圧・耐震試験（図 19.1 参照），耐水圧試験，耐衝撃試験を行い，安全性を確認して工法を決定することが重要である．

19.2.2 工事計画上留意すべき事項

使用するガラスの種類・工法および納まりが決定したならば，さらに次の項目について十分な検討を加え，適切な工事計画を立案しなければならない．
（1） 使用材料の形状・寸法，品質，数量，納入荷姿
（2） 工程計画（全体工程との調整，工場加工の工程，ガラスおよび副資材の納期ならびにガラス工の確保，現場における作業工程など）
（3） サッシ・取付け枠などの各部寸法および精度の規準
（4） ガラスの運搬・揚重および保管の方法
（5） 工事の分担，作業管理・品質管理上の要点，責任体制
（6） 工事用機械・器具の手配〔グレージングマシン（図 19.2 参照），フォークリフ

図 19.2 グレージングマシンによる大板ガラスの取付け

ト，カッターなど〕
（7）工事の安全性の確保（足場，小運搬の方法，安全施工の要領など）
（8）他種工事によるガラスの破壊および汚れを防止するための養生措置

これらの検討結果は，工程表，施工図，作業規準・施工要領書，品質管理工程表などとして取りまとめ，ガラスメーカー，ガラス工事業者に十分徹底する必要がある．

● 19.3 板ガラスの加工

19.3.1 切断・孔明けおよび切り欠き

A. 工場切断

ガラス工事は，ガラスの加工工程・はめ込み（または取付け）工程に大別される．ガラス加工のなかで切断作業は，従来一般に工事現場で行われていたが，現在では，建築工事の施工速度およびコスト面の理由により，工場での切断が主となっている．また，工場切断による方が，寸法精度がよく，さらに切断面の傷が少ない．

（1）はめころし窓などの大面積ガラスの切断は，一般にはガラスメーカーまたはガラス工事業者による工場切断であって，開口部にはめ込むガラスの実寸法は，サッシの取付け寸法の誤差とガラスの切断寸法の誤差の両者を考慮して決めなければならない．

（2）住宅用サッシなどの比較的小面積のガラス切断は，ガラス工事業者がその工場でほとんど切断し，障子にはめ込みを済ませたうえで現場に搬入するので，窓枠さえ図面寸法どおりに取り付けてあれば，問題はほとんど生じない．

B. 現 場 切 断

何らかの事情で，工事現場でガラス切断の必要が生じた場合でも，次の理由によって現実にはガラス切断はほとんど不可能である．
(1) 一次製品の単板ガラスは，切断することができるが，切取りガラスの寸法がガラス板厚の3倍程度ないと正確な切断はできない．
(2) 二次製品の強化ガラス・複層ガラス，ステンドグラスおよびガラスブロックなどは，切断が不可能である．また，合せガラスも原則的には再切断は不可能である．

一般的には枠または障子にはめ込む場合に，ガラスは形状および寸法を正確に切断しなければならない．切断はクリーンカットあるいははめ込みに支障のない程度の糸面研磨をする．

研磨する場合は，要求性能に応じてできる限り細い目のサンダーによる研磨がよい．

C. 孔明けおよび切り欠き

これらの加工はガラスの性質からみて，建築用のガラスについては採用しないことが望ましい．その理由としては，孔明けまたは切り欠き部分の二次加傷によって，ガラスの強度が著しく低下すること，またこの加工がコスト高になることなどを指摘しなければならない．

D. 表 面 加 工

工芸的装飾ガラスの目的で，サンドブラスト加工，フッ酸によるエッチング加工，砥石によるVカット加工および有機顔料または無機顔料の焼付けなど，様々な表面加工が可能となっている．したがって，内装・外装に対する意匠上の種々な要求に対応することが積極的に試みられている．

● 19.4 板ガラスのはめ込み工法

19.4.1 ガラスまわりのクリアランス

一般に板ガラスは，サッシなどの支持枠に所定のクリアランスを確保して，シーリング材やグレージングガスケットを用いてはめ込む．

地震・強風などの外力によるガラスの変形，不均一な温度分布による熱応力の発生，窓の開閉時の衝撃などによってガラスが破損することのないように，面方向およびエッジ部にはクリアランスを設ける必要がある．

枠とのかかり代は，風圧・衝撃などによる面外の外力が作用した場合に，支持枠から外れないように，適切な寸法とする必要がある．以上述べた寸法の取扱いは板ガラスの

種類,大きさおよび厚さによって異なるので,材質に合わせた適切な処置が望まれる.

19.4.2 はめ込み

A. アルミニウム合金製建具へのはめ込み

a. 枠の点検と清掃 枠の点検としては,まず枠の見付け幅と見付け高さを巻尺を用い測定する.一般に中央部と両端の3か所ずつを測る.ガラスをはめ込む溝の幅と深さについても,各辺3か所ずつ測定し,図面と照合のうえガラスまわりのクリアランスとの関係を確認する.

次に溝の中に溶接・ネジその他の突起がないことを確かめるとともに,溝にはさまっているモルタル・木屑などの異物類はすべて除去のうえ,清掃をする.

b. ガラスのはめ込み グレージングチャンネルを用いる場合は,ガラスの四周にグレージングチャンネルを巻きつけ,その継目が上方の中央にくるようにして,分解した枠材を取り付ける.

グレージングビードとシーリング材を用いる場合は,ガラス幅の両端より4分の1の位置に2個のセッティングブロックを置き,ガラスを2点で支持するとともに,エッジクリアランスをきちんと確保するようにガラスをはめ込み,押縁を取り付ける(図19.3参照).そのうえで,スペーサーやシーリングのバックアップ材によって,面クリアランスを確保して,グレージングビードを押し込んだり,シーリング材を充てんする.

1方押縁や2方押縁の場合は,ガラスのやり返し(ある方向の溝へいったん深く入れてから正しい位置に戻す)をしなければならないので,隅角部を破損しないように注意する.

B. 鋼製建具へのはめ込み

鋼製枠へのガラスのはめ込みには,パテで押える場合と,押縁で押えてパテかシーリング材を充てんする場合がある.ここではパテで押える工法について述べる.

まず,枠に敷きパテを施し,ワイヤクリップあるいはアングルクリップでガラスを位

図 19.3 斜壁におけるガラスのはめ込み

置決めおよび固定し，次に押えパテをすりつけ，ヘラで仕上げる．この際，敷きパテと押えパテが一体となるように，十分に押えつけることが必要である．

C. 木製建具へのはめ込み

ガラス障子など木製建具へのはめ込みには種々の方法があり，①パテ止め，②押縁止め，③かんぬき止め，④落し込みの4種類がある．

パテ止めは，敷きパテを十分にすりつけた後にガラスをはめ込み，三角形の板くぎで枠に固定する．次に押えパテをすりつけて押え，仕上げをする．

押縁止めには，パテを使う場合と，使わない場合がある．前者は，外壁などで水密性・気密性が求められる部位の建具に採用される．押縁は銅くぎで止める．

かんぬき止めは，日本独特の工法であり，ガラスを上下あるいは左右にやり返した後に，かんぬきで止める方法である．

落し込みは，木製建具独特の工法であり，ガラス障子の上桟(かみざん)（上方枠材）を2本に分解して組み立て，ガラスを上桟材の溝の上方から落し込む．上桟にはガラスと同厚の落し板を差し込み，ちぎりを入れて，二つの上桟を一体化させる方法である．

19.4.3 ガスケットによる取付け

A. ガスケット工法の特徴

ガラスの支持および水密性・気密性の確保を，合成ゴム製のガスケットによって行う工法である．使用するガスケットの形状には，H形とY形がある．H形は鋼製枠とガラスに，Y形はコンクリートとガラスの間に用いる．

ガスケット工法が他の工法に比べて異なる点を以下に示す．

（1） ガラスの寸法精度を高くしなければならない．
（2） ガラスの四周は，ガスケットを傷つけないようにR取りや糸面取りを行う．
（3） セッティングブロックを使用しない．

B. ガラスのはめ込み

H形ガスケットであれば鋼製枠，Y形ガスケットであればコンクリート溝の寸法および状態を確認したあと，工場で継目処理をしたガスケットを鋼製枠やコンクリート溝に取り付け，これにガラスをはめ込む．次にかかり代を確認したのち，ロックストリップ（通称ジッパー）をジッパー通しとよぶ工具によって溝に押し込み，ガラスを固定する．

● 19.5 ガラススクリーン工法

19.5.1 ガラススクリーン工法の種類

A. ガラス方立工法

ガラススクリーンとは，通常の金属製建具枠を使用しないフレームレスの工法である．大寸法ガラス（大板ガラス）を用い，全面ガラス張りの広大な開口部とすることを特色としている．この工法には図19.4に例示するごとく，①ガラス方立工法，②ガラス吊下げ工法，③強化ガラススクリーン工法の3種類がある．いずれも大板ガラスを使用するために，風と地震に対する考慮を十分に行わなければならない．

ガラス方立工法は，金属方立の代わりにガラス板を方立に使用しており，面ガラスと方立（リブ）の間には，シリコーン系シーリング材を充てんして壁面を構成する．ガラスの自重は，開口部の下辺の固定ブロックで支持する．面ガラスおよびリブガラスの板厚・幅などの各部寸法は，開口部に加わる風圧の影響を考慮して求める．

B. ガラス吊下げ工法（サスペンション工法）

大板ガラスの高さが4〜6mになる場合，ガラスの自重でゆがみを生じ，座屈による破砕などの危険を伴うために，建築物の梁やスラブから特殊な吊下げ金物を用いて，ガラスを吊り下げる工法をとる．吊金物は上部の構造体の支持金物で受けるので，構造耐力上問題を生じることのないよう，支持金物と軀体との補強を事前に検討して，適切な構法を採用する必要がある．

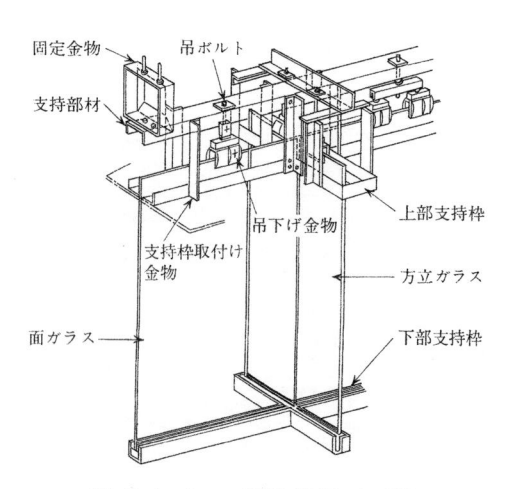

図 19.4 ガラス吊下げ工法（一例）

C. 強化ガラススクリーン工法

すべてを強化ガラスで構成する方法である．らんまガラス・そでガラス・リブガラスおよびドアガラスを連結金物によって組み合わせ，壁面を構成する．この方法では，らんまガラスおよびリブガラスは吊下げ金物を用いて天井内部の支持金物から吊り下げる．

ドアは，トップピボットおよびフロアヒンジで軸を支えると同時に，開閉はフロアヒンジによって行われる．

19.5.2 ガラススクリーン工法の注意点

ガラススクリーン工法では，次の事項を注意しなければならない．
（1） ガラス製造業者により工法の詳細が異なるので，施工計画の検討を十分に行う．
（2） ガラスまわりのクリアランスを正確に確保する．
（3） シーリング材はガラスを支持する材のひとつであり，その種類・性質を十分考慮するとともに，プライマーの選択をも慎重に行う．

● 19.6 その他のガラス取付け工法

19.6.1 網入り波形ガラスの取付け

波形ガラスには，防火・補強および破砕防止の目的で，一般に網を入れ，網入り波形ガラスとして屋根および壁に装着される．採光を目的とし，屋根全面に用いることもあるが，通常は他種材料と併用してその一部に明りとりとし，屋根および壁に利用される．その多くは，こう配屋根の屋根葺き材およびルーフライトとして用いるものであり，工法には，①重ね葺き工法，②平葺き工法の2種類がある．

重ね葺きの場合は，横方向の重ねは，小波板の場合は1.5山，大波板の場合は0.5山以上とする．流れ方向の重ねは屋根のこう配によって異なる．こう配が10分の3程度の場合は150 mm以上の葺重ねをとる．葺重ね部には，水密性を確保するために非加硫ブチルゴムなどのひも状シール材（ロープパテともよぶ）を挿入し，波形ガラスは，ゴム製のパッキングをかい，座金を施したうえに，フックボルトを用いて母屋に固定する．平葺き工法はガラス接合部に，銅製またはステンレス鋼製の板をかぶせて，これをボルトで留める．

19.6.2 ガラスブロックの取付け

ガラスブロックは，壁の一部に採光を目的として組積工法で積み上げるものである．断熱・防音・防火などの点で，通常の開口部よりも優れた性能を示すことから，しばしば用いられている．

ブロックを1個ずつセメントモルタルを用いて積む場合と,あらかじめパネルにして取り付ける場合がある.いずれの工法においても,500～600 mm 間隔に 6 mmφ の鉄筋を縦および横方向に,ダブルに用いて力骨とする.耐震上,ガラスブロック壁の四周には緩衝材を入れ,また面積が大きい場合には,伸縮目地を設ける.

19.6.3 ガラスブリックの取付け

ガラスブリックは1個ずつエポキシ系接着材を用いて積む場合と,あらかじめ工場でパネルにして取り付ける場合がある.いずれも最下部には,厚さ 10 mm 程度の合成ゴム製あるいは塩化ビニル樹脂製のセッティングシートを敷き込み,耐震上の配慮をする.

19.6.4 ステンドグラスの取付け

ステンドグラスは有色の型板ガラス(厚さ4 mm 程度)を意匠図案にそって切断し,鉛合金製の H 形ジョイナーでガラス片をつなぎ合わせたものである.製作には若干時間がかかる.壁への取付けは板ガラスと同様に,四方押縁止めで行う.ステンドグラスは現場での寸法調整は不可能であり,取付け枠の寸法精度に注意する必要がある.

● 19.7 ガラスの養生および清掃

すべてのガラスは,はめ込み・取付け後,竣工まで傷付きや破損を防止するために,他職種の労働者に注意を喚起すべく張り紙の養生をする.また,他種工事による汚れに対しても,塩化ビニル樹脂・ポリエチレンなどのフィルムを張って養生をする.特に近くで溶接作業が行われる場合には,薄鋼板その他で養生する.

通常の汚れは水洗いで十分除去できるが,油分が付着している場合には,みがき粉の上澄み液や中性洗剤を用いて拭いとり清掃をする.なお,熱線反射ガラスの清掃は必ずガラス製造業者の指定する方法で,表面の反射膜(酸化金属膜)を傷めないように清掃する.

文　献
1) 日本建築学会:建築工事標準仕様書 JASS 17　ガラス工事(1991)日本建築学会

参　考　書
1) 三井所清典:建築技術者のための板ガラスの設計(1984)理工図書
2) 職業訓練センター:ガラス施工(1981)雇用問題研究会
3) 全国板硝子商工協同組合連合会,職業訓練法事業委員会編:ガラス施工法(1978)(財)職業訓練教材研究会

20 木工事

● 20.1 木工事の基本

20.1.1 木工事の特色

　わが国では，森林が多く品質の優れた木材を容易に入手することができるので，かつては建築材料の主流をなし，建築生産は木工事が主体となって推移してきた．しかし現在では，各種の建築材料の出現があり，また建築物の非木造化の進展によって，木工事は建築工事の一部分として扱われるようになっている．これに伴い，木材の特性を理解して使用する者が減少し，誤った使用方法による欠陥も目立つようになった．

　木材は自然材であり，組織が均質でないこと，狂いやすく，温度・湿度の変化による挙動が大きいなどの特徴を考慮し，外観性状その他におぼれることなく，その性質を正しく把握し，十分練り上げた考え方に立って設計ならびに施工する努力が必要である．

20.1.2 木工事の種類

　建築工事における木工事は，いわゆる木造建築物と耐火構造物内の木工事に大別される．前者は，通常の木構造のほか，木造プレハブ構造・集成木構造などを含み，軀体部分から木工事が主体となって構築されるものである．後者は，鉄筋コンクリート造などで構成される構造軀体に，床組み・間仕切軸組・天井下地組みといった下地組み工事と，和風および洋風の造作工事を施すものである．本章では後者を主体に述べる．

20.1.3 木材の種類

A. 木　　材

　木材類は，日本農林規格(JAS)により，品質や形状・寸法が規定されている．木材の品質については，一般に「等級」によって指定されるが，造作材については，このほかに木目・木肌・木理の状態，産地等まで指定することが多い．近年，アメリカ・カナダ，東南アジア，ロシア（シベリア）等の諸外国から木材が大量に輸入されており，使用材料の種類・量ともにこれら外来材の占める割合が非常に増えている．したがって，木材の性質については従来に増して幅広い知識をもつことが必要である．

B. 銘木類

銘木は，高級造作用として，床柱・床框など床の間まわり，洋風・和風造作として意匠的な工夫をこらす部分に用いる木材・竹材類である．鑑賞価値を高めるため，その育成過程で人工的に手をかけたり，彫刻や着色加工を施したものもある．

C. 合板類

合板類は，日本農林規格(JAS)に規定があり，用途によって，普通合板・防火戸用合板・難燃合板・特殊合板などに分類されている．型枠などの仮設資材用のものから，高級仕上げ用の練り付け合板まで幅広く活用されている．

D. 集成材

集成材は，厚さ1～3cm程度の薄板（ラメラ）を積層して接着したものである．品質等については集成材の日本農林規格(JAS)が規定されている．化粧用のものと，梁・柱などの部材，敷居・鴨居などに利用する構造用のものがある．これらの材は，積層間での剥離や小口の割れが起きやすいので，十分管理された製材工場で生産されたものを用いる必要がある．

● 20.2　木材使用上の要点

木材の使用上，最も注意しなければならない点は，材の乾燥程度である．少なくとも気乾含水率（または平衡含水率：15%）以下に乾燥する必要がある．乾燥が不十分なものを使用した場合には，乾燥に伴って収縮を起こし，取合い部にすきを生じてしまう．反対に乾燥しすぎた材料を使用すると吸湿による膨張を起こし，板のはらみなどを生じることがある．

このような含有水分の変化による木材の収縮や膨張率は，組織の方向性によって異なる．したがって木取りにあたっては，木材の方向性を十分に考慮する必要がある．

また収縮率は同一材であっても，心材と辺材では異なり，木理がまっすぐ通っていても，反り・ねじれなどの「狂い」を生じる可能性がある．このほか節が存在する場合，年輪幅の大きい場合にも狂いが起こりやすい．

このような欠点がある材料は使用を避けるとともに，外観で判断できない場合は，電気含水率計などで含水状態を検査するとともに，乾燥期間を十分とることが大切である．

近年，一般の建築物では空調設備の使用が増大し，室内環境の乾湿の変化によって，木材を使用した部位において様々な欠陥が現れる傾向が強くなっている．このため，造作・建具材などには，狂いの少ない化粧用集成材の使用が増えている．

● 20.3 木工事の計画

20.3.1 準備計画と全体工程

　木工事は，設計図・仕様書に基づき，その細部にわたり施工面での技術的検討を加え，それを施工図にまとめ，部位別に施工手順，施工量，工期といった内容を把握するため，準備計画の細部にわたる検討を必要とする．それらの手続の後，木工事の全体工程を立案する．図20.1に一般的な全体工程の事例を示す．

　準備計画は，一般に「再調」ともよばれるものである．木工事の場合，各材料および手間の量を算出しなければ，正確な施工計画が立案できない．このため施工図を書きながら，使用する各部材の形状・寸法を調べあげ，数量を拾う必要がある．

　準備計画が終了すると，専門工事業者に発注して製作工程に入る．通常，下地工事と造作工事では，搬入・実施時期が若干ずれるので，必要とする部材はそれぞれの工程に間に合うように製作する必要がある．

　他方，現場では，材料置場の設定および仮組立てのための加工場の設置を行っておく．

　以上の事前作業を終えて，木工事の施工に入る．特に設備工事との関連を考慮して，木工事の着工時期・終了時期を決定し，施工の手順や投入人工数を定める．木工事は仕上げの工程の中でも後半に位置し，工程計画が不適切であると突貫工事となりがちである．これでは工事品質の低下につながるので，緻密な工程計画と管理が不可欠である．

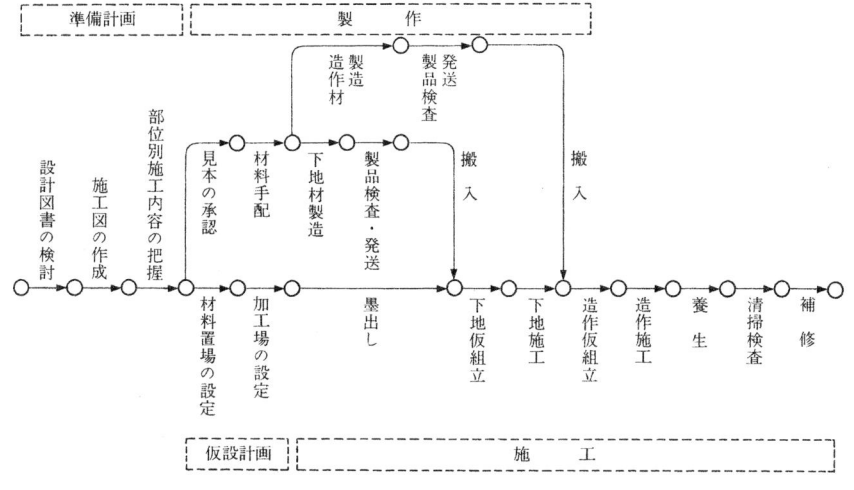

図 20.1　木工事の全体工程（一例）

20.3.2 施工図の作成

木工事に係わる施工図には，矩形詳細図・割付け図，現寸図・型板などがある．通常は1/20の縮尺で詳細を書き，各部の納まりや寸法を確認する．さらに各部の現寸図を作成し，他工事との取合い・納まりを検討する．一般に現寸図は加工図としても用いるので，間違いのないように表現する．施工図を起こす必要があるものは次のとおりである．

（1） 割付け図：軸組図・床伏図・天井伏図を書くとともに，各種のアンカーの位置，野縁・根太の割付け，合板類の割付けを示す．

（2） 現寸図：窓・出入口の枠類，幅木，見切縁・廻り縁などは原則として現寸図を作成する．枠類については，戸当りの厚さおよび幅，額縁の見付幅，扉類の見込み厚，壁仕上げ面とのちりなどを決定する．枠類以外の部材については，仕上げしろと仕上げ面とのちりや見付幅を決定する．

（3） 型板：納まりが複雑な場合には，現寸図に基づいて，合板類で各部材の断面の型板を作成する．なお，これを準備しないと間違った加工をしてしまうことが多い．

20.3.3 見本品による検討

木工事に使用する材料のうち，造作材・銘木・薄板（つき板）などについては，色調，木理，木目といった木肌模様や，特別な形状の繰形(くりかた)など，設計図において表現しきれない部分がある．この場合は，実物大の見本品を試作し，これに基づいて検討を行う．

● 20.4　下地組みの工法

20.4.1 床　組　み

床組みは，床下に防湿層を必要とする集合住宅や，オフィスビル内にある和室の下地となる床組みに用いる．通常床組みは，図20.2のようにころばし根太床と束立て床に分けられる．集合住宅などの木工事においては，前者が一般的な工法であり，後者は段違い床などのように，床高を大きく変える必要がある場合に用いられる．

20.4.2 間仕切壁の軸組

間仕切壁の軸組は，木造建築の構造体とは異なるので，外力の影響はほとんど考慮しなくてよい．しかし，軸組材自体の剛性の確保と，変形に対する安定性を十分考える必要がある．通常，図20.3のように構成されるが，軸組はなるべく早く組み込み，胴縁類の取付けまでの期間をできるだけ長くとることが大切である．このような方法をとれば，

20 木 工 事

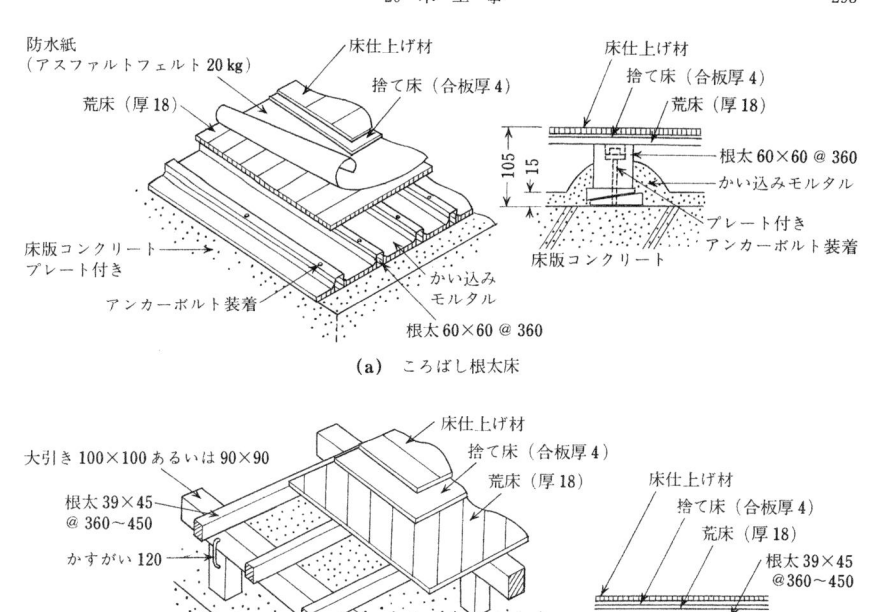

(a) ころばし根太床

(b) 束立て床

図 20.2 床組みの工法（単位：mm）

ある程度の反りやねじれが起っても，部材を取り替えるか手直しをすることによって，後続の作業に問題が発生しない．

20.4.3 天井下地組み

天井下地組みは，コンクリートスラブに埋め込んだアンカーボルトで吊木受けをとめ，これに吊木を釘止めするのが一般である．吊木は天井を吊るとともに，天井の持ち上りを防ぐ機能も有する．したがって吊木に取り付けられる野縁の挙動を拘束し，天井下地の狂いを防ぐことが可能となる．野縁に仕上げ材をじかに取り付けることがあるが，仕上げ材の目地の通りを保ち，不陸・目違いを防ぐ目的で，合板や石膏ボードを仕上げ下地として張り付けることが多い．

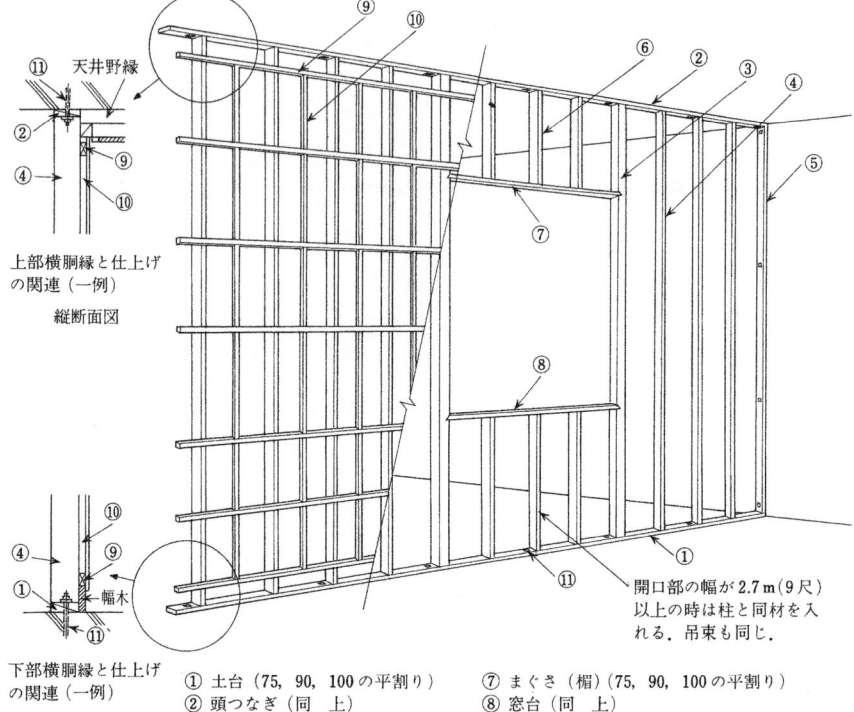

20.4 下地組みの工法

上部横胴縁と仕上げ
の関連（一例）
縦断面図

下部横胴縁と仕上げ
の関連（一例）
縦断面図

① 土台（75, 90, 100 の平割り）
② 頭つなぎ（同　上）
③ 柱（75, 90, 100 の正角）
④ 間柱（75, 90, 100 の平割り）
⑤ 際柱（同　上）
⑥ 吊束（75, 90, 100 の平割り）
⑦ まぐさ（楣）（75, 90, 100 の平割り）
⑧ 窓台（同　上）
⑨ 横胴縁（18×40, 20×40, 27×38）
⑩ 縦胴縁（同　上）
⑪ アンカーボルト
　（φ9, @900〜1,800 ホールインアンカー止め）

開口部の幅が 2.7 m（9 尺）
以上の時は柱と同材を入
れる．吊束も同じ．

図 20.3　間仕切壁軸組の工法（単位：mm）

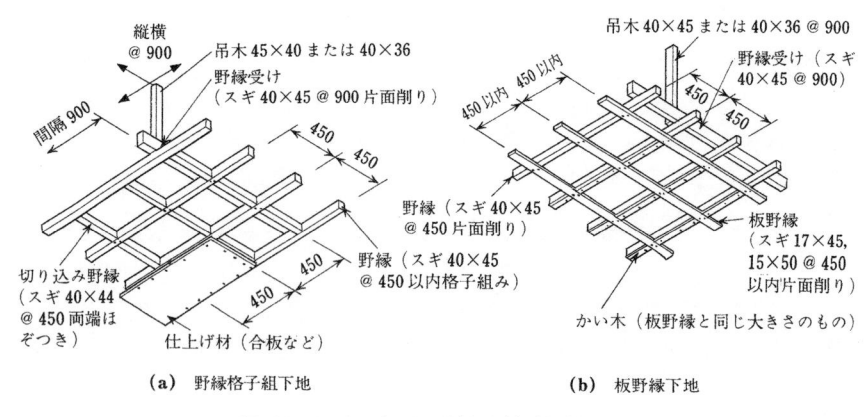

(a) 野縁格子組下地

縦横 @900
吊木 45×40 または 40×36
野縁受け（スギ 40×45 @900 片面削り）
間隔 900
切り込み野縁（スギ 40×44 @450 両端はぞつき）
仕上げ材（合板など）
野縁（スギ 40×45 @450 以内格子組み）

(b) 板野縁下地

吊木 40×45 または 40×36 @900
野縁受け（スギ 40×45 @900）
450 以内
野縁（スギ 40×45 @450 片面削り）
板野縁（スギ 17×45, 15×50 @450 以内片面削り）
かい木（板野縁と同じ大きさのもの）

図 20.4　天井下地組みの工法（単位：mm）

● 20.5 造　　作

20.5.1 床仕上げ
（1）縁甲板張り

　　木質系材料による床仕上げ張りには，縁甲板張り・フローリングボード張り・床板張りの3種類がある．

　　縁甲板（厚さ15 mm以上，幅100 mm内外）の継手は，根太の心で乱に目違い入れまたは突き付けとする．幅木との納まりの小穴じゃくりや小口の継手加工をしてから，締めかすがいで十分に締め付け，雄ざねの方から斜め釘打ちし，目打ちで十分に打ち込んで仕上げる．

（2）フローリングボード張り

　　フローリングボードは，継手が必ずしも根太心とならない．この点，縁甲板張りとその取扱いが若干異なる．フローリングボードで注意すべきことは，人工乾燥した材料であるため，季節により，張るときの締め方を加減する必要がある．

（3）床板張り

　　パネルボード・パッケートなどの洋風の床板張りは，まず，杉の荒板または合板で下張りをし，そのうえで幅75 mm内外の厚板を釘打ちで止める．取付けは，板を十分に叩き寄せて密着させ，受材当りに隠し釘打ちとする．

　　床板張りの後は，かんな掛けをして目違いを払い，サンダー掛け仕上げとする．

20.5.2 壁仕上げ
（1）羽目板張り

　　木質系材料による壁仕上げは，設計によって意匠上の効果から，その取扱いは様々である．最も一般的な工法は羽目板張りであり，これに付随した形で幅木および付け鴨居の取付けが実施される．

　　羽目板の取付けは，通常は隠し釘打ちであるが，それができない場合には，つぶし頭釘あるいは化粧釘打ちとする．継手は，一般に柱心で乱に合欠き継ぎ，または突付け継ぎとする．幅木との取合いは，幅木上端に小穴じゃくりをし，羽目板下端に実じゃくり加工を施して，小穴に挿入する．廻り縁部分もこれに準ずる．

（2）幅木

　　幅木は，床と壁の見切りであり，壁仕上げの定規となる．幅木は，通常，床に小穴入れとする．したがって幅木の下端は実じゃくり，上端は小穴じゃくり，ま

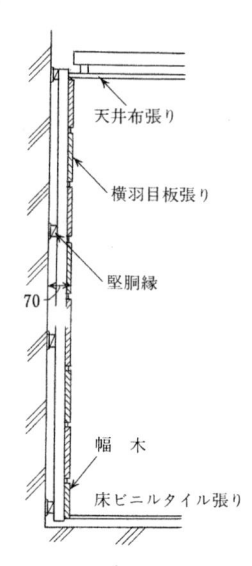

図 20.5 壁仕上げの工法例（横羽目板張りの例）

たはちりじゃくりとする．
（3） 付け鴨居

付け鴨居は，それと取合う仕上げによって，小穴じゃくりまたはちりじゃくりをして，見え隠れ部より釘打ちとする．

20.5.3 天井仕上げ
（1） さお縁天井

木質系の天井仕上げには，和室のさお縁天井・打上げ天井などがある．また簡易なものとして合板張り天井がある．図 20.6 に天井仕上げの工法の一例を示す．さお縁天井は，伝統的な和風造作であり，まず壁に沿って廻り縁を施し，次に廻り縁と同質のさお縁を取り付け（間隔 45～60 cm），そのうえで天井板を張るのが普通である．さお縁の方向は，床の間のある部屋では一般にこれと平行にする．天井板の重ね合せには，さお縁の中間ごとに「いなご」を取り付けて納める．

（2） 打上げ天井

打上げ天井は，天井板を合じゃくりにして納め，張り上げは通りよく施工し，つぶし頭釘打ちで止めつける．

（3） 合板張り天井

合板張り天井は，普通合板または特殊合板を接着剤併用の釘打ち止めで施工す

(a) 打上げ天井　　　　**(b) 合板張り天井**

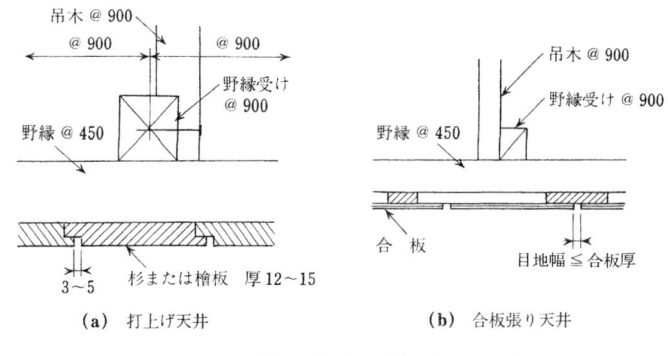

図 20.6　天井仕上げの工法（単位：mm）

る．塗装仕上げや湿気の多いところでさびの発生が心配される場合は，ステンレス鋼釘を用いる．

20.5.4　出入口枠

出入口枠類は，間仕切壁軸組が終了後，ただちに取り付けられ，これを基準に床・壁・天井の仕上げが決定される．位置・各部との取合いは正確に取り付けなければならない．

木造軸組の場合，上枠および下枠は，両端を脇柱へ浅く切り込み釘打ち止めとし，枠の角および中間 600 mm 内外に，枠と柱・まぐさとの間にくさびをかい，その位置で平かすがいを両面から打って固定する．コンクリート造では，開口部の周辺に木レンガを 600 mm 間隔に埋め込んでおき，この木レンガを利用して，平かすがいで止めつける．

● 20.6　大断面材を用いる木工事

20.6.1　大規模空間の木構造

わが国の建築は伝統的に木構造が主流であった．神社・仏閣など，精巧な結構の美を誇る数多くの建築物をつくり出した伝統的木工技術を，我々は誇りとしてきた．しかし，第二次大戦の戦中・戦後の混乱期に，各地の森林資源が濫伐されてしまい，一度にこの有用資源が枯渇に瀕する状況に陥ってしまった．このため，一つは森林資源の保護・育成のため，また木造建築物が大火・震災などの被害に悩まされつづけたこと，さらに鋼・セメントなどの工業材料が次第に量産化されて，容易に入手可能になったことなどの理由から，都市域に建てられる建築物については，政策的にも非木造化が推奨され，木造建築物は戸建て住宅などの小規模低層家屋の建設に使用されるほかは，衰退の道を辿っ

ていた．このためせっかく発展の道を進みつつあった新興木構造の技術も価値を失い，次第に衰微していった．

しかし欧米諸国，特に森林資源に恵まれている北欧などの国々では，鉄筋コンクリート造・鉄骨造などの建築物と並行する形で，木材の特性を有効に活かした木構造として限りなき挑戦がつづけられており，今日では大規模な空間構造を様々な形でつくり出すめざましい技術発展を遂げている．

わが国では，荒廃した山々に対する並々ならぬ努力によって，各地で植林経営が進められ，国内産木材の供給を果たせるまでに回復したものの，長期にわたって海外からの木材輸入に依存している間に，外来材と国内産材との価格差が拡大してしまい，今日では林業経営が極めて厳しい状態に置かれるような事態に立ち至っている．木材の利用拡大をめざす新たな検討が求められる深刻な状況にある．

このような問題を背景として，広大な面積の森林を抱える地区にあっては，地域の村おこしのためのモデル事業として，木材市場の増大をめざし講堂・公会堂・教会・校舎・体育館・展示場・ホール・倉庫などの大空間建築物の主要な架構材として，木材・木質系材料を大規模に利用する試みが拡がっている．

これらの建築物においては，自然材として木材が持つ優れた外観性状，肌ざわりの良さ，温かみ，さらに軽くて強く，靱性に富む力学的特性がいかんなく発揮されており，長期間にわたる技術的空白期間があったにもかかわらず，ユニークな構造材料として木材の価値が再評価され，新たな発展のきざしがうかがえるまでになった．

20.6.2 新たな木工事に求められる技術

大きな空間を支える構造体の構成要素となる部材の多くは，いずれも寸法の大きい大断面材を用い，しかもトラス・ラーメンあるいはアーチ式構造によって，同一形式の単位骨組部材を配列し，組み合わせた構造体 Heavy-timber Construction となる．したがって木材を使用するとはいえ，一般の住宅などを対象に発達してきた伝統的な木工事の手法とは，多くの面で異なるものが求められており，近代的木工技術を中心に，これを新たな木工事の仕組みに切り換える必要がある．

材料としては，構造用大断面集成材・構造用合板などの JAS の規定に適合するものを使用するということから，工程の相当部分が工場製作となる．この工場工程に対する品質管理は特に厳正でなければならない．他方，現場では重量の大きな部材を取り扱う運搬・揚重の面からは，機械化施工が前提となる．また単位骨組部材の組立てや接合部の緊結には，高精度の技術管理が要求される．大規模な体育館などの施工において，特に，現場工程の複雑な作業にはコンピュータを用いた高度のリアルタイムマネージメントシ

ステム（情報化施工）を採用した試みも広がっている．

したがって施工計画・工程計画・手順計画・作業計画などへの新たな取組みと，施工をめぐるソフト面のシステム化の成否が，この種の工事を成功に導く要因となる．

しかしこの構造の構成材料は，あくまでも自然材の木材である．材質的に複雑な方向性を持つ不均一な素材である．利点も多いが，使用上の制約となる欠点も少なくない．乾燥に伴う狂いや，腐朽・燃焼性などの問題点も多い．したがって，常にこれらの特殊性を正しくとらえて施工に取り組む必要がある．

木質構造設計規準は，「建築物全体の構造計画，各部の構法計画，接合部の計画など」，この種の構造計画における注意すべき数多くの要点を明らかにしている[4]．

また，施工上の考慮として，「施工の方法=順序を，予め考慮するとともに，部材の加工誤差，および施工・建方誤差によって，部材ならびに接合部に不利な応力や変形を生じないよう，十分な事前の措置」を求めている．

この工事にあたっては，これ以外にも数多くの注意すべき事項がある．施工の管理者はこれらのことを銘記し，多角的検討に立ち，組織だった対応が特に期待される．

文　　献

1) 建設大臣官房官庁営繕部：建築工事共通仕様書（1981）（社）営繕協会
2) 大阪建築士事務所協会編：建築工事監理（1982）市ヶ谷出版社
3) 渡辺，本間，菊池：建築施工講座 8 内・外装工事Ⅰ（1979）鹿島出版会
4) 日本建築学会：木質構造設計規準（1991）日本建築学会

参　考　書

1) 小原，今泉，宇野：建築内装技術ハンドブック（1984）朝倉書店
2) 岸谷孝一：建築内外装ハンドブック（1981）建設産業調査会
3) 集成材便覧編集委員会：集成材建築設計便覧（1973）工業調査会
4) 木材活用事典編集委員会：木材活用事典（1995）産業調査会

21 左官工事

● 21.1 左官工事の基本

21.1.1 左官工事の特色

　左官工事は，現場でモルタル・石膏プラスターなどの塗り材料を混練し，左官工がこて（鏝）あるいは吹付け機などを使用して，所要の厚さに塗り着けて，壁・天井・床などの部位を構成する工事である．左官の名称で明らかなように，左官工事の歴史は古く，しっくい彫刻・石膏装飾・こて絵など，高度な技能を前提とする伝統ある工事のひとつである．

　塗壁は下地の不陸・凹凸に対する融通性に富み，しかも曲面・蛇腹・繰形などの自由な仕上げが可能であり，継目のない壁面が得られるなど優れた特徴を有する．

　特に防火性・不燃性という点からは，最も有効な工法のひとつである．仕上げ面が直接，内壁・外壁の仕上げとなるほか，他種材料の仕上げ下地の造成の目的で施工されることも多く，重要な工事といえる．

　左官仕上げは，軀体・下地との付着が良好で，隅々まで均一にむらなく塗り着けられ，特にひび割れ・亀裂・剥離・白萃などの欠陥を生じることなく，かつ美観の備わったものでなければならない．これに加えて，外壁では防水性・防湿性，防火性・耐火性，耐久性が求められ，内壁では防火性・耐火性，防音性・断熱性・気密性が，また床では耐摩耗性，耐水性，弾力性などが要求される．

　他方，この工事には以下に示す問題点があり，原材料の品質や調合のみならず，構法ならびに施工の詳細に精通していないと適切な管理ができない．したがって，この工法の将来は，これらの問題点をいかに解決するかにかかっている．

（1）　湿式工法であるため現場が湿潤化するばかりでなく，非常に汚れる．
（2）　工程数が多く，手間がかかり，また養生期間を要するため工期が長い．
（3）　左官工事の前工程における品質に左右される．
（4）　ひび割れ・剥離を生じ，安定性に欠ける面がある．
（5）　混練・塗着けなどの多くが手作業で行われ，左官工の技能に負う所が大きい．

21.1.2 左官工事の分類

A. 使用材料による分類

セメント質材料の種類により，セメントモルタル塗り・石膏プラスター塗り・ドロマイトプラスター塗り・しっくい塗り・土物壁などに分類される．このほかに，上塗り材として繊維質材料とのり材料を主材とする繊維壁材の塗着けあるいは吹付け塗りや，合成樹脂エマルション・炭酸カルシウム・顔料などから成る工場配合した塗り材料を，ALCパネルなどの下地に薄く塗り着ける合成樹脂プラスター塗りがある．

B. 仕上げ工法による分類

こて塗り工法は，「木ごて」あるいは「金ごて」による仕上げ工法であり，こてさばき（鏝捌き）によって様々なテクスチャーを得ることができる．木ごて仕上げは密実性に欠けるが，粗面が得られ，ひび割れが生じにくい．これに対して，金ごて仕上げは密実で平滑な面の構成に適している．こてで塗り上げた表面に，はけ目をつける「刷毛引き」工法は，均整のとれた粗面が得られる．

天然石に近い仕上げをする工法に，「洗い出し仕上げ」と「研ぎ出し仕上げ」とがある．前者は大理石・花崗岩の細かい砕片を種石として配合した上塗り材の水引き具合を見計らって，水を吹き付け，表面に種石を露出させる仕上げである．後者は硬化した上塗り面を，研磨機や砥石を用いて磨き上げるもので，ワックスでつや出しをする場合もある．このほかに，リシン（lithin）仕上げとして，金ぐしを用いて表面をむらなくかき落とす工法や，蛭石や岩綿などを配合したプラスターの吹付け塗りなどがある．（吹付け工事については24章に示す）

● 21.2 左官工事の構成

21.2.1 下地の設定

左官工事の下地には，コンクリート・プレキャストコンクリート部材など構造体の表面がそのまま下地となる場合と，木ずり・メタルラス・木毛セメント板・石膏ボードなどを塗壁のための下地として造設する場合とがある．左官塗りの下地が具備すべき条件は，次のとおりである．

（1） 平坦で左官材料が付着しやすい．
（2） 左官材料とのなじみが良い．
（3） 剛性があり，変形しにくい．
（4） 振動・衝撃などの外力が塗壁面に伝わりにくい．
（5） 温度・湿度によるムーブメントが小さい．

表 21.1 塗壁の種類と下地の適応性[1]　　　（実用左官ハンドブックによる）

塗壁の種類 (表面仕上げ材料)	コンクリート	コンクリートブロック	ALCパネル	PCパネル	ラス下地	石膏ボード	木毛セメント板	こまい木ずり	セメントモルタル	石膏プラスター
セメントモルタル塗り	◎	◎	△	○	◎	×	◎	○	◎	×
石膏プラスター塗り	○	○	○	○	×	◎	○	○	○	◎
ドロマイトプラスター塗り	◎	○	△	○	○	△	○	○	◎	○
しっくい塗り	○	○	×	○	○	×	×	○	○	△
土物壁	○	△	△	○	○	×	×	◎	○	×

◎：適合する，○：使用可能，△：工夫して使用可能，×：不可

（6）　耐久性に優れている．

（7）　耐アルカリ性・耐薬品性などに優れている．

　下地造設の良否は，左官材料のひび割れ・剥離などの工事欠陥に及ぼす影響が大きく，その重要性を認識する必要がある．

　開口部まわりの補強，目地棒の設定は，ひび割れ・亀裂防止の上で重要である．また，コーナービードは，外力による衝撃や左官材料の伸縮に伴う応力から塗壁を保護するとともに，こて塗り作業の定規となるので，寸法・位置に関して正しく取り付けなければならない．左官材料を用いた塗壁と下地の適応性を表 21.1 に示す．使用する材料や工法は，本来下地に適するものでなければならない．しかし，下地の造設は，コンクリート工事・木工事などとして前工程となり，左官工事はこれらとの接点をいろいろな形で含んで進行する．したがって，工事に先立ち下地の点検を厳密に行い，仮にその状況が左官塗りに支障をきたすおそれがある場合は，事前に設計者の指示を求めて，適切な下地処理あるいは補強などを行う必要がある．

21.2.2　調合および混練

　施工する部位，施工の時期・方法および工程，下地の種類，仕上げの種類によって材料の選定や調合が異なる．左官工事のように塗層を重ねてゆく場合は，下地の挙動や塗層間の付着強度などを勘案して，塗層ごとに骨材の粒度や調合比を決めることが重要である．誤った調合は塗壁に様々な故障を生じる原因となる．

　勘や目分量による計量は，混和材料の添加量の間違いなどを招くため，混練場所に調合表を掲示し，調合管理を的確に行わせる必要がある．混練に際しては，余分な空練りによる練り置き時間の増大や，練り過ぎによる材料の無駄に注意し，材料の特性を考慮

してその順序や方法（機械練り・手練り）を定め，必要とするワーカビリティーが得られるよう，またできるだけ均一な調合となるよう，十分に練り合わせることが重要である．特に，調合比・混練水量および混和剤量の管理は大切であり，施工条件に合わせて適切な調整を行わなければならない．

21.2.3　こ　て　塗　り

　塗壁は，左官材料の種類・性質によって，塗層の構成が異なる．しかし，一般に下塗り・中塗り・上塗りの三つの塗層から構成される．下塗りは軀体・下地と左官仕上げが一体化するうえで重要な役割を果たし，下地との付着を確保するために，細骨材の品質や，調合について十分な検討を要する．また，各層とも十分な圧力を加えながら塗り着ける必要がある．仕上げ厚が大きい場合や下地面に著しい凹凸があるときには，むら直しを行う．塗面の凹部に塗り着けて，中塗りに対する下地としての平面度を確保する．

　中塗りは塗壁の実体であり，仕上げ面の平坦さや施工精度を左右する．また，下塗り面との付着を良くするとともに，上塗りを施工に適した平らな面となるよう，定規や木ごてを用いて入念に塗着けをする．

　上塗りはセメント質材料が富調合となり，細骨材の寸法も細かくなるので，ひび割れ・亀裂など欠陥の発生を防止する意味から，できるだけ薄く塗る．こてむらを消すのが要点であり，左官材料の特性に合ったこてさばき性が要求される．

　平坦な仕上げ面，所要の塗厚や色調などの要求品質を満たすには，材料の硬化機構を十分理解したうえで，それぞれに適した工法に基づいてこて塗りを実施しなければならない．作業の要点を示すと次のとおりとなる．

（1）　塗着けに先立ち，下地を点検し，必要に応じて水湿しを行い下地の吸込み調整をする．
（2）　芯墨・ろく墨を，基準に合わせて正確に墨出しをする．塗厚を決定し，ちり廻り・角測り，切付けと四周から先に塗る．
（3）　1回の塗厚には限度があり，各塗層を密着させるために，できるだけ塗回数を多くする．
（4）　塗工程に合わせたこての操作を行い，塗着け材料の可使時間内に作業を完了する．
（5）　各塗工程は下塗層の硬化を妨げぬよう，材料に合った時間間隔を取る．

21.2.4　養　　　生

　塗壁が所要の性能を発揮するとともに，塗面の損傷や汚染，工事に伴う周辺部の汚損

防止を目的として養生を行う．

作業場の温度・湿度・通風などの環境条件に対応する保護措置が特に重要である．塗り作業時は通風をなくし，その後は適度に調整して少しずつ乾燥させる．

屋外で風当りが強い場所や直射日光を受ける場合には，養生として仮囲い・天幕などの措置を講ずるほか，日照面・受照量を考慮して施工順序を決める．また，温度が低く，湿度が高いと，硬化が著しく遅れ故障の原因となるので，強制的に除湿するかあるいは加温する必要がある．

塗壁は硬化に時間を要するため，物や他種の労働者が左官工事の仕上げ面に接触しないよう注意するとともに，振動を伴う機械・工具類による塗壁のゆるみ，変形および剝離を防止する適切な措置を講ずる．

冬期の施工で暖房のため熱風ヒーターを使用する場合，燃焼ガスやばい煙は仕上げ面の汚染・乾燥不良を招く原因となるので，その取扱いや周囲の換気に注意を払う．

また，この工事は湿式工法であるため，近接する他の部位やその他の仕上げ面を汚損するおそれがある．必要に応じて紙張り・板囲い・ポリエチレンフィルム掛けなどの養生措置を施すとともに，床に落としたモルタル・プラスターなどの左官材料は放置することなく，手早く除去して清掃しておく．

● 21.3 セメントモルタル塗り

21.3.1 材　　料

セメントは，ポルトランドセメント・高炉セメント・シリカセメント・フライアッシュセメントの各規格に合格するものを用いる．砂は，良質で塩分・有機不純物を含まないものであり，その粒度分布が特に重要であり，大小の粒子が適量混合した砂を用いる．砂分の多い貧調合でも流動性を損なうことなく，乾燥収縮の少ない塗り材料を得ることができる．このほかに，保温・断熱・耐火・軽量化などの目的で，パーライト・バーミキュライト・膨張頁岩・焼成フライアッシュなどの軽量骨材が用いられる．

混和材料には，保水性の向上や亀裂の防止を目的として，セメントに対し 10~15％（重量比）混入する消石灰やドロマイトプラスターのような混和材と，メチルセルローズ・合成樹脂エマルション・けい酸ソーダなどのように付着性・作業性の向上，ひび割れ防止，防水性の付与などを目的として，0.1~0.2％ 混入する各種の混和剤とがある．

21.3.2 下 地 処 理

下地面の不陸やはなはだしい凹凸は，むら直しのためモルタルの厚塗りとなり，塗付

表 21.2 モルタルの調合（容積比）[2]　　　　　　（JASS 15 による）

下地	施工箇所	下塗りまたはラスこすり セメント：砂	むら直し・中塗り セメント：砂	上塗り セメント：砂
コンクリート プレキャストコンクリート部材	張物下地の床	—	—	1：4
	床の仕上げ塗り	—	—	1：2.5
	内壁	1：2.5	1：3	1：3
	天井・ひさし	1：2.5	—	1：3
	外壁・その他	1：2.5	1：3	1：3.5
コンクリートブロック	内壁	1：3	1：3	1：3
	外壁・その他	1：3	1：3	1：3.5
メタルラス ワイヤラス 鉄板ラス・金網	内壁	1：3	1：3	1：3
	天井	1：2.5	1：3	1：3
	外壁・その他	1：2.5	1：3	1：3.5
木毛セメント板 木片セメント板	内壁	1：3	1：3	1：3
	外壁・その他	1：3	1：3	1：3.5

注 1) 容積比は次の状態を標準としている．
　　セメント：軽詰状態の容積（ポルトランドセメントの単位容積重量は1.2 kg/l 程度）
　　砂：表面乾燥飽水状態で軽詰とした場合の容積
　　使用する砂が乾燥している場合は砂の量を減らし，湿っている場合は増すなどして調整する．
　2) コンクリート床下地の場合は，セメントペーストでこすり塗りをするが，その調合はセメント：細砂＝1：0～1：1とする．この場合，施工箇所・施工時期により合成高分子系混和剤を混入する．
　3) ラスこすりには，必要に応じてすさを混入する．
　4) 内壁の中・上塗りに用いる無機質混和材は，ポルトランドセメント1に対し，消石灰・ドロマイトプラスター・ポゾランおよび浅黄土などを0.1～0.3程度とする．
　5) コンクリート・プレキャストコンクリート部材下地の下塗りには，合成高分子系混和剤を混入して用いる．

面にだれを生じたり，乾燥によるドライアウトや収縮亀裂などの故障を招く原因となるので，事前によく点検し，斫りあるいはつけ送りを行う．

　セメントモルタルによるつけ送りは，一回の塗厚を9mm以下とする．つけ送り面は全面にくし目をつけ，2週間以上できるだけ長期間放置し，ある程度乾燥収縮させる．

　下地表面の汚れ・じんあいは除去し，逆に平滑すぎる場合は目荒しをして下塗りの付着を良くするとともに，水湿しを行い下地の吸込み調整をする．ただし塗着け直前の散水は，だれの原因となる．また付着力の低下を招くので不用意に行ってはならない．コンクリートブロック・木造下地など，異種下地の接続部や開口部廻りはひび割れを生じやすい．メタルラス（防錆処理）を張り付けるなどの適切な措置を講ずる必要がある．

21.3.3 工　　法

つけ送り面のひび割れや浮きを点検し，必要であれば塗直しや目塗りをする．下塗りはこて押え十分に塗り着け，空げきの生じないように塗り込む．中塗りの付着性を良くするため，下塗り面のしまり具合を見計らって深いくし目をつけておき，できるだけ長期間放置する．

下塗り面の点検を行い適当な処理を施してから，水湿しを十分して中塗りにかかる．出隅・入隅・開口部・ちり廻りのほか，塗面に定規を取り付けて当りをつくり，こて押え十分に塗り着ける．水引き具合を見ながら定規ずりを行い，木ごてでむらを取る．

上塗りは，中塗りの1～2日後の半乾きの時にこて押えを十分に行い，平坦に塗り着け，凝結の30～40分前にこてむらなくなで上げる．過度のこて押えは，表面にセメントが浮かび上がり，剥離やひび割れの原因となるので注意を要する．

● 21.4　石膏プラスター塗り

21.4.1 材　　料

石膏プラスターは硬化が速く，しかも硬化に伴う収縮が少ないため，ひび割れがあまり生じない．混合石膏プラスター（下塗り・上塗り用）とボード用石膏プラスターとがある．

前者は下塗り用に砂やすさを混入するが，上塗りは水だけで混練して使用する．付着強度はあまり大きくない．これに対し，ボード用石膏プラスターは石膏ラスボードに対する下塗りに用いられ，石灰系の可塑材が加えられておらず，下地への付着強度は大きいが，アルカリ性をもつ下地には適さない．いずれの石膏プラスターも，製造後6か月以上経過したものを用いてはならない．

砂や水に含まれる不純物は，プラスターの凝結時間や硬化に大きく影響するので，試し塗りを行ったうえで施工の手順を決定する必要がある．また，砂の混合量が多過ぎてプラスターの強さを低下させることのないよう注意する．混練には，モルタル・ドロマイトプラスターなどが付着していないミキサーや舟を使用し，そのつど清掃して使用する．混練後は可使時間以内に使いきり，決して練直しを行ってはならない．

21.4.2 下　地　処　理

コンクリートなどの下地については，セメントモルタル塗りの下地処理（21.3.2項）と同様に行う．プラスターによるつけ送りは，硬化が速いので有利である．ALCパネル下地は，表面を清掃したのちプライマーを塗付して付着力を高め，吸込み調整をする必

表 21.3a 石膏プラスター下塗りの調合(容積比)および塗厚[2]
(JASS 15 による)

下地	施工箇所	プラスター (下塗り用)	砂	塗厚 〔mm〕
コンクリート コンクリートブロック プレキャスト コンクリート部材	壁	1	1.5	6~9
メタルラス 金網 木毛セメント板 木片セメント板	天井	1	1	6
石膏ラスボード	壁	1	1.5	6
石膏ボード	天井	1	1	6
ALCパネル	壁	1	1.5	6

注 1) 容積比は軽詰状態の容積を標準としている.プラスターの単位容積重量は下記による.
混合石膏プラスター:0.75 kg/l,ボード用石膏プラスター:0.9 kg/l 程度.
2) ALCパネル下地では,下地の吸水を調整するため合成樹脂エマルション塗布などのほか,水溶性高分子類を混和剤として用いる.
3) 石膏ボードおよび石膏ラスボードの下塗りはボード用プラスターのみを用いる.
4) 作業上,プラスター 25 kg につき,250 g 程度の白毛すさを加えてもよい.

表 21.3b むら直し・中塗りの調合(容積比)および塗厚[2] (JASS 15 による)

塗層	施工箇所	プラスター (下塗り用)	砂	塗厚 〔mm〕
むら直し	壁	1	2	5~7
中塗り	天井	1	1.5	5~7

表 21.3c 上塗りの調合(容積比)および塗厚[2] (JASS 15 による)

塗層	混合石膏プラスター (上塗り用)	ボード用 石膏 プラスター	寒水石粉(1 mm目)または水洗いした細砂	塗厚 〔mm〕
上塗り	1	—	—	1.5
塗装・壁紙張りなどの下地となる上塗り	—	1	0.1~0.5	3~4

注 1) 中塗りが混合石膏プラスター塗りの場合は,2週間以上の養生期間を置く.

要がある．また，PCパネルなどの平滑な下地には，合成樹脂エマルションを塗付して，付着性の向上を図らなければならない．

21.4.3 工　　法

下塗りは下地の乾燥程度を見て，必要に応じて水湿しを行い，こて押え十分にすり込みながら塗り着け，くし目をつける．開口部周辺やボード・パネルの継目など，ひび割れのおそれがある箇所には，布ぶせ・パーム・しゅろ毛を塗り込む．むら直しが必要な場合には，追いかけて施工する．

中塗りはむらなく塗り着け，出隅・入隅・ちり廻り正しく定規ずりを行い，しまり具合を見計らって木ごてで平坦になでつける．上塗りは中塗りが半乾燥の時に下付け・上付けの2工程で行うものとし，金ごてを用いて塗り着けを行い，水引き具合を見てこてむらなく平坦に仕上げる．

● 21.5　左官工事の注意点

21.5.1　塗壁の故障

塗壁に起こる故障には，ひび割れ・剥落・色むら・こてむら，カビ・ちりすき・未硬化・ふけなどがある．同じ故障でも塗り材料や下地の種類，工法などによってその程度も原因も異なる．

故障の原因としては下記があげられる．
（1）　塗り材料（結合材・骨材・混和材料）の不適あるいは不良
（2）　誤った調合（貧調合・負調合）
（3）　下地設定の不良や不適切な下地調整
（4）　工法の誤り
（5）　労働者の技能の未熟
（6）　施工時期（寒中・暑中・降雨など），不適切な養生
（7）　不十分な構造軀体（振動・剛性など）や伸縮目地の不適

多くの場合，これらの原因が複雑に作用し合って故障の発生につながっている．原因を究明し，その防止方法や対策を立て，作業にあたることが重要である．

21.5.2　工事計画上の注意

故障を生じることなく順調に作業を遂行するためには，以下の点に注意して事前に周到な工事計画施工要領書を立案し，適切な工事指導の下に作業を実施する必要がある．

（1） 他工事のしわ寄せがないように，他職種との連繋を密にして工程計画を立てる．
（2） 作業の性格上，手間がかかるので，十分な工期を確保する．
（3） 材料は湿気をおびない場所に貯蔵・保管し，その取扱い，養生に注意するとともに，混用しないよう適切な手配を行う．
（4） 労働者への材料供給における運搬・揚重の効率化を考慮し，こね場，ミキサー・モルタルポンプなどの機械設備の性能や配置について十分な検討をする．
（5） 必要な人数の技能工を確保するとともに，適切な配員計画を立てる．
（6） 高所作業を伴うので，足場・脚立からの墜落事故や，有機溶剤系の材料による中毒・火災が起こらぬよう，安全衛生管理を徹底する．

文　　献
1) 井手能己：実用左官ハンドブック（1980）黒潮社
2) 日本建築学会：建築工事標準仕様書・同解説 JASS 15　左官工事（1981）日本建築学会

参　考　書
1) 高木暢太郎：内壁・天井仕上材料の選び方と使い方（1962）日本建築学会関東支部
2) 小原，今泉，宇野：建築内装技術ハンドブック（1984）朝倉書店
3) 中村伸：左官読本（1976）彰国社
4) 鈴木忠五郎：左官技術（1979）彰国社
5) 小俣一夫：左官工事（1981）井上書院
6) 中村伸他：建築施工講座 10　内・外壁工事III（1980）鹿島出版会
7) 山田幸一：左官工事（1981）工業調査会

22 タイル工事

● 22.1 タイル工事の基本

A. タイル張りの特色

　陶磁器質タイル（以下タイルと略記する）工事は，通常，コンクリートなどの下地面に対して，張付け材料としてモルタルまたは有機質接着剤を用いて強固に接着し，仕上げ面を構成するものである．

　タイル陶片がもつ色調やテクスチャーの豊かさ，目地の効果が，美観に富む仕上げ面をつくる．また，タイルの無機質で硬い材質が，建築物の外装および内装の各部位における耐水性・耐熱性・耐摩耗性の確保につながり，また耐久性も優れている．このため建築物の維持保全管理上，メインテナンスフリーの仕上げとして高い評価を受けている．

　しかし，技能の優れたタイル工の不足や，施工面における経済性を追究するあまりに，剥離事故が発生するなど，その対策として工事品質の保証体制の確立が厳しく求められており，また各種の新工法の開発が活発に進められるようになった．

B. タイル使用の要点

　タイルの形状・寸法および性質については，JIS A 5209（陶磁器質タイル）が制定されており[1]，国内で生産される市場品の大半はこの規格に適合している．しかし，意匠の新鮮さなどをかわれて，毎年多量のデザインタイルが輸入されている．

　タイルは素地の材質によって，磁器質・炻器質および陶器質の3種類に分かれる．この素地に応じて施釉品・無釉品の品別があり，施釉品には釉薬の種類や意匠によって多種多様なものがある．また成形条件により湿式成形品・乾式成形品の区分があり，タイルの焼締り・材質には大きな差違がある．

　一般に使用するタイルの形状・寸法などについては，標準化・規格化が相当進んでいるが，実際に用いるタイルは設計者の特別の指示による特注品や役物が非常に多い．また市販のモザイクタイル・小口平タイル・二丁掛けタイルなどの規格品のほかに，寸法の大きな特寸タイル，異形品などの種々の注文製品がある．いずれも特別注文生産によるものである．したがって，施工に先立ち，試し焼きなどに十分な製作日程を見込んで発注する必要がある．また施工にあたってはタイルの材質や特徴を正しくとらえて，適

切な工事計画を立て取り組む必要がある．

　近年，タイル張り技術の改善が進み，後述するように先付け工法の採用が増えている．現場において手張りでタイルを使用する場合は，タイル陶片の品質変動（形状・寸法）を修正しながら作業を進め，むしろ趣のある施工を行うことができるが，PC板先付け工法などでは，タイルの品質変動が顕著な欠陥として現れることもある．施工上，品質規準を別個に定めて取り組む必要がある[2]．

● 22.2　工法の種類と特徴

A.　タイル張り工法の種類

　a.　施工する部位による区分　　施工する部位によって使用可能なタイルは限定され，要求性能や構法にも差違がある．したがって，その工法は次のように区分される．

（1）　外装タイル張り
（2）　内装タイル張り
（3）　床タイル張り

　b.　工法による区分　　従来は，軀体工事が完了してからタイル張り下地の施工を行い，これにタイルを直接張り付ける「現場手張り工法」が一般的であった．しかし近年，付着強度の向上，白華現象（エフロレッセンス）の防止を目的として種々の新工法が開発されている．一方，高層建築などの大規模建築物の出現に伴い，品質に対する信頼性・作業能率の点で利点の多い「先付け工法」が急速な発展を示している．すなわち，工法はタイル張りの手順によって以下の2種類に分けられる．

（1）　現場手張り工法
（2）　先付け工法

現場で行われる手張り工法には，①積上げ張り，②圧着張り，③改良積上げ張り・改良圧着張り，④密着張り，⑤マスク工法，⑥有機質接着剤張りなどの数種類の工法がある．先付け工法にも，①型枠先付け工法，②プレキャストコンクリート板先付け工法がある．これらのうち，積上げ張り以外の各工法は，ここ三，四十年の間に，改善・開発された比較的新しい工法である．

B.　工程の面からみた各工法の特徴

現場手張り工法といえども，張付け工法によって施工管理上の要点が大きく隔たっている．最も基本的な工法が「積上げ張り」であり，タイル張り下地面に，タイルの割付け・墨出しを行い，下地処理の上でタイルの陶片を一段ずつ張り付ける．この張付けを終え，モルタルが硬化した後で目地ざらいを行い，目地モルタルをつめて張付け作業が

完了する．圧着張りその他の工法は，張付け材料として混和剤入りのモルタルを用いたり，有機質接着剤を使用するもので，張付け時の手張りの技法に改善を加え，施工手順や工程に改良を試みたところに大きな差異がある．

それに対して先付け工法は，タイル張りを軀体コンクリート工事に含めて実施したり，プレキャストコンクリート部材の成形に用いるベッド型枠に先付けして，工場生産するものである．工事費は若干高くなるが，工程および工期の削減に寄与するばかりでなく，タイルの付着強度が増大して剝離事故の懸念がなくなるので，これがしばしばタイル張りの近代化工法とよばれるゆえんである．

● 22.3 タイルの割付け

A. 目地割り

タイル張りでは，その割付け（配列・目地の形式，目地幅およびその引通し），他の部位との取合いやその納まりが，仕上げ面の出来映えを大きく左右する．このような意味から，割付けや目地の設計は，従来は意匠効果の点のみで決められていた．しかし，目地づめの良否は，目地部からの浸水につながり，付着強度・外観の劣化にも影響する．したがって，目地については品質のみならず，施工面からも十分検討されなければならない．

一方，建築物の経済的設計，軀体工事の合理化を追究するあまりに，鉄筋コンクリート構造物に亀裂その他の欠陥が目立つようになった．しかもこの欠陥が，タイルの剝離事故を引き起こす原因となっている．そこでこの影響を避けるために，建築の企画・設計の当初から，亀裂誘発目地・調整目地を正しく設定することが求められている．

B. 割付け図の作成

タイルの割付けは，設計意図を生かすとともに，施工上の条件を十分折り込み，かつ各部位との納まりがよいものでなければならない．

たとえば，外壁の割付けは，各階高をタイルの寸法を基準にし，これに想定される目地幅，開口部の条件を勘案して段数を定める．次に柱間については，窓および窓間（方立または柱形）の割付けがうまく納まるようにして，標準となる割付けを決める．

割付けの方法によっては，異形寸法のタイルの使用が余儀なくされ，あるいは施工段階におけるタイル拵えの手間を増す原因となる．工事費の低減を図る面からも，適切な割付けが検討されなければならない．また施工部位の条件によっては，出隅・入隅，設備機器・配管の位置および寸法が，この割付けに大きく係わってくる．したがってそれらとの納まり良く決めなければならない．

● 22.4 タイル張り工法

A. 工事計画の要点

タイル工事をめぐる各種の技術開発が，短期間に進められたため，設計者や施工管理者のなかには，新技術の進展に追従することができず，工事の計画や管理が専門工事業者任せとなり，肝心な事項の検討がおろそかになる傾向が少なくない．タイル工事に関しては工事計画・管理の適正化が，工事品質を確保する要諦であることに留意しなければならない．

工事計画の要点となる事項を示せば以下のとおりである．

（1） 設計者の設計意図の把握
（2） 軀体の構造的条件の明確化
（3） 下地調整の適正化
（4） 各部構法（取合い・納まり）の適正化
（5） 使用材料の品質の確認，工法の選択
（6） 目地割り・目地づめの計画
（7） タイル技能工の確保
（8） 施工条件の整備，施工要領および管理規準の設定

表 22.1 二丁掛け以下の形状・寸法のタイルによる壁面施工の工法一覧

工 法	適 用 タ イ ル		適用部位	張付け材料の塗付面
	名 称	大きさ（mm）		
改良圧着張り	外装タイル	小口平，二丁掛	外壁・内壁	下地面とタイル裏面
改良積上げ張り	内装タイル	100角，150角	内 装	タイル裏面
	外装タイル	小口平，二丁掛	外壁・内壁	
密着張り	外装タイル	小口平，二丁掛 100角	外壁・内壁	下地面
マスク工法	内装ユニットタイル	100角，108角	内 壁	タイル裏面
	モザイクタイル	50角，50二丁 60×100	外壁・内壁	
接着剤張り	内装タイル	100角，150角	内 壁	下地面
	モザイクタイル	各種		

（9） 作業手順および工法の確認，工程の適正化
（10） 工期の確保，工事費の確認

これらの項目について検討を加え，タイル工事標準仕様書（JASS 19）を参考として自ら適切な工事計画を立て[3]，専門工事業者からは施工要領書・品質管理工程表の提出を受けるとともに，これを指導して，自主的な管理体制を確立する努力が必要である。

B. 主要な工程

二丁掛け以下の寸法のタイルを壁面に適用する場合の工法一覧を表22.1に示す。
工法によって差違があるが，現場手張り工法における主要工程は次のとおりである。
① 下地調整，② 墨出し（目地の割付け），③ タイル拵え，④ 張付けモルタルの準備，⑤ タイル張り，⑥ 目地押え，⑦ 養生，⑧ 清掃・仕上げ

工事の規模によって異なるが，①～②の工程は，タイル張りに先立って行われ，作業に着手する前にすべてが完了していなければならない。③～⑤はタイル張付け作業の当日の作業であり，⑥は張付け材料が十分硬化した後に行われる。さらに所定の養生期間を経て，最後に清掃・仕上げを実施する。各工法の差違は，④および⑤の工法に係わるものが主である。

C. モルタルによる壁タイル張り

a. 積上げ張り　この工法による張付けモルタルの調合は，容積比で1:3～4程度である。タイル裏面にモルタルをのせ，水糸に合わせてタイルを下地面に押し付ける。表面を軽く叩いて，モルタルが全面に行きわたるようにする。そのうえで，1段ごとに空練りモルタル（空とろ）をタイルの上端面にふりかけて，タイルの背面に空洞を生じないようにする。このような操作を各段ごとに繰り返しながら，壁面の下部から上部に向かってタイルを張り進める。

この工法は，タイル張り工法として最も基本的なものであり，タイル技能として広く定着している仕上り精度の優れた工法である。しかし，付着強度が低いうえに，白華現象を生じやすく，作業能率も低い。そこでこの欠点を補うべく各種の工法の開発による改善が進んだ。

b. 圧着張り　圧着張り工法に用いる張付けモルタルには，メチルセルローズなどの混和剤を添加する。モルタルの調合は，容積比で1:2～2.5程度である。セメントを富調合にしたり，混和剤を多量に混合してはならない。

あらかじめ，下地面に張付けモルタルを一様に塗り付け，これにタイルを張る。塗厚は7mm以上とし，タイルの裏足が十分埋まる程度の塗厚が必要である。水糸を張り，タイルを位置正しく押し付け，モルタルがタイル裏面に行きわたり，目地部分からはみ出すまで強く圧着する。必要に応じて，タイル面を木づちなどで叩いてなじませる。

混和剤入りモルタルを使用するため，可塑性・保水性が改善され，付着強度の確保につながり，作業能率の向上にも寄与する．しかし，混和剤の種類（例えば，酢酸ビニル系エマルション）によっては，モルタル表面に造膜現象を招いてタイルの付着を妨げ，また寒冷時には，セメントの凝結時間が遅延し，モルタルのダレなどの欠陥を伴うことがある．

したがって，一工程ごとの作業面積は，20分間程度で張付け作業が終了する範囲（3～4 m^2/人）にとどめる必要がある．またタイル工がこの工法の正しい知識をもち，習熟していることが必須の条件となる．管理が行き届く体制下で行われるならば良いが，この体制が満たされていない時は，次に述べる改良圧着張りなどの信頼性の高い工法によるべきである．

　c. 改良積上げ張り・改良圧着張り　　前述の二つの工法の欠点を補うべく改良された工法である．この工法によれば，作業速度は若干遅くなるが，付着強度は高まり，工法の信頼性は優れたものとなる．

たとえば，改良圧着張りは，圧着張り同様に，下地面に張付けモルタルをあらかじめ塗り付ける．このモルタルの締り具合を見計らって，同じ調合のモルタルをタイル裏面に塗り付け，特に裏足の間にモルタルを十分塗り込み，そのうえでタイルを先付けモルタル面に押し付けて圧着する．工法は2段階の手順となるが，張付けモルタルの厚みを確保し，裏足はモルタル中に埋め込まれるので，付着強度は大幅に改善される．

前項に述べた積上げ張り・圧着張りの両工法はいずれも多くの利点をもちながらも，タイル工の技能水準の低下や，作業能率を上げようとするあまりに安易な施工を生み出す原因になり，工法の欠陥が目立ち，確実性をすでに失っている．建築工事標準仕様書は，従来のままでは，タイル工事の信頼度を欠くもととなるとして，本文中からは削除された．いずれもこの種の改良工法によることとしている．

　d. 密着張り（ヴィブラート工法ともよぶ）　　密着張りは，下地面の塗り付けたモルタル（混和剤入り）に，衝撃工具を用いてタイルを押し付けるように圧着することを工法の要点としている．この工法では，下地面に施す張付けモルタルを下塗り・上塗りの2層に分け（塗厚は各層共3～5mm，計6～8mm），塗置き時間30分の限度内でタイルを1枚ずつ張り付ける．ただちに衝撃工具とよばれる工具によって，軽い衝撃を短い周期でタイル面に加え，繰返し振動して，タイルをモルタル中に埋め込むことを特色としている．

すなわち，衝撃工具をタイル面の左・右および中央の3点に当て，張付けモルタルが目地部にはみ出し，タイルがモルタル中に十分埋め込まれるまで衝撃を加える．目地部にはみ出たモルタルは，硬化を見計らって目地ごてで押さえ丁寧に仕上げる．この工法

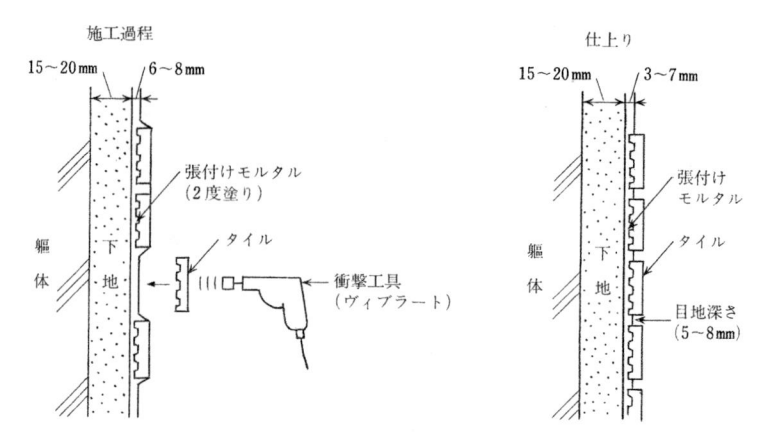

図 22.1 密着張りの概要

は付着強度の信頼性が高いことから急速に普及している．

e. マスク工法（KM 工法ともいう） この工法は，従来モザイクタイルなどの小さなタイル陶片の表面に，表紙を施して単位寸法（約300mm）に一体化したユニットタイルの張付けを適正化する工法として開発されたものである．100mm角，50mm二丁といった比較的寸法の大きなユニットタイルを用いた外壁・内壁のタイル張りを確実にする方法として，今日，普及しつつある．

専用のあて板（マスクとよんでいる）をタイルの裏面にあて，その上から張付けモルタルをタイル側に塗り付け，ただちに下地面に張り付ける工法であり，良好な接着強度が得られる点を特色としている．あて板は，陶片の寸法に応じて準備されており，タイル陶片の裏面に，所定量・所定厚の張付けモルタルが塗り付けうるように数多くの開口部をもっている．よってモルタルの塗付け後，ただちに圧着するのでオープンタイムのバラツキがなく，これが優れた付着強度を得る要因となっている．

D. 有機質接着剤張り

接着剤によるタイル張りは，当初，瀝青質系接着剤を使用したことに始まる．その後，良質の合成樹脂系接着剤の開発，技術要領の整備や標準化も進み，主に内装タイル張りに採用されている．モルタルによって張り付ける場合とは異なり，下地面の汚れの除去，乾燥程度などの下地調整には，十分な注意を払う必要がある．

接着剤としては，エポキシ樹脂系・酢酸ビニル樹脂系および合成ゴム系がある．種類に応じて粘度・乾燥速度・オープンタイム・ポットライフなどの諸性質を正しく管理しなければならない．接着剤をへら・くし目ごてを使用して下地面に入念に塗り付ける．

この塗付け面に指を触れて,粘着性 tackiness 発現の時期を確認してから,タイルの張付けにかかる.タイルは接着剤の層に,もみ込むように押し付けて圧着する.

接着剤張りは,モルタル・合板・金属面など,対象とする下地への応用範囲が広い.また張付け作業も簡便で,容易である特色をもつが,耐水性・耐久性などに関する資料が不足し,外装タイル張りへの応用には問題が少なくない.

E. その他の工法

上述のほか,コンクリート面へタイルを直接張り付ける"直張り工法"など,さらに各種の工法がすでに開発されている.いずれの工法もそのねらいは接着強度と作業能率を高めることであり,工法の要点を正しくとらえて,取り組む姿勢が必要である.

なお,壁タイル張り以外にも,床のタイル張り工法があるが,その大要は壁タイル張りに準じて行われている.

● 22.5 先付け工法

A. 型枠先付け工法

型枠先付け工法は,タイル仕上げ面の造成に相応しいコンクリート工事用の型枠(外型枠)を組み立て,この内面にタイルまたはタイルユニットを取り付け,ついで配筋を行う.そのうえで内型枠を組み立て,各作業の完了後にコンクリートを打設し,その硬化によってタイルとコンクリートが一体化した壁面を構成するもので,次の4種類の工法がある.

(1) タイルシート法
(2) 目地ます法
(3) アルミニウム専用型枠工法
(4) 桟木法

最も普及しているのは(1)および(2)であり,すでに一般化している.(3)は特殊な専用型枠を使用するものであり,(4)は三丁掛け以上の大きさをもつ特寸タイルを対象とする.各工法の成否は,設計上考慮すべき事項を遵守するばかりでなく,適切な工事計画と技術指導の下で,施工のきちんとした管理が行えるかどうかにかかっている.

亀裂誘発目地の設定,タイルの仮取付け金物の取扱い,目地部の処理の方法がいずれも施工の要点となる.各部位との納まり,円滑な作業工程,コンクリートの打設計画などについて,設計の当初から検討を加え,工法や作業の標準化を図り,かつ工事費の低減を目指さなければならない.

一方,工事計画をはじめ,施工技術上の問題としては,型枠・支保工の計画を入念に

立てなければならない．特に型枠の材質・特殊治具の選定，支保工計画の適正化が重要である．タイルあるいはタイルシートの仮取付け，コンクリートの調合，打設・締固めの要領，打継ぎ時間の間隔などについても，普通のコンクリート打ちの場合とは異なる管理を進める必要があるので，事前に管理規準をきちんと設定して，入念な計画をもって取り組む必要がある．また，仕上げ程度の点検にも慎重な事前検討が望まれる．この工法の技術指針としては，全国タイル業協会がまとめたものが有益であり，参考となる[4],[5]．

B. PC板先付け工法

この工法は，タイル付着強度の増大を意図し，高層建築などで用いるPC壁パネルの製造時に，タイルを取り付けてしまう工法である．PCパネルのベッド型枠にタイルを先付けし，そのうえで配筋，サッシをはじめ各種の付属部品を取り付け，コンクリート打設をしたうえで蒸気養生を行い，PC板とタイルを一体化させる．

工場生産であるので，部材の規格・統一を極力図る必要がある．先付けサッシとの取合部，PC板相互の接合部などの各部構法については，タイルの割付けとともに，各部位の納まりについて綿密な計画が望まれる．一方，コンクリートの打設・締固め作業は，製作工場の行き届いた管理体制の下で行われるのであまり問題はないが，バイブレーターの不注意な操作や，過度の加熱養生は欠陥を招く原因となる．

先付け工法においては，コンクリートの打設と同時に目地部までそれが行きわたり，目地詰めまでを同時に完了する「一発目地」を採用する傾向が強い．しかし目地部に気泡が発生したり，充てんしたコンクリートに分離による豆板が生じると，発見が難しいばかりでなく，その補修に非常な手間を要することとなる．したがって，これらの点についても厳密なプロセス管理の実施が必要である．

● 22.6 タイル工事の注意点

A. 工法の選択上の注意

タイル張りはすでに述べたとおり，仕上げ工事として非常に優れた面をもっているが，施工の全過程を通じて，十分な付着強度を満たすばかりでなく，剥離事故などを生じることのないように，施工の品質保証をすることが重要である．このためには，設計そのものが施工時の条件を正しく理解して企画・設計が進められなければならない．また同時に，施工時には各工法の要となる事項について，適切な施工管理が実施されなければ正しい品質保証をなすことにはならない．

現場の手張り工法を中心として，施工上の注意事項を示せば，次のとおりである．

(1) タイルの種類・材質などに対する的確な判断
(2) 構造軀体の条件，タイル張り下地としての対応性の良否
(3) 張付け材料の種類およびその調合の決定
(4) タイル陶片の取扱い，張付け手順および作業時の工法に対する正しい知識
(5) 作業能率の向上，工程の合理化を目指すための施工条件の明確化
(6) 要求品質（付着強度，目地部の機能，面の精度，外観性状）の明確化
(7) 手配しうるタイル工の技能水準の確保，専門工事業者の工程能力の把握
(8) 工事費の制約，工程・工期の条件

また，これらを十分ふまえて品質システムの確立が望まれる．

B. 工事管理上の注意

優れた技能をもつタイル工が次第に高齢化し，減少する傾向を示し，技能労働者の前途は楽観を許さない．このような事態をふまえて，施工技術の単純化，工期の短縮，品質の向上を目指す新技術の開発が進み，すでに幾多の成果を収めている．

しかし，新技術の理論や工法の詳細について十分な研究が行き届かないうちに，実施に移され，せっかく開発された新しい材料や技術が誤って扱われ，それが工事上の大きな欠陥につながった事例が少なくない．

設計者・施工管理者ともに，このような実情に思いをいたし，タイルの長所を生かすような設計および管理に心がける必要がある．また工事を管理する者は，材料の性質や工法について正確かつ適切な知識をもち，設計図書・施工図などについて綿密なデザインレビューを実施し，工法の展開に対する的確な判断を常に保持しなければならない．また工事に際しては，工事の重要な段階ごとに重点管理を徹底し，タイル工に対しても適切な助言を与えて自主管理を促し，万全の施工を期さなければならない．

文　献

1) JIS A 5209 陶磁器質タイル
2) 全国タイル業協会：陶磁器質タイル型枠先付け工法用タイルの品質規準
3) 日本建築学会：建築工事標準仕様書・同解説 JASS 19 陶磁器質タイル張り工事（1997）日本建築学会
4) 全国タイル業協会：陶磁器質タイル型枠先付け工法の設計指針
5) 全国タイル業協会：陶磁器質タイル型枠先付け工法の施工指針

参　考　書

1) 吉田，本間，大島他：建築施工講座9内・外装工事II（1980）鹿島出版会
2) 丸一俊雄他：タイル工事（1984）井上書院
3) 丸一俊雄他：タイル工事施工マニュアル（1996）井上書院

23 塗装工事

● 23.1 塗装工事の基本

23.1.1 塗装の原則

　物体の表面に，塗料による塗膜層を形成する工程を「塗装」という．塗膜は，金属の腐食の防止，木材の耐朽性の確保，虫害の防止などの化学的保護効果，材料の表面を外力から保護して損傷を防止する力学的保護効果，電気の絶縁，火災時の着焔・燃焼の防止，防水などの物体を保護する各種の機能を備えている．

　同時に塗膜の色や肌理は，被塗装材料（被塗物）の色彩効果・美観の向上に寄与し，また色彩調整・防災標識としても大きな役割を果たしている．

　塗料がこのような使用効果を示すためには，塗装目的の把握をはじめ，塗料の選択，工程・工法の決定のいずれもが，適正に計画されなければならない．この点について，為広重雄は塗装設計と名付けて，以下を主要な項目として示している[1]．

（1）　塗装目的の明確化
（2）　被塗物の種別と性質の検討
（3）　被塗物の表面の性質と構造の把握
（4）　前処理（素地処理）
（5）　塗料の選択
（6）　塗装方法の選択
（7）　塗装工程の吟味
（8）　塗装効果の評価

　これらのうち建築塗装の基本となる部分は，設計者によって決定されなければならず，また施工業者はその指示に基づいて，工事の計画をきちんと立てなければならない．しかしなぜか，設計者も施工管理者も塗装工事の知識に欠け，工事の実態は専門工事業者任せである．これでは塗装作業の適正化が果たせるものではない．設計者・管理者ともに，塗料の性質をはじめ，工法の進め方，塗装技術について正しい知識や理解をもつことが求められる．

23.1.2 塗装工事の種類

ひと口に塗装工事といっても，様々な種類がある．その分類区分を大別して示すと，次のようになる．

(1) 塗料の種類による区分

今日生産されている塗料の種類は，油性塗料・合成樹脂系塗料をはじめ漆などその種類は非常に多い．また，組成・性質，乾燥・硬化の機構などのあらゆる性質が異なる．したがってその取扱いや工法は，おのずから塗料の性質に合わせて，別個に考えられるべきである．

(2) 被塗装材料の種類による区分

建築塗装の対象となる被塗物には，木材・木質材料，金属（鉄鋼・アルミニウムなど），セメント・コンクリートなどの各種がある．被塗物については，塗装下地として適切な処理が求められる．

また使用する塗料は，下地の特性に合致するものであり，かつ塗装工程・工法・養生法についても，これらの条件に合わせて決定することが必要である．

(3) 塗装方法による区分

塗装工法の基本は刷毛塗りである．しかし，塗料の種類や塗装目的に応じて各種の塗装方法が行われている．最近では，作業能率の向上を意図して，ローラー塗り・吹付け塗り・静電塗装などが盛んである．各工法によって塗料を調製する条件が異なり，施工管理の要点も変化している．

正しい工事を行うためには，これら各工法の成り立ちや施工の要点を，正しく把握して取り組むことが重要である．

23.1.3 塗装工事の構成

被塗物の表面に，塗料を均一に塗布してその物体の保護・美化などを図り，合わせて

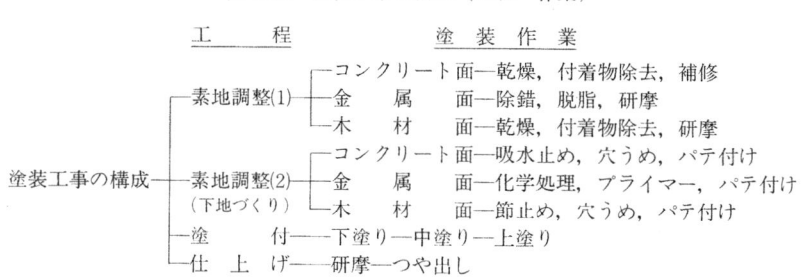

表 23.1 塗装工事の構成（工程—作業）

工程	塗装作業
素地調整(1)	コンクリート面—乾燥，付着物除去，補修 金　属　面—除錆，脱脂，研摩 木　材　面—乾燥，付着物除去，研摩
素地調整(2) （下地づくり）	コンクリート面—吸水止め，穴うめ，パテ付け 金　属　面—化学処理，プライマー，パテ付け 木　材　面—節止め，穴うめ，パテ付け
塗　付	下塗り—中塗り—上塗り
仕上げ	研摩—つや出し

（塗装工事の構成）

その部位に求められる特殊な機能・性能を果たすことが塗装の目的である．しかし作業を能率よくかつ安全に実施するためには，塗装作業の基礎技術を理解・修得するだけでなく，関連する事項についても正しい知識をもち，常に適切な処理を行うことが必要である．塗装工事の構成を，被塗物・作業・工程の面から示せば，表23.1のとおりである．

これら各工程の内容をわきまえ，塗装工事の計画を立て，塗装工の技能，塗装用具・機器および作業の方法について管理を行い，また安全・衛生面についても，十分な注意を払わねばならない．

● 23.2　塗装工事の進め方

23.2.1　塗料の選定

A.　塗装目的の明確化

建築塗装の対象となる材料や部位の種類は多く，いずれも目的や機能が違う．おのずから塗装工事に要求される条件が異なる．しかも，実施する作業がほとんど現場作業であり，作業環境は良好とはいえない．塗装を行うねらいが，とかく外観性状にとらわれたものに陥りがちであるが，これらの条件に対応できる適切な処置が求められる．

このためには，被塗物の種類および役割を明らかにし，塗膜に求める品質および諸性能などの品質条件を定め，同時に施工時の環境，工期・工程・コスト面における制約についても考慮を払い，実施する塗装の目的を明確化することが大切である．

B.　塗料の選定

a.　塗料の構成　　粉体塗料などの特殊な塗料もあるが，一般に塗料は，流動性のある状態で物体（被塗物）の表面に塗り広げられて塗膜を形成し，これが時間の経過に伴って乾燥・固化し，所期の性能を発揮するようになる．塗料には多種類の系統があり，その種類ごとに構成や性質が違い，取扱う方法も異なる．

塗料の構成は，一般に表23.2のように表される．

塗膜形成主要素となるのは，油脂・樹脂などの高分子物質で，展色剤（ビヒクル）の主成分であり，塗料の特性を決める重要な要素となる．塗膜副要素とは，可塑剤・乾燥

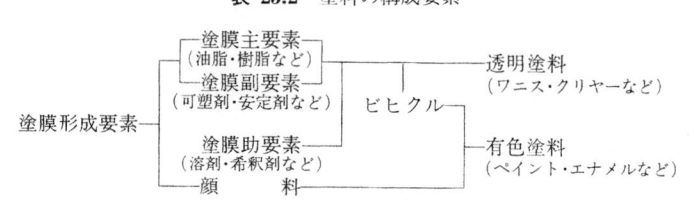

表 23.2　塗料の構成要素

```
                      ┌─ 塗膜主要素 ─┐
                      │ （油脂・樹脂など） │         ─ 透明塗料
                      ├─ 塗膜副要素 ─┤ ビヒクル      （ワニス・クリヤーなど）
    塗膜形成要素 ─────┤ （可塑剤・安定剤など）├─
                      ├─ 塗膜助要素 ─┤          ─ 有色塗料
                      │ （溶剤・希釈剤など）│          （ペイント・エナメルなど）
                      └─ 顔　　料 ──┘
```

剤・硬化剤・増粘剤・光安定剤などの添加剤である．このすべてが塗料に含まれるわけではなく，塗料に要求される性質に応じて必要最低限の量が配合されている．

これらは，流動性・乾燥機構および塗膜の性質を高めることを意図して添加するが，使用条件によってはかえって悪影響をもたらすこともある．

塗膜を形成する樹脂などを溶解し，ビヒクルとして流動性を与え，塗膜の形成を助ける役割を果たすのが溶剤・希釈剤である．炭化水素・アルコール・エステル・ケトン・エーテル・水があげられる．しかしそれ自体は，塗付後は蒸発して塗膜には残らない．

塗膜中に分散し，これを不透明にし，また色を付与する機能を果たすのが顔料で，無機質および有機質の顔料がある．顔料には耐光性・耐熱性・耐薬品性などが求められる．

塗料の性質は，これらの構成要素の種類・性質および配合比率，製造方法によって変化する．したがって，塗料の系統や種類によっては，適用可能な被塗物は制約される．またその乾燥機構によっても塗膜の性質が左右される．

塗料を選定する基本として，このような塗料の構成や組成について，常に正しい知識をもつとともに，過去の施工事例についても的確な情報をもつことが必要である．

b．**塗料の性質のとらえ方**　塗料の性質を把握することは，塗料を選定し，工法を決定する塗装設計基本である．各塗料とも一応 JIS などの規格があるが，① 塗膜形成前の性質，② 塗付の条件，③ 乾燥機構，④ 塗膜の構造および性質に分けて，塗料の性質や塗膜のもつ特性について十分な検討を加える必要がある．

表 23.3　塗料の乾燥機構の分類

大分類	小分類	乾燥機構	塗料の例
物理的乾燥	揮発乾燥	溶剤・助溶剤などの揮発性の構成材料の揮発によって固化して塗膜を形成する．	セラックニス ラッカー ビニル樹脂塗料 エマルション塗料
	融解冷却乾燥	融解した結合材が冷却によって固化して塗膜を形成する．	ホットプラスチックペイント 固形ポリエチレン塗料
	膨潤ゲル化乾燥	結合材が熱によって可塑剤で膨潤し，ゲル化によって塗膜を形成する．	プラスチゾル塗料
化学的乾燥	酸化乾燥	結合材が空気中の酸素を吸収して酸化し，これに伴って重合が起って固化し，塗膜を形成する．	油性ペイント 油変性ワニス 乾性油で改質されたアルキド樹脂塗料
	重合乾燥	結合材が重合によって固化し，塗膜を形成する．	不飽和ポリエステル樹脂塗料 アミン硬化型エポキシ樹脂塗料 ポリウレタン塗料

塗膜形成前の性質としては，被塗装面への適合性・親和性，流動性および貯蔵中の物理的・化学的安定性が問題となる．またこれが予定する塗装方法の諸条件に適合するものでなければならない．

塗料の乾燥機構は，ビヒクルの特性によって，表23.3に示すように物理的乾燥および化学的乾燥に分けられる．塗膜が所期の性質を示すためには，施工時の環境を乾燥機構に適した状況になるように管理するとともに，必要に応じて赤外線乾燥を行うなど，乾燥条件の付与に適合した方法を選ばねばならない．

23.2.2 塗装工事の計画

A. 塗装工事の工程

被塗物の表面に，塗料をただ漠然と塗付しただけでは，所定の性質を発揮できるものではない．塗料は素地に強固に付着し，硬い膜層を形成し，加わる応力やたわみ・変形に耐え，しかも期待どおりの色調，光沢ある所定の膜面を形成しなければならない．このため，被塗面の素地調整にはじまり，塗料の性質に合致した工法で塗付し，一つの膜厚を何回かの工程に分けて塗り重ね，所定の仕上げを得るに至る各層および各工程の計画が必要である．

既述のごとく，建築塗装の対象となる塗装面は種類が多い．また部位として要求する品質は多様である．建築工事全体としては，これらの条件に合致する塗料を選ぶこととなり，個所別に塗装工程を区分すれば，多種多様なものとなる．しかも，透明塗装と不透明塗装とでは素地調整の方法・程度が異なる．また塗装作業の進め方は，使用する塗料の種類によって異なり，作業能率という点のみでは決めることはできない．

施工計画としては，これらの条件を一つひとつ明らかにし，また，工事費の制約などを勘案して，塗装工程および作業要領の細部を慎重に定めてゆく．

B. 工事の計画

工事計画にあたり，まず，設計図・仕様書の検討を行い，設計者から塗装の目的・設計意図を聞き，施工する部位の種類・条件や関連する工事との係わりを調べ，塗装条件を的確に把握したうえで，以下の点について計画を進めてゆく．

（1） 塗料の選定，その性質や特徴を確認する．
（2） 塗装工程を定め，工程別に工法および使用する塗装用具・機器を決定する．
（3） 塗り見本を決定し，試験塗りを実施して，品質管理の基準を設定する．
（4） 塗料の保管場所を定め，保管時の注意事項（養生法・防災措置など）を明示する．
（5） 作業環境の整備，周辺の保護対策に注意を払う．

(6) 作業をめぐる安全・衛生および防火対策を立てる．

なお，専門工事業者より施工要領書・品質管理工程表の提出を求め，試し塗りを行い，施工上の要点を指示するとともに，管理すべき事項を確認しておく必要がある．

● 23.3 素地調整（素地ごしらえ）

23.3.1 前処理の原則

建築塗装の対象となる被塗物は，木材・金属・コンクリートなど多種類にわたっている．塗装において最も重要なことは，これら被塗物の表面（素地）を処理して，塗料の付着性・親和性を良くするとともに，塗装作業が円滑にゆくように調整することである．

素地の表面には，往々にして凹凸・へこみ・きず・亀裂などの欠陥があり，また油脂・セメント・汚れなどが付着している．金属の場合はさびを生じていたり，木材の場合には乾燥が不十分であったり，節があるなどの欠陥をもつ．また，モルタル・コンクリートの場合には，水分を含み，白華現象・亀裂・豆板などの欠陥部がまぬがれない．

そこで塗装の前処理として，このような素地の状況を塗装作業になじむように調整し，塗料の付着性を高めるとともに，入念な防錆・あくどめなどの処置が必要である．この素地調整の内容や方法は，素地の種類や状況によって異なる．欠陥がはなはだしい場合

表 23.4　コンクリート・モルタル・プラスター面の素地ごしらえ　（JASS 18 による）

工程		塗料その他	面の処置
1	乾　　燥	———	放置して素地を十分乾燥させる．
2	汚れ・付着物除去	———	汚れ・付着物を除去，必要に応じて水洗い．
3	吸水止め[1]	合成樹脂エマルションクリヤー，塩化ビニル系シーラー，エポキシ系シーラーなど	———
4	穴　埋　め	セメント・セメント系フィラー・合成樹脂エマルションパテ・塩化ビニル系パテ・エポキシ系パテなど	割れ・穴などの穴埋め
5	パテしごき[2]	セメント系フィラー・合成樹脂エマルションパテ・塩化ビニル系パテ・エポキシ系パテなど	パテをしごき平滑にする．
6	研磨紙ずり	研磨紙#120～180	

注 1)　主として気泡コンクリート・軽量コンクリート・軽量コンクリートブロックなどの面について行う．
　　2)　コンクリート打放し面，および気泡コンクリート・軽量コンクリートブロックなどの面について行う．
　　3)　吸水止め～研磨ずりの工程は係員の承諾を得て省略することができる．

には，通常のままでは塗装工事を行い難い場合が多い．それだけに，作業に先立ち，素地面を十分調査し，適切な措置を決定する必要がある．

前処理作業の一例として，コンクリート面などに対する「素地ごしらえ」の標準仕様の一例を表23.4に示す．

23.3.2 前処理塗料

被塗物表面の前処理と下塗りを兼ねて，各種の前処理塗料が施される．金属材料の場合には，汚れ・付着物除去の処理を行った後に，エッチングプライマーを塗付し，塗膜の付着性の向上と防食性の付与に役立たせる．前処理工程中の化学処理として位置づけられている．

コンクリート・モルタル・プラスターなどの面に対しては，汚れ・付着物を除去した後に，合成樹脂系のシーラーが施される．これは下地による吸込み調整を図り，アルカリ止めおよび下地表面の強化の役割を果たす．

また，上塗り塗料の種類や適用される被塗物が暴露される条件によって，前処理塗料にも適否がある．これらを幅広く対応させて検討を行い，塗料および工法の選定を誤らないようにしなければならない．

● 23.4 塗装方法

23.4.1 塗装の方法

塗料を被塗面に塗付する方法は数多い．被塗面の状況，塗料の種類，塗装効果，工事規模などの条件を組み合わせて，最も適した方法を選ぶ必要がある．工法は大別すると，以下のとおりである．

(1) 刷毛塗り：最も一般的な方法である．塗料や塗装形式に適した刷毛を選ぶことが必要である．また塗装工の技能によって出来映えが異なる．

(2) へら塗り：下地づけなどに粘度の高い塗料を，へらで塗り付ける場合に用いる．

(3) ローラー塗り：壁・天井などの広い面積を能率よく塗付する工法として，海綿状のゴム製ローラーを用い，被塗面に回転させながら塗付する．

(4) スプレー塗り：塗料を圧縮空気で送り，スプレーガンから素地面に噴霧状にして吹き付ける方法である．ラッカー・油性エナメル・合成樹脂塗料などを対象とする．顔料は細かいものであることが必要である．塗料の種類，溶剤の希釈率，スプレーガンの性能などによって圧送圧が異なる．また，スプレーガンの操作の適否が，塗膜の性質を大きく左右する．

(5) 静電塗装：噴霧塗料の粒子に静電気を帯電させ，電気的に被塗物に塗り付ける方法である．すなわち，静電塗装の装置を用い，被塗物が塗装機（負極）の前を通過する際に正極となり，静電界が形成され，電荷した塗料粒子がイオン電流に乗って被塗物に進み塗装が行われる．装置の関係もあり，工場生産する建築構成部材に対する塗装などに限られる．

23.4.2 塗装工程および作業

被塗物の性質や塗装条件によって，塗装工程が異なり，作業の条件も変化する．特に建築塗装においては，素地に各種のものがあって，一律ではない．そこで塗装工事は，下記の分類に従って取り扱われる．

表 23.5 合成樹脂エマルションペイント塗りの工程　　　（JASS 18 による）

	工　程	塗料その他		調合割合 (重量比)	面の処置	放置時間 [h]	塗付量 [kg/m²]
1	素地押え[1]	合成樹脂エマルションクリヤー		100	素地の吸収性に応じ 0〜2回塗り	5以上	
		水		製造所の指定による			
2	パテかい[2,3]	合成樹脂エマルションパテ				2以上	
3	研摩紙ずり[3] 1 回 目	研摩紙#120〜180					
4	下　塗　り	刷毛塗り	合成樹脂エマルションペイント	100		5以上	0.10
			水	5〜10			
		吹付け塗り	合成樹脂エマルションペイント	100			
			水	(0〜10)			
5	研摩紙ずり[3] 2 回 目	研摩紙#150〜180					
6	中　塗　り[4]	下塗りの欄に同じ					
7	研摩紙ずり[4] 3 回 目	研摩紙#180〜240					
8	上　塗　り	下塗りの欄に同じ				—	0.10

注 1) プラスター・石膏ボード面，木部などで素地の吸収性がはなはだしい場合か，吸収にむらのある場合に行う．塗り回数については係員の指示に従う．
　2) 屋外のコンクリートの場合は合成樹脂エマルションを混入し，混練したセメントペースト，市販のセメント系フィラーなどを使用する．
　3) 素地の状態と塗り試験に使用した見本板の仕上りの程度により，係員の承諾を得て行わなくてもよい．
　4) 塗装種別A種の場合に限る．

- (1) 木部の塗装
- (2) 鉄面の塗装
- (3) 亜鉛メッキ面の塗装
- (4) アルミニウム面の塗装
- (5) コンクリート・モルタルおよびプラスター面の塗装

さらに使用する塗料の種類も多く，塗装目的によって，① 調合ペイント塗り，② オイルステイン塗り，③ ラッカー・エナメル塗り，④ 合成樹脂エマルションペイント塗り……等，数多くの区分があり，工法は塗料別に分けられる．

塗装工程，塗料の調合比率，塗付量などについては，ある程度の標準仕様が定められており，これに準じて塗装作業が実施されている[2]．

塗装作業は通常，素地押え，下塗り・中塗り・上塗りなどから成り，塗工程ごとに，研磨紙ずりが行われる．作業はこのように数工程に分けて実施され，かつ要求品質の高いものほど，塗り重ねる工程の数が多い．

一例として，合成樹脂エマルションペイント塗りにおける工程の標準仕様を表23.5に示す．

なお，建築塗装には，防食塗装・防火塗装・多彩模様塗装・工芸塗装などの特殊な工法がある．それらについては，塗料の性質に応じた塗装作業の実施と工程その他の細部にわたって，適切な作業および品質管理が必要である．

23.4.3 塗付作業の注意事項

塗付作業においては，下記の点について特に注意を払う必要がある．

- (1) 全工程を適切に管理し，塗装効果を妨げるような無理な工程を避ける．
- (2) 塗装素地の状況を見極め，素地調整を入念に行う．
- (3) 周辺の部位をプラスチックフィルム等で覆い，塗料で汚さぬよう適切な養生を施す．
- (4) 塗料の種類および性質をわきまえ，乾燥機構に応じた正しい作業を行う．
- (5) 指示した工法に合わせて塗料を調整し，その性状に適した塗装器具を用いる．
- (6) 塗料は適切な厚みで塗付し，規定の塗厚および塗付量を確保する．
- (7) 塗膜は一定以上の乾燥時間をとって固化させ，各層とも十分な塗間隔を守る．
- (8) 良好な環境の下で作業を行い，直射日光，低温，多湿，塵埃の影響を避ける．
- (9) 塗装後は，塗膜に損傷や欠陥を生じないよう適切な保護・養生を行う．
- (10) 有機溶剤を含む塗料の取扱いは，有資格者の指揮の下で行い，火気および換気に注意する．

23.4.4 塗膜の検査

塗装技術および作業は，専門工事業者が提出した施工要領書・品質管理工程表に従い自主管理を行うものとし，使用する塗料，工程および工法に応じて，常に適切な品質管理を実施する．塗装後の塗膜については，以下の項目について検査を行う．

（1） 塗膜の乾燥・固化の程度，硬さおよび塗膜の厚さ，付着強さ
（2） 塗付面の出来映え（色・つや・平滑度・模様の程度・隠ぺい力）
（3） 塗膜の欠陥（ぶつ・ふくれ・あわ・流れ・色むら・つやむら・変色・ひび割れ・はがれ）の有無とその程度

文　　献
1) 吉田豊彦他：塗装の事典（1980）朝倉書店
2) 日本建築学会：建築工事標準仕様書・同解説 JASS 18 塗装工事（1989）日本建築学会

参　考　書
1) 清水正雄，石塚未豊：塗装技術（1974）日刊工業新聞社
2) 松永正，高橋孝治：建築の塗料と塗装（1981）井上書院
3) 中村，吉田，宮谷他：建築施工講座 10 内・外装工事Ⅲ（1980）鹿島出版会
4) 日本塗装工業会：建築塗装便覧（1983）丸善

24 吹付け工事

● 24.1　吹付け工事の基本

24.1.1　吹付け工事の役割

　吹付け工事は，左官材料や塗料の吹付け工法から発展した工法であり，無機質のセメント系あるいは有機質の合成高分子系結合材と，各種の細骨材および混和剤を混合し，スプレーガンを用いて吹き付け，塗厚の厚い層を形成して仕上げてゆく工法で，その種類は多い．

　建築物の内装・外装の仕上げ材として適用され，耐水性・耐湿性・耐候性を有し，かつ吹付けによって得られる砂壁状，あるいは凹凸部をもつ特殊な外観性状を生かした工法である．この趣のある模様や多彩色の色彩効果を利用し，左官工事や塗装工事では得ることのできない仕上げ面が形成されるとして，発展しつつある．

　名称からわかるように，吹付け施工が主体となっている．今日では，吹付け材料をめぐる技術開発は非常に活発である．また，作業環境の変化，需要の多様化に伴って工法も変化し，吹き付けた塗膜面にローラー掛け，こて塗りなども行われ，それらをも包括して「仕上げ塗材」ともよばれている．

　しかし，この工事に用いられる吹付け材の種類は，上述のごとくセメント系・合成高分子系があり，使用する細骨材も様々である．このほか，配合材として混和剤・顔料などが添加されている．一応，内装用あるいは外装用として区分して調製されているが，それぞれ性質が異なり，長所もあれば欠点もある．

　これらの特徴をわきまえず，工事費が低廉であることだけを理由に，施工管理をおろそかにして応用することは，不具合を招く原因となる．材料の選択を誤ることなく，適切な作業を励行することが，この材料を取扱う施工の原則である．

24.1.2　吹付け工事の構成

　吹付け材料の特徴として対象となる下地面の範囲は，モルタル・コンクリート面から，木質系のボード・合板，金属材料など，非常な広範囲に及ぶ．吹付け工事は，これらの下地面の調整に始まる．下地によっては吹付け材を適用することの可否があり，また施

24 吹付け工事

表 24.1 吹付け材料と適応する下地[1]　　　　　　　（JASS 23 による）

吹付け材料の種類＼下地の種類	コンクリート・PCパネル・セメントモルタル	ALCパネル	コンクリートブロック	石膏プラスター	ドロマイトプラスター	しっくい	石膏平ラスボード・石膏ラスボード	木毛セメント板	木片セメント板	石綿スレート	けい酸カルシウム板	パルプセメント板	合板	鋼板
セメント砂壁状吹付け材	○	○	○	×	×	×	×	○	○	×	×	○	×	×
セメントスタッコ状吹付け材	○	△	○	×	×	×	×	△	△	×	×	×	×	×
合成樹脂エマルション砂壁状吹付け材	○	○	○	×	×	×	△	△	△	○	△	△	△	×
セメント系複層模様吹付け材	○	○	○	×	×	×	×	△	△	○	×	△	△	×
合成樹脂エマルション系複層模様吹付け材	○	○	○	△	△	△	△	△	△	○	△	○	△	×
反応硬化形合成樹脂エマルション系複層膜様吹付け材	○	×	○	×	×	×	△	△	△	○	△	○	△	△
反応硬化形合成樹脂溶液系複層模様吹付け材	○	×	○	×	×	×	△	△	△	○	△	○	△	○
ロックウール吹付け材	○	○	○	×	×	×	×	○	○	×	×	○	×	△
軽量骨材吹付け材	○	○	○	×	×	×	△	△	△	○	○	○	△	×
繊維質上塗り材	○	○	○	△	△	△	△	△	△	○	△	○	△	×
現場調合セメントモルタル	○	△	○	×	×	×	△	△	△	×	×	×	×	×

注）○：標準仕様で適応しうる下地　△：特記により下地処理を行なう下地　×：一般に使用しない下地

工できるとしても，表24.1に示すとおり下地調整の方法は，吹付け材料の種類によって異なる[1]．

　吹付け工事は，材料の調合・混練，下塗り（下吹き），中吹き，仕上げ材塗り（上吹き），表面処理などの各種の工程を基本的な構成としている．これらの工程の編成は，材料の系統によって異なる．また使用する吹付け機も違い，実施する作業の詳細も各々相違しており一律ではない．したがって，その内容を正しく理解して施工にあたらないと，十分な効果を得ることはできない．

　取り扱う材料の性質から，現場の環境は，左官工事・塗装工事と同様に，作業に適応するように管理する．同時に，有機質の溶剤を含むため，火気の取扱いや吹付け材の飛散にも十分な注意が必要である．また，作業に従事する労働者の保健・衛生管理にも，常に適切な対応が求められる．

● 24.2 吹付け工事の進め方

24.2.1 吹付け材料の選定

　吹付け材料を適用することができる下地の種類は非常に多い．しかし吹付け材料個別に判断すると，相互の特性からみて適・不適がある．選定条件の第一は，下地面と吹付け材料との親和性の有無にある．

　内・外壁および天井などに用いる仕上げ材料であるから，仕上り面の意匠効果が材料を選定する基本であることは明らかである．しかし，多くは複数層から成る複層型吹付け材であり，施工後の意匠効果は，この層構成や凹凸部の処理，および仕上げ層（トップコート）の出来映えの影響を受ける．したがって，吹付け材料の性質に合致した施工仕様の決定が非常に重要である．

　吹付け材料の種類が多いが，仕上げ塗材の名称で，すでに JIS が制定されており，その品質については，① 低温安定性，② 軟度変化，③ 初期乾燥によるひび割れ抵抗性，④ 付着強さ，⑤ 透水性，⑥ 耐候性，⑦ 難燃性，などの項目が規定されており，それぞれの系統別に品質基準が明らかにされている．

　しかし，その選定が，意匠効果だけに片寄ったものであってはならない．適用される部位の機能として，しばしば耐水性・耐熱性・防火性・耐候性・耐汚染性・防かび性などが問題となる．暴露される環境条件に対する判断を含め，これらの諸項目について十分な検討が必要である．

　作業上の条件として，結合材の種類やその硬化機構が問題となる．一般に製造工場における既製調合で提供されるが，現場では水あるいは溶剤を加えて軟度の調整をする．また，化学反応硬化型のものでは，硬化剤などの適量の配合が必要である．これによって，作業性や可使時間および硬化速度が変化するので，暑中・寒中などの気象条件によって，管理の規準が変化することも忘れてはならない．

24.2.2 吹付け工事の計画

A. 工程の計画

　吹付け工事は，塗装工事と同様に，仕上げ工事の工程として最終部分をなすものであり，他種工事との関連から，とかく工程遅延のしわ寄せを受けがちである．このため，適切な作業や十分な硬化を果たすことができず，塗膜の性能が損なわれる傾向が強い．全体工事の進捗度の管理を適正化するとともに，最適な工程で作業ができるように計画が立てられなければならない．

外装工事では，建具・カーテンウォール・防水（シーリング）の各工事が，内装工事においては壁・天井あるいは床の造成に係わる各種の工事，ならびに設備関連の諸工事がこの工事に関係する．これらの工事との前後関係は，本工事のみならず，それらの他種工事の品質に少なからぬ影響を及ぼすことに留意し，慎重な判断と管理が必要である．

工程の計画には，吹付け機械の手配，材料の調達，吹付け足場の整備にも関連をもつ．これらの諸事項を総合した施工計画の一貫として，適切な計画が求められる．

吹付け工程は，現場調査および下地面の点検，調合場所の設置，下地調整，吹付け塗りの順序で進展する．吹付け塗り工程の細部は，吹付け材料の種類および求める仕上り効果によって作業の手順や方法が異なる．また，工事個所の規模や作業内容の複雑さ，気象条件などが作業の方法や速度に関連をもつので，これらの諸項目を含めた綿密な計画が期待される．

B. 工 事 計 画

工事計画にあたる心構えは，左官工事・塗装工事に類似する．あらかじめ施工図を作成し，部位ごとに工事の進め方について検討を加え，施工方法，作業の手順および仕上げ程度を定め，見本吹きを行って決定する．そのうえで専門工事業者より施工要領書および品質管理工程表の提出を求め，施工上の要点を指示し，管理すべき事項を確認する．

施工の良否は，専門工事業者の技術力，および作業に従事する吹付け工の技能に係わる部分が多い．それだけに，作業および品質管理には十分注意をしなければならない．

● 24.3 下 地 調 整

下地調整作業の内容は，下地の種類や構成，下地面の状況，吹付け材料の種類・性質および工法が関連をもつ．しかし，使用する下地調整材や作業管理の要点が異なるので，一律には述べ難い．

吹付け下地として重要な事項を示せば，下記のようになる．
（1） 下地は凹凸や目違いがなく，平担で適度の平滑性をもつことを原則とする．
（2） ごみ・油脂・しみ，およびセメントなどの付着物はすべて除去する．
（3） 乾燥させるとともに，吸収能が大きいものについては，吸込み調整を行う．
（4） はなはだしい粗面，目違い・不陸・気泡穴・亀裂などの欠陥は補修する．
（5） 鉄筋・セパレーターなどは完全に埋め込み，被覆する．

下地調整材には，①合成樹脂系シーラー，②合成樹脂系パテ，③セメント系下地調整材などがある．いずれを選ぶかは，下地の種類に応じて下地面の補強，あく止め，吸込み調整，付着力の確保などの機能を考慮する．また，吹付け時の作業性についても検討

を加え，下地および吹付け材料の双方に適した下地面を造成するように心がける．

● 24.4 吹付け工法

24.4.1 吹付け機械とその操作法

　一般に吹付け機械は，コンプレッサー・圧送機およびスプレーガンなどによって構成されている．機種も多く，吹付け材料の供給および圧送方法が異なる．各機器の特徴も様々で，適・不適の条件を一概には述べ難い．

　吹付け材料の供給方式には，カップ式と圧送式とがあり，また，圧送の方式によって区別すれば，エアレス式・エアレスポンプ式・タンク式・ピストン式などがある．さらに，スプレーガンの形式によって，モルタルガン・タイルガン・ゾラコートガン・ピストルガンなどがあり，これも多種多様である．しかし，吹付け材料の種類，粘度，細骨材の種類・粒度によって，使用する圧送機やスプレーガンがおのずから決定される．

　吹付け機のスプレーガンは，塗厚の変動や模様むらの生じないように心掛けて操作する．このためには，下地面に対してガンを常に直角に保持し，ノズルの口径($4\sim8$ mm)，圧力（$4\sim6$ kgf/cm^2），吹付け距離（$30\sim50$ cm）などの吹付け条件を一定に保つ．またスプレーガンは，初めは水平に移動して吹き付け，次にこれに直角な方向に吹き重ねて，塗り厚吹付け量が均一になるように注意する．

　吹付け機械・スプレーガン，ローラーなどの工具は手入れを密にし，常に清浄にして使いやすい状態にしておかなければならない．

　吹付け個所周辺には，材料の飛散による影響に対して，養生紙やマスキングテープを施すほか，防風養生を行い，吹付けによる汚染や粉塵の影響を防ぐ．また直射日光の影響によって吹き付けた膜面からのドライアウトについても，適切な養生措置を施す必要がある．

24.4.2 吹付け工程および作業

A．吹付け工事の工程

　吹付け工事の工程および工法は，吹付け材料ごとに異なり，すべてを述べることはできない．一例として，最も広く採用されている合成樹脂エマルション系複層模様吹付け材の工法について述べる．

　この吹付け材は，吹付け膜がある程度の延伸性をもち，かつ主成分が合成樹脂系エマルションであるため，施工性および品質の安定性に富んでおり，このことが吹付け材料として多用される大きな理由となっている．すなわち，吹付け材の工程は表24.2に示す

表 24.2 合成樹脂エマルション系複層模様吹付け材の工程(一般)[1] (JASS 23 による)

工程		材料	調合(重量比)	所要量[kg/m²]	塗り回数	間隔時間 [h]		
						工程内	工程間	最終養生
1	下塗り	複層吹付け材下塗り材	100	0.1~0.4	1~2	0.5 以上	0.5 以上	—
		薄め液または水	製造業者の指定による	—				
2	主材吹き	複層吹付け材主材	100	1.0~3.0	1~3	0.5 以内	24 以上	—
		水	製造業者の指定による	—				
3	仕上げ塗り	複層吹付け材仕上げ材	100	0.2~0.6	2~3	3 以上	—	24 以上
		薄め液または水	製造業者の指定による	—				

とおり,下塗り・主材吹き・仕上げ塗りの3工程から成っている[1].

B. 吹付け作業の方法

下地調整を施した下地面には,あらかじめ合成樹脂エマルション系のシーラーを塗付して吸込み調整を行う.

下塗りは,下地と主材との付着力を確保し,同時にアルカリおよび水分の影響に耐えうるよう,合成樹脂エマルション系または同じ系統の溶剤を含むものを使用する.

主材吹きは,耐水性・耐アルカリ性の優れた合成樹脂エマルションに,顔料,無機質および有機質繊維,細骨材・混和剤などが配合されている.これによってマスティック状の膜層を形成する.混和剤は流動特性を生かして複雑な模様の描出に役立ち,5mm 程度の塗厚でもひび割れの発生を防ぎ,かつ水分の蒸発を円滑に行わせて,造膜効果を高める役割を果たしている.

仕上げ塗りに用いる仕上げ材は,耐候性の付与,外観の意匠効果を高めることを主な機能としており,主材吹きに用いたものと同系統の樹脂のクレヤーかエナメルが使用される.

各工程とも,塗膜に要求する性質および意匠効果(凹凸仕上げ,多彩色仕上げなど)によって吹付け回数が異なり,特に多彩色仕上げの場合は数回に分けて行う.

吹付け作業の要点は,いうまでもなく主材吹きにある.あらかじめ試し吹きを行って,見本塗り同様の吹付けができることを確認して,本吹きに入る.

吹付け時には,吹付けむら・模様くずれに注意し,適切な作業を繰り返す.多彩色模

様の仕上げにおいては，色ごとに粘度が異なる．このため吹付け材の粘度管理を入念に行い，色むらが生じないよう注意深い施工を行う必要がある．

仕上げ塗りの前に，主材の乾燥を十分行わなければならない．未乾燥の状態のままで仕上げ塗りを行うと，色調や光沢に富む外観を得ることが不可能となるので，作業に対する適切な管理が必要である．

文　　献

1) 日本建築学会：建設工事標準仕様書・同解説 JASS 23 吹付工事（1989）日本建築学会

参　考　書

1) 高橋・大沢：塗り替え工事（1981）井上書院
2) 深沢明他：吹付工事（1986）井上書院
3) 日本建築仕上工業会：建築用仕上塗材（1985）工文社
4) 小俣一夫：建築用仕上げ塗り材のはなし（1985）工文社

25 内装工事

● 25.1 内装工事の基本

A. 内装工事の特色

　内装は建築物の最終仕上げ層となり，竣工後は，直接かつ間近に居住者の目に触れる部分である．したがって，仕上りの程度がそのまま建築物全体の評価につながる可能性があるので，内装工事においては入念で慎重な設計および施工が要求される．

　内装工事において取り扱われる材料・工法の種類は多く，新材料・新工法の開発も活発である．これらを適切に評価・選択し，正しく施工することは容易ではない．特に，新材料・新工法の場合には，ある性能面では優れているが，他の性能面において著しく劣り，使用環境によっては短期間で故障が発生するといったものも少なくない．また，使用経験が浅いために，施工時の管理ミスによる故障発生の危険性も高い．したがって，新材料・新工法の採用にあたっては，総合的な評価と慎重な施工管理が不可欠となる．

　内装仕上げに要求される性能は多岐にわたる．それは，建築物の性格，建築の内部空間としての各室の種類・用途，使用される環境条件などによって大きく異なる．また，前述のとおり内装材料の種類は多く，その性質も広範に変化する．したがって，要求性能を満足する適切な材料を選択するには，与えられた条件を吟味して要求性能の等級づけを行い，これと各内装材料のもつ諸性質との照合を行って，ふるい分けを行う．

B. 内装工事の要点

　仕上げのキーポイントは，「にげ・ちり・見切り」にあるといわれるように，内装工事においては，異種材料との取合部を無理なく，いかにきれいに納めるかということが大切である．これを実現するためには，単に内装材の性質を理解するだけでは十分でなく，各内装仕上げ構法のディテールを正しく理解することが不可欠である．

　内装工事においては，内装材が単体で使用されることはない．ほとんどが他の材料と組み合わされ，一緒に複合体を構成する．複合体においては，構造軀体・下地・仕上げ材およびこれらを接合する補助材料の組合せを間違いなく行い，適切な施工管理を実施することが，故障を防止し，良好な結果を得るうえで重要である．

　また内装工事は，他の工事との取合いが多く，特に設備工事とは工程上で作業が錯綜

することが多いので，十分な調整が必要である．この調整を怠ると手戻りが多くなって工程に支障をきたし，工期の遅れ，ひいては故障の原因となる．

内装工事においては，部位に要求される性能とその重要度を明確にし，この要求性能に適合する材料を選択し，これを用いて各工程ごとに十分な検査を実施しながら入念に施工することが，良好な結果を得るための不可欠の条件である．各工程ごとの検査をおろそかにすると，欠陥が直接仕上げ面に現れ，後で修正することが難しく，かつ工事費もかさむことになる．

C. 内装工事に要求される性能

内装工事は，施工する部位によって床仕上げ工事・壁仕上げ工事・天井仕上げ工事に分けられる．以下に各部位に要求される性能を示す．材料の選択および工法の決定にあたり，これらの要求性能を熟慮する必要がある．

（1） 床仕上げに要求される性能

①耐湿性・耐水性，②耐熱性，③耐火性，④帯電性，⑤耐光性・耐老化性，⑥耐くぼみ性，⑦耐油性・耐薬品性，⑧耐摩耗性，⑨防滑性，⑩弾力性，⑪耐衝撃性・耐引っかき性，⑫維持管理の容易性

（2） 壁仕上げに要求される性能

①耐湿性・耐水性，②断熱性，③遮音性，④吸音性，⑤耐衝撃性，⑥耐火性，⑦防かび性，⑧維持管理の容易性

（3） 天井仕上げに要求される性能

①耐湿性・耐水性，②断熱性，③遮音性，④吸音性，⑤耐火性，⑥防かび性，⑦軽量

● 25.2 内装工事の工程

内装工事は最終工程に属するため，軀体工事の遅れなどによるしわ寄せをかぶせられがちである．工程を無理に急ぐと粗雑な作業，養生の不足，手直しなどで内装材の性能を損なう場合が多いので，適正工期を確保することが大切である．

適正工期を確保するためには，あらかじめ手間のかかる仕上げ，養生期間を必要とする仕上げ，他種工事との関連の多い仕上げを見つけ出しておき，早期に工程・工期の両面から対策を立てておくことが必要である．

内装工事は最終仕上げ面をつくり込むものであり，前工程における施工の良否がそのまま表面に現れる．通常は，壁・天井・床仕上げの順で施工が行われるが，後工程の工事による損傷や汚染を防止するために，先行工事の養生は完全に行う必要がある．

内装工事中は他種工事,特に設備工事と作業が錯綜することが多いので,事前に工程管理・資材搬入計画などについて十分な打合せを行い,工事が円滑に進行するように計画を立て,管理することが大切である.

内装工事の作業は,密閉された室内で実施することが多いので,有機質接着剤などの揮発性のある有機溶剤を含む材料を扱う場合には,十分な換気を行い,人体への影響および火災の危険を防止する.また,密閉された室内で,塗壁などの湿式下地の上に内装材を取り付ける場合には,下地材内部の水分が蒸発しにくく水分による故障が発生しやすい.換気を行うとともに,十分な養生期間を確保する.

● 25.3 床仕上げ工事

A. 床仕上げの種類

床仕上げには表25.1に示すような種類がある.

B. 床仕上げ工法と特徴

a. 木質系フローリング張り　フローリングには単一材で構成されるもの,合板の上に厚さ2mm以上の天然木を張ったもの,合板の上に合成樹脂のオーバーレイ・塗装・プリントなどの加工を施したものがある.

フローリングボードの施工には,根太に直接釘留めする工法と,合板・パーティクルボードなどの下張り材の上に釘留めする工法がある.いずれの場合にも,施工後のフローリングのあばれ・きしみなどの故障を防止するために,板厚の2.5倍以上の釘を用い150mm間隔で下地にしっかり留めつける.

表 25.1　床仕上げの種類

区分		仕上げの種類
乾式工法	木質系フローリング	フローリングボード,フローリングブロック,モザイクパーケット,天然木化粧複合フローリング,特殊加工化粧複合フローリング,天然木化粧複合ブロック,特殊加工化粧複合ブロック
	合成高分子系タイル	ビニルタイル,ゴムタイル,コルクタイル
	合成高分子系シート	ビニルシート,ゴムシート,リノリウムシート
	カーペット	薄織カーペット,手織カーペット,機械織カーペット,刺繍カーペット,縫付カーペット,接着カーペット,圧縮カーペット,編物カーペット
	畳	
湿式工法	合成高分子系塗床	エポキシ樹脂,ポリウレタン,ポリエステル

図 25.1　フローリングボード張り

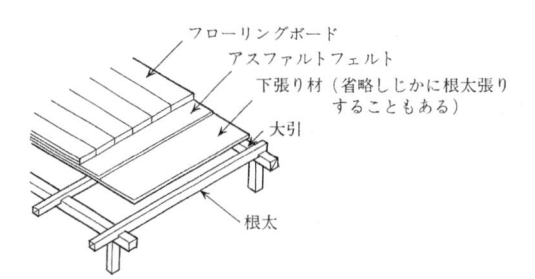

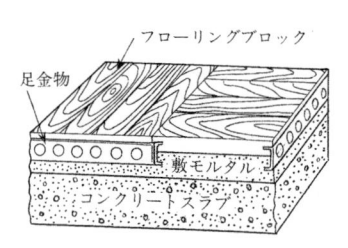

図 25.2　フローリングブロック張り（湿式工法）

フローリングブロックの施工には，フローリングブロックの側面につけた足金物を敷モルタル中に埋め込む湿式工法と，平滑に仕上げたコンクリート床にエポキシ樹脂系接着剤で張り付ける乾式工法とがある．

木材は吸湿・乾燥に伴い伸縮を起こす．特に，フローリングボードは動きが大きいので，この動きを調整するために，壁ぎわの幅木の下にエキスパンションジョイントを設けるなど，伸縮の動きを調整する措置が必要である．

b.　合成高分子系タイル張り　　工場生産された 300 mm 角前後のタイル（ビニル・ゴムタイルなど）を，接着剤で下地に張り付けて床仕上げとする工法である．良好な接着力を得るために，下地は必要な強度と剛性を有したものとする．

タイルの厚みは 5 mm 以下のものがほとんどであり，下地の不陸がそのまま表面に出るので，下地はできるだけ平坦に仕上げる．

割付けに基づき，室の中心付近を通る直交する基準線を引き，タイルの割付け図に基づきその交点を基点として，まず定規張りを行い，順次，タイルを張り付ける．

接着剤は，所定のくし目ごてを用いて下地面に対して均一に塗布し，所定のオープンタイムを経てから張り付ける．接着剤塗布後のオーバータイムは接着不良の原因になる

図 25.3　合成高分子系タイルの張付け作業（ローラ転圧）

図 25.4　合成高分子系シートの張付け作業（仮敷き，張付け作業）

ので，一回の塗布面積，オープンタイムの管理に注意する．接着剤は，低温下あるいは水分の存在する条件下では十分な強度が発現しない．工事に先立ち，下地の乾燥程度をチェックするとともに，作業時の環境の管理にも注意する．

c．合成高分子系シート張り　工場生産されたシートを，現場で割付け寸法に従って裁断し，接着剤で下地に張り付けて床仕上げとする工法である．下地処理，施工時の環境条件の管理は，合成高分子系タイル張りに準ずる．

シート間の継目は所定の溶接棒あるいは溶接液を用いて溶接する．

d．カーペット敷き　カーペットの敷き方には，次に示す3種類の方法がある．
① 中敷き…部屋の周囲を30〜40 cmあけて敷き込む方法
② ピース敷き…家具の前や下，出入口などに部分的に敷く方法
③ 敷き詰め…部屋全体にカーペットを敷き詰める方法

中敷きおよびピース敷きの場合は，カーペットを床に置いて敷くだけの「置き敷き工法」がほとんどである．

「敷き詰め工法」の場合には，さらに釘打ち工法・接着剤張り工法・両面接着テープ張り工法・グリッパー工法などがあるが，グリッパー工法が一般的である．グリッパー工法は，部屋の周囲にカーペットを引っ掛けるグリッパー（幅30 mm，厚さ3 mmで下から釘が上向きに何本か出ているもの）を接着剤または釘で取り付ける．次に，フェルトを敷き込み，その上であらかじめ柱・出入口などの切込みを入れて，部屋の形状・大きさに合わせて裁断したカーペットを，ストレッチャーで伸ばしながらグリッパーに引っ掛けていく工法である．

C．合成高分子系塗床

合成高分子系塗床の工法には，大別して以下の2種類がある．

合成高分子系の結合材に炭酸カルシウム・カオリンクレーなどの充てん材と，顔料・可塑剤などを加えて混練した樹脂ペーストを用い，床面に流し，延べ厚さ2〜4 mmに仕上げる工法を「セルフレベリング工法」という．また結合材または樹脂ペーストに，けい砂などの骨材を加えて混練した樹脂モルタルを，厚さ5〜7 mmに塗り付ける工法を「こて塗り工法」という．

各工法の標準的な工程を表25.2に示す．結合材は，主剤と硬化剤が化学反応して硬化するものであり，混練が不十分であったり，計量が不正確であると，所期の性能を得ることが難しいので注意を要する．

合成高分子系塗床は，結合材が下地に接着して下地と一体化した床仕上げ層を構成するものである．したがって，下地は十分な強度を有し，その表面に接着を阻害する塵埃・レイタンス・油脂類などのないものとしなければならない．また結合材は，下地に湿分

表 25.2 塗床仕上げの工程（日本建築学会：内装工事による）

工程 \ 工法・種類（記号）	流しのべ工法		こて塗り工法	
	ポリウレタン塗床仕上げ (US)	エポキシ樹脂塗床仕上げ (ES)	エポキシ樹脂モルタル塗床仕上げ (ET)	不飽和ポリエステル樹脂モルタル塗床仕上げ (PT)
1	ポリウレタンプライマー〔約 0.3 kg/m²〕	エポキシ樹脂プライマー〔約 0.2 kg/m²〕	エポキシ樹脂プライマー〔約 0.2 kg/m²〕	不飽和ポリエステル樹脂プライマー〔約 0.3 kg/m²〕
2	ポリウレタンペースト〔約 1.5 kg/m²〕	エポキシ樹脂ペースト〔約 1.8 kg/m²〕	エポキシ樹脂モルタル用結合材〔約 0.3 kg/m²〕／エポキシ樹脂モルタル〔約 10 kg/m²〕	不飽和ポリエステル樹脂モルタル〔約 10 kg/m²〕
3	ポリウレタンペースト〔約 1 kg/m²〕	エポキシ樹脂ペースト〔約 1 kg/m²〕	エポキシ樹脂ペースト〔約 0.4 kg/m²〕	不飽和ポリエステル樹脂ペースト〔約 0.4 kg/m²〕
4	ポリウレタントップコート〔約 0.3 kg/m²〕		エポキシ樹脂トップコート〔約 0.2 kg/m²〕	不飽和ポリエステル樹脂トップコート〔約 0.3 kg/m²〕
参考厚さ (mm)	1.5～2.0	1.5～2.0	4.0～6.0	

注 1)〔 〕内は，塗布量を示す．
　 2) ES において滑り止め仕上げとする場合は工程 2 と 3 の間で砂まきを行い 4 工程とする．
　 3) US およびこて塗り工法において，滑り止めのため砂まき仕上げとする場合は工程 3 と 4 の間で砂まきを行い 5 工程とする．

があると十分な接着力を得ることが難しいので，下地は十分に乾燥させる．やむをえず乾燥不十分なまま施工する場合には，湿潤面でも硬化するプライマーを塗布し，下地の湿分を押さえてから塗床施工をする．

● 25.4　壁・天井仕上げ

A. 壁・天井仕上げの種類

壁，天井仕上げには，表 25.3 に示すような種類がある．

B. 壁・天井仕上げの工法と特徴

a. 合　　板　　下地材として使用する普通合板と，合板の表面に加工を施し仕上

25 内装工事

表 25.3 壁・天井仕上げの種類

区　分		仕上げの種類
乾式工法	ボード張り	合板・化粧合板・練付合板
		軟質・半硬質・硬質繊維板
		木毛セメント板・木片セメント板・パーティクルボード
		けい酸カルシウム板
		石膏ボード
		岩綿吸音板（天井）
	パネル張り	金属パネル
		サンドイッチパネル（金属・木質）
		ルーバー（天井）
		プラスチックリブパネル（天井）
	壁　装	布・紙
		ビニルクロス

げ材として使用する特殊合板とがある．

　留付け方法としては，胴縁（壁）に接着剤または釘と接着剤の併用で留め付けるが，天然木化粧合板などの場合は接着工法が多い．天井野縁には，釘で留め付ける．合板の目地のとり方としては，突きつけ・目すかし・V目地・目地棒を使用する方法がある．

　下地材料の乾燥が不十分であると，施工後のあばれ，化粧合板表面のしみなどの欠陥をもたらすので，下地材は十分乾燥したものを使用する．また，接着工法を採用する場合には，仕上げ材を接着する下地面は鉋掛けをして平滑に仕上げておく．

b. 石膏ボード　石膏ボードは吸湿しやすく，吸湿すると強度が低下するので，湿気の少ない場所を選んで，変形しないように平積みして保管する．

　下地の種類によって取付け方法が異なる．木造下地の場合には，釘または接着剤（壁のみ）で取り付ける．釘の長さはボード厚の3倍位とし，亜鉛めっき鉄釘・黄銅あるい

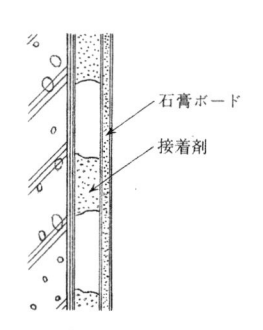

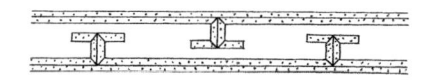

図 25.5　石膏ボードの接着剤張り工法　　図 25.6　スタッドを用いない石膏ボードによる

はステンレス鋼釘などを使用する．軽量鉄骨下地の場合には，タッピングスクリュー・クリップ（壁のみ）で取り付ける．

コンクリート下地の場合には，図25.5のように下地面に接着剤をだんご状に塗り付け，その上からボードを押し付けながら張る．この種の接着剤は，多量の水分を含有しており，乾燥が遅いので十分な養生期間を確保する必要がある．特に高温・多湿の環境条件の下では，かびによる仕上げ材の汚染などの故障が発生する．

石膏ボードの端部を折り曲げてスタッド代りとし，軽量鉄骨のスタッドを省いて遮音性を高めた間仕切壁工法もある（図25.6参照）．

c. ロックウール吸音板　　照明器具・空調吹出し口・スピーカーなどの設備機器と天井仕上げ材とを一体化した「システム天井」の仕上げ材として使用が増えている．システム天井には，T形バー・H形バーをグリッドに従い，平行あるいは格子状に配して吊りボルトで吊り下げ，その間に設備パネル・天井パネルをはめ込むライン方式と，工場で設備機器を装備した天井パネルを製作し，現場でこれを取り付けるパネル方式がある．

いずれの場合にも，地震時の揺れによる落下を防止するために，吊りボルトの振れ止め補強を適切に設置する必要がある．

d. 壁　　装　　ボード下地あるいはモルタル下地などに，でん粉を主成分とした接着剤で壁紙・ウォールクロス・レザーなどを張る工法である．張り方としては直張り・袋張り・布団張りなどがある．

下地精度がそのまま表面に出るので，下地ボードの目地部は，目地塗り・テープ張りなどで平滑に仕上げ，モルタル面はサンダー掛けなどで平滑に仕上げる必要がある．

「直張り」の場合には，下地の目地部の目地切れなどのため表面に欠陥を生じやすい．このような故障を避け，柔らかな仕上げ面を得ようとする場合には，「袋張り・布団張り工法」が有効である．

通常の釘は接着剤中の酢酸により発錆し，壁装面に錆色の汚れが生じるので，防錆処理を施すか，黄銅製・ステンレス鋼製の釘を使用する．

ビニルクロスを張る場合には，接着剤中の水分が外に逃げず下地に吸収される．下地の種類によって吸水性が大きく異なるので，下地に応じて接着剤の調合を適宜変える必要がある．

● 25.5　内装工事の注意点

A.　工法選択上の注意点

内装工事においては，材料および工法の種類が多く，適切な工法を選択することは容

易ではない．工法の選択にあたっては，まず第一にその部位に要求される性能を明確にすることが必要である．しかし部位に要求される性能は多岐にわたり，単一材料と工法ですべての要求性能を満足することは不可能である．したがって，要求性能を重要度によって等級付けし，優先度の高い性能を拾い出し，これら性能を満足する材料や工法を選択する．

適切な材料と工法を選択するためには，材料および工法に関する信頼あるデータの収集・保存が不可欠の条件となるが，現在のところ，試験方法の不備，公的試験機関の不足などにより，必ずしも満足なデータを入手できるとは限らない．また，要求性能に対して仕上げ材単体では対応することは不可能で，構造体・下地構造などと組み合わせた構法として要求性能を満足する場合がほとんどである．しかし，構法を評価する試験方法は，十分に整備されているとはいえない．したがって，適切な評価試験方法のない内装材料・構法の選定にあたっては，類似材料および構法の使用実績，メーカーの試験結果を参考とし，材料の特性や意匠におぼれることなく，その効果を総合的に判断する心構えが必要である．

B. 工事管理上の注意点

工事管理の目的は，設計図書に示された品質・性能をもつ各部位を，所定の期限内に適切な価格で完成させることである．この目的を達成するためには，関係者との打合せを適宜行い，適切な時期に検査を実施し，労務・材料・機械などの質と量をチェックして管理することが重要である．施工途中の適切な時期に，検査を確実に実施することも品質向上のうえからは不可欠である．特に内装工事においては，施工段階での検査ミスは直接仕上げ面の欠陥として現れるので，入念な検査が必要である．

施工検査と同様に，材料の検査も大切である．材料検査は一般に，当該材料が関連規格に適合するか否かを検査する．建築材料に関連する規格・規準としては以下に示すものがある．

（1）日本工業規格（JIS規格）
（2）日本農林規格（JAS規格）
（3）公共住宅用規格（KJ規格）
（4）優良住宅部品（BL部品）
（5）日本建築学会標準仕様書に基づく規定
（6）建築基準法による耐火構造・防火構造などの認定規格および構造認定等の規準
（7）消防法による防火などの規定

また，検査方法としては，全数検査，抜取り検査があるが，いずれの検査方法を採用するかは搬入される部品の数・形態・品質のばらつきなどを考慮して決定する．

また，検査の実施場所は製作工場に担当者が出向いて製品を検査する工場検査と，現場に搬入された時点で製品を検査する現場検査とがあり，工場生産品は工場の製作工程のチェックを兼ね，工場検査が一般である．

建築工事の場合には，現場に十分なストックヤードの確保が難しい，工程上，施工場所に直接納入される場合が多いなどの理由から，現場搬入時の検査が十分に行われない状況にある．しかし，品質確保のうえからは，現場搬入時における検査をもっと充実させる必要がある．

参　考　書

1) 日本建築学会：建築工事標準仕様書・同解説 JASS 19　内装工事（1991）日本建築学会
2) 建設大臣官房官庁営繕部：建設工事共通仕様書（1981）営繕協会
3) 日本建築学会：せっこうボードドライウォール設計・施工指針・同解説（1995）日本建築学会
4) 日本建築学会関東支部：内壁・天井仕上材料の選び方と使い方（1962）日本建築学会
5) 吉田，本間，大島他：建築施工講座 9　内・外装工事Ⅱ（1980）鹿島出版会
6) 岸谷孝一：建築内外装ハンドブック（1981）建設産業調査会
7) 建設省住宅局建築指導課：建設資材総覧（1981）建設総合資料社
8) 高木恒雄：建築の内装工事（1983）理工学社
9) 小原二郎他：建築内装技術ハンドブック（1984）朝倉書店
10) 日本建築学会：建築工事標準仕様書・同解説 JASS 25 ユニット類工事（1994）日本建築学会

26 設 備 工 事

● 26.1 設備工事の基本

26.1.1 設備工事の特徴

A. 設備工事の重要性・複雑さ

設備工事は，建築物の快適な住環境の確保と，安全・防災，情報伝達，人の移動および公共施設（インフラ）との接続といった建築設備システムを構築するものである．

これらの設備は，建築物の用途・規模によって，その内容や比重が異なり，建築物の機能維持に不可欠である．特に超高層建築などの大規模な建築物が可能となったのは，材料工学や施工法，構造技術の発達もさることながら，給排水衛生設備，空気調和設備，電気（電力供給・情報通信）設備，搬送設備，防災設備などの建築設備技術の発達に負うところが極めて大きいと思われる．

これらの設備は，エネルギーや情報を建築物の隅々にまで供給・伝達するために建築の各部位と深く係わり，また各設備が相互に関連をもちながら建築内の住環境を維持する重要な役割を果たしている．近年，地球環境の保全などの観点から，建築のロングライフ化が求められる中で，特に設備システムの陳腐化および機器・配管・配線系の劣化の問題がしばしば取り上げられ，建築設備のあり方が厳しく論議されている．したがって，設備の施工に際しては，建築物の機能を正常に維持するため，かつ竣工後の保守・点検あるいは設備の更新をも考慮して，的確な対応をしなければならない．

B. 建築工事との接点

設備工事は，エネルギーや情報を伝達する手段として，ダクト・配管・電線など，あるいは各種の機器・器具を，敷地内・建築物内に配置するものである．そのため，設備と建築は工事の各段階で関連をもつので，建築本体の施工管理技術者は，設備の分野まで含めた総合的な管理を念頭において，施工計画を立案しなければならない．

仮設計画や搬入（揚重）計画などは，建築工事を主体として計画されるが，仮設建物・外部足場と外構設備との関連，種々の仮設物と大型設備機器の搬入ルートとの関連，建築工事の揚重計画と設備の揚重計画との関連などは，施工計画の立案時に調整不足となりがちなので注意を要する．

建築本体の工事と設備工事との接点（注意点）は数多くあるが，特に，構造躯体や防火区画部分の貫通部処理など，耐震・防災に関連する工事の管理は，最も基本的で，かつ重要な項目であり，格別の注意を要する．

26.1.2 設備工事の分類

A. 建築物内環境を維持するための要素

建築設備を建築物内の環境維持のための要素に分類し，表26.1に示す．

B. 設備工事の種類

設備工事は発注に際して，一般に次のように大別される．
（1） 給排水衛生設備
（2） 空気調和設備
（3） 電気設備
（4） 搬送設備

しかしながら，建築物の用途が多様化し，規模が増大するにつれ，工事の専門化，製品のプレファブ化が進行し，その発注形態も多様化し，既成の工事種別より細かく区分されることが多くなっている．表26.2に，各設備工事の種類を示すが，情報関連設備および消火・防災設備が独立するケースも多い．

C. 設備工事の専門業者

設備工事の専門業者は，前項に示した工事の種類別に準じて，基本的に，① 給排水衛

表26.1 建築設備の要素別分類

設備の要素		概　　　要
(1)	水に関する設備	建築物に水および湯を供給し，生活排水や雨水のリサイクルを図り，余剰の排水を速やかに建築物外に排出する．
(2)	空気に関する設備	建築物内で発生するじんあいや臭気を除去し，自然エネルギーの有効利用を図りつつ，温度・湿度・気流を快適に保つ．
(3)	明るさに関する設備	建築物内の明るさを要求に合せて一定に保ち，自然光（昼光）の利用も考慮して，作業上の見やすさを確保する．
(4)	情報に関する設備	各種の情報を建築物内外に伝達する．また，建築物内環境維持のための機器の監視制御を行う．
(5)	エネルギーに関する設備	環境を維持するためのエネルギー（電気・ガス・冷温熱源）を建築物内に分配する．
(6)	人，物（ゴミ）の移動に関する設備	人や物を目的に応じてスムーズに移動させる．
(7)	安全に関する設備	安全を確保するため，地震・火災を感知し，消火し，あるいは煙を排出し，人間を安全な場所へ誘導する．

表 26.2 設備工事の種類

設備工事	一般の設備項目	特殊な設備項目
(1) 給排水衛生設備	a. 給水・給湯 b. 排水・通気 c. 衛生器具 d. ガス供給 e. 消火	a. 排水処理 b. 中水プラント c. ゴミ処理 d. 厨房・洗濯機器 e. 真空掃除システム f. 医療ガス
(2) 空気調和設備	a. 熱源機器 b. 空調機器 c. 配管 d. 空調ダクト e. 換気・排煙 f. 自動制御	a. プロセス用配管（圧縮空気など） b. プロセス用空調（クリーンルームなど）
(3) 電気設備	［電力供給（強電）］ a. 受変電 b. 幹線 c. 動力 d. 電灯コンセント e. 避雷針 f. 非常用電源	a. 航空障害灯
	［情報通信（弱電）］ a. 電話 b. インターホン c. 電気時計 d. 拡声 e. テレビ共聴 f. 中央監視 g. 火災報知 h. 防排煙制御	a. 各種表示 b. 駐車場管制 c. 防犯 d. ページング e. 情報通信
(4) 搬送設備	a. エレベータ b. エスカレータ c. ダムウェータ	a. 気送管 b. 特殊搬送（動く歩道など） c. 立体駐車場

表 26.3 製造業者の種類

設備工事	製造業者の種類
(1) 給排水衛生設備	受水槽・高置水槽, ポンプ, モーター, 衛生器具, 給湯ボイラ, 貯湯槽, 配管・継手, 各種バルブ, 消火機器, 断熱保温材他
(2) 空気調和設備	冷凍機, 冷却塔, ボイラ, 各種タンク, 熱交換器, ポンプ, 空調機, エアフィルター, 送風機, モーター, ファンコイルユニット, 放熱器, 配管・継手, 各種バルブ, ダクト, 吹出口・吸込口, 自動制御, 断熱保温材他
(3) 電気設備	変圧器, 受配電盤, 動力制御盤, 分電盤・端子盤, 照明器具, 電線, 電線管, 電話設備, 情報通信設備, 火災報知設備, 発電機他
(4) 搬送設備	エレベータ, エスカレータ, ダムウェータ, 書類搬送設備他

生設備業者, ② 空気調和設備業者, ③ 電気設備業者, ④ 搬送設備業者に分けられる. 建築物の規模が大きくなると, 防災関連の設備は, 防災設備業者にまかされることが多い. なお, 表 26.2 の「特殊な設備項目」に掲げた分野は, 一般に, 各々の設備項目に対して, 専門業者が存在する.

D. 一括発注と分離発注

建築主は, 設計図書に基づき工事を発注するが, 設備工事の発注は, 総合工事業者に

建築工事および設備工事をまとめて発注する「一括発注」方式と，各設備工事を建築工事とは別に区分し，設備専門業者に発注する「分離発注」方式とに分けることができる．

一括発注方式の場合にも，総合工事業者が，設備工事を設備専門業者に発注することが多く，この場合，総合工事業者が元請負人となり，設備業者は下請負人となる．

一括発注と分離発注の違いは，建築現場の組織，施工計画に大きな影響を及ぼし，工事責任のあり方も異なってくる．

E. 設備工事に係わる製造業者

設備工事に係わる設備機器類の製造業者の種類を参考として，表26.3に示す．いずれも多岐にわたることがわかる．なお，実際に工事に関係する製造業者の種類および数は，建築物の規模，設備のシステムによって異なる．

26.1.3 建築設備の設計と監理

A. 設備設計・工事監理の担当者

建築物の設計者および工事監理者は，建築士法上，規模や種類により，一級あるいは二級建築士であることが定められている．法的には設備設計まで含めた設計上の責任は，建築士にあるが，一般に，意匠設計者としての建築士に，設備設計までを任せることは少ない．設備設計者の資格としては「建築設備士」があり，建築設備士は，大規模な建築・公共建築などの建築設備の設計および工事監理について，建築士を補佐しなければならないと定められている．

発注者は，工事が設計図書どおりに行われることを確認するため，工事監理者（設計者であることが多い）を定める．工事監理者は，施工図・機器製作図のチェックや承認，メーカーの承認，現場における各種の立会い検査などを行う．

工事監理者とは，発注者の利益が阻害されないように施工のチェックを行う者をいうのに対し，設備の施工管理者とは，施工者が自主管理・検査を行うために従事させる者をいう．

B. 設備工事のための設計図書の種類

設計図書の種類は，一般的に，① 標準仕様書，② 特記仕様書，③ 敷地案内図・配置図，④ 機器・器具表，⑤ 系統図，⑥ 各階平面図，⑦ 部分詳細図，⑧ 機器・器具姿図，⑨ 施工要領書，⑩ 質疑応答書，などからなる．

● 26.2 設備工事の計画

26.2.1 現場組織

A. 総合工事業者の設備担当係員

　設備工事は，建築工事と本来一体であるが，実際には，建築技術者は建築を中心に物事を考え，設備技術者は設備を中心に施工計画を進めていく．総合工事業者の中には，この両者の調整をとることができる施工管理技術者が必要である．

　この技術者は，設備工事の施工そのものを行うのではなく，建築の各工程の中に設備機器の搬入計画，設備工事の施工計画を立案し，工事全体に手戻りや無駄が生じないようにしなければならない．

B. 設備工事の現場組織と資格

　設備工事の現場責任者は，工事監理者あるいは注文者である総合工事業者に対して，現場常駐者およびその業務・責任分担を明確に示す工事組織表を作成して提出する．

　設備工事の管理には，全体の技術レベルを確保するための資格として，建設業法に基づく一級・二級管工事施工管理技士の検定があり，現場の責任者には，この資格を求めることが多い．その他，消火設備工事・給水配管工事・浄化槽工事・電気工事・ボイラ据付作業などには，それぞれ法によって定められた施工管理者，あるいは法に定められた公的資格を有する工事担当者が必要である．

26.2.2 工事計画

A. 工事計画の準備作業

　工事計画の準備作業として，施工者は契約条件書や設計図書に目を通し，工事の範囲・内容を把握する．同時に，建築工事や他の設備工事との関連を見極め，現地調査を行い，工事上の落ちや重複がないように注意する．また，不明確な点については，工事着手前に，設計者・工事監理者，あるいは関連の工事担当者と調整ならびに確認を行う．

　現地調査において，設計図書に示された位置に要求どおりの容量の公共施設（上水道・下水道，ガス，電力，電話など）があるかを確認する．また，施工する建築物の煙突や給排気ガラリなどの位置を点検し，隣接の建築物の窓などとの相対位置に問題がないことを確認する．周辺地域の許容騒音値などの各種の法規制についても入念な検討が重要であり，近隣との関連で問題が発生しないことを充分に確認する．

　施工準備作業が完了した後，施工計画書と施工図の作成に取りかかる．

　設備工事の計画は，建築本体の工事と同様に，仮設，搬入（揚重），工法，品質，工程，

労務，安全・衛生，機材，原価管理，申請・届出業務などについて作成される．しかも，工事全体の施工計画と十分な調整を行う必要がある．以下に，設備の工事計画上重要と思われる事項について記す．

B. 仮設・搬入計画

直接工事（建築本体）に係わる部分が，設計図書に示されるのに対し，仮設の計画は施工者の責任で行われ，建築物の竣工後にはすべて撤去される．設備工事に必要な仮設施設を次に示すが，その多くは建築本体の施工計画により共通仮設として準備される．

（1） 仮設建物……現場事務所，作業員詰所，倉庫・材料置場・加工作業所など
（2） 仮設設備……工事用電力・給排水，敷地雨水排水など
（3） 足場など……作業用足場，重量機器搬入用の補強など
（4） 揚重設備……機器搬入用クレーンなど（建築工事との調整を行い，できる限り共用する．）

仮設・搬入計画を行う際は，設備工事に関連して，次の点に注意をする．

① 工事用電力・給排水などに，設備機器の試運転に要する容量が含まれているか．
② 仮設建物や外部足場などが，外構設備（給排水・ガス・電力・電話など）の上にあり，外構設備工事の工程に影響を与えないか．
③ 仮設機器やクレーンなどが，設備機器の据付け，配管施工の妨げになっていないか．
④ 仮設建物や仮設機器が資材その他の搬入経路を妨げていないか．
⑤ 機器搬入用の開口部が，仮設設備や機器その他の工程に妨げられていないか．

C. 工 程 計 画

設備工事の工程は，建築工事あるいは他の設備工事との相互の関連を考慮して作成する．設備工事工程表の作成に関して，特に次の点に注意する．

（1） 官公庁への申請・届出，検査の時期
（2） 公共設備の引込みの時期，申込み時よりの所要日数
（3） 設備機器の承認に要する日数および納期，搬入の時期，使用開始の時期
（4） 試験・検査，試運転・調整の所要日数

工程表には，①総合工程表，②詳細工程表，③月間工程表，④週間工程表などがあり，順位が下がるにつれて，細部にわたる工程表となる．このうち，総合工程表は設備工事の着工より竣工までの各工事の大きな流れが把握できるものでなければならない．

D. 工法・労務計画

ある定められた品質を満足させる場合，どの工法を採用するかは，機材の価格，労務費などにより決定される．また，建設工期の制約により決定されることも多い．一般に，

設備の工法を決定する場合，現場作業の省力化をねらい，機材のプレファブ化・ユニット化を図る．また，工法の決定の際，「地球環境」に配慮し，梱包材のリサイクルや廃棄物の削減などを考慮することは，非常に重要である．しかし，設備の大型プレファブ化が進むと，機材の揚重量が増加するので，建築本体の工事の揚重計画に含めて良く検討する．

労務計画は，施工方法，工程などから，作業者の資格・技術的経験を考慮し，また，労務を提供する専門業者の安全管理体制をはじめ，品質に対する工程能力や経営力を評価して作成する．

E. 機材計画

機材は，品質・価格・納期・納入実績・アフターサービスなどを考慮してメーカーを選定し，リストを作成し，工事監理者に提出してその承認を得る．この際，設備の維持管理を考慮して，機器メーカーはできるだけ統一することが望ましい．建築に係わる製造業者の種類は，すでに表26.3に示した．

機器の発注に際しては，次の点を注意して設計図書と照合を行い，また，工事監理者の承認を得る．

（1） 能力表示……定格値，常用値，効率，耐震性能，検査方法（工場試験の内容など）
（2） 使用圧力……許容（最大）圧力，常用圧力
（3） 動力表示……使用電圧，周波数，電流値，起動電流値，起動方式
（4） 運転・発停方式……自動・手動起動，遠隔・手許発停，インターロック・自動制御のシステムおよび内容
（5） 材料・部品……主要部品の材料・強度，塗装材料，塗装色（通常は建築に合わせて外装色が指定される．）
（6） 外形……外形寸法，搬入寸法・重量，据付け寸法，保守管理のための空間
（7） 工事区分……付属品の内容，接続部のサイズ，メーカー側の現場での作業内容

F. 試験・検査計画

設備工事においては，工事の着工から竣工にいたるまで，種々の試験・検査，官公庁の立会い検査などがあり，竣工の前には，試運転・調整を行い，また，竣工後1年間は季節ごとのシステムの切替え・調整が必要である．

次に設備工事における試験・検査の概要を示すが，施工管理者は工事品質の確保に必要と思われる自主検査を積極的に行い，品質のプロセス管理に努めなければならない．

a. 機器類の性能検査　　主要機器類についての検査は一般に製作工場で行われ，工事監理者の立会いを必要とすることが多い．検査では，設計に示された製品規格，能力，

騒音・振動などの性能の確認を行う．

 b. 施工中の検査
 （1） 機器類の搬入・据付け検査

  機器類は搬入され，梱包が解かれた段階で，異常のないことを確かめる．据付け検査は，機器類の据付けが要求した性能を満たしているかどうかを，現場で確認するものである．また，機器類の耐震性能を満足させるためには，据付け工事の確認が特に重要である．

 （2） 配管・配線・ダクト類の検査

  空調・衛生工事では，配管・水槽類の水圧検査や水張り検査を行い，すべての検査報告書は，工事監理者に提出される．必要に応じて，空調換気ダクトの煙試験などが部分的に行われる．

  電気工事では，電線管が軀体コンクリートに打ち込まれる場合は，この電線管について，コンクリートの打込み前に検査が行われる．また，電気配線については布設後，絶縁耐力試験を行い，電路の安全性を確認する．

  防災設備などについては，特に，耐震的な見地からの検査を行うことが必要である．

 c. 官公庁によって行われる検査 消火・防災設備は，工事途中で所轄消防署や都道府県庁により中間検査を受けることが多い．また竣工時にも，通常，官公庁立会いによる総合能力検査が行われる．さらに契約電力500kw以上の電気設備については，受電前に通産局係官の立会いによる検査が必要となる．

 d. 竣工引渡しの試運転・調整 すべての設備システムは，竣工引渡しの前には，試運転および調整が行われ，設計図書に指示する性能を発揮できるように施工されていることが証明されなければならない．また，竣工後1年間は，季節ごとのシステムの切替え，調整を行い，竣工時と同様の試験が必要である．これらの試運転・調整の結果は，工事監理者に報告される．建物の引渡し時点には，試運転・調整結果の報告書と共に，「設備機器取扱い説明書」を準備し，施主側の保守員への説明を行う．

26.2.3 設備工事をめぐる法規則

 A. 工事施工に係わる法規

 工事施工に係わる法規（多くの場合，設備の設計にも関連している）は，設備の種類や規模によって適用が異なる．関連法規には多くのものがあるが，表26.4に主なものをあげる．各法規の内容は多岐にわたるので，分類は非常に困難であるが，表26.4では便宜上，4項目に分類した．

26 設備工事

表 26.4 工事施工に係わる主な法規

分 類	法 規 名
(1) 建築物の安全に係わる法規	a. 建築基準法　b. 消防法　c. 駐車場法　d. 建築物における衛生的環境の確保に関する法律　e. 各種地方条例
(2) 施工の安全に係わる法規	a. 建設業法　b. 労働基準法　c. 労働安全衛生法　d. 高圧ガス取締法　e. 道路交通法　f. 各種地方条例
(3) 水・エネルギーに係わる法規	a. エネルギーの使用の合理化に関する法律　b. 水道法　c. 下水道法　d. 工業用水法　e. 液化石油ガスの保安の確保および取引の適正化に関する法律　f. ガス事業法　g. 電気事業法　h. 熱供給事業法　i. 各種地方条例
(4) 公害防止に係わる法規	a. 公害対策基準法　b. 大気汚染防止法　c. 騒音規制法　d. 水質汚濁防止法　e. 廃棄物の処理および清掃に関する法律　f. 建築物用地下水の採取の規制に関する法律　g. 各種地方条例

表 26.5 官公庁への申請・届出を必要とする設備（概要）

設備の種別	提出書類（概要）	提出時期	提出先
給水設備	水道工事申込書他	着工前～使用前の各時期	水道事業管理者
排水設備	排水設備計画確認申請書他	着工前～使用前の各時期	下水道事業管理者
浄化槽	建築確認申請書他	着工前～工事完了の各時期	建築主事
消火設備	着工届出書他	着工前～工事完了の各時期	消防署長
冷凍機	高圧ガス製造許可申請書	着工前～使用前の各時期	都道府県知事
ボイラ・圧力容量	構造検査申請書他	機器製造後～工事完了の各時期	労働基準監督署長他
火を使用する設備	設置届出書他	着工前～使用前の各時期	消防署長
危険物	設置許可申請書他	着工前～完成時の各時期	都道府県知事
ばい煙・騒音	設置届出書	着工前～使用前の各時期	都道府県知事
電気設備	受変電許可申請書他	着工前～使用前の各時期	通産局

B. 官公庁への申請・届出

設備工事の多くは，設備システムや機器を設置する際，申請や届出が必要である．その時期についても，着工前・設置前・使用前・竣工時など，対象となる設備により非常に多様である．表26.4に示した設備工事に適用される法規の大半は，建設省・厚生省・自治省・労働省・通産省・環境庁などの管轄であり，申請・届出の方法などがそれぞれ異なる．

申請に先立ち，なかには事前の打合せが必要となる場合もある．表26.5に官公庁に申請・届出を必要とする主な設備類を示す．

● 26.3 設備工事の要点

26.3.1 根切り・山留め工事と設備工事との関連

A. 注意すべき点

根切り・山留め工事に直接関連する設備工事は少ない．しかしながら，仮設計画を含め工事全体の中では，設計図書に示された外構に係わる設備を，山留め壁の位置，支保工の工法などにより，再検討した方がよい場合もある．その理由は，根切りや山留め工事と設備工事との間の問題は，工事や工程にしばしば大きな影響を与えるからである．

B. 建物周囲の配管

山留め工事を行う場合，山留め壁の位置に配管類が配置されないように注意する．山留め壁の位置に，やむをえず配管類が配置される場合，山留め壁の上部撤去などの余計な工程が発生する．特に敷地面積の小さな建築物では，このような状態が発生しやすい．設計変更などで対応できる場合は，設計者の指示や協力を仰ぐことが必要となる．

C. 接 地 工 事

電気設備の接地工事には，電力系統・通信系統および避雷設備の接地工事がある．工事は根切り完了時，あるいは建築外周部の埋戻しの時期に行われる．接地工事においては，土中に埋設する接地極（アース板）の深さ・相互間距離に注意し，接地抵抗値が指定値以下になるように施工する．また，埋戻しの際には，接地線を傷つけないよう注意しなければならない．

26.3.2 躯体工事と設備工事との関連

A. 注意すべき点

躯体工事に係わる設備は非常に多く，注意すべき点が多い．設備の施工図作成にあたっては，コンクリート躯体図が基準となるので，それが不正確であると，すべてに影響を与える．一般に基礎工事，柱・梁などの躯体に関連するものは，施工後の手直しが困難である．施工管理者は，防災区画を貫通する設備配管・配線・ダクト類の施工法や施工状態などについて，責任をもって確認しなければならない．

B. 建築躯体を利用する設備

排水槽・消火水槽・蓄熱槽などの水槽類は，コンクリートの躯体を利用し，二重スラブ内に設けることが多いが，排水槽には底部に勾配を設け，蓄熱槽には断熱材の施工が必要である．また，スリーブやマンホールの取付けなどの工事区分にも注意する．排水槽のマンホールには，防臭型を設ける．図26.1に排水槽の例を示す．

26 設備工事

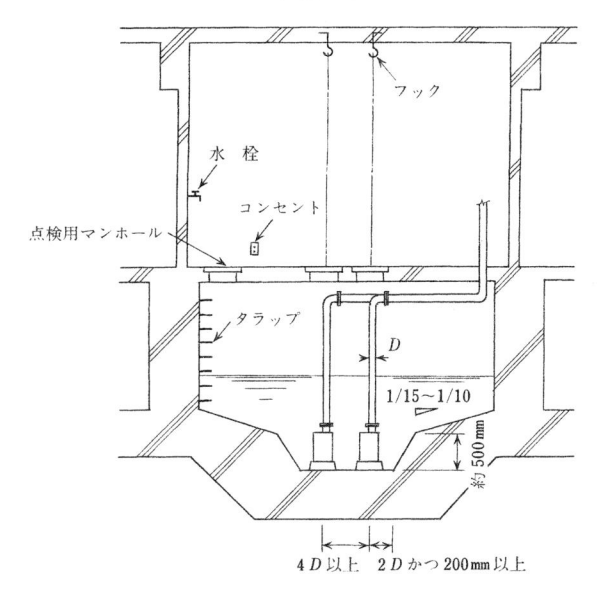

図 26.1 排水槽の参考図

C. 重量機器の床下補強

受水槽・冷凍機・ボイラ・発電機・変圧器・配電盤などは，方式・容量，製造業者によって，大きさ，重量が異なることがある．このため，床下補強の施工前に，設備業者・メーカーとの確認を行う．

D. 梁貫通スリーブ

梁貫通スリーブの大きさは，配管あるいはダクトの防露・保温ができるものでなければならない．鉄骨梁のスリーブの有効寸法は，開口寸法から耐火被覆の厚さを差し引いたものとなるので注意する．梁貫通スリーブの大きさと間隔の関連を，表 26.6 に示す．梁の強度を損なわないよう，補強処理を行う．

梁の貫通は，一般に梁の上下か中心に設けられるが，排水管の貫通の場合には，管の勾配を考慮することを忘れないようにする．

E. 壁・床貫通の箱型仮枠

配管やダクトの貫通のために，壁や床に仮枠を入れる．壁や床のダクトなどの貫通は，梁貫通よりも大きくできるが，壁・床に打込みの電線管や耐震壁配置などとの調整が必要であることが多いので，施工前に確認する必要がある．

ブロック壁に貫通開口を設ける場合には，まぐさを設けるなどして，ブロックの荷重が配管やダクトにかからないようにする．また，貫通物が多い場合には，下り壁などを

表 26.6 梁貫通スリーブのサイズと間隔

種別	スリーブの最大径 (R_1, R_2)	スリーブ間隔A ($R = R_1 \geq R_2$)	梁天端よりの離隔寸法(a_1, a_2)
RC造	D/4 以下	4R 以上	0.4～0.6D以下
SRC造	D/3 以下	3R 以上	0.4～0.6D以下
S造	D/3 以下	3R 以上	0.4～0.6D以下

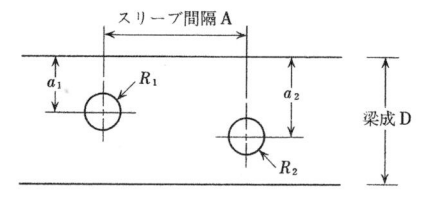

設けて，配管・ダクトの周囲はきちんとした埋戻しができるようにする（図26.2）．

F. インサート・埋込みフックなどの取付け

　配管・ダクト，機器などを吊るために，インサートや埋込みボルトを設ける．主配管用の吊りボルトや機器搬入用のフックなどは，長期的あるいは短期的に大きな荷重を受けるので，軀体の補強が必要となることが多い．搬入用フックなど仮設的に設けられるものは，構造設計図書に明示されていないので，構造設計者と事前に打合せを行う．

G. 電線管・フロアダクトなどのコンクリート打込み

　電力・電話などの配線用電線管・フロアダクトは，一般に，コンクリートに打ち込まれる．これらは分電盤・端子盤などへ向かって集中してくる．そこで盤まわりでは，電線管やフロアダクトの周囲にコンクリートがよく回るように注意する．

　また，フロアダクトを使用する際には，スラブの厚みもフロアダクトの納まりによることが多いので，よく検討する．また，電線管・フロアダクト内に打設したコンクリートが入り込まないように注意する．

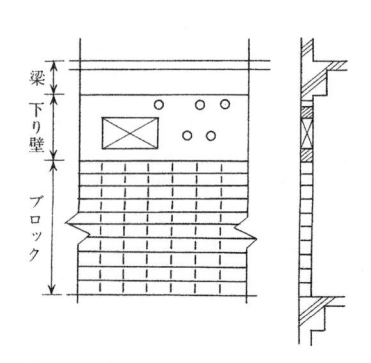

図 26.2 ブロック壁のダクト配管貫通用の下り壁（一例）

H. OAフロア,フリーアクセスフロア(二重床)

最近の中・大型事務所ビルでは,情報機器の大量導入による配線処理のため,OAフロアを敷設することが一般化している.OAフロアやフリーアクセスフロアは,周囲の一般床と軀体レベルが異なるので,適切な調整を行う必要がある.

コンピュータ室など,ガス消火設備を行う場合は,床下の区画も必要となる.二重床上に設置される機器の耐震固定方法についても,事前に十分な検討が行われていなければならない.

26.3.3 建築仕上げ工事と設備工事との関連

A. 注意すべき点

設備工事は,種々の仕上げ工程に関連をもつ.仕上げ工事と設備工事との各要素は,それぞれ複雑に絡み合っているが,一般事務所ビルを例に,建築の部位別に設備工事の各要素を分類し,表26.7に示す.実際には,床につく設備の場合であっても,仕上げに関連するもの,軀体に関連するもの,あるいはその双方に関連するものなどがある.したがって,工事の際には手順を明確にし,建築と設備との取合いは,外観上調和の取れた仕上りとしてまとめなければならない.

B. 室内仕上げと設備工事

表26.7に示したように仕上げ工事との絡みは,設計によって多様である.洗面所の床・壁にタイルや石材を使用する場合は,タイルなどの割付けと,衛生器具や水栓類との位置関係には注意を要する.天井の工事においても,空調換気用の吹出し口・吸込み口のレイアウトや,天井下地骨組への補強材の取付けなどについて十分な考慮を払う.

表 26.7 建築仕上げ工事と関連する設備工事の要素

建築部位	設 備 工 事 要 素
(1) 床	電気コンセント,電話アウトレット,OAフロア,フリーアクセスフロア(空調・電気配線用),床排水大便器
(2) 柱	電気コンセント,テレビ・電話等のコンセント,空調・照明のスイッチ,自動制御用調節器,排煙用手動開放装置,通路誘導灯
(3) 壁	「柱」に掲げた要素のほか,スピーカー,時計,電灯分電盤,電話端子盤,空調換気用吹出口・吸込口,防火・防煙ダンパー,排煙口,火災報知盤,消火栓箱,洗面器,小便器,点検口
(4) 出入口	避難誘導灯,煙感連動ドア,シャッター
(5) 窓・外壁	ファンコイルユニット,ラジエター,ガラリ
(6) 天井	照明器具,非常用照明器具,スピーカー,空調換気用吹出口・吸込口,ファンコイルユニット,スプリンクラーヘッド,火災(煙)感知器,防煙垂れ壁,排気口,点検口

(a) VAVユニットの取付け　　(b) 冷水・温水管の保温

(c) 全熱交換機の据付け　　(d) ダクトの吊込み

(e) 配管工事

(f) ターボ冷凍機の吊込み

図 26.3　建築設備工事の状況

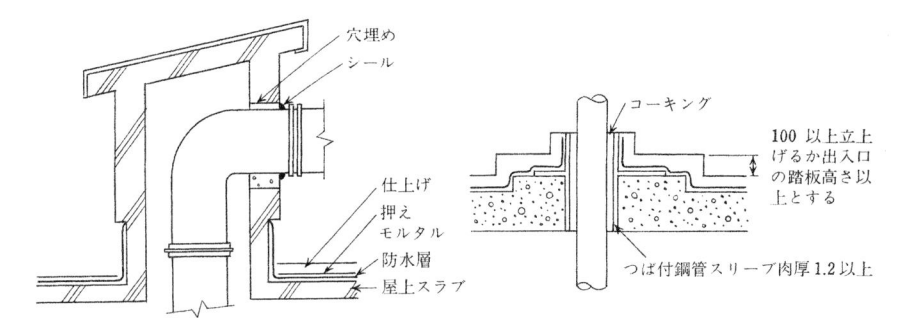

図 26.4 屋上貫通部の防水処理　　図 26.5 屋内防水層貫通部の処理

C. 防水貫通部の納まり

屋上防水層を貫通する配管やダクトがある場合は，図 26.4 に示すように，防水層を立ち上げた取出し部を設ける．また室内の防水層の貫通は，できるだけ避けるようにする．やむをえず防水層を貫通する場合には，つば付鋼管スリーブを設けて，防水層を立ち上げる．図 26.5 にその一例を示す．地中壁を貫通する場合にも，つば付鋼管スリーブを設けて，配管とのすき間には必ずシーリング材を充てんする[7]．

● 26.4　設備工事の今後の動向

26.4.1　地球環境問題への対応

A. 地球環境の保全

今日，公害問題をはじめ自然環境の破壊などの様々な環境問題を抱えており，深刻化しつつある地球環境の保全について，適切な対応に迫られている．地球環境問題は，地球温暖化の防止，オゾン層の破壊防止などの観点で語られることが多いが，身近な問題としては，河川水・海水の汚濁防止，酸性雨の防止，廃棄物のリサイクルなどの広範な対策が求められている．我々自身としてばかりでなく，子孫に綺麗で，美しい地球環境を存続させるために，世界各国が協調して取り組むことが求められている．

この種の問題への討議は，1972 年，ストックホルムの国連人間環境会議に始まる．1992 年のリオデジャネイロで開かれた「環境と開発に関する国連会議（地球サミット）」では，リオ宣言をはじめ三つの議定書をまとめている．すなわち，環境と開発を両立させて世界の発展を目指す新たな概念として『持続可能な開発 Sustainable Development』が提案され，アジェンダ 21 など各国が取り組むべき全体的枠組みに関する合意がえられている．気候変動に関する国際的な協調・協力の下に，積極的に地球環境の保全に取り組む

姿勢が明らかにされた．わが国ではこれを契機として，新たな環境基本法制の立案・制定に努めるとともに，国・地方自治体・事業者および国民の責務をそれぞれ明らかにし，環境政策の計画的・総合的推進を図ることとなった．

B. 地球環境時代に向けて

サスティナブル・デベロップメントを合言葉にして，建設省は，環境対策の捉え方について示し，建設産業全体としての具体的な環境問題解決への貢献について，『建設産業行動ビジョン』を明らかにしている[8]．

その基本目標として以下の項目を掲げ，そのうえで各企業・各分野別にその責務を自覚し，環境保全に対する社会的ニーズに応える技術力の養成を求めている．

（1） 環境との調和
（2） 環境負荷の低減
（3） 地域社会との共生
（4） 地球的規模の環境保全への貢献

これを受けて，建設業団体連合会は，環境管理の第一歩として，ISO 14000$_S$ の環境システムの取入れについて，各企業の積極的対応をうながしている[9]．

C. 地球温暖化防止

リオ宣言のフォローアップとして，1997年に国連の国際会議（京都会議）が開催され，地球温暖化の防止について各国から活発な討議が行われた．種々な論議の末，二酸化炭素・メタンなどの6種類の温暖化ガスの排出を，1990年比で全体として6%削減するという合意に達し，議定書が作成された．これにより各国は21世紀における地球の危機回避に向けて，第一歩を踏み出すこととなった．

6%減という削減率の目標値は，すでに省エネルギーの施策が進んでいるわが国にとって，さらに一段の省エネルギー対策が求められ，今後は新築・改築等の機会をとらえて，建築物の断熱構造化を義務づける措置や，太陽光発電・地熱発電等の新エネルギーの導入，フロンその他の回収サイクルの確立，新冷媒の開発など多方面の努力が求められる．

D. 地球環境と建築設備

従来の「省エネルギー」という言葉は，「建築設備の効率化」に近い意味で語られていた．地球環境時代を迎えて，「環境・省エネルギー」という言葉がより適切と考えられる．ただし，言葉の定義は，従前とは異なり，「建築物の高断熱化等に伴う省エネルギー」と「建築設備の効率化」との意味合いが強い．まず，建築物本体の省エネルギー化を図り，そのうえで，より消費量の少ない建築設備を設置することが「持続可能な」社会を支える建築物としての重要性を示している．

他方，第二次大戦後建設された建築物は，従来，スクラップアンドビルドと安易な解体廃棄が繰り返されてきた．その理由に，建築機能の陳腐化，設備機器のエネルギー効率の低下，配管材料等の劣化などが指摘されていた．このことの反省に立ち，建築物を取り巻く社会環境の動きを考慮しつつ，建築物のライフサイクルデザインに基づく『ロングライフ化』の研究が進められており，設備を含む建築の効率的リニューアルに対応した技術の開発，さらには，設備機器・同システムの保守管理の徹底と再生技術の開発を目指す努力が，新たに展開されようとしている．

26.4.2 省エネルギーと地球環境保護

A. 設備機器

近年，ターボ冷凍機・吸収式冷凍機などの熱源機器やモーターなどに，省エネルギー型のものがあり，また照明のランプにも高効率のものがある．機器に対する効率の改善は急速に進んでいる．今後，高効率の燃料電池や太陽電池などが実用化段階に入るであろう．地球環境保護の面から，機器の脱フロン化・高効率化は，急速に進んでいくものと思われる．

また，オゾン層破壊防止のためのフロン回収，地球温暖化防止のための梱包材リサイクル，排出ガスの管理などが，社会システムとして確立されるであろう．

B. 設備システム

システムの省エネルギーは急速な勢いで進んでおり，ヒートポンプや全熱交換器による廃熱回収，蓄熱槽の使用，コージェネレーションなどによる省エネルギーが図られている．また，設備システムの評価にライフサイクルコストの手法が採用され，建設コスト，耐用年限，維持費・運転費を含めて，設備工事費を把握する傾向にある．

今後，地球温暖化防止のために，炭酸ガスなどの発生量が厳しく規制されよう[10]．

26.4.3 設備工事の省力化

A. 設備のユニット化

現場での省力化を図るため，配管や便所などのユニット化を図る傾向があり，オフィスビル・ホテルなどの建築物で顕著に見られる．作業に従事する熟練工の不足をカバーし，人件費を含めたコスト低減のため，設備ユニットの開発が種々進められている．

B. 設備と建築との一体化

設備と建築を一体化したシステムが数多く見受けられる．一般的なものとしては，モジュール天井，セルラダクト（デッキプレートの下部空間を利用した電気配線ダクト）などである．進んだものとして，空調・換気ダクトをも構造体の一部に組み込んだジョ

イストスラブなどがあり，二重床を利用したダクトレス空調も一般化している．

文　　献

1) 篠原隆政他：設備技術者のための建築施工概論（1973）山海堂
2) 篠原隆政他：建築設備の施工概論（1974）山海堂
3) 空調，給排水衛生工事の実務編集委員会：空気調和・給排水衛生工事の実務(1974)日本工事出版
4) 殿垣内恭平：建築設備施工入門（1979）彰国社
5) 建設省住宅局建築指導課：建築設備耐震設計・施工指針（1982）日本建築センター
6) 森村武雄：建築設備工事の進め方（1982）市ヶ谷出版
7) 空調，給排水設備施工標準編集委員会：空気調和・給排水設備施工標準(1982)日本建築設備士協会
8) 建設産業環境行動ビジョン研究会：建設産業行動ビジョン（1996）大成出版社
9) 日本建設団体連合会：建設業の環境管理システム（1996.02）日建連
10) 空気調和・衛生工学会：持続可能な社会を支える建築設備のために（1997）
11) 住宅・建築省エネルギー機構：省エネルギーハンドブック'93
12) 宮脇毅他：建築設備の再生産（1991）技術書院

第Ⅲ編　建築生産の変革

27 科学的管理技術の導入

● 27.1 科学的管理技術

27.1.1 科 学 的 管 理

　科学的管理 Scientific Management という言葉は，生産工学（IE）の始祖と仰がれているF. W. Taylor が1911年に発表した『科学的管理の原理』に由来している．このなかで氏は，従来職長や労働者に任せきっていた作業の方法や手順に科学的検討を加え，公正なタスク（仕事量）の概念を明らかにし，作業能率の改善を目指した．すなわち，労働の評価に対して科学的な思考形式の導入を意図し，「時間研究」の結果に基づいて作業の標準化を行い，労働者が果たすべきタスクを定めた．また，生産の仕組みを計画と実施の二つに分け，特に計画の機能については，これを管理者の役割とし，労働者の働く目標を科学的に設定し，定められた標準どおりに作業を行わせて，その結果を統制し，目標の達成を果たすべきものとした．

　すなわち作業研究・時間研究を武器として，生産活動への取組み方を合理化しようとするこの管理法は，当時としては画期的な方法であり，労働者とそのタスクに関する体系的な哲学を打ち立てたものといえる．

　その後多くの産業が発達し，生産規模が拡大するにつれて，科学的管理法は工場における生産活動を管理する基本的な理念を示すものとして受けとめられるに至った．これを機に，多くの人々によって管理技術が次々に開発され，生産管理・経営管理の手法として活用されるようになった．

　Taylor の管理思想は，いち早くわが国の建築界にも紹介されたが，その効果に注目する人はなく，応用される機会が少なかった．しかし，第二次大戦後，工業製品の品質管理，生産性向上などの要請が高まるにつれ，科学的管理の重要性が改めて認識され，各方面に導入されるに至った．

　建設界においても，他産業に倣う形でその適用が図られたが，真の意味でこれらが建築生産の管理に広く活用されるようになったのは，さらに遅れて第一次オイルショック（1969年）以降である．

27.1.2 科学的管理技術の発展

　前項で Taylor の業績にふれたが，生産管理の合理化を目指す動きは 18 世紀の後半にすでに芽生えている．産業革命以降，大きな産業がイギリスを中心に次々と登場した．また大型の製造機械や装置が発達するにつれて，労働の質にも変化が起こり，工場管理のあり方を検討しようとする気運が起こっていた．

　19 世紀の半ばには，すでに「機械および製造の経済」，「分業の原則」などが論じられている．また，原因と結果を同じ系列の上でとらえようとする思想や，近代的統計学の基盤が次第に築かれていった．しかし，科学的管理の理念が理解されるようになるには，若干の年月を要している．Taylor と並んで画期的な功績を残した H. L. Gantt（ガントチャートの創始者），F. B. Gilbreth（動作分析法の開発者）夫妻の協力や，それらの人々が上げた成果によるものである．また，これを受けつぐように各種の管理技術が次々に開発されており，工場における生産システムの改善・改革に生かされていった．

　1920 年代には，早くも統計的品質管理（SQC）の手法が生み出され，品質管理手法発達の基盤を築いた．また科学的管理の一環として人間の欲求理論の追求が行われ，作業能率に係わる作業条件改善のための理論や実験が行われている．

　'30 年代では，経済恐慌を克服するためのいろいろな営みが試みられている．作業簡素化の原則が提案され，また動作時間研究が実施されている．

　'40 年代になると，生産工学 Industrial Engineering の体系も整備され，各種の用語が制定されている．作業研究の分野では，WF（Work Factor）や MTM（Methods Time Measurement）の手法が起こり，また品質管理に関しては管理図法の応用が普及した．その後，第二次大戦を経て，アメリカの諸産業がめざましい発展を示した．

　工業製品の価値と品質との分析に基づく VE 提案の理論や技法の応用が図られている．

　その一方では，機械の自動制御の原理となるサイバネティックスが公にされている．この原理は，オートメーションの重要な手法であるばかりでなく，後にシステム工学・情報科学などの新しい学問の原動力となった．

　'50 年代から '60 年代にかけて開発された管理技術の数はおびただしい．特に '50 年代について示せば，統計学に基づく実験計画法の確立，信頼性工学の提案があり，組織開発の手法が幅広く応用されている．また，工程管理の技法として PERT・CPM が相次いで登場して，技術開発の進度管理などにめざましい成果をあげた．今日，資材管理に効果を上げている MRP（資材所要量計画）が生み出されたのもこの年代である．さらに，経営管理の体系的アプローチの手段としてビジネスゲームの理論が幅広く応用されている．

　'60 年代における主な成果として TQC（総合的品質管理）の提案，ZD（Zero Defect）

運動の展開,目標管理手法の登場,GT (Group Technology) に基づく材料計画の改革など,列挙するのにいとまがないほどである.

'70年代以降については,現実に繰り広げられている数多くの手法の開発があげられる.わが国でも経済社会の高度成長を目指す活発な動きがあり,製造業その他の部門が躍進するにつれて,開発された新技術のなかには,欧米の動きに比肩するものが次々に生み出されるようになり,それがわが国の産業界のめざましい発展の基盤となった.他方,この年代においては,大型コンピュータが盛んに用いられるようになり,データベース,CAD,システムシミュレーションの技術も積極的に活用され始めた.

さらに,'80年代に入るとパーソナルコンピュータを用いた管理技術や手法が普及するとともに,これに支援された形で,実務における管理技術の重要性がさらに高まることになる.この間,工事現場の効率化や適正化を目指した工程管理・労務管理・資材管理などの多くのシステムが開発されている.

そして,'90年代には情報ネットワーク時代を迎え,現場と本社・支店との連携を図った総合システムへと,大きな変革を遂げた.

科学的管理技術開発の経過を辿ったが,その源泉となったアメリカにおいてすら,当初は建設の分野はいずれも生産工学の枠外に置かれていた.わが国同様に建設事業の特殊性がこのような考えを排除していたためである.しかし'50年代に入った頃から,管理技術の成果が建設分野においても認められるようになり,今日においてはその導入が極めて積極的に取り上げられるに至っている.

27.1.3 工事管理と科学的管理技術

A. 工事管理の目標

プロジェクトをめぐる様々な問題を解決し,適切な施工を実施し,所定の工期までに工事を終えて,発注者に引渡しができるよう,建築物を合理的に生産するための管理活動が工事管理である.しかし,すでにふれたように,昨今の建築需要はますます高性能化・多様化しつつあり,工事の内容はおのずから複雑化し,要求水準は技術的な困難さを加える一方である.このような動きにひきかえ,建築主が求める工期は短くなるばかりでなく,工事費の条件が一層厳しさを加えている.また,労働災害の防止,建築公害・工事災害・環境問題に対する社会的監視の目も極めて厳しいものとなっている.

したがって工事管理の役割は,以下に示す4項目を正しく計画し,また統制することにある.

（1） 設計図書を通じて要求されるとおりの品質・性能をもつ建築物をつくる.
（2） 実行予算の枠を守るだけでなく,工事費原価の低減を極力図る.

（3） 投入する資源（資材・労務・機械設備など）を効率よく運用して，指定期日以内に工事を完了する．

（4） 作業時における労伩者の安全性を確保するとともに，工事公害，産業廃棄物の処理およびリサイクルなど環境問題の発生を防止する．

　工事計画を立て，その管理を行うためには，十分な経験を積むとともに，管理を担当する者には，「経営の第一線に立つ気構えで取り組む」ということが長年にわたって謳われてきた．しかし，工事管理をめぐり，このような課題を克服し，適切な施工を果たすためには，ただ漫然と経験・勘に頼っていては，その達成は到底おぼつかない．むしろ，実施すべき工事の特徴や作業の構成を細かく分析し，適正・的確でしかも綿密な計画を立て，より進んだ管理技術を駆使した科学的アプローチを試みることが重要である．また投入資源である材料・労務などを適切に運用し，その管理を徹底して，円滑な工程管理に基づく組織的活動を繰り広げることが必要である．

B．科学的管理技術の役割

　a．品質管理に役立つ手法　　前項において箇条書きで示した各項目に対応する工事管理の機能は，大別して，① 品質管理，② 原価管理，③ 工程管理，④ 安全管理，⑤ 環境管理に分けて論じられている．これらに基づく作業の統制や各種の事項に対する管理には，生産工学あるいは管理工学の名称の下に開発された多くの管理技法の適用が有効であるばかりでなく，すでに幾多の実績を上げている．

　品質管理は，統計的品質管理を基本技術として，工程の品質・機能展開を進め，品質を工程でつくり込むという理念に基づく，プロセスコントロールの手法が採用されている．また，品質保証に関連して，施工段階において設計図書の審査を行うデザインレビュー Design Review の方法もすでに定着した．品質管理を効果的に進め，これを支援する基礎技術が必要であるが，このことに関して「QC 七つ道具」などとして，各種の管理手法の普及・啓蒙が図られている．

　b．原価管理に役立つ手法　　実行予算に合わせて工事費の管理を適切に行うためには，工事の内容や規模に即した生産管理体制を構築し，工事の推進に必要な技術計画を綿密な原価企画に対応させて立てることである．ところが原価管理（実行予算の管理）の問題は，多くの場合，現場担当の事務系職員に任せきってしまうことが少なくない．しかし，上記の意味により，技術的な側面から原価について詳細な検討を加え，工期短縮・省力化などに注目して，採用すべき材料や工法について常に創意・工夫をこらさなければならない．

　原価管理の基本としては，数量積算に基づくきめ細かいコストプランニングが必要であり，工程/原価の管理を系統立てて進める PERT/Cost などの手法がある．また最適作

業を目指す作業改善の体系的アプローチの方法として，価値工学（VE）が成果を上げている．

　c.　**工程管理に役立つ手法**　　工程管理というと，工事の日程管理 Scheduling のみをその機能と考えてきた．しかし，複雑で，多工種の労働者が入り混じって行う各種の工事を，経験のみに頼り，成行きにまかせて管理するようでは，工程がたちまち乱れてしまう．むしろ，技術計画の一環として，工事の内容や手順を細かく分析し，要求される施工条件を十分満たすことができる工程・工期計画を練る必要がある．

　ところで，工程を効果的に管理する基本技術に，ネットワーク式工程管理のPERT・CPMなどがある．また工程の円滑な進展を図るためには，日程のみの管理にとどまらず，資材・労務・工事用機械などの手配や調達を工程に合わせて実施し，厳密な作業統制を行う PERT/Resource や資源配分法 Resources Allocation がある．また，これを支援する技術には，工程分析や作業研究などの手法が有効である．

　d.　**安全管理に役立つ手法**　　全産業の中で，最も労働災害が多いと指摘され，改善を迫られてきた建設工事における災害が，ようやく低減の傾向を強め，安全第一を目指す管理活動が効果を示すようになった．その基本をなす安全管理の思想も定着し，現場レベルにおいて安全衛生教育が着実に進行している．

　建築工事をめぐる労働災害のなかには，不安全行動・不安全環境を起因とするものが少なくない．しかも同じような事故が依然として繰り返されており，徹底した安全管理を行う雰囲気が乏しかった．このため，人命尊重の立場から労働安全・保健衛生をめぐる法規制が強化され，安全施工が工事管理上の最重点課題となっている．

　安全確保の原則は，災害の原因と事故の発生に至った経過を究明し，その防止に必要な技術を探究することにある．この安全工学の役割がようやく理解されて，労働災害に対する統計調査の方法も徹底され，多くのデータに基づいて原因を究明する上で，FTA（Fault Tree Analysis）手法の活用が進み，安全施工の推進に寄与している．また，安全管理の方法も体系化される一方で，現場労働者に対するOJT（実地訓練），KYT（危険予知訓練）などの教育も徹底するようになった．

● 27.2　品　質　管　理

27.2.1　品質管理の基本

　A.　品質管理とは

　品質管理(QC)とは，「買手の要求に合った品質の品物またはサービスを，経済的に作り出すための手段の体系」と定義されている[1]．近代的な品質管理は，統計的手段を幅広

く採用しているので，統計的品質管理（SQC）ということもある．

製品品質のバラツキを数量的に取り扱う統計的方法が，工場生産に導入されたのは今世紀の初めであった．また近代的統計学を基礎として，W. A. Schewart の理論が提唱されたが，普及するには至らなかった．しかし第二次大戦の勃発は，軍需物資の品質を厳しく管理する必要を生み出し，QC が組織的に取り上げられて，その思想や手法が次第に広まった．

わが国でも QC に関連していろいろな動きがあったが，本格的な導入が進められたのは第二次大戦後である．当時，各種の資材の調達を進めるアメリカ軍の勧告によるものであった．1950 年には W. E. Deming が来日して，SQC の発展に大きな刺激を与えた．また 1954 年に来日した J. M. Juran は技術主体の QC から，経営全体に目を向ける管理の道具として，QC の位置づけを示した．このように，QC の考え方は，当初はアメリカから導入されたものであったが，今日ではわが国の産業界にすっかり定着し，実施され，日本的な総合的品質管理（TQC）の理論および技術を確立するまでに至った．建設業界でもこれに倣い積極的に取り入れるようになり，工事管理・経営管理に活用している．この動向は海外の建設界から非常な注目を受けてきた．

B. 施工者に求められる品質管理

品質を管理する立場から，品質は，①建築主の要求する品質（使用品質），②設計意図として示す狙いの品質（設計品質），③施工した建築の出来映えの品質（工事品質）に分けられる．設計意図を満足する建築を，いかに間違いなく，安く・安全につくるかが，施工段階の重要な課題である．工事費の低減，工期の短縮など，次々に提起される問題に対し，後述する各種の手法を活用して解決を目指し，しかも品質の維持・向上を図らなければならない．

また良好な品質状態は，これを常に保ちうるように管理するとともに，不都合な個所，改良すべき点に対しては，科学的アプローチによって原因を分析し，その結果に基づく改善を行い，不具合や欠陥の再発防止に努めなければならない．QC の手法が，工事をめぐる問題解決の方法として評価される理由はこの点にある．

27.2.2 品質管理の進め方

A. 方針管理

方針管理とは，管理の目標を重点的に定め，それに基づいて全員が共通の認識のもとに行う管理活動である．単に目標の達成度のみを問題にするのではなく，目標をどのようにして達成するのかなど，達成のプロセスを重視する．

現場における方針の設定にあたっては，作業所長が示した考え方や重点施策を指針と

して，各工事ごとに目標を達成するための方策について，実施項目，方法，スケジュール，管理すべき項目とその目標値などを具体的に定める必要がある．その際には，品質と関係の深い原価・工期・安全などを含めて総合的に検討しなければならない．

設定した方針の管理は，デミングサークル（Plan：計画，Do：実施，Check：確認，Action：処置）を回しながら進めることを基本とする．綿密な計画を立案して実施に移し，その結果を分析・検討したうえで適切な処置をとる．こうした PDCA の輪を繰り返して回し，それを総合化して品質レベルの向上を図ることが重要である．

B. 小集団活動

同じ職場内で，小人数で構成されるグループによって身近な問題を取り上げ，自主的に解決を図る活動を，小集団活動（QC サークル活動）という．建築工事においては，現場で行う作業が品質・能率に及ぼす影響は大きく，工事欠陥の防止，手直しの減少，作業能率の向上など，QC の徹底を図るためには専門工事業者と一体となったサークル活動を展開することが不可欠である．

労働者自身が自己の仕事について問題を見つけ，作業の手順や方法の改善を行うもので，品質の向上にもたらす効果が大きい．また QC サークル活動による自己啓発・相互啓発を通じてグループ全体の品質意識が高められ，しかもデータや事実に基づいて判断を下す習慣が身につき，同時に技能や能率の向上にもつながる数多くの利点がある．

このサークル活動は自主的に進められるものであり，常に参加者の人間性が尊重され，生き甲斐のある明るい職場環境をつくり出すことが可能となる．そして豊かな発想が生まれ，仲間との協調意識も高まるといわれている．

この小集団活動は一貫した手順で実施され，その成果の取りまとめ方や，報告・発表は，誰にとっても理解しやすいものでなければならない．通常は「QC ストーリー」といわれる次の手順に従って進められる．

（1） 問題点は何かを整理する（テーマの選定と取り上げた理由の明示）．
（2） 実状を調べて記録を集める（現状の把握）．
（3） 集めた事実を解析して原因を明らかにし，対策を立案する（解析と対策）．
（4） 実行に移す（対策の試行）．
（5） 効果を検討し，改善案を取りまとめ，標準化などの必要な措置をとる（効果の確認と再発の歯止め）．

QC サークル活動を効果的に進めるためには，適格なリーダー（たとえば施工担当職員）のもとに，各人が自由に発想や提案を行う雰囲気を醸し出すことも必要である．このブレーンストーミングにおいては，些細な事項にも耳を傾けることが重要である．また，リーダーは検討内容の整理や改善案の作成に用いる手法を正しく理解し，これを使

27.2.3 品質管理の手法

A. 問題の発見

建築生産は一品生産で,しかも設計内容や施工条件が異なるなどの特殊性をもつ.このため施工をめぐる諸データを集めて分析し,管理活動に役立てようとする考え方が乏しく,経験や勘が尊重されることが多かった.しかし,建築生産を取りまく環境が変貌してきた今日では,解決すべき問題は複雑かつ多様化し,従来のような場当り的な方法では対応しきれない.生産活動に関するデータに基づく問題の解決が不可欠となっている.

ここでいう「問題」とは,目標と現状とのギャップであり,解決を要する事柄である.現場には改善すべき問題が常に数多く埋もれている.問題がないか,あるとすればどこかを探り,目標あるいは理想との差異を確認することが,問題発見のプロセスであり,改善活動(問題解決)の第一のステップとなる.したがって,問題の発見には以下の点に注意する.

(1) 常に問題意識をもち,あたりまえと思っていることにも目を向ける.
(2) 現場の条件や工事の進め方に関し,より良い状態について積極的に考える.
(3) 現場における生産活動に関するデータを探り,現状を正確に把握する.
(4) 日常の業務について,その目的と後工程の要求を明らかにし,現状と比較する.
(5) 効率化・単純化できないか,ミスを防ぐには従来の方法を根本から見直す.

B. 統計的手法

品質管理においては,問題点の摘出,要因の分析,将来の予測,総合的な評価などの様々な局面で,データによる科学的・客観的なアプローチが要求される.部材の寸法・重量,強度あるいは欠陥の発生状況など,データには常にバラツキが存在する.そこで,バラツキの状態を把握し,生産要素,作業の状況との関係を分析するなど,統計的手法の適用による事実の判断ならびにデータの解析が管理の要点となる.

「QC七つ道具」として広く利用されているものに,①グラフ,②特性要因図,③パレート図,④ヒストグラム,⑤管理図,⑥チェックシート,⑦散布図がある.これらは,統計的手法の一部をなすものであり,データの整理や問題点の摘出などに用いられ,実践的で誰もが理解しやすい.また,日常的管理のツールとしても有効であり,問題の多くはこれらの手法によって解決の端緒を見出すことができる.

データのより高度な分析や,総合的な評価に役立つ統計的手法には,仮説や母数の検定・推定,抜取り検査,実験計画法,回帰分析,相関分析,因子分析,数量化理論などがある.さらに,信頼性解析の手法として,故障の要因を探るためのFTA(Fault Tree

Analysis) や FMEA (Failure Mode and Effects Analysis) などの手法が有効である．

品質管理は，事実に基づくデータによって管理することが基本である．しかし建築主の要求やクレームのなかには言葉でしか表現できない事項が多い．上記の手法は，主として数値データを対象としたものである．これに対して，言語データを対象とした設計的アプローチの手法として，① 親和図法，② 連関図法，③ 系統図法，④ マトリックス図法，⑤ マトリックスデータ解析法，⑥ アローダイヤグラム法，⑦ PDPC 法などがある．これらは主として言語データを図形で整理し，表現する手法であり，小集団活動などのグループによる問題の解決にあたって，情報の共有化，発想の効率化に役立っている．

C. 手法の生かし方

各種の手法を用いてデータの分析が行われるが，手法そのものを使うことが目的ではない．あくまでも品質管理のツールであることを認識して，手法そのものに溺れてはならない．このため次の点に注意することが重要である．

（1） 目的を明確にして，適切な手法を選択する．
（2） サンプリングや測定の方法に注意を払い，データの履歴を確認し，目的に合った信頼性のある客観的なデータを用いる．
（3） 異常値と思われるデータにも，求める情報が含まれていることがある．データは慎重に処理し，恣意的な取扱いをしない．
（4） 得られたデータは可能な限り図的に表現し，解析結果を先取りするとともに，結果の判断における過ちを防ぐ．
（5） 手法自体の仮定や前提条件，計算の手順，解釈の根拠および方法を十分理解し，結果の妥当性や信頼性についても検討を加える．
（6） 解析結果は誰にでもわかるように，具体的かつ平易に表現する．

27.2.4 総合的品質管理

A. TQC の考え方

建築生産においては，建築主が安心して発注することができ，しかも工事中から竣工後の運用・維持保全段階に至る長期にわたり，十分な満足感をもちうる建築を提供することが重要である．このためには，外観・居住性・安全性・耐久性など，完成された建築物の出来映えだけでなく，企画・設計・施工・維持保全といった一連の生産活動における様々な業務の内容についても，管理の対象と考えなければならない．

ところで，品質管理をこのように効果的に実施するためには，建築生産の全段階にわたり経営者を初めとし，全員参加で行われる総合的品質管理体制の確立が不可欠である．

現場における品質管理は，設計品質と施工品質を合致させるように，材料・労働者・機

27 科学的管理技術の導入

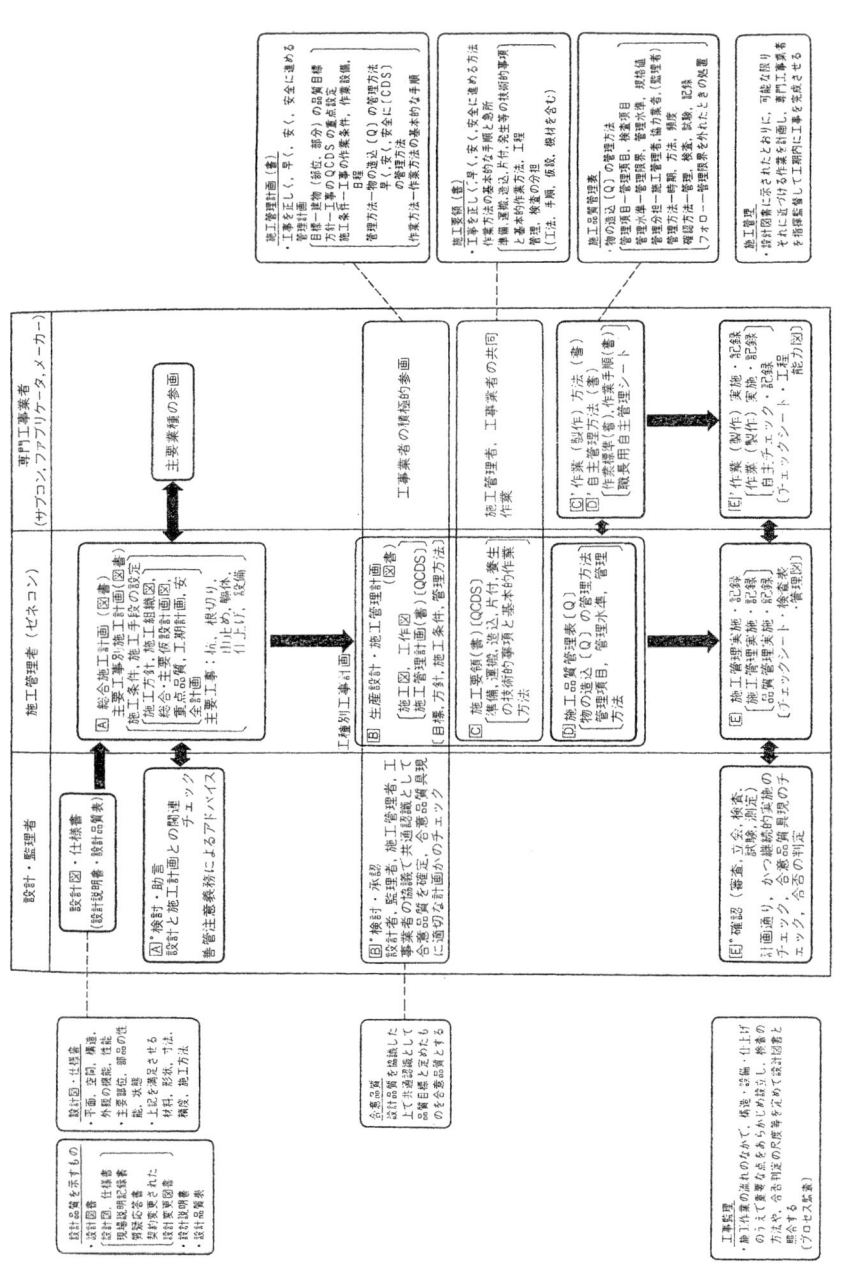

図 27.1 三者の役割分担（設計・監理者，施工管理者，専門工事業者）（建築士連合会による）[2]

械設備，また作業方法などの生産要素について，多面的・総合的な検討を加えることが必要である．設計者との十分なコミュニケーションの下に，関連する協力業者を含めてこれを実施しなければならない．図 27.1 は，設計者・工事監理，施工管理者，専門工事業者の役割分担と，品質情報を伝達するツールの概略を図示したものである[2]．

また庶務・経理・資材などの事務部門を含め，企業内全組織の直接的・間接的な支援も欠くことはできない．同時に，各部門にまたがる業務の成果が，工事を通じて一つの建築物にきちんとつくり込まれていくことが重要である．

TQC の推進は，各業務に携わる者の意識を改革するとともに，個々の業務について品質の維持と向上，原価の低減，工期の短縮と遅延防止，労働災害の防止に役立つなど，生産活動の各面にわたって大きな波及効果を期待することができる．

B. 品　質　保　証

わが国における TQC の動きは，消費者運動によって悩まされていた欧米の産業界に大きな衝撃を与え，工業製品に対して消費者が求める品質保証を先取りするものと注目され，TQC とよんでいたわが国の品質管理活動を，むしろ顧客志向で取り組む TQM (Total Quality Management) の概念によってとらえるべきものとなし，産業界をあげて TQM に取り組む雰囲気を生み出してゆく．また，これが今日の世界の新しい潮流となっている．

品質保証 Quality Assurance (QA と略記する) とは，建築主 (顧客) の要求するニーズに，品質が十分に満たされていることを保証するための体系的活動である．品質を第一に考え，単にクレーム処理などの補償に終わるということなく，満足する建築物あるいはサービスを提供するといったマーケットインの考え方がその基本となる．これを積極的に行うには，まず品質評価の対象になる性質・性能を正しくとらえ，材料や仕掛品などの良し悪しを示す指標となる品質特性を明確にすることが必要である．特に建築のように複雑な品質・性能が求められるものでは，品質特性を直接測定することが困難な場合が多い．その代りとして実用的に役立つ簡単な指標を代用特性として用いることもある．

設計品質の品質特性を把握して，これを実現するためには，工事の各工程において，最終品質に大きな影響を及ぼす工程の役割やその特性を明らかにするとともに，材料あるいは作業などとの関連について検討を行う必要がある．また，生産プロセスにおける各工程の品質は，常に次工程における作業や品質に影響を与える．したがって，上流に位置する工程の誤りは，最終的に重大な欠陥につながることにもなる．工程ごとに，その下流にある工程に及ぼす影響の程度を明らかにして対応することが必要である．

明確になった品質特性を確実に具現するためには，部門間の連携を強化して，企画・設

計から，施工・運用・維持管理に至る各段階にわたって，品質を組織的に保証するための体系が確立されなければならない．建築主・設計者との話合いや協議を通じて，要求品質を確認しながら，このような品質保証体系に基づいて，品質を工程において的確につくり込む努力がなされねばならない．また品質情報の収集を密にすることによって，はじめてそのフィードバックを確実にすることが可能となる．

C. プロセスの管理

QAの基本的な考え方であるマーケットインを現場施工に展開すれば，「次工程はお客様」ということになる．すなわち，各工事は，その成果を利用する立場にある次工程の担当者が受け入れられるような施工をしなければならない．このためには，出来上がった結果を検査するだけでは不十分であり，結果に影響を与える要因についても検討を加え，目標と実績との間に生じている差異を分析し，各プロセスの工程特性を的確に管理することが重要である．

各工程において品質特性を確保するためには，管理方法や手段を具体的に定め，確実にこれを実施しなければならない．作業の流れに沿い，その細部に注意を払い，品質・機能の工程展開を試み，目標とする品質特性に係わる管理項目を抽出し，管理規準や不都合を生じた場合の処置の方法を明らかにする．このように，工程ごとに，工法・手順，資材の品質特性，管理項目，試験・検査の方法，時期などを定めて，一つの表にまとめたものが品質管理工程表（QC工程表）である．

このQC工程表は，日常の管理業務に関する要点の把握や，重要工程の検査におけるチェックリストとして役立つだけでなく，担当者が特に注意を必要とする複雑な工程の作業標準として利用することができる．これを有効に活用できるものとするためには，その業務に従事する担当者が自ら作成し，また実地に使いながら，より適したものに改善していく努力が必要である．

● 27.3 原 価 管 理

27.3.1 原価管理の基本

A. 厳酷な経済環境

昨今の建築工事では，厳しい経済環境の下で，建築主からはかつてない工事費の低減を迫られ，公共工事においては，建設費の国際比較の面でわが国のそれがきわめて割高であることを理由に，これまた厳しい工事費の縮減を求められている．一方，業界の内部では，価格破壊を標榜する動きもあり，工事費に余裕をもって施工することがまれである．むしろ厳しい経済環境下でありながら，技術的に高水準の工事を求められること

が多い．このため，適切な工事管理によって，工事費原価の低減を図ることが常に重要な課題となっている．

しかし，不用意に原価の低減を求めると，品質の劣る材料を使用したり，工事の手抜きをすることになりかねない．求められているのは，施工者の責任において原価低減の努力をするということであり，工事計画を合理化して能率を高め，工期を短縮し，かつ適切な施工によって品質を保証し，与えられた目標を立派に達成するということでなければならない．

B. 原価管理の姿勢

建築工事は，一般の工業生産と異なり，現場ごとに特殊な事情がある．しかも，工事内容については，設計図書によって使用すべき材料・工法が細かく規定されている．一方，工事を担当する建設業の立場は，① 工事の発注条件，② 企業としての内部管理の方法（集中管理制，分散管理制など）によって，企業ごとに，また現場ごとに，工事管理の方針やこれに取り組む姿勢に大きな差異がある．また下請業者に対する外注条件もまちまちであり，原価低減への取組み方は一律には述べ難い．

しかし，基本的な方策は明らかであり，工事の内容について綿密な分析を行い，またVE手法の活用などによる工法の改善を試みて，適切な予算を編成しなければならない．また工事の規模に即した施工組織を組み，的確な現場運営によって稼働率の向上や省力化を図って作業能率を高め，厳しい原価統制を実施することである．

原価管理の問題は，従来，事務系現場職員の業務として委ねきってしまっていた．しかし原価の低減については，作業所長を中心に施工管理者がそれぞれの立場において技術的な面からこの解決に取り組み，創意工夫を加え最善を尽くすことが求められる．その意味において，工事の実態に適応したコストエンジニアリングの追究が必要である．

27.3.2 原価管理の進め方

A. 実行予算の編成に絡む要因

実行予算の編成は，受注時に作成した内訳明細書（元積り）に基づいて行われる．元々請負金額には，その施工業者が受注に至った経緯や工事に取り組む企業の方針などが反映しており，これに合わせて組んだ内訳明細書にしても，工事内容のすべてを必ずしも把握したものではない．費用細目には検討すべき余地を数多く残しており，工事を実施するうえでは必ずしも妥当とはいえない．そこで，受注後なるべく早い時期に，細部にわたって検討を尽くし，実行予算を立案する必要がある．

予算を立案するにしても，他種産業の場合は，その生産において使用する材料・労働力，施設やエネルギーなどの諸資源は，ほぼ定まっている．生産活動を通じて製品の新

しい価値を生み出し，それに利潤を加算して，市場に送り出す．したがって，製造原価や経営経費についても，原価計算の方法や管理の指標についても，一定の標準が設けられていて管理がしやすい．また，過去のデータを分析し，作業方法については生産工学的な改善を絶えず加えており，原価低減を試みるなど，原価統制の精度も高めやすい．

しかし，建築工事の場合は一品生産であり，工事内容や受注の条件などが絡み，特殊事情も多く，予算の編成にはその都度，新たな取組みが求められる．過去の実績資料などについて考慮を払い，日頃の知識・情報や経験とともに，創意工夫が常に要求されるゆえんである．その意味において，実行予算編成のあり方は，企業のノウハウともいえる．

なお，予算編成は施工管理責任者（作業所長）自らがあたるが，予算に影響をもつ種々の要因があり，しかも一律ではない．主な要因を列挙すれば，次のとおりである．

（1） 建築工事は請負方式であり，品質・工期および売価を約束してから施工に入る．積算上見込み違いがあっても，請負金額を改めて請求できないのが一般である．
（2） 設計者・工事監理者による設計監理の方針によって，工事管理の方法が左右され，工事原価に大きな影響を及ぼす．
（3） 工事費のほとんどが下請業者に対する外注費であり，支払金に充当される．しかも従来の慣習から，相場がきわめてラフで，価格は合理性を欠く．
（4） 発注者から，納入業者・下請業者の指定があり，その採用が工事受注の条件となる場合もある．このため，購買価格が割高となる事例が少なくない．
（5） 工事をめぐる資金計画上，総合商社などの支援による受注もある．各種の資材の購入にその商社を経由することが要求され，価格が抑えられてしまう．
（6） 外注費にしても，下請業者の技術力，発注・取極めの条件，支払い条件などによって価格が大きく変動する．

B. 実行予算書作成の手順

実行予算書の編成は，現場で実施する各種の工事に直接係わりをもつ．したがって材料・仮設資材・労務などの数量積算は，過剰の見積りや，拾いもらしなどのないよう適正でなければならない．また，実施工程の立案や工法の選定について入念な検討を行い，仮設設備の工夫，工法の改善などに創意を生かして，省力化・省資源を目指すべきである．さらに，材料の価格，労務単価など，市場価格の実状や動向については，適切な情報を集め，値入れに役立たせるべきである．

実行予算の編成について，出口晴洪が次の事項を中核的作業として列挙し，その手順に関して，次の各項目の重要性を指摘している[3]．

（1） 予算編成の基本方針を立てる．

（2） 基本方針の内容は社内組織をあげて検討する．
（3） 予算案は施工計画・工程表との相互調整を丹念に行う．
（4） 元積り内容の検討と分析をする．
（5） 元積り数量のチェックをする．
（6） 施工法や仮設・段取りの細部について点検をする．
（7） 経費の内容を検討する．
（8） 原価圧縮の手段を探す．
（9） 建築物の性格に応じたグレードを選んで，予算化する．

すでにふれたように，実行予算書は工事の管理に役立つばかりでなく，発注や支払いの基礎となるものである．原価管理や現場の出来高管理にも適用することができるよう簡潔な内容のものとし，また理解しやすい表現でまとめられたものとする．

C. 原価管理への取組み

実行予算の管理には，配分された予算の枠を守ることにその目的がある．最近のように厳しい受注環境の下では，予算の限度枠そのものが大きな問題であり，通常の考え方では予算内で工事を行うことが困難である．したがって，予算管理上，問題の所在を事前に見出しておき，それへの対応をあらかじめ考えておかなければならない．

すなわち，原価管理の主要な任務は原価低減 Cost Reduction と原価統制 Cost Control の二つの面をもつ．

このうち，原価低減への取組みとしては，以下のような手段が考えられる．

（1） 作業の実態を分析し，データに基づいて工事を進め，生産ロスを少なくする（稼働率の向上など）．
（2） 設備機械の故障をなくし，作業効率を高める（機械設備の点検整備の徹底）．
（3） 品質管理を強化し，手直し・手戻りなどを招く施工不良を低減する（品質保証体制の確立）．
（4） 工程を削減し，作業速度を高め，工期を短縮する（工程改善）．
（5） 材料などの流通機構・市場価格を詳細に調べ，安価購買の方途を探る．
（6） 工法の改善・開発により，総合的コストの低減を図る（工業化の推進）．
（7） 仮設費および経費の節約．

しかし，原価低減の試みは，時には管理者のその場限りの思いつきで進められたり，下請業者に対するコストダウンの押しつけとなり，品質・安全性の確保の面で，危険な要素を生み出すことになる．重要なことは，下請業者や材料納入業者を含め，現実に合致した見方や考え方に立ち，お互いの手によってコスト問題を解決する道を探求することであり，むしろ前向きの生きた原価管理が必要である．

これらの試みに対して原価統制とは，別な表現を借りれば，実行予算に基づく工事管理の展開ということである．施工する建築物の品質の要求水準および施工条件を勘案し，それに合致する予算の限度を直視して，多くの分野にまたがる管理業務を推進することである．資材の購入，労務の調達をはじめ，仮設設備の工法，施工過程における技術管理，作業の準備・段取り，作業管理など，予算書に従い，調達・作業および工程の諸側面から支出・出来高を追跡して，その具体的な内容について原価統制を行うことである．しかも，単なる帳簿上の対照ではなく，予算計画と実績の差異を科学的に分析して事にあたることがその要点である．

27.3.3 原価管理の手法
A. 価値工学 Value Engineering（VEと略記する）
原価低減などの目的で工法改善を試みる手法として，建築分野においてもVEが注目され，施工段階での適用を通じて様々な成果を上げている．このVEは，次のように定義されている．

「最低の総コストで，必要な機能を果たすために，製品とかサービスの機能分析に注ぐ組織的な努力である」．換言すれば，発注者(顧客)の要望に結びつく信頼される製品を，合理化の徹底によって，原価の低減を意図することである．

施工のVEでは，現状に含まれる問題点を摘出し，製品または作業の機能を明らかにし，機能分析に基づいて改善案をまとめ，それを実施に移す管理手法であることを特徴としている．品質や機能を保証するとともに，低コスト化を実現することに狙いがある．

VEの基本的手順を示せば，以下のとおりである．
（1） 対象の選定
（2） 機能定義
（3） 機能評価
（4） アイディアの発想
（5） アイディアの具体化
（6） 改善提案
（7） 実施とフォローアップ

馬場勇は，工事管理をめぐるVEの適用について研究を進め，VEの役割や意義を明らかにしている．また建設業におけるVE手法については，建設工事が一品受注生産であることから，多量生産型である一般製造業の場合とはその生産方式が基本的に異なることに留意し，建設業になじむVE手法の確立が必要である，としている．すなわち，建設業におけるVEの進め方について研究を進め，VEテーマの選定を容易にする母店レ

ベルのVE計画会議と，作業所レベルで行う3時間VEのジョブプランの開発に成功している[4].

B．作業分割構造 Work Breakdown Structure（WBSと略記する）

作業分割構造(WBS)とは，「最終目標を達成するために要する努力を，系統図の形に細分化すること」をいい，要求される最終目標から始まって，順次に細分化し，その規模や複雑さをふまえ，管理が可能なレベルにまで構成要素を展開してゆくものである．

施工段階における原価管理では，工程に合わせて投入される諸資源や作業の進捗度と，配分した予算との関係が問題となる．しかし，工程管理の視点と，実行予算の施行および統制とは，必ずしも対応するものではない．そこで，予算と工程との関係を明確にし，両者を組み合わせて，統一した立場で管理する方式の確立が求められる．

ところで，実行予算編成の方法は既述のとおり，企業ごとに方針が異なり，工種別・要素別あるいは支払い別の考え方がある．原価管理上いずれも長短があり，施工対象への対応，あるいは支払業務の処理の上でそれぞれ煩雑さを伴う．WBSの導入は，実行予算の編成に対応し，かつ工程に合わせて原価管理を進めるために試みられるものである．

すなわち，工種別予算体系を基本に選び，作業分割の単位としては，日程計画やその管理が可能なレベルにまで作業を細分割し，これを「ワークパッケージ」と称し，工程計画の基本データとするとともに，予算編成の計画データとするものである．これによって工程管理と原価管理を同調させて検討する手だてとするばかりでなく，ワークパッケージに基づく予算編成によって，原価管理における出来高の管理，予算と支払の差異分析にも役立たせることが可能となり，施工管理上数々の利点をもたらすことを特徴とする．

27.3.4 原価管理の体系化

現場業務の合理化を目指し，大手建設業を中心として，作業所における原価管理の業務について検討が加えられ，管理業務としての機能を明確化するとともに，電子計算機を利用して作業所と本社とを結びつけ，全社を共通した形で情報を処理するシステムが開発されている．

このシステム化の狙いは，工事原価の状況を予算と対比して把握するとともに，工事の展開を経済的・効率的に進めることにある．さらに企業として資金・財務などの経営管理にも反映させようとするものである．この原価管理システムは，このほか数多くのサブシステムから構成されている[5].

したがって，原価管理の精度を高めるためには，歩掛りデータの収集をはじめ，正確な工事データベースの構築が必要であり，適切なデータをいかに収集するかだけでなく，

作業の実態を見定めて，工法・工程などをめぐる各種の標準化を進めることが，システム化に並行して進められなければならない．

● 27.4 工 程 管 理

27.4.1 工程管理の基本

A. 現場の管理と改善

建築工事をめぐって，工程の合理化，工期短縮などの難しい課題が提起されている．このうち「工程」という言葉はいろいろな意味をもち，種々な角度から検討が加えられているが，施工段階においては，その工事に関して時間および数量の二つの側面から管理することが任務となっている．

このうち時間については，手順・工数・作業時間・日程ならびに工期の問題が含まれる．数量については，計画した日程に従って工事を展開するうえで必要となる諸資源，すなわち資材，作業を実施する各工種の労働者の手配および工事用機械・設備の調達，資材の保管・在庫の状態，日々の施工量ならびに工事の進捗度が問題となる．

したがって工程管理とは，受注した建築工事を設計者の指示どおり所定の工期で完遂するために，投入する諸資源を総合的に統制するとともに，各職種の下請業者が行う作業を効率よく，経済的に実施する総合的な管理活動としてとらえなければならない．

建築工事の工程に関して，手待ち・手戻り・手直しなどの工程管理の乱れが，しばしば指摘されるが，工程管理の目的は，次に示す5項目を適切に実行することである．

（1） 工程を合理化し，所定工期の遵守もしくは短縮を図る．
（2） 日程計画や作業割当ての適正化を図り，稼働率を上げる．
（3） 部分工事の工程を同期化させ，作業日程の整合性を高め，工程の停滞を防ぐ．
（4） 施工方法の改善，手順計画の合理化により，作業能率の向上を図る．
（5） 工程管理を適正化し，工事費原価を低減する．

最近の建築工事は，建築物に要求される性能・機能がますます高度化して，複雑なものとなっている．これに伴い工事の内容や施工条件は厳しさを増し，また施工技術の水準も高めなければならない．それだけに，現場における作業および工程の計画・管理には一層の工夫と研究が必要であり，これを基本として技術の改善・開発の試みを推進しなければならない．

B. 生産工学の導入

工事を適切に行うには，工程管理の密度を高め，作業を円滑に進めることが重要である．しかし現実の工事においては，工程管理の実施を阻害する要因が少なくない．その

主なものを示せば以下のとおりである．
 （1） 設計の遅れ，設計内容（計画内容・仕様）の不備や変更
 （2） 無理な受注，無理な工期
 （3） 不確定要素（地下埋設物の出現，異常気象など）の影響
 （4） 施工計画の不備や変更
 （5） 工事管理・外注管理の不備や誤り

これらは現場の各段階で，工程に手待ち・手戻りなどの欠陥を生じ，工事の停滞や遅延を招く原因となる．したがって，工程管理は工事管理そのものとして，常に厳正を期する心構えが必要である．

工程管理の機能は，工事の遂行に必要となる諸計画（生産計画）と，計画に基づいて行う諸活動の統制（生産統制）の二つに分けられる．その基本は先述のごとく，現場における物と人の能率を高めることである．物の能率とは，物流として必要な資材を最も適切な時期に搬入し，また現場内の物の流れ（揚重・小運搬など）を円滑に行い，材料待ちによる工事の停滞を防ぎ，適切な工期で工事を完了させることである．

人の能率とは，機械や労働者の適切な配備・配員によって，稼働率を高め，施工上のロスを低減することである．最近では，材料の工場加工度を高め，あるいは作業改善などによって，現場工程を削減する試みがしきりに求められている．

このように工程管理は，建築生産における複雑化した多くの問題を克服して，工事を進める基幹となる技術であり，施工を合理化するうえで，そのあり方に対する期待が大きい．しかし，管理者が思いつきのままに行う作業改善や工程計画では，所期の成果を得ることは到底不可能である．むしろ周到に練り上げた仮設計画，運搬・揚重計画，日程計画などの多岐にわたる業務を総合的・体系的にとらえ，これを統括して管理することが重要である．このための管理手法としては，生産工学に基づく科学的アプローチに多くを求めなければならない．

27.4.2 工程管理の進め方

A．工 程 計 画

工程計画は，工程管理の前提であり，現場において各種の工事を展開する基本である．施工技術および手順を決定し，現場内における物流の条件や径路を定め，運搬・揚重設備の選定および配置，資材・労働者・機械設備の手配を行うなど，広範な施工計画がこれに係わってくる．前項でふれたとおり，日々の工事が混乱なく，また効率よく円滑に進展するように計画しなければならない．さらに，所定の各種工事が許された工期内に，とどこおりなく終了することが，この計画の目標である．

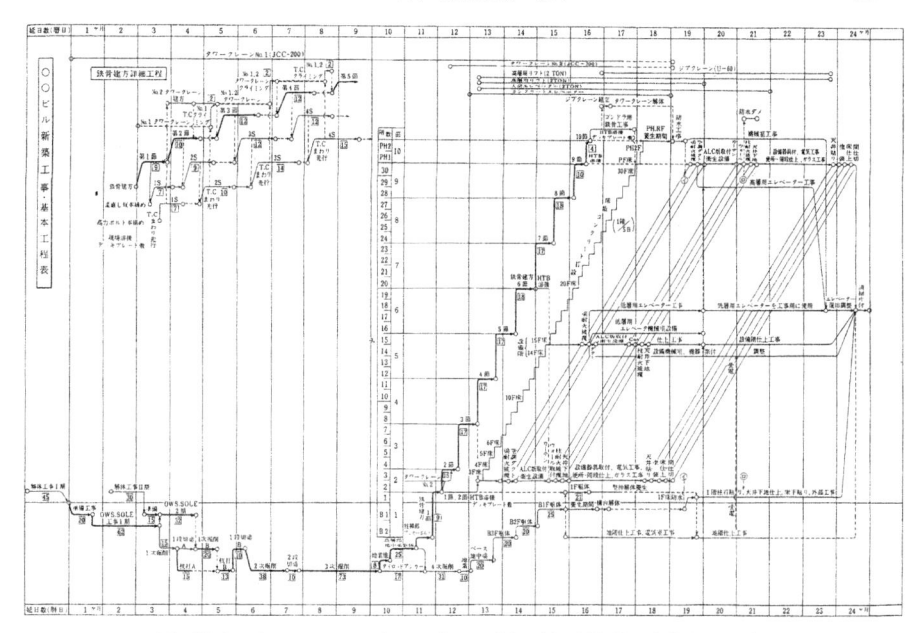

図 27.2 ネットワーク式工程表の一例 (作業能率測定指針より)[7]

建築施工の分野では,上述のことは言葉としては理解されているが,従来から工程表を作成するプロセスだけが工程計画のように思い込まれてきた.しかし,製造業などの分野では,工程計画そのものを高度化し,また,適用領域を広めて,資材計画・機械設備計画・進度計画および日程計画を,緊密に関係づけた生産計画 Production Planning and Scheduling としてとらえるようになっている[6].

今日,現場作業の機械化・工場生産化が進み,情報化施工などと省力化を目指す革新的施工技術の導入が積極的に進められているが,工程計画の機能を新しい視座からとらえて,建築生産の改革をすべてに優先して目指すべきである.

工程計画にあたって,考慮すべき事項を示せば次のとおりである.

(1) 施工計画,技術計画

設計図書の内容を細かく検討し,施工技術に関する諸計画,各部位の構成に対応した材料・構法および部品計画を立てる.また要求される品質・性能を工程においてつくり込むため,品質の工程展開を行い,工程品質の管理計画をまとめる.

(2) 手順計画,日程計画

この二つの計画は,工程計画の最も基本となるものであり,与えられた工期に対してまず基準となる大日程計画(基本工程計画)を立てる.ついで中日程計画(部分工事工

程計画，月間工程計画)，小日程計画(作業工程計画または詳細工程計画，週間工程計画)の順で，工程や手順を次第に細分化・詳細化して，全体工程を編成してゆく．

各工程は，実施すべき作業の内容に合わせて管理の目的に対応する程度に分解し，作業の前後関係に従って手順を定め，工程を編成する．また細分化した工程毎に作業負荷を明らかにし，動員可能な労働者の人数から作業の遂行能力を定め，部分工程別に所要日数を求めてゆく．また，養生の条件や工程の余裕を調査して，工事日程を確認する．

最近の傾向として，建築主・設計者が要求する工期には極端な短縮を求めるものがあり，通常の工法やそれに基づく日程計画では，工事を完遂することが困難である．この難題を克服するためには，工法の変更による工程の削減・合理化を試みたり，工場加工度を高めた部材化・ユニット化を図るなど，種々の創意工夫が必要である．これを手順計画・日程計画を中心に進めるためには，従来から用いられてきたバーチャート方式による工程表の作成では，十分な検討が不可能である．後述するネットワーク式工程計画が重要視される理由は，この点にある．

（3）手配業務のための生産編成

工程計画を立案する狙いの一つは，資材・労務・機械設備の手配および調達の時期，必要とする資源量を事前に決定することにある．建築工事は，下請企業として参加する専門工事業者の手によって，その大半が実施されるものであるから，前項に示した手順計画・日程計画は，実行可能であるばかりでなく，各種の工事が円滑かつ効率よく繰り広げられるものでなければならない．

したがって，この手配業務として必要となる各種の計画を，技術計画などに併行して進めなければならない．その主要項目としては，① 材料計画，② 労務計画，③ 仮設資材計画，④ 工事用機械設備計画，⑤ 使用電力負荷計画などが含まれる．これらの個々について綿密・周到な計画を立て，同時に実行可能性の検討をする必要がある．

計画は単一の工事だけでなく，各種の部分工事が，各工程にまたがっている．仮に一つの工事や工程の計画に齟齬や洩れがあると，工事全体に手待ち・手戻りを招くことになるので，トラブルの解決は単純ではない．特に入念な計画を行うことが重要である．

B. 工程管理

工程計画が，製造業における生産計画と同等の機能を求めるものであるならば，工程管理は生産管理に相当する．それは建築工事における工事管理そのものを意味するわけであり，工程管理が果たす機能の重要性を改めて認識しなければならない．

工程管理の目的は，各種の工事が所定の計画どおりに遂行できるように，生産統制を行うことである．

したがって工程管理は，① 資材・労働者その他の投入資源の手配（購買手配・外注手

配），②作業指示，③進度管理（作業実績の収集，進捗度の統制）によって，現場で行われる各種工事が計画どおりに，効率よく進められるように管理しなければならない．

すなわち，規模の大きな作業所では，現場会議が毎日開催され，協力業者の責任者・職長を召集して，日々の工程の協議が行われる．まず，その日の作業の進捗度の報告があり，次に翌日搬入される資材や設備機器の整備状況の打合せがあり，同時に，実施する作業の細部について，工区別・箇所別・職種別に作業指示がある．元請の施工管理者は，これらの協議を通じて作業実績の把握と進度の管理を行い，外注管理を進めてゆく．

しかし，工程をめぐるこれらの管理を手違いなく，また能率よく実施するためには，管理者自らが，工事内容の細部について知悉していなければならない．また専門工事業者の技術力を的確に把握しているとともに，各職種の仕掛り状態から，工程上の厳しさや余裕について十分わきまえていなければならない．

また，建築工事は，各種の部分工事が互いに絡み合い，取合い部の構法によっては工程は複雑を極めたものとなる．したがって作業の進捗度については，職種別に個別進度を，部位については仕掛り状態の掌握を，また計画工程に対する進遅の状況を常に明確にしておく必要がある．

さらに，工事は天候その他の不確定因子による影響を受けて，作業の進展が阻害され，工程遅延などを招くことがまれでない．この場合は，ただちに計画工程を修正し，進度調整を行う必要がある．このように工程管理には関連する管理業務が少なくない．工程上に起きる問題はきめ細かく，かつ体系的に処理する心構えが常に必要である．

27.4.3 工程管理の手法

A. 作業研究 Work Study

生産性向上の課題が説かれて久しいが，建築施工の実状には改善すべき点が少なくない．作業改善・工程合理化の問題も，解決の第一歩は現状を把握，分析し，改善の目標を明らかにすることに始まる．この現状分析や改善策の立案に，工程分析・時間研究・動作分析・稼働分析などの手法が応用され，多くの成果を上げている[7]．科学的管理技術の基本として多くの理解をえたゆえんである．以下に各手法の概略を述べる．

a. 工程分析　工程分析は，生産工程や作業方法の内容を，加工・運搬・検査・停滞（貯蔵）の4種類に分類して，生起する作業の順序に従って表示し，管理系列を明らかにして生産工程・作業方法の改善を図り，あるいは運搬径路の設定，揚重機械の配置など，現場のレイアウトの計画および改善について検討する方法である．

工程分析には，①単純工程分析，②製品工程分析，③作業者工程分析，④余力分析などの手法があり，分析の対象や目的によって，観測の方法もおのずから異なる．

現場作業の改善を目指し，作業研究を実施する場合は，まず工程分析を行って，対象とする工事やその作業系に含まれている問題点を明らかにし，そのうえで時間研究その他の詳細な調査に進むことが適切である．

b. 時間研究　時間研究は，対象とする作業を，細かな「まとまり作業・単位作業あるいは要素作業」に分解し，その作業に費やされる時間を観測し，作業方法，材料・工具・機械，作業場の環境との関係について分析する手法である．この結果に基づいて，作業方法の改善，標準時間の設定，労働者の人数および機械台数の決定を行うことができる．

時間測定の方法には，① 直接時間観測法，② 間接時間観測法の二つがあり，前者はストップウォッチを用い時間値を直接読み取って記録を取る方法である．これに対して後者は，基本的な作業動作の一つひとつについて，あらかじめ定められた標準時間値 Time Standard のデータがあり，個々の作業における動作分析の結果に，この時間値を適用して間接的に作業の所要時間を求める方法である．これには WF，MTM などの方法がある．

c. 動作分析　時間研究によって，労働者が行う作業方法やこれに取り組む体制などを改善することができるが，動作分析は，さらに作業動作の細部について徹底した分析を行い，動作の改善を図る方法である．

動作分析は，労働者が実施している作業動作を，サーブリッグ Therblig とよばれる基本動作に基づいて分析記録し，その結果によって，作業姿勢，両手の働き，動作径路について検討を加え，作業動作に含まれる欠点を明らかにして，作業ならびに動作の改善を行うものである．

この動作分析の方法には，① 目視分析法，② 間接観測法（フィルム分析法，VTR 分析法など）があり，時間研究の結果に基づく作業改善の目的で適宜実施されている．

d. 稼動分析　稼動分析は，実際に行われている作業の状態を長時間にわたって観測し，労働者あるいは機械設備の稼動状況を分析するもので，作業時間中に含まれる準備作業や余裕などの不稼動の実態を明らかにし，その結果から作業系の改善を求めたりする．また一定の時間における施工量から標準時間の設定を図ることができる．

稼動分析は，このように労務管理・設備管理・運搬管理その他の現場の動きを管理するデータを把握するうえで，有効な方法といえる．

観測の方法には，① 連続時間観測法，② 瞬間観測法（ワークサンプリング法）などがあり，一般には後者によって行われる．

B. 日程計画の手法

建築工事の工程を表現する方法にはすでにふれたように，① バーチャート，② S チャ

ート，③ネットワーク ダイアグラムがある．

　バーチャート法は，今世紀の初頭から使われ始めた方法であり，現在でも建築工事の工程を表現するには欠かせない手段となっている．この方法では，工事を構成するいくつかの部分工事を，実施予定の順序に従って工程区分を定め，それを割り当ててゆく．そのうえで暦日工程表を作成する．これによって，各部分工事の工程および工期の時間的関係を視覚的に把握することができる．

　Sチャート法は，工事の進捗状況（施工量または出来高）を量的にとらえるのに適し，日程を追って，工事に従事する労働者数・施工量，あるいは工事費原価を記録し，それぞれの累積値を工程表中にプロットして，工事の進捗度を把握したり，予定値と実績値との差異を検討するうえで有効である．

　ネットワーク法はアメリカで開発された PERT (Program Evaluation and Review Technique)，CPM (Critical Path Method) に代表されるもので，膨大な研究開発プログラム，建設工事などの大規模で，しかも複雑なプロジェクトを管理することに役立つ．この手法で工程を表現するためには，工事全体を複数の部分工事あるいは業務 Activity に分解し，それらの工事や業務間の順序ならびに前後関係を明らかにし，工程を順次編成してゆく．工程の分解や細区分は，工事の規模や内容，工程・業務管理のレベルによって異なる．いずれにしても，進度管理が適切に行いうる程度のものでなければならない．

　また，この工程を表現する方法によって，①アロー型ネットワーク，②ノード型ネットワーク（プレシデンス型ともいう）に分類される．両者の違いは表現形式の違いのみであり，その機能や日程計算の方法にはほとんど違いはない．わが国では，一般に前者を用いることが多い．

　ところで，ネットワーク法は，他の工程計画の手法に比して次の利点をもつ[8]．

（1）プロジェクトの全体および部分を把握しやすく，問題点の発見が容易である．
（2）工程の進め方および作業方法の改善が容易である．
（3）作業の順序関係を明確に図示することができる．
（4）施工面からみて適切な順序関係を，あらかじめ探知することができる．
（5）工程をめぐる情報伝達を円滑に行いうる．
（6）各作業の開始日・終了日が明瞭になる．
（7）作業に必要な資源の納入・配備を，事前に計画することができる．
（8）クリティカルパスが明確になり，工程の重点管理に役立つ．
（9）工程のずれなどの発生に対し，適切な修正の道が開かれる．
（10）労務・材料などの手配，ならびに原価の総合的管理が可能である．

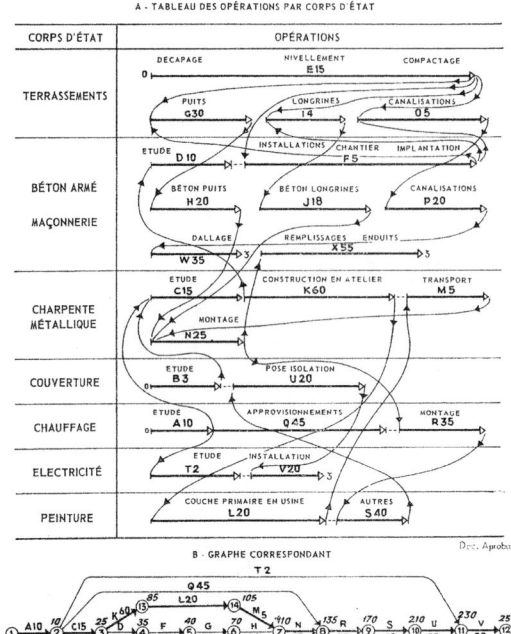

A - TABLEAU DES OPÉRATIONS PAR CORPS D'ÉTAT

図 27.3 PERT 手法による工程計画の合理化＊
(Emile Olivier による)

[図解]
A表にある7職種による作業が，相互に前後関係を持ち，入り組んだ形で進めなければならない複雑な工事を，B図に示すネットワーク式工程表で，単純明快に表しうることを明らかにしている．

このような理由から，ネットワーク法は複雑な工程によって構成される建築工事の管理を，適切に進めうる管理技術として高く評価され，現場の管理には欠くことのできないものとなっている．

また，電子計算機を用い労働者・資材を考慮した日程計画を編成して，日々の労働者数の平準化や資材の揚重計画・搬入計画を行ったり，作業の進捗状況をCADで表現するシステムなどが開発され，次第に，工程全体を計画・管理するシステムへと発展しつつある．

27.4.4 工程管理の体系化

高度経済成長時代から，低成長時代に移行するにつれ，産業界の各分野において生産システムの改革を目指す動きが始まった．

＊ Emile Olivier : Organisation Pratique Des Chantier, Tome II. 1969, Entreprise modeme d'Edition

その目標は，① 多品種少量生産への対応，② 総合生産システムとしての受注から生産・出荷までの一貫化，③ 自動化・無人化への志向である．

製造業における FMS (Flexible Manufacturing System) の開発，FA (Factory Automation) の確立はこの偉大な成果といえる．これらの生産管理技術の基盤として，ネットワークベースの管理手法が大きくあずかっている．

すなわち，ネットワーク法の利点は，工程を的確に表現し日程計算を行うだけではなく，電子計算機の活用を前提として開発されているため，工程管理をめぐる各種の管理活動（資材管理・労務管理・機械設備管理など）に連動させて，生産管理に広く応用できることである．

建築分野においても，産業界のこのような動きの刺激を受け，生産性の向上を目指し，工事管理体制の改革，工程計画の支援システムの開発，施工の情報化が種々試みられている．

● 27.5 安 全 管 理

27.5.1 安全管理の基本

A. 建設作業と安全

建設工事をめぐる労働災害は，年々減少しているとはいえ，全災害に占める割合は依然として大きい．また一事故当りの人的・物的損害ははなはだしい．今日では高度成長期におけるような，人命軽視の風潮は影をひそめたが，いまだに安全管理の不徹底が目につく．企業には起こした災害について，社会的ならびに法的責任が常に厳しく問われている．公的には，業務停止・指名停止などの処分も覚悟しなくてはならない．このため，人命の尊重はもちろんのこと，一つの事故が社会・企業に与える影響の大きさからも，災害発生を防止するうえで格段の努力が必要である．

建設労働はほとんどの場合，建設場所の環境にそのまま暴露されて行われる．そこではつくりあげようとする物自体を用いて，働く者自らの安全を確保しなければならず，また安全を確保するための作業自体が危険の要因である場合も少なくない．

建設活動は，多工種の労働者が参加し，その作業は複雑に絡み合って行われている．労働災害が多発する理由の一つとして，施工組織が重層的下請制に依存することがあげられているが，作業所における労働者の雇用管理の欠陥が，その根本的な原因とする指摘も強い．雇用構造の特殊性を考慮し，安全管理体制の整備に一層の努力を傾注するとともに，労働者に対する安全衛生教育の徹底を図ることが必要である．

B. 事故発生のメカニズム

　事故とは，作業システムの中で不安全な状態にある物を起因物とし，これが直接にあるいは間接に原因となって起こる危険な状況または有害な環境の発生をいう．この危険な状況下で直接人が物に接触し，あるいは有害環境に人が暴露された場合の現象が「災害」とよばれる．加害要因は起因物そのものでもあり，人との接触があった場合には加害物といわれる．ここで労働者は起因物としては分類しない．これは，事故発生のメカニズムの検討はフェイルセーフシステムの確立を図ることで，災害防止対策を立てようとすることが目的であるため，物と人との接触点としての災害を物の側からとらえようとするためである．

　建築作業には，不安全な状態をもたらす要因が数多く存在している．また，作業時の条件によって要因自体の変動も著しい．そこで，これらの要因を的確に把握し，事故の危険性を予測して，適切な対策を事前に立てておくことが必要である．作業の特殊性として，工事には足場その他の仮設設備による制約が大きい．また作業空間が狭く不安定である．したがって，その状況が適切でない時には作業姿勢そのものも不自然になるため，ヒューマンエラーを起こしやすくなる．作業場の整理・整頓，保護具の着用などはもちろんのこと，安全作業を目指すうえで，事故発生のメカニズムをきちんと解明することが重要な意味をもつ．

27.5.2　安全管理の進め方

A. 施工計画に対する安全性の審査（Safety Assessment）

　生産活動をめぐる安全性を，総合的に評定する事前審査制は，すでに工業生産の分野における安全性確保の重要な管理手法の一つとなっている．

　建設工事に関しては，従来から各種の死傷災害が後をたたず，その原因として，安全対策の不備，労働者の不安全行動，不安全環境の放置などが指摘されてきた．このようなことから災害撲滅を期し，施工計画を立案する段階から，安全性に関するこの事前審査制を取り入れるようになった．特に，大規模工事をはじめ，新しい機械あるいは工法の導入にあたっては，必ずアセスメントを行い，施工上の問題点を先取りし，予想される危険性についてあらかじめ対策を講じて，安全施工を目指す心構えの確立を求めている（安全衛生法88条）．事前審査には一定の手順および方法（5～6段階に分ける）があり，これに則って，施工条件，工事の内容・施工法，機械設備，管理体制などをめぐる危険度を評定するものである．その手順の一例を示せば，次のとおりである[9]．

　　第1段階……危険度の事前審査のための資料を収集・整備する．
　　第2段階……評定すべき項目を摘出し，審査基準を定める．

第3段階……危険度の評定（定性的または定量的）をする．
第4段階……安全対策（保護設備・保護具など）を立案し，施工計画に折り込む．
第5段階……フォールトトリー（FT）図に基づき，安全性を総合的に再評定する．

このようなアセスメントを行うためには，企業内に事前審査体制（安全審査委員会）を組織し，審査方法や基準をあらかじめ定めておき，工事ごとに現場から提出される各種の施工計画について検討を加え，安全性に立脚した施工法を，総合的に立案する役割を果たさねばならない．

B. 安全施工の仕組み

安全施工の徹底をうながすことを意図し，また，企業の自主的な安全衛生管理活動を拡充・整備することを求め，労働安全衛生法は，建設業の実状に合致した管理体制の確立を求めている．その要点を示せば次のとおりである．

（1） 事業者責任体制の確立と下請業者を含めた総合的安全衛生管理の積極的推進
（2） 工事計画の立案と，事前審査制（アセスメント）の励行
（3） 危険な作業箇所への技術者の配置と安全点検制度の確立
（4） 作業主任者など就業制限業務に従事する者の育成と確保
（5） 各種の工事用機械（車両系建設機械・クレーンなど）による災害の防止
（6） 有害物質を取り扱う業者における健康障害の予防
（7） 作業環境管理対策の徹底
（8） 安全衛生教育の推進
（9） 労働災害の原因調査と再発防止対策の検討
（10） 安全衛生に関する業務記録の整備・保存，安全衛生管理に関する情報の収集

現場レベルについて述べれば，母店と作業所，元請と下請業者との関係など，その関係は複雑である．このことを留意して現場の施工組織や，工事の規模および内容に適合する管理体制を確立し，安全管理に万全を期さなければならない．

すなわち，安全衛生委員会が主体となって，① 施工をめぐる危険または健康障害を防止するための措置の立案，② 作業場の巡回・点検，③ 保護設備・安全装置の点検整備，④ 安全作業を目指す教育・訓練の実施，⑤ 担当者に対する危険防止の監督指導など，それぞれ業務に合致したきめ細かい方策を立て，各級の管理者・監督者の任務や役割を明確にして，安全管理の効果を高めることが必要である．

27.5.3 安全管理の手法

A. 安 全 工 学

安全工学 Safety Engineering とは，生産活動に伴う災害の原因や発生のメカニズムを

分析し，労働災害の状況や影響を科学的に解明して，災害の防止，安全の確保を図るうえで，必要となる理論や技術をシステム化した知識の体系である．

建築工事に対する安全工学の適用は，次に示す役割を担っている．
（1） 建築工事をめぐる労働災害の実態を把握し，その原因を究明する．
（2） 安全施工の条件を明らかにし，安全基準を定め，作業を標準化する．
（3） 工事用機械設備の操作法，ならびに事故の予防措置，保全管理の方法を確立する．
（4） 材料の取扱い・貯蔵・保管の要領を明らかにし，特に危険物・毒物に対する保護措置を定める．
（5） 作業場所の条件，作業環境の管理，現場から出る廃棄物処理の規準を定める．
（6） 工事公害の発生を防止する．
（7） 安全管理の目標を定め，管理体制のシステム化を図る．
（8） 安全標識・保護設備・保護具の研究開発を行う．
（9） 安全衛生教育の内容を定め，技能教育・危険予知訓練の方法を明らかにする．

特に，近年は建築工事の高層化・大規模化，工事内容の高度化に伴い，各種の新工法や新技術が相次いで登場し，工事用機械の利用も広範なものとなっている．このようなことから，新しいタイプの労働災害が目立つようになった．技術革新の動向が強まるにつれて，工事管理の面における安全工学導入の意義は，非常に大きくなっている．

B. 人間工学

人間工学 Human Factors Engineering, Ergonomics は本来，労働生理学・産業衛生学・実験心理学などを基礎に体系化が図られた学問である．今日では生産活動などを中心に人間的要素 Human Factors について検討を加え，人間の特性を生かした生産システムを設計し，作業能率の向上，作業系の信頼性・安全性を確保するとともに，働く人々に対する生体負担の軽減ならびに人間性の向上を図る管理技術として，幅広く活用されている．

すなわち，人間の身体各部位の形態や寸法の測定，手・足の動作機構および能力の分析，視覚・聴覚などの感覚機能の把握，環境条件の測定，環境因子が人体に与える影響の解明，人間—機械系の構成とそのシステムの信頼性分析など，幅広い項目について調査研究が行われている．

人間工学は，これらの測定結果に基づいて労働や作業の主体となる人間が果たす役割を明らかにし，その生理的・心理的特性について検討を加え，労働者にとって最も快適な作業空間・作業条件の設定を試みたり，最も能率的な機械・機器のデザイン，レイアウトの考案を行っている．また新技術に対する職務設計 Job Design や労働者の教育・訓

練の要点を明らかにしたり，作業時の安全確保の条件を見出すことも，その重要な役割となっている．

建築工事における作業の大半は，高度の技能と経験を必要とする手作業であり，労働者の技能や作業条件の分析，生体負担・疲労度の測定，機械・工具の適正化，作業方法の改善，保護具の開発など，多くの問題について人間工学による検討が求められている．

現場作業に関する労働者の生体機能の把握が，特に重要となるのは，事故防止の局面においてである．たとえば，労働災害に係わる事故のほとんどは，工事システムに内在する労働者とシステムとの間の不整合に原因があり，しかもこうしたヒューマンエラーに起因する大型事故が少なくない．このような理由から人間が行う行動の記録を詳細にとり，行動特性を正しく把握し，安全施工計画の立案に反映させることが必要である．

近年，建築生産の領域は，超高所作業，海洋における水中作業，地下大深度空間などの特殊な作業域へと延びている．このいずれの空間域も，建築作業環境として全く未知の分野であり，作業活動に伴う生体機能の変化が，適正に分析されなければならない[10]．

一方，現場で働く労働者に中高齢者が目立つようになり，発生する事故も多い．これらの人々が快適に働ける職場とするためにも，加齢に伴う心身機能の変化を的確に把握して，労務内容の適正化を図ることが重要である．

建築工事については，労働災害のほかに，労働者の安全や健康を脅かす作業要因・環境要因が少なくない．同じ作業に従事する労働者が，長期にわたって厳しい環境条件にさらされる時は，その影響によって，身体に回復不能な障害が起こることとなる．

すでに，腰痛・潜函病・難聴・白ろう病・放射線障害・じん肺・職業がん・有機溶剤中毒などの職業病が記録されている．衛生管理の面においても人間工学の役割は大きい．

C. 危険性の解析

アメリカにおける，アポロ計画・ミサイル発射制御システムなどの開発に端を発するシステム安全 System Safety Program の手法は，市場製品の開発にもその応用の可能性が見出され，製品安全工学さらには産業安全への適用も可能となった．これらは FTA または THERP (Technique for Human Error Prediction) 等として紹介され，さらに産業安全を目的とした汎用システム安全プログラムとして MORT (Management Oversight Risk Tree) の開発へと発展している．

システム安全解析の一つである FTA の手順はおよそ以下のようになる．

（1） 問題とするシステムの工程の把握
（2） 解析すべき災害の決定および発生確率の目標値の決定
（3） フォールトトリー（FT）の作成
（4） 各工程の危険度・故障率の検討

（5） 解析の対象となる災害の発生確率の検討
（6） FT 上での発生確率を減少化する手段の検討

　これらの手順は，とかくデータの不備などの理由から，定量的な解析が困難なことが少なくない．しかしそのような場合でも，FT を作成することによって災害発生の経路や，原因の論理的な結合関係が明らかになり，災害原因の究明，災害発生の防止に役立つことが多い．

　FT は一般的に分析の対象となる災害（目標事象）の決定に始まり，直接的な要因となる事象群を論理的関係で結びながら，順次拡大して，より根源的な事象を記述していく．トリーとはこの逆樹形を意味している．作成した FT について，最下段の事象の発生確率がすべて求められれば，目標事象の災害への影響の大きさを検討することができる．

27.5.4 安全管理のシステム化

A. 安全管理体制

　現場は実施される工事の性質上，作業と事故や災害の発生とが常に隣合せのような状況にある．したがって作業の計画や管理を周到に進めないと，不安全な状態に陥りかねない．また，ちょっとした不注意や不安全な行動が事故の起因にもなる．したがって事故を防止し，作業に従事する労働者の，安全衛生管理に万全を期すためには，作業所の開設後，すみやかに安全衛生管理体制を確立して，組織的な管理に取り組むようにしなければならない．

　安全衛生管理体制については，法令によってその基準が規定されているが，単に法令に準拠して編成するという他動的な理由からでなく，作業所長・施工管理者から末端の労働者に至るまで，現場全体が一致して安全施工に徹する体制の確立を目指すべきであり，本来自主的かつ有機的に機能するものでなければならない．このため，工事の規模・内容，現場の施工組織，工事計画・管理の方針など，作業所の状況に適応した体制を整備することが必要である．

　安全衛生管理の体制について，労働安全衛生法は，現場の安全・衛生状態の管理，安全衛生教育および訓練，作業間の連絡・調整，作業の指揮，緊急時の救護などを担当するものとして，下記に示す管理者・責任者の選任を義務づけている[11]．

（1） 総括安全衛生管理者（安全衛生法 10 条）
（2） 安全管理者（同法 11 条）
（3） 衛生管理者（同法 12 条）
（4） 産業医（同法 13 条）
（5） 作業主任者（同法 14 条）

（6）統括安全衛生責任者（同法 15 条）
（7）元方安全衛生管理者（同法 15 条-2）
（8）安全衛生責任者（同法 16 条）

　安全衛生状態の管理は，現場で展開する各種の工事と表裏一体となって進めなければならない．最近の建設現場においては，事務所内の会議室に各職方の責任者を集めて現場会議を開催し，工程・作業内容，資材その他の搬入・揚重等の協議が行われる．また，その一環として，工事の進展に伴う安全措置・保護対策，安全点検の諸事項が指示される．

　現場経営の最も重要な目標は，「安全第一」という標語にすべてが象徴されている．新しく工事に参加する労働者に対する「新規雇入れ者教育」をはじめ，毎日の朝礼時の安全作業の確認，ツールボックスミーティング，安全大会などがきめ細かく実施されている．その結果，作業安全化の目標や方針が，労働者全員に徹底するようになった．このような安全衛生に関する諸管理の体系化が，強力に展開されなければ，事故の根絶は図れない．

B．安全衛生点検（安全パトロール）

　工事用設備，作業環境，作業方法などを正しく保ち，そこで働く労働者の生命と健康を守ることは，現場責任者の任務である．しかし，作業所長は，現場業務の指揮・監督に忙しく，安全状態を自ら点検するだけの時間的余裕をもっていない．そこで，部下の中から安全管理者を選び，安全推進員として，安全関係の業務の実際的処理を行わせることとなる．安全推進員の職務は，大別すると以下のとおりである[12]．

（1）現場の巡回点検を行い，設備・作業方法などの安全状態を確認する．
（2）安全装置・保護具その他危険防止のための設備，器具の点検整備を行う．
（3）作業安全のための教育および訓練を行う．
（4）災害が生じた場合は，その原因を調査し，再発を防止する対策を立てる．
（5）作業責任者，その他安全に関する補助者の監督をする．
（6）安全に関する重要事項を記録し，かつ関係資料の収集に努める．

　この職務の中心となるのは安全衛生点検であり，現場を巡回して規定された事項について詳細にわたる点検を実施する．

　安全点検は実施する時期によって，①始業時点検，②定期点検，③随時点検に分けられる．現場の安全計画に基づいて，これらを組み合わせて適宜実施する．その進め方については，対象となる事項により，内容や項目が法令によって規定されている．また管理者の責任において，自主的に行うことが原則となっている．

　巡回点検を効果的に実施するには，あらかじめ工事内容や現場環境に適した点検表（チェックリスト）を準備し，点検要領・判断規準を定めておき，これに基づいて行う．

点検によって異常や欠陥を発見した時は，ただちに是正対策を取りまとめ，修正・改善などの必要な措置を施す．その結果については，再度点検を行って安全性を確認する必要がある．

C. 安全衛生教育の特徴

a. 作業安全化のための人的対策　建築工事をめぐる労働災害の実態は，労働省が公表する労働災害統計に詳しい．災害の傾向としては，従来から「墜落・転落，飛来落下物，はさまれ・巻き込まれ，切れ・こすれ」などの事故によるものが多い．しかも同じ型の災害が繰返し起きており，悲惨な前例がほとんど生かされていない．

労働災害の多くは，労働者の安全施工に対する意識の低さが，作業時の不注意や不安全行動を招き，これが事故に結びついている．それだけに安全化の人的対策として，安全衛生教育の重要性が大きい．

しかしひと口に安全衛生教育といっても，その種類や内容はまちまちであるが，大別すれば次のとおりである．

(1)　対象者による区分

　　①新規雇入れ者教育　②作業内容変更時の教育　③安全衛生特別教育（危険・有毒物業務）

(2)　教育の方法による区分

　　①集合教育　②実地訓練

教育の方法は，それぞれの目的によって異なるが，災害と人間の行動との係わりが大きい点に着目し，不安全行動を誘った原因を見極めて，教育の必要性・要点を見出すことが重要である，との指摘に正しい認識を持たなければならない．

b. 小集団活動の活用　建設工事の特色の一つは，数名の労働者が集まってサークルあるいはグループ（小集団）を組んで仕事をすることである．気の合う者同士が呼吸を合わせて働く時は，仕事の質も能率も上がり，作業の効率も良くなる．逆に他人を頼り，安易な気持ちで作業を行ったため，事故を招いた例がある．またリーダーの指揮が悪く，グループ内に生じた士気の緩みや乱れが，事故の原因につながったこともある．

このように，労働者個々の考え方や作業状態が集団の機能に影響を与え，また反対に集団の規模・圧力あるいはその雰囲気が，個人に及ぼす影響も少なくない．

そこで，安全施工の土俵づくりに集団の特性を生かし，共通した一つの目標に自発的に機能するように仕向ける努力が払われている．QCサークル活動は，集団の力を品質管理に活用したものであるが，これと同じ理念に立ち，小集団活動を安全管理面へ応用する試みがある．「全員参加による安全管理活動」とよばれるもので，以下に示すところが，労働者に対する安全衛生教育における重要なテーマとなっている[13]．

(1) ヒヤリ・ハット運動
(2) 指差喚呼運動
(3) 相互注意運動
(4) 安全当番制度
(5) オアシス運動
(6) 災害事例研究会
(7) 全員リーダー制
(8) ZD運動
(9) TPM制度
(10) 安全施工サイクル活動
(11) 危険予知訓練
(12) 職長会活動

文　献

1) JIS Z 8101 (品質管理用語)
2) 建築士会連合会：設計と施工を結ぶ (1994) 建築士会連合会
3) 山口晴洪：実行予算のたて方 (1985) 彰国社
4) 馬場勇：工事管理のための価値工学手法の開発 (1990) 早大博士論文
5) 野呂幸一, 松並孝明：原価管理のシステム作業所におけるOA化, 施工 (1986) 彰国社
6) 通産省産業構造審議会　管理部会：工程管理 (1975) 日刊工業新聞社
7) 日本建築学会：作業能率測定指針 (1990) 日本建築学会
8) 日本建築学会："ネットワークによる工程の計画と管理"の指針・同解説 (1968) 日本建築学会
9) 労働省安全衛生部安全課：セーフティ・アセスメントの解説 (1978) 中央労働災害防止協会
10) 小林謙二：特殊環境下で働く建設労働者の人間工学的研究 (1995) 早大博士論文
11) 労働省：労働安全衛生法 (昭和55年6月改正, 法律第78号)
12) 労働省安全衛生部安全課：安全推進員必携 (1982) 中央労働災害防止協会
13) 労働省職業安定局特別雇用対策課：建設業の安全衛生管理 (1982) 労働経済研究所

参　考　書

1) C. S. ジョージ著　菅谷重平訳：経営思想史 (1971) 同文館出版社
2) 上野一郎：マネジメント思想の発展系譜 (1977) 日本能率協会
3) 通産省産業構造評議会管理部会：工程管理 (1975) 日刊工業新聞社
4) 通産省産業構造評議会管理部会：作業研究 (1985) 日刊工業新聞社
5) 藤田薫他：管理技術講座 (1975) 日本規格協会
6) 新版品質管理便覧編集委員会：新版品質管理便覧 (1977) 日本規格協会
7) 通商産業省住宅産業課編：建築現場施工における品質管理 (1982) 日本規格協会
8) 朝香鐵一・田村恭：建設業のTQC (1980) 日本規格協会
9) 水野滋監修：新QC七つ道具 (1985) 日科技連

10) 越山欽平：建設業・その関連業のための品質管理入門（1981）オーム社
11) 細谷克也：QC 的ものの見方・考え方（1984）日科技連
12) 日科技連問題解決研究部会編：TQC における問題解決法（1985）日科技連
13) 馬場勇：建設コストダウンへの手法（1975）彰国社
14) 黒田隆：建築の実行予算（1981）清文社
15) 西村三世：建設業の原価管理（1982）清文社
16) 出口晴洪：実行予算のたて方（1985）彰国社
17) WBS 研究会：WBS 展開マニュアル（1983）日本 VE 協会
18) 佐用泰司：工事管理（1965）鹿島出版会
19) 日本能率協会コンサルティング生産管理研究会：生産管理入門（1985）日本能率協会
20) 村松林太郎：生産の管理と診断（1975）同友館
21) 池永謹一：作業研究の実務（1967）日刊工業新聞社
22) 人間工学ハンドブック編集委員会：人間工学ハンドブック（1974）金原出版
23) 野間聖明：ヒューマン・エラー（1982）毎日新聞社
24) 前沢正礼：安全工学（1974）共立出版
25) 鹿島出版会編：建設業の安全衛生管理（1980）鹿島出版会
26) 建設業労働災害防止協会：高齢化時代の安全（1993）建設業労働災害防止協会

28
建築生産の合理化

● 28.1 建築生産をめぐる合理化のねらい

ここでいう合理 rational とは,「道理にかなっていること」をさし(新村出:広辞苑,岩波書店),また『合理化』については,「むだを省き,目的の達成に好都合なように体制を改善すること.労働生産力をできるだけ増進させるため,新しい技術を採用したり,企業組織を改変すること」とされている.

さて,建築生産をめぐって各種の問題が起きていることを各章においてすでに述べてきたが,それらの多くは,建築需要の性格,産業構造上の欠陥,業務の変貌,建築労務の供給体制,建築資材・施工技術などの諸条件が,複雑かつ多面的に絡み合って起こっている.

これらの問題解決については,国・業界とも建築生産の近代化,あるいは合理化の標題の下に論議を重ね,改善を目指す施策について繰返し検討を重ねているが,いずれも解決は容易ではない.

たとえば建設省は,先年,「住宅・社会資本の整備に対するニーズは,ますます多様化・高度化しており,これに対応した良質な住宅・社会資本の整備を推進するためには,新技術の開発・導入による建設事業の効率的執行が不可欠となっている.その中でも,現場施工の合理化の推進は,建設事業のより一層の効率化,省力化,安全性の向上,作業環境の改善などを進めるための方策としても急務となっている」ことを明らかにして,施工合理化技術の開発に関する基本方針を提言している[1].

そこで,施工技術に係わる事項のみをここに取り上げ,現時点において進められつつある対策の目標となる点を中心に,対応のあり方を以下に示す.

● 28.2 手作業の機械化

28.2.1 建築作業の特殊性とその科学的究明の必要性

建築作業は,従来より手作りを重んじ,労働者の技能に多くを依存してきた.技能は徒弟制度のもとで長い間伝承されてきたが,苦渋・危険を伴うことが多い建設労働に対

する若年層の人離れは甚しく，入職率の低下は極めて著しい．そのため，世襲制を前提としたかつての徒弟制度は全く崩れてしまった．この対策として，建築生産を工業化する工場生産材料の使用，工事用機械の導入がしきりに試みられている．しかし工業化が進むにつれ，技能の役割を軽視する風潮を招き，これが労働者の就労意識に影響を及ぼしている．建築労務をめぐるこのような実態は，今後の建築生産を占ううえで深刻な問題となっている．

親方・兄弟子の姿から盗むようにして学べといわれるように，長年の厳しい修練に基づいて会得する技能発現のメカニズムを，正しく解明することは至難であり，建築労働者の技能に関する研究は著しく立ち遅れている．最近になり，人間工学・生産工学・脳生理学の諸原理や技術が明らかにされ，これに基づいて作業行動の本質を，科学的に究明することが次第に可能となってきた．しかし，建築分野における労働者の技能の解明はほとんど手つかずの状態である．

近年，若年労働者の不足とその技能低下は，作業の質や効率を著しく低下させている．

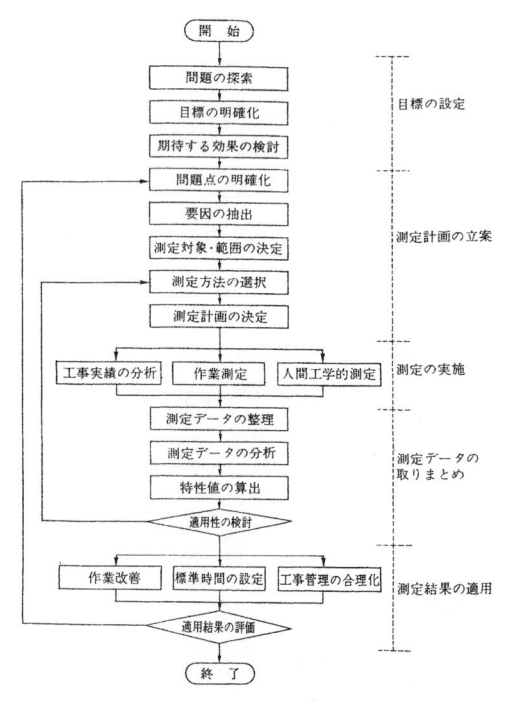

図 28.1 作業測定の基本的手順[3]
(作業能率測定指針より)

作業効率を高めるためには，幅広い視座から作業研究を進めることが有効である．

スタンフォード大学の H. W. Parker, C. H. Oglesby の両教授が，建設技術の改善の目標を掲げて生産工学の手法の導入を意図し，作業改善の着眼点や手法について丁寧な著書を発表している．同書は数多くの応用事例と具体的な成果を示し，作業改善がもたらす計り知れない効果を詳しく説いている[2]．また，このような作業改善への取組みは，事故防止の方法と似ており，絶えず実施を続けるという態度がなければ意味がないとも教えている．わが国では，建築学会が先年まとめた作業能率測定指針がある．図28.1は，作業測定の基本的手順を示しており，同指針はこの基本手順に基づいて，建築現場に起きている問題解決に役立つ様々な手法を体系的に述べている[3]．

労働者の不足は，建築生産の合理化を促したが，一方では技能水準や労働意識の低下を助長し，合理化策は期待するほどの成果がえられずなかなか定着しない．この反省から，製造業では技能の本質を究明して，現実の生産システムをふまえた技能革新を目指す努力の重要性を繰返し強調している．これは，機械化・自動化を推進するうえでも，この点に対する配慮が不可欠であるとし，職場の「人間化」を教えている．

28.2.2 施工の機械化の動き

機械化施工は古い歴史をもっている．しかし手作業が主体であったわが国の建築生産に，工事用機械設備が本格的に導入されるようになってから，わずか数十年を経たに過ぎないのに，最近の普及度はまことにめざましい．

すなわち，工事用機械が広範に利用されるきっかけとなったのは，第二次大戦後，電源開発工事などに，土工事用機械がアメリカから技術導入されたことによる．その後，建築界においても，都市再開発・宅地開発事業をめぐり活発な建設活動が繰り広げられてから，技術改革の芽が急速にふくらみ，建設機械の利用が進んだ．特にわが国の大都市の都心部はいずれも軟弱な地盤の上に位置し，高層の建築物を建てることは技術上問題の多い部分であり，相当深い根切りや難しい地下工事を伴った．このため工期の短縮や技術的困難度を克服することが大きな課題であった．

このように施工技術の改革は，深礎工法などに象徴される地下工事の分野から起こり，これを機会に土工事を中心に機械化施工を目指す技術開発が展開された．ついで軀体工事に進み，揚重機などの使用が今日の建築施工の主体をなすものにまで発展したのである．

ところで，手作業を機械化する目的は，以下の5点にある[4]．
（1）手作業によって行えない作業の実施
（2）苛酷な手作業の排除

（3） 労働者の獲得不可能な場合の生産性の維持
（4） 生産性の増強
（5） 工事費の低減

　土工事用の建設機械は，掘削・排土・運搬の目的に応じて，各種の専用機械が開発されているが，見方を変えれば，機械化施工は，運搬関係の機械・設備を通じて起こり，リフト・クレーンなどの揚重機械，コンベヤー・コンクリートポンプなど各種の搬送用機械設備へと応用の枠を広げていった．

　運搬・揚重機械の発展に比べて，組立て・仕上げ関連の機械化は若干遅れた．それでも，木工用電動工具，金属部材のボルト接合用の締付け機，溶接関係の諸機器，塗装・左官の吹付け機械など，手工具類の機械化が進み，さらに大型化・装置化・自動化へと発展の歩みをたどっている．

　機械化施工の成果は，機械作業を前提とする工事計画手法の確立と，工事管理の徹底とが相まって，初めて達成されるものである．しかし，これらのソフト技術の追究をおろそかにしたままで，漫然と機械化に走ったことに，建築分野における機械化施工の大きな問題点がある．また一方では，機械化施工の効率・経済性の検討も不十分であった．今日，改めて施工効率の再評価や検討が取り上げられ，工事用機械・設備の管理条件の整備が進みつつあるが，当然のことである．

28.2.3　建築作業のロボット化・自動化のすう勢

　建築作業の機械化の一つの方向として，ロボット化・自動化があげられる．他産業におけるロボット導入の成果や，FA（Factory Automation）の動向に刺激され，建築作業についてもロボット化の本格的な研究が始まり，すでに，多種類の作業用ロボットの開発が進められている．

　すなわち，耐火被覆吹付け作業用ロボットに始まった建築作業用ロボットの技術開発の動きは，またたく間にコンクリート打設用・同床均し作業用ロボット，太径鉄筋の配筋作業用ロボットを生み出し，さらに外壁の吹付け仕上げ用・内装作業用……等々，ひと頃は大手建設業によるロボット開発ブームを引き起こし，今日までに開発された作業用ロボットの機種は150種をはるかに超えている．

　現在までに行われたロボットの開発は，苦渋作業・危険作業の排除を意図するものであり，それなりの評価を受けているが，ロボット化の推進をめぐり問題が多い[5]．このためには，機械の代わりにロボットを導入するといった単純な考えではなく，建築生産全体にまたがる合理化の目標を的確に捉え，次に示す作業改善策を総合し，かつ建築の設計段階から検討を進め，施工の機械化・自動化に適した構法を採用する，従来の施工方

図 28.2 自動化施工システムの一例

式とは異なるプロジェクトとして展開する広範な努力が必要である．その目標とすべき事項を以下に示す．
（1） 人的努力の向上
（2） 手作業分野における機械生産的要素の拡大
（3） 品質・精度の向上
（4） 管理体制の強化
（5） 総合的経済性の追求
（6） 生産方式の改革（システム化）

建築技能労働者の著しい不足を予想し，施工を自動化する新しい工法が，大手建設業によって相次いで発表され，その実用化を目指す努力が続けられている．図28.2はその一例である．これらの自動化工法は，以下の事項を技術開発の基本概念としている．
① 生産現場の工場化により連続した安定的な生産を行う
② 風雨に左右されない「全天候型の施工」を可能とする
③ 管理者・労働者などの人間と工事用機械の協調による人間―機械系を実現する
④ 施工段階においては，生産情報をリアルタイムで把握し，統括管理を行う

現在は，試行段階であり様々な実験が行われているが，工期短縮・省力化とともに，労働安全性・経済性をも実現するための，地道な研究開発が求められている．

● 28.3 工 場 生 産 化

28.3.1 建築構成材の部品化，ユニット化の動向

現場における加工・組立ておよび仕上げ作業を極力減らし，工場加工の比率（工場加工度）を高めることが試みられ，すでに相当な年月を経ている．

この建築部材の工場生産化（Prefabrication または Industrialization）は，住宅のプレファブ化に始まり，① 工期の短縮，② 資材の節約，③ 品質の安定化，④ 現場労務の削

減，⑤工事費の低減，を目的とするものである．構造軀体部分をはじめ，内外装の各部位について建築構成材のプレアッセンブリ化・プレフィニッシュ化の歩みをたどっている．

この動きは，さらに高度な部品化・ユニット化を目指して発展している．今日では，木質系・金属材系およびコンクリート系製品の軀体関連部材をはじめとして，外壁カーテンウォール，天井・間仕切・階段などの仕上げ部材，キッチンユニット・ユニットバス，ダクト・配管等の設備部材を含めたものなど，建築工事の相当な部分が工場生産化の対象になっている．

28.3.2 工場生産化が現場施工にもたらす利点

建築構成材の工場生産化の第一の利点は，品質の安定・向上である．天候に左右されず，一定した労働者（未熟練工）および設備・プラントを用い，管理された体制のもとで生産される工場生産部材は，手作業のため高度な技能を必要とする現場施工に比較して，安定した品質の部材を大量に製造することができる．

第二の利点は，工期の短縮と現場労務の削減である．部材を前もって工場で生産することにより，現場工程の削減ができるとともに，現場作業の単純化・容易化を進め，現場に要する労務量を大幅に低減することができる．

第三の利点として，量産化によって総合的コストの低減を目指しうることである．

建築生産の工業化に関して，かつて国連のヨーロッパ経済委員会は，各国の住宅政策に関連して多くの研究と提案を示してきたが，1959年の国際会議報告書において，工業化には次の内容が含まれるとして，その定義を明らかにしている[6]．

（1）　定常需要を含む生産の連続（Continuity of Production）
（2）　標準化（Standardization）
（3）　全生産過程（プロセス）の各段階の統合（Integration）
（4）　作業の高度な組織化（Organization）
（5）　可及的に人力を減ずるための施工の機械化（Mechanization）
（6）　研究および組織化された実験

これらの事項は，工業化の内容が，常識化された施工技術の枠をはるかに上回るものであることを示しており，現場施工にもたらす上述の利点についても，その評価の条件が極めて厳しいものであることを意味していることがわかる．すなわち，単に工場生産した部材・部品を多用するだけでは，本来意図した利点が出てくるものではない．工場工程と現場工程を一貫した視点でとらえ，工事管理を全生産過程を統合して進める体制を確立することが，真の工場生産化を図る要諦である．

● 28.4 情報化施工

28.4.1 建築生産をめぐる情報の処理

建築生産を現場管理の局面で見れば，長期間にわたって数多くの資材が次々と搬入され，多工種にわたる多数の建築労働者が混ざり合って就業する．しかも工事内容の複雑化・高度化に伴い，現場が必要とする情報や現場から生じる情報は，その種類・量ともに増大している．

生産活動を合理化・効率化するうえで，膨大化する情報を適切に処理し，活用することは重要な問題である．しかし，建築産業が偉大な情報産業であるといわれながら，従来，肝心な現場レベルにおいては，情報の価値や役割を理解することなく，情報管理の体制化は著しく遅れていた．

工事管理の段階では，過去に行った工事の実績データは，最も貴重な情報のはずである．しかし，工事の過程では，これがほとんど有効な形で蓄積・保存されていない．また，蓄積された貴重なデータも，検索方法が整備されていないため，書類ケースに投げ込まれたままで，有効に利用されていない．一方，管理者のサイドにおいても，工事の状態を正確に把握し，それに基づいた適切な対応や処置が常に求められるはずであるのに，情報管理のシステムがほとんど確立されていない．施工に限らず，企画・設計・維持管理など，建築生産のあらゆる段階の業務において，正確な情報を必要に応じて迅速に入手することは極めて重要な業務であることが，今日再認識され，情報管理システムを確立することが急務となっている．

28.4.2 情報化施工の進展

施工の管理は，品質・原価・工期・安全・環境について，計画と実績の比較を行いながら，計画に近づける修正を常時行うことが基本である．この一連の管理活動には，工事計画の段階で管理目標値を定め，実績値を測定し，比較・評価を行い，発生した差異については，適切な対策をとらなければならない．ここで最も重要なことは，実績値の測定である．一般に品質・安全などの現場業務には，計画と実績の比較をリアルタイムでチェックし，意思決定を行わなければならない管理項目が少なくない．

たとえば，根切り工事における山留め支保工にかかる応力・変位等については，工事中の安全を確保するうえで，常時計測して監視する必要がある．しかし，山留めの応力・変位の計測を人手で行う時は，手間がかかり，即時に対応できないため，従来は山留めの仮設材の数量を増して安全率を高めていたので，非常に不経済であった．近年，各種

センサーと光ファイバーなどのエレクトロニクス技術の開発を背景として,計測技術が発展するに伴い,人手を掛けずにリアルタイムで応力・変位などを監視することが可能になった[7]。このような考え方をリアルタイム・マネージメント (Real-time management:情報化施工) とよび,土木工事における橋梁の設置,トンネルの掘削などにおいて,すでに実用化されている。建築工事においても,これにならい仮設構造物の応力・変位の計測を中心に,この種の情報化施工の実用化が進みつつある。

28.4.3 施工現場における情報管理システム

現場における生産活動は,先にふれた如く,様々な情報を総合的に利用することによって,円滑に進めることができる。表28.1は,生産活動に必要な情報を示した。生産をめぐる情報を,対象とする環境情報と,インプット・プロセス・アウトプット情報との関連で分類したものであり,現場情報をどのように利用すべきかを示している。施工管理者は,これらの情報をもとに意思決定を繰り返し,生産活動を進めてゆく。今日では業務のOA化が逐次進みつつあり,生産情報の管理をシステム化することが可能になっている。これは次のような意義をもつ。

(1) 勘と経験に頼ってきた建築生産を,科学的管理に裏付けられた近代的システムへと改革することに役立つ。

(2) 現場に起きている状況に合わせて,工事計画の変更を速やかに行うことが可能

表 28.1 現場情報の分類

		生 産 シ ス テ ム		
	環境情報	入力情報	プロセス情報	出力情報
計画	地質・地盤 近隣環境 ガス・電気 交通・輸送 経済動向 気象	規格,法令 設計図・仕様書 予算書 施工基準 資源の種類・特性 手配者数	標準工程表 歩掛り資料 技術資料 工事計画 施工要領書 施工図・工作図	仕掛り状態 品質・性能 ・出来映え 検査基準
実施	作業環境 気象 経済市況	材料の仕様・規格 ・数量 機械の性能・規格 ・台数 労働者の職種・技 能資格・人数	工程 作業実態 操業度,稼動率 物流 在庫 仕掛り状況	出来高 所要時間 進捗度 品質 故障,労働災害
統制	安全 工事公害	資源の投入時期・ 投入量・期間 解体撤去の時期	改善指示 作業指示 点検指示 管理項目	出来高 所要時間 品質・精度 安全対策

になり，生産システムの柔軟性が高められる．
(3) 実績データに基づいた工事計画が可能となり，工事計画のバラツキを少なくすることができる．
(4) 工事管理をめぐる各部署間の連携や整合を図ることができ，適切かつ迅速な意志決定が可能となり，生産効率を向上することができる．
(5) 工事管理の省力化を図り，しかも，生産性を向上することができる．
(6) 正確な実測データを工事管理にフィードバックして役立たせることができるばかりでなく，適切かつ高度な技術計画と管理が可能となる．

作業所レベルにおける情報管理システムの確立は，将来，多数の現場を総合的かつ集中的に管理することを可能とするばかりでなく，建設業における現場管理をあるゆる面にわたって合理化・近代化する基本的な条件を整備するもととなる．

● 28.5　施工業務の電算化

28.5.1　施工業務の電算化の意義とその効果

工事段階における情報化の活用は，コンピュータの利用を前提としている[8]．施工段階において電子計算機はいろいろな業務に展開しており，様々な役割を果たしている．現場で発生する多種多様な情報を適切かつ効果的に処理するためには，数量積算・施工図の作成から，工程計画・資源配分，工事計測・実績記録などのすべてを，一貫した考え方によって電算処理化することが必要である．

このためには，まず業務の形態や内容を見直し，ソフト面における標準化を進めて，建築生産のシステム化を促すことが必要である．またコンピュータの幅広い利用によって，従来，手作業で多大の時間を要した諸業務を，単純・簡単に実施しうるばかりでなく，的確なデータに基づいて，きめの細かい情報処理を可能とする．また，現場事務および施工業務における種々の意思決定に，適切な情報を準備し，提供することによって，正しい判断を即座に下すことができるようになる．

電算化の意義とその効果をまとめれば，以下のとおりである．
(1) 単純な集計・分類・計算業務を，電算処理化し，省力化を図ることができる．
(2) 複雑かつ大量の情報処理を行い，高度な意思決定が可能となる．
(3) 外部のデータベースの利用によって，必要とする情報を迅速に検索することができ，業務の質が向上する．
(4) 実績データを蓄積し，工事計画に対する情報をフィードフォワードして，施工の適正化・効率化が図れる．

（5） 実績データを工事の管理にフィードバックして，綿密な管理を行い，適切なコストおよび工期で，品質の良い建築物を，安い工事費で施工することができる．
（6） 自動計測技術の利用によって，施工の状態をリアルタイムで監視することができるため，困難な作業であっても，常に適切かつ的確な処置をとりうる．
（7） グラフィックス・データベース・人工知能など，コンピュータ特有の機能を駆使して，今までとは異なる業務形態の創造が可能となる．

28.5.2 コンピュータシステムの展開とその課題

作業所を開設し，工事計画を立案し，現場の運営・管理を行う一連のプロセスの中で，現場において実施される業務は，おおむね下記の三つに区分することができる．
（1） 現場事務・現場運営：現場を運営するための総務的な業務であり，現場経理・給与処理・災害統計，近隣折衝，労務・防災・保安に係わる計画，監督官庁への提出書類の作成……等，様々な業務から成り，定常的に多くの事務処理が円滑に行われる．

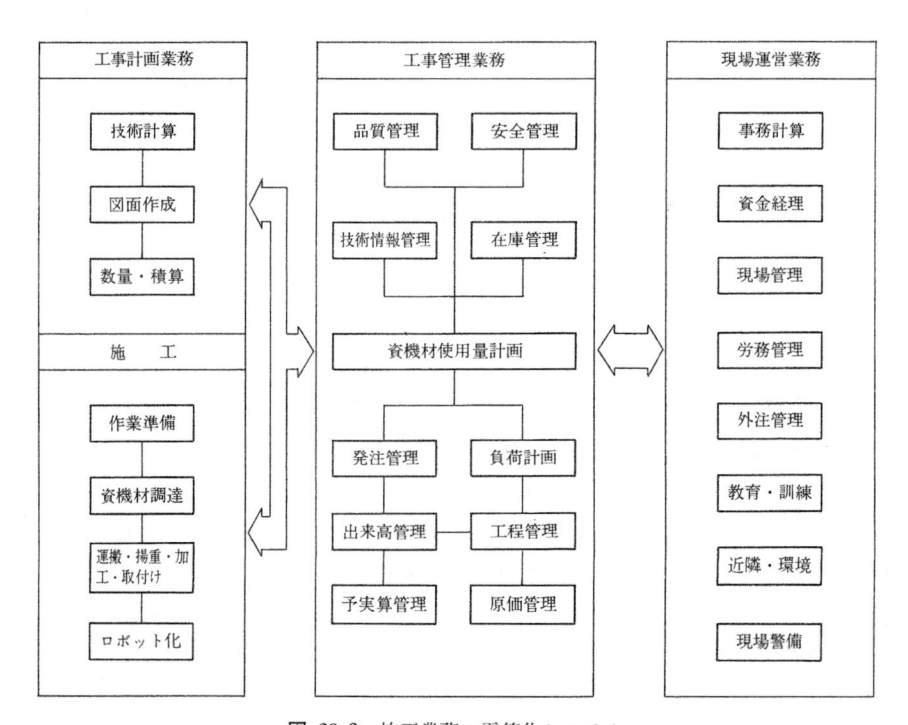

図 28.3 施工業務の電算化システム

(2) 工事計画：山留め支保工・足場・タワークレーンなどの仮設資材および工事用機械設備の選定ならびに配置計画，施工法の選択，工程計画などは，工事を効率的に進めるうえで必要となる技術計画である．工事計画の結果は，仮設計画，工程計画，揚重計画など各種の計画情報としてまとめられ，一連の計画を展開する過程で，技術情報の検索，技術計算・数量積算などの広範な工務事務が行われる．

(3) 工事管理：工事計画に基づき，品質・原価・工期・安全・環境について，諸々の管理活動が行われる．工事管理は，作業の手配・指示にはじまり，機械の運行管理・資材管理・実績記録，安全管理などの多岐にわたっている．計画に従って工事を進めるための最も基幹的な業務である．

これら各業務の関係を，電算化の観点から整理すれば，図 28.3 のとおりである．現場ではこれら各種の業務が互いに絡み合い，それを一体化して進められる．

28.5.3 技術革新のツール

現場業務におけるコンピュータ利用の現状は，ほとんどが一般事務計算であり，電算化はかなり進められている．この分野での処理は，本・支店における種々の事務処理に関連するので，電算化にあたっては全社的な統制が必要である．したがって業務の内容

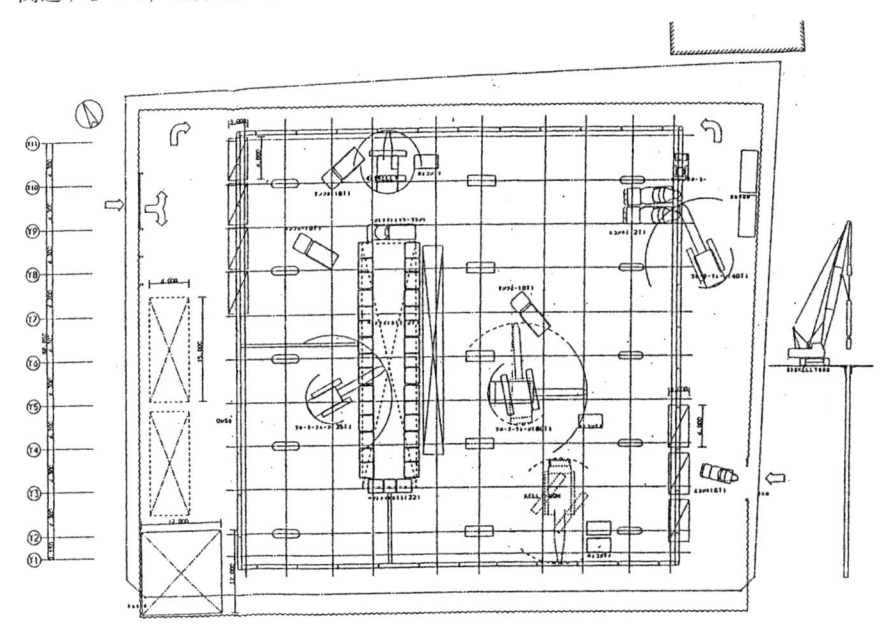

図 28.4 地中連続壁工事における工事計画例（工事計画における電算の例）

や処理手続きについて，標準化を進めるとともに，ホストコンピュータを中心とした通信技術，各種 OA 機器の活用が重要な課題となる．

さらに情報のマルチ化によって，現場運営に必要な技術・資源・環境などの情報を集め，現場に求められている目標と対比しながら，実績データを検討・調整するために活用し，工事管理のあり方の改革や合理化に利用することができる．

このほか工事の計画段階においては，様々な事例を比較検討し，計画の適正化を図ることが重要であるが，人手に頼る場合は，多くの事例について掘り下げた検討が困難であった．しかし，このような問題に対してもコンピュータシミュレーションを導入し，コンピュータの特性を効果的に活用した成果が，すでに次々に公表されている．

図 28.4 は，地中連続壁工事における工事用機械設備の選定・配置計画をコンピュータシミュレーションによって行った事例を示す．この計画では，グラフィック端末機を利用して，工事計画者がコンピュータと対話しながら，計画を具体的に練り上げたものの一例である．掘削機の作業半径，揚重機の能力・配置，生コン車の動線など，計画者の技術的判断と，コンピュータの高速処理能力をフルに活用している．今後，工事計画には，ここに示したグラフィック機能のほかに，人工知能などの技術をいかに駆使・活用するかがこの計画の大きな課題である．

施工計画では，設計図書が求める建築物を実現するために，現場での作業手順を検討して，これに時間的要素を加味して計画を行う．この段階における要点は，どのような方法・手順で施工するかを決める工法の選定である．数種の工法があるなかで，工事の内容・要求条件に最も適したものを選択して，適切な作業手順を設定し，工事用機械・労働者の適正配置を行い，作業の連続化・平準化を行ってサイクル工程を同期化する．

数多くの工法，厳しい計画条件，膨大な情報量のもとでは，施工計画の役割の重要性が益々増大し，また計画作業自体も複雑化するとともに，精緻な内容をもつものが求められる．計画者の負担を軽減する一方で，計画の密度を上げ，しかも内容の理解や合意形成を図る面からも，関係者に理解されやすい計画や表現方法の開発が必要である．

このような事情を背景として，施工計画・工程計画・技術計画・資源配分計画などの支援を目的としたコンピュータシステムが実用化されつつある．

現場における情報通信機器の役割は，このような新な技術革新の重要なツールとして位置づけられている．

28 建築生産の合理化

表 28.2 工事の進行に応じて管理すべき項目

区分	段階	計画		作業	プロセス	実施				検査
		資源配分計画	工事計画			品質	安全	能率	コスト	
資源	資材	手配管理 外注管理		在庫管理 出庫管理	運搬管理 MH	品質管理	安全管理 仮設管理	出来高管理 操作性管理	原価管理	受入管理 品質管理
	労働者	下請管理		作業管理 技術管理 労務管理	作業者工程管理 技能管理	技能管理 品質管理	安全管理 (安全教育・訓練)	能率管理 作業効率管理	労務費管理	技能管理 労務管理
	建設機械	調達管理		機械管理 運行管理	運行管理	信頼性・故障 保全管理	安全管理 保全管理	運行管理 オペレータ管理	建設機械原価管理	運行管理 保全管理
環境	環境	環境計画		作業環境管理	作業空間管理	環境管理	安全管理 (安全衛生対策)	作業度管理	環境整備費	環境管理
	現場	プラントレイアウト		作業配置管理	移動工程管理	現場管理	安全管理 仮設管理	揚重・ 移動管理	現場整備費管理	現場管理
プロセス	工程		工程計画	PERT/ Resource 日程管理	作業手順管理	工程品質の管理	安全管理	日程管理 出来高管理	PERT/Cost	工程管理 品質管理
	技術		工法計画	技術管理 技能管理	工法管理 技術管理	技術・技能 の管理	安全管理	生産性管理 作業効率管理	原価管理	技術管理

● 28.6 建築生産のシステム化

28.6.1 建築生産におけるシステム化の意義

建築生産の過程において,設計と施工との業務の係わりが最も重要な部分である.しかし,設計と施工が職能的に分離しているために,様々な問題が常に生じている.設計者は,建築主の依頼を受けて設計図書を作成し,施工者はその設計図書の内容に従って工事を担当してきたが,設計者が適切な設計監理を行うことで建築生産が成り立っていた.しかし,最近のインテリジェントビルやクリーンルームなどの建設にみられるように,建築物の品質や機能が複雑化・高度化するにつれて,設計と施工の関係や結びつきは,これまでよりも一層重要な問題になりつつある.

つまり,施工者は設計者に対して,設計内容の厳正化・高密度化を求めるとともに,施工者自らも,「施工」を単に設計内容を建築物に具現化する行為として捉えるのではなく,設計者と協同して,発注者(顧客)の求める建築をつくり上げるという創造的行為として取り組む自覚をもたなければ真の品質保証は果たせない.それには設計者・監理者と施工者の間に設計品質の情報伝達の仕組みを構築し,業務が展開する流れに沿ってそれぞれの役割分担を明らかにし,設計と施工を結びつけるこの仕組みを中心に,建築生産を統一した思想のもとにシステム化する努力が,関係者各々に求められている[9].

特に施工者は,協力業者を含めた緊密な施工体制を確立すると同時に,各職種間の連係を密にし,適切な工事管理を通じて施工の効率化を図り,また顧客の品質要求を受けとめ,自らの保有技術力を生かして要求品質の達成を保証しなければならない.しかし,現在進められている技術開発は,必ずしもこのような視座のもとで行われているとはいえない.建築生産の進むべき道を求め,一貫した理念に基づいて,設計と施工の統合とそのシステム化を図ることが重要である.

28.6.2 マルチプロジェクトコントロールによる施工のシステム化

従来の現場管理は,形の上では本社などの中央機構による統括管理体制をとりながらも,建設場所,工事内容および規模が異なるなどの理由から,現場単位で工事計画を立て,それぞれが個別に工事管理を行っているのが実状であった.しかし,労働者の労務効率を高めたり,仮設資材・工事用機械の稼動率や利用効率の向上を図り,労務・資材・機械設備の管理における全体的生産性,経済性を追求するうえから,現場をこのような個別に管理する方法では,十分な効果を得ることはできない.

そこで,各工事を有機的に結びつけて計画し,着実な管理を行うとともに,一現場の

枠を超えた全体的な視野に立って，多数の現場を一元的に集中管理することが重要となっている．これをマルチプロジェクトコントロール（Multi-project control）とよぶ．その狙いは次のとおりである．
（1） 資源の有効利用（省資源・省力化）
（2） 工事活動の平準化・安定化
（3） 施工技術の向上
（4） 管理効率の向上
（5） 全体的生産性・経済性の追究

しかし，マルチプロジェクトコントロールを実現するためには，下記が前提となる．
① 資材管理については，グループテクノロジーを導入して標準化を進め，材料計画を適正化して利用効率を高める．
② 工事用機械設備・資材の利用計画については，ロジスティックスの管理理念を確立し，現場内および現場間の連携を密にし，管理体制のシステム化を通じて，これらの資源の運用を合理化する．
③ 作業者の各工事におけるワークモジュールを設定し，工程・作業の標準化を図る．
④ 現場事務についてはOA化を強力に進め，工事情報の集中管理体制を確立し，これを組織管理の要とする．

マルチプロジェクトコントロールでは，管理すべき項目について統一した規準・方法を設定するとともに，各々に応じた管理技術を多角的に導入して，工事管理を進めなければならない．このような方式のもとで管理すべき項目を整理して表28・2に示す．

● 28.7 21世紀における建築生産とその課題

28.7.1 建築生産改革の基本目標と視点

A. 変わりゆく経営環境

右肩上がりで目ざましい発展を続けるわが国建設産業の動きは，世界の建設界の瞠目するところであった．平成景気とよばれていた当時の建設投資額は，年間90兆円を越す勢いを示し，その額は世界の第1位を占めるものであった．ところが，今日，建設産業は，皮肉なことに混迷の状態が続く経営環境の下に置かれ，企業によっては浮沈の瀬戸際に立たされている．

かつては，経済大国・工業大国と，自他ともに認めていたはずであった．しかしバブル経済が弾けると同時に，世界で最も安定し，繁栄しつつあると思われていた経済界の混乱から，様々な経済悪が露呈し，その煽りを受けたように，建設業の骨組みが脆くも

崩れだした．

このような経済不況の出現は，わが国の財政面にも波及し，次々に打ち出される不況対策も十分な効果を生み出しえず，国家経済の上に暗い影を落とす始末である．経済成長は停迷し，財政構造の全面的改革が国の緊急政策の課題となっている．

わが国の建設産業は，建設業を営むもの 58.6 万社を越え，建設労働者 657 万人(2000年度建設白書による）を擁する基幹産業の一つであるが，わずかここ数年ほどの間に一変した経済環境の現実に，建設業の経営は全く行き詰まっており，経営体質の抜本的改革がしきりに求められている．同時に，市場競争が激化する状況の下で，新建設事業に取り組むための経営戦略の策定と，建設技術の効率化を目指す不断の努力が重要な課題となっている．

B. 建設産業の長期ビジョン

オイルショック後の不況の下で，建設業各社は TQC の導入を図り，社内の体質改善と社員の意識改革にそれなりの成果を収めている．他方，市場を海外へ求めて進出するために，積極的な技術開発を進め，またこの間に各方面で蓄積したノウハウを活用して，Engineering Contractor (以下，EC と略記する）として活躍するための戦略を立て，EC化を旗印として広範な活動を目指していた．しかし，当時，「建設業の冬の時代」といわれるほどの市場環境の悪化，労働生産性の停滞，産業組織全体として他産業以上の中高齢化がすでに進行し，需要が伸び悩む一方，他種産業，外国企業の建設市場への参入圧力の増大も予想されていた．建設業は供給構造の改善・改革に努めない限り，市場競争は激化し，経営環境の悪化，建設業特有の不合理な側面は一層深刻化しよう．このような観測の下で，活力ある挑戦的な産業への発展を目指して，『21世紀への建設産業ビジョン』が取りまとめられた．1986年のことであった[10]．

しかし，この報告書が明らかにされた前後から，オフィスビル・住宅その他の建築需要が急速に進展し，一時期，ビジョンの予測を遙かに越える活況となった．他方，建設資材・労働力については，かつてない需給の不均衡に悩まされ，その対策に翻弄される有様であった．この好況は束の間の出来事であり，わが国の経済はバブル崩壊の影響によって，建設市場は再び冬の時代に逆戻りした状況に陥ったのである．

このような事態の下で，建設省は先年，建設産業政策大綱を明らかにした[11]．すなわちこの大綱は，「公共工事の入札・契約制度の改革，建設市場の国際化，さらに市場競争を通じて『良いものを安く』求める国民ニーズの顕在化など，建設産業を取り巻く競争環境は大きく変化しているとし，建設産業の進むべき将来像を明らかにし，国民の不信感を取り除くとともに，建設産業界が抱える不安については，その原因を究明して正しい処方箋を示すことによって，建設産業界が力強く立ち向かえるような条件を整備すると

いう意図から取りまとめた」と策定の趣旨と狙いを明らかにしている．

その内容は，① 日本建設産業の課題，② 建設産業をめぐるマクロ的環境，③ 建設産業政策の基本目標と実現への視点など，によって構成されている．この基本目標としては，以下の3項目を明らかにしており，各項目別に実現のための視点を併せて示す記述となっている．

（1）エンドユーザーに「トータルコスト」で「良いものを安く」提供する
　① コストダウンに向けた企業体質の強化
　② 総合的な品質・安全確保への取組み
　③ 技術開発の推進と効率化
　④ 発注の平準化
　⑤ 建設生産システムの改革
　⑥ ダンピングの防止
（2）「技術と経営に優れた企業」が「自由に伸びられる競争環境」をつくる
　① 特色ある企業による競争体制づくり
　② 元請企業の責任強化と体質強化
　③ 下請として伸びられる環境づくり，専門工事業の強化
（3）技術と技能に優れた人材が生涯を託せる産業をつくる
　① 技術と管理能力に優れた技術者の育成と確保
　② 技能の高度化・複合化に対応した技能労働力の育成と確保
　③ 多様な労働力の活用による労働力の量的確保
　④ 人材配置の効率化

ここに列挙した事項やその内容を一つひとつ検討してゆくと，大半が建築生産の仕組み，建設業経営のあり方，施工の技術および業務の改革に結びつくことがわかる．我々建築生産に携わる者の立場からすれば，その課題に気づきながらも，従来のしきたりに慣れきってしまって，解決を見逃していたり，意識的に避けていた事柄が少なくない．改めて政策大綱策定の意義と目標が意味するところの重要性を厳しく感じる．

28.7.2　建設市場の国際化

A．グローバリゼーション

わが国で，国が政策を決めたり，経済界・産業界が未来予測や様々な方針をまとめる場合，その枠組みや環境条件を論ずる上で，20年程前からしきりに用いられてきたキーワードに，「高齢化・情報化・国際化」の三つがある．ここでいう『国際化』とは，従来は，学術・技術・情報の海外との交流をはじめ，人やもの（資源・物品）の往来，その

手段である航空・運輸の発展ぐらいに我々は捉えていた.何分,第二次大戦後の世界は,東西・南北という国の体制や社会制度,民族・宗教・文化の違いによる対立が極めて厳しい情況の下にあったから,人的交流にしても,物的交流にしても限定された枠組みの下でしか考えられなかった.

しかしソ連の崩壊と冷戦の終焉が,各国の対外戦略と国際政治のメカニズムに大きな影響を与え,世界の構造を180度変転させる引き金となった.すなわち,世界のあちこちでは,自立と新しい秩序の確立を目指す動きが活発に始まり,今日では国際化の新しい概念である地球化Globalizationの波に乗って,世界全体が激しく転換しつつある.

賀来弓月は,国際政治の立場からこの動きを地球化革命とよび,① 地球規模の相互依存関係の拡大と深化,② 国際社会で活動する役者actorの種類と数の増大,③ 地球社会の誕生をあげている[12].

すなわち,相互依存関係の拡大・深化とは,国民国家の間にそれぞれの国境を越えて,地域規模の経済的・社会的・生態系的相互依存関係が生まれたことであり,貿易・金融,生命・健康(疫病,麻薬汚染)をはじめ,人口の流出,環境などをめぐり,すでに様々な問題が起きている.その結果,国境を越えて生ずる悪影響と問題については共同管理し,規制するための広範な協力が必要になったとし,国際機構,超国家的性格の地域統合組織体(例えば欧州連合)や,国際レジーム(国際規制体制)の網の目が国家の上に張り巡らされて,国民国家の自由が制約されるようになった,と述べている.

新しい国際社会で活動するアクターについては,多国籍企業・世界銀行・UNESCO・WHO・NGO等の多くの組織体をあげている.また国際レジームについては「行動主体の期待がそれに向かって収斂するような暗黙または明示の原則,規範,ルール,意思決定手続きである」と定義しており,法的な拘束力のある国際条約だけでなく,国際社会の共通理解やコンセンサスを体現する宣言などもこれに含まれる.今日注目されるようになった国際基準Global Standardはこの一つである.

B. WTO政府調達協定が促すもの

第二次大戦の混乱から立ち直ったわが国は,産業の復興,輸出の振興に努力を重ねてきた.一方,海外との技術提携,品質管理の徹底,原価低減に努めて国際競争力を高めるとともに,仕向け先の市場調査を進めるなど,多方面にわたる努力を重ねて,輸出国として海外市場を次々に開拓した.しかし,現在は円高事情もからみ,逆に諸外国からわが国は市場の開放,法規制の改善,工業規格などが持つ非関税障壁の撤廃,認証制度にまつわる資格要件の透明化,入札・契約制度の改善を強く求められている.

他方,最近のわが国の経済においては,アメリカに比べて新規事業の展開に遅れがあると指摘されており,これまで得意としてきた分野においても,アジアの新興工業国の

追い上げに伴う国内産業の空洞化が懸念されている．また，国民の生活を見ると，消費財・サービスの価格が高く，居住環境の整備が著しく遅れており，国民がその努力に相応しい豊かさを享受できないという現実がある．このような状況において，経済発展の基本整備や技術発展の促進，人的・知的資本の充実，経済活性化のための政策の一つの柱として，規制緩和政策に対する国内の一般市民からの期待が高まっている．

アメリカとの経済交渉をはじめ，ヨーロッパ連合あるいは諸外国との様々な交渉の場において，市場の開放，規制撤廃の申入れを受け，わが国が海外に閉ざしていた障壁が徐々にではあるが緩められつつあった．そしてGATT (General Agreement on Tariffs and Trade) 体制の下での多角的貿易交渉において，貿易の自由化および貿易に関する国際的ルールの強化が進められ，市場開放が急速に進むこととなった．

さらに，GATT体制に代わるものとして新たに設立された世界貿易機関（World Trade Organization：WTOと略記）により，『政府調達に関する協定』が1994年4月モロッコで行われた協議において，参加23か国によって署名されている．この協定は，物品の調達に加えて，建設サービス，設計・コンサルティング業務などのサービスの調達をも対象としている．わが国の建設市場の国際化は，WTO協定の発効によって1995年1月に発足した[13]．

この政府調達協定は，以下の点を特徴としている．

(1) 契約の評価
(2) 内国民待遇および無差別待遇
(3) 原産地に関する規則
(4) 発展途上国に対する特別のかつ異なる待遇
(5) 技術仕様
(6) 入札の手続き
(7) 供給者の資格の審査
(8) 入札者の提出および受領，開札ならびに落札
(9) 調達の効果を減殺する措置
(10) 透明性
(11) 苦情申立ての手続き
(12) その他

政府は，これに合わせて，公共事業の入札・契約手続きを国際的視点を加味した透明で客観的かつ競争的なものとし，この重要性をふまえて，外国企業の適正な評価，苦情処理手続きの整備，入札談合等の不正行為の防止措置などを実施することとした．更に協定の対象機関となる中央政府機関・都道府県・政令指定都市などに対し，このための

行動計画の取りまとめを求めている．この一連の動きは，民間における調達に対しても次第に波及している[14]．

上述の各項目の中で，特に重要と思われる，(5) 技術仕様について次項でふれる．

C. 技術仕様の国際基準

政府調達協定の第5条（技術仕様）は，次のように定めている．

(1) 技術仕様は，国際貿易に不必要な障害をもたらす効果を有してはならない．

(2) 技術仕様は，デザインまたは外形的な特徴ではなく，性能を基準とし，国際規格，国内強制規格，国内任意規格または建築基準法規に基づいて定められる．

(3) 技術仕様は，特定の商標，称号等を要件としてはならない．

ここでいう国際規格とは，国際標準化機構(ISO)等により制定された規格であり，わが国がその適用を受けているものをさす．また，国内強制規格とは，法令などによって遵守を義務付けている規格であり，ガス事業法・電波法・消防法等による規格が該当する．国内任意規格とは，広く一般に認められている標準化機関が反復的または継続的使用のために承認したものであって，日本工業規格（JIS）・日本農林規格（JAS）などが該当する．

また，調達協定の発効に伴う措置として取りまとめた「公共事業の入札・契約手続きの改善に関する行動計画(1994年1月，閣議了解)」において，技術仕様の使用について，次のとおり定めている．すなわち，

(4) 発注者は，資材の技術仕様について，適切な場合には，国内の規格または当該規格と同様のものを使用する．

この点については，JIS同等の認定をいちいち行うのでは，対応の迅速性などの問題が生じることから，(財)建材試験センター，(社)公共建築協会，(財)ベターリビングなどによる品質・性能の審査および証明を受けた外国資材については，JIS規格を有していなくても使用できることとしている．

なお，すでに制定されているJISのうち，ISO規格があるものについては，整合化を図るべく規格内容の調整を進めている．

技術仕様に関連して，(2)の条文中に建築基準法規のことが述べられている．これに相当するものとして，わが国における建築法体系において最も基準となるものに，建築基準法・建築士法などがある．これらは半世紀にわたり住宅その他の建築物に係わる設計・施工・保全管理上の法的基準と位置づけられており，建築生産の根幹を支えてきたものである．しかしこれらも，国際化に向けて，法改正を実施している．

特に基準法については，制定後今日まで，数多くの改正の手が加えられているが，今回の改正は，①性能規定の導入，②建築確認・検査制度の民間解放，③集団規定の大幅

緩和などの大幅な改正である[15]．この改正が意図しているところは，従来の厳しい規制内容を持ったものから，時代の変化に合わせて設計自由度の拡大，規制の緩和，当事者の自己責任原則を明らかにするという，極めて重い内容を持ったものになっている．

また，法令とは異なるが，「工事請負契約約款」についても，国際化など建築産業をめぐる環境の変化に対応し，また，発注者・請負者の間の契約関係の明確化を目指して，相当部分について改正の手が加えられている[16]．

28.7.3 顧客満足度

A. 消費者主義の登場

わが国で消費者革命という言葉が使われだしたのは，1959年版の経済白書において，1958年の景気後退と回復の過程の分析に，技術革新と消費革命の進行とが係わったと指摘して以来のことといわれている．大戦後の疲弊の極をさまよっていた頃から，食生活での肉・乳・卵消費の増加，衣生活における高級婦人服・同着物に対する支出，および合成繊維消費の増加，家庭用電気器具の支出増であるとしている．(石川弘義：消費革命，現代思想事典，1964　講談社)

その基盤に経済の発展と技術革新の進行による新製品の開発，大量生産による価格の引下げ，また広告による消費者 Consumer の欲望の創出があり，さらに割賦販売の普及という事実も見逃せない．

消費者自身も消費の経験を重ねるうちに，その体質も徐々に変わりはじめ賢くなってゆく．ちょうど同じ頃，すでに大量生産・大量消費の時代に突入していたアメリカ社会では，消費者主義 Consumerism の波が押し寄せていた．やがて「消費者は王様」という標語も生まれ，使い捨ての原理がわが国にも導入され商品市場を覆うようになった．建築界では今もって仮設資材を安易に廃棄したり，建築物そのものについても，スクラップ・アンド・ビルドを繰り返している背景には，その頃の名残があるように思える．

ところが，大量生産体制の下で危険な製品が市場に氾濫し，多数の消費者被害が発生して，消費者の安全に対する関心がにわかに高まった．

消費者被害の救済に関心を持った竹内昭夫は，実務者の立場で海外の動向等を調べ，次のことを指摘している．1960年アメリカ，ニュージャージー州の最高裁判所は，製造者との間に契約関係のない運転者に，欠陥車が与えた被害の無過失責任を製造者が負う旨を判示した．この頃，アメリカ各地で起こった様々な消費者被害が，次々に法廷において不法行為上の厳格責任 strict-liability in torts という訴訟原因を認める判決を示し，1970年代になると製造物責任訴訟が急増し，いわゆる「製造物責任の危機 Product Liabilty Crisis」といわれるような現象を起こした[17]．

製造物責任法理は，ヨーロッパをはじめ各国にも伝えられ，消費者が欠陥商品の被害者の責任追求を可能にしたばかりでなく，製造者の厳格責任を認める基本原理を与えるものとなった．

わが国でも，消費者団体が中心となり，製造物責任法の制定を目指す動きが重ねられたが，決定を経て施行されたのは 1995 年 7 月であった．

建築物は不動産であって，同法律による製造物の概念には含まれないとされ，直接これが適用されることはない．しかし，建築材料・建築構成部材・設備機器類は製造物そのものであり，設計・施工をめぐる取扱い方の適否は，大きな問題とされる点となる．

製造物責任の問題に，早くから関心を抱いた学者の一人である石川馨は，日本的品質管理 TQC の主導者であるが，全社的品質管理を支える基本軸の一つとして品質保証 QA をとらえ，消費者志向で，安全に十分留意した品質および信頼性管理の主張を明らかにしていた[18]．

B． 顧客満足度の品質保証

品質保証の問題は，消費者あるいは顧客の立場をふまえたアプローチでなければ，正しい解がえられるものではない，とする考えが欧米を中心に起こり，経営者の企業経営の理念として QC を見直し，TQM の新たな理念の構築を目指した．

それにはこのような背景がある．TQC を軸として生産性向上を目指す生産活動を踏襲したのでは，日本の企業を追い越すのは不可能と考えたアメリカ産業界は，経営者自らが厳しいリエンジニアリングの手法を受け入れ，業務改革を経営改革の中心に位置づけて，業績を飛躍的に改善するための仕組みの構築と戦略計画の立案を目指した．

さらに，企業活動全般を通じて製品を磨き上げてゆく新たな創造的アプローチを，顧客との接点に求め，「他社が真似することのできない品質価値 Quality Value をいかに顧客に提供するか」顧客志向を前面に打ち出した QM こそが，TQM にほかならないとした．品質に対する概念が，すでに大きく改められていることがわかる．また，これを受けてリエンジニアリング・コンカレントエンジニアリング，ベンチマーキングなどの新しい管理・経営の手法が，次々に生み出されてきている[19]．

28.7.1 B．項で建設産業政策大綱にふれたが，その基本目標の第一に，「エンドユーザーにトータルコストで良いものを安く提供する」と提示されている．今日，わが国の経済不況下にあって，改めて国家財政のあり方が問題となり，公共投資の効率性について厳しい意見が出されている．今後，建設業界として的確な対応が求められよう．

良いものをつくるにしても，建築物・団地開発・都市開発などに対する要求や内容は，近年著しく変化している．その根底には，経済・産業活動の発展，社会機構の進歩に伴い，設計すべき建築物や施設の内容が変化し，しかも多様化・複雑化している．

表 28.3 公共工事の品質特性[20]

品質特性		施設の品質 (結果)	工事の品質 (プロセス)
利用者へのサービス	供用性・利便性	利用者,地域等へのサービス水準(グレード)	―
	公平性	利用者,地域,施設等によるサービスの格差是正	
安全性・耐久性	安全性	利用者,地域等の安全の確保	公衆,作業員等の安全確保
	耐久性・保全性	施設の外力,自然条件等に対する長期的耐久性 使用期間中の保全・補修の容易さ	―
環境への配慮	環境保全	施設の設置および利用に係る環境保全	現場周辺の環境保全
	省資源	施設運用上の資源,エネルギー消費の縮減	工事中の資源,エネルギー消費の縮減
美観・文化性	美観・文化性	美しさ,近接施設・周辺との調和・芸術性等	―
コスト・工期縮減短縮	経済性	総事業費の縮減,トータルコストの最小化	工法等による工事費縮減
	工期	事業完成までの期間の短縮	契約から工事目的物を検収するまでの期間の短縮

※ 広い意味での品質特性

対象とする施設の効率・利便性・快適性に対する要求度も高まり,耐震・防災等の構造信頼性および保全性の確保についても,厳しさを加えている.

特に先年,兵庫県南部地震においては,震度7を越える激震であったとはいえ,多数の建築物・構築物に夥しい被害が発生し,6,500名を越す尊い人命が失われ,公共施設の安全性について,大きな疑問が投げかけられたりした.

こうしたことから公共工事の品質に関する委員会が,国民の満足がえられる施設を提供するためには品質の確保・向上のための新たな取組みが必要であるとして,公共工事の品質特性について調査研究の結果を表28.3のように公表している[20].これらは,改正された建築基準法をベースとして性能発注の方向に進む時,建築生産の在り方を規程する大きな規準となるであろう.

文　献

1) 建設省建設技術開発会議：施工合理化技術開発の基本方針（1984）建設省
2) H. W. Parker & C. H. Oglesby: Method Improvement for Construction Manager. (1972) McGraw-Hill. Inc.（田村恭監訳　彰国社）
3) 日本建築学会：作業能率測定指針（1990）日本建築学会
4) 田村恭他：建設機械論 施工（1984.01）彰国社
5) 室英治：総合工事業におけるロボット開発の現状と問題点　材料施工研究協議会（1984）日本建築学会
6) Economic Commission For Europe: Government: Policies and The Cost of Building (1959) United Nations
7) 土質工学会：情報施工とマイコンの利用（1986）土質工学会
8) 松岡進一郎：工事段階におけるコンピュータの役割　施工（1986.11）彰国社
9) 新しい建築生産研究会：工事監理と施工管理（1986）鹿島出版会
10) 建設産業ビジョン研究委員会：21世紀への建設産業ビジョン（1986）建設省建設経済局
11) 建設産業政策委員会：建設産業政策大綱（1995）建設省建設経済局
12) 賀来弓月：地球化時代の国際政治経済（1995）中央公論社
13) 入札制度問題研究会：公共事業とWTO政府調達協定（1996）建設省建設経済局
14) 建設省建設経済局：新しい公共事業の入札・契約制度（1994）建設業適正取引推進機構
15) 建築基準法研究会：建築基準法大改正（1997）日経BP出版センター
16) 民間（旧四会）連合協定工事請負契約約款委員会：工事請負契約約款の解説（1997）大成出版社
17) 竹内昭夫：わが国の製造物責任法（1980）有斐閣
18) 石川馨：日本的品質管理（1981）日科技連出版社
19) 味方守信：トータル・クォリティ・マネジメント　最新経営イノベーション手法（1996）日経BP社
20) 平出純一：公共工事の品質に関する委員会報告について　建設業振興（1996.03）建設業振興基金

参　考　書

1) 内田祥哉：建築生産のオープンシステム（1977）彰国社
2) 内田祥哉編：構法計画ハンドブック（1980）朝倉書店
3) 古川修他：新建築学大系44 建築生産システム（1982）彰国社
4) 池田太郎，松本信二：新建築学大系48 工事管理（1983）彰国社
5) 和田惇：建設ロボットの施工ノウハウ（1995）近代図書
6) 建築関係企業品質保証体制整備指針研究会：建築関係企業の品質保証体制整備のための指針と解説（1996）日本規格協会
7) システムズ・戦略経営協会：建設産業における戦略経営（1991）都市文化社

【全文にわたる参考文献】

棚橋　諒：建築施工ハンドブック（1968）朝倉書店

白山和久他：建築施工技術ハンドブック（1979）朝倉書店

狩野春一：建築施工ポケットブック（1980）オーム社

建築内外装ハンドブック編集委員会：建築内外装ハンドブック（1981）建設産業調査会

建築工事・工法事典編集委員会：建築工事・工法事典（1989）産業調査会

日本建築学会：建築工事標準仕様書・同解説書（JASS 1～26）日本建築学会

永井久雄：建築学大系24 建築施工I（1968）彰国社

佐治泰次他：建築施工（1974）森北出版

大島久次：建築施工法（1980）共立出版社

髙木　睦：最新建築施工（1981）理工図書

鯉田和夫：最新建築施工法 9版（1997）技報堂

工事監理編集委員会：建築工事監理（1982）大阪建築士事務所協会

熊井安義：建築の工事監理（1973）理工図書

伊沢陽一：建築工事監理の要点集（1987）彰国社

日本電信電話公社建築局：建築工事技術必携（1979）通信建築研究所

古川　修他：新建築学大系44 建築生産システム（1982）彰国社

上村克郎他：新建築学大系46 構造材料と施工（1982）彰国社

上村克郎他：新建築学大系47 仕上材料と施工（1983）彰国社

池田太郎他：新建築学大系48 工事管理（1983）彰国社

鹿島出版会編：建築施工講座1～11（1979）鹿島出版会

伊藤得平他：施工管理のツボ（1978）日本建築士会連合会

彰国社：建築施工管理チェックリスト 新訂2版（1995）彰国社

後　　　書
——第2版，4刷のための校正を終えて——

　本書の企画・編集に取り組んでから，すでに20年以上の歳月を経ている．当時，夢多き21世紀を目前にして，新しい建築教育の在り方などを模索しながら，建築施工の教育あるいは研修のための新しい教本を提案する．そのような意気込みをもって，執筆に取組んだ．初版は1987年（昭和62年）に刊行されている．

　この直後に起ったバブル景気の破綻を契機とする複合不況の到来によって，建設業を取り巻く環境は一変した．しかも，未だに激動期の真っ只中にある．最近になり，やっと再生の芽が出てきた感がするが，業界に注がれる目は，依然として厳しい．

　この十数年もの間に，建築生産をめぐる法規制・規格・基準類の改正をはじめ，建設事業をめぐる環境も，仕組みも，その手段や方法に関しても，すべての条件が大きく変化し，今なお変りつつある．

　私達が提案した本書についても，その意味では大きな修正を加えなければならないと考えている．数年前には，増補・改訂を行い第2版を発行し，或る程度の手直しを尽くしている．しかし今，3刷を終え，4刷に直面して，上述の気持を更に厳しく受けとめている．いずれ再改訂に取組む所存であるが，今回は校正の枠をこえて，若干の手直しを行っている．

　1）　誤字・脱字の訂正をする
　2）　旧い建築統計の数値については，入手可能な最新データに改める
　3）　監督諸官庁の名称については，組織・制度の改革に伴う新たな名称を使用する
　4）　文章上の不明確な表現，誤解を招きかねない部分については記述を改める．またできるだけ読みやすく，理解しやすい叙述とする

2003年中秋

田　村　　　恭

索　引

あ　行		
ISO 9000s	65	
合端	243	
アーク手溶接	155	
アーク溶接継手（鉄筋）	187	
足場	87, 98, 352	
──計画	100	
──の構造	99	
──の保守管理	102	
──一側	98	
──移動式──	98	
──吊り──	98	
──本──	98	
──枠組──	98	
アースアンカーオープンカット工法	115	
アースドリル工法	132	
アスファルトシングル葺き	250	
アスファルトの溶融温度	252	
アスファルト防水	251	
アスファルトルーフィング	246	
圧接位置	197	
圧接工	196	
圧接作業（鉄筋）	198	
圧接装置（鉄筋）	197	
圧接部	199	
──の外観検査	199	
──の破壊検査	199	
──の非破壊検査	199	
圧着張り	312, 314	
後付け工法	275	
孔明け（ガラス）	283	
網入り波形ガラス	287	
洗い出し仕上げ	301	
粗磨き（石材）	241	
RPC工法	221	
アルミニウム合金製建具	273, 284	
アルミニウム専用型枠工法	317	
アロー型ネットワーク	389	
アンカーボルト	293	
安全衛生委員会	391	
安全衛生管理	40	
──活動	393	
安全衛生教育	59, 72, 398	
安全衛生計画	46, 58	
安全衛生公害関係法規	41	
安全衛生責任者	397	
安全衛生点検	397	
安全管理	71, 106, 370, 391	
──計画	59	
──者	42, 71	
──体制	396	
安全工学	370, 393	
安全作業計画	59	
安全審査	392	
──委員会	392	
安全性	121	
安全施工計画	393	
安全設備	106	
安全帯	107	
安全対策	71	
安全点検制度	393	
安全ネット	107	
安全パトロール	397	
石工事	234	
──施工要領書	236	
──用モルタル	244	
石積み工法	235, 237	
石積み用足場	243	
意匠効果	335	
意匠図	30	
石割り図	236, 239	
一次請負契約	15	
一括発注	350	
一発目地	318	
移動足場	99	
移動式クレーン	103	
色むら	336	
インサート	358	
受入管理	413	
受入れ検査（鉄骨部材）	158, 160	
請負契約方式	13	
打上げ天井	296	
打込み（コンクリート）	212	
──高さ	214	
打継ぎ	216	
内訳明細書	50, 378	
埋戻し	123	
上塗り	303, 327, 328	
運行管理	69	
運搬揚重計画	103	
ALC板	251	
SQC	64, 367	
Sチャート	58, 389	
H形鋼	131	
HPC工法	221	
H鋼横矢板	118	
NCけがき機	142	
NC法	142	
N値	84, 120	
FMEA	206	
エレクトロニクス技術	408	
縁甲板張り	295	
遠心力鉄筋コンクリート杭	131	
遠心力プレストレストコンクリート杭	131	
塩分	304	
OA化	19, 408, 415	
OAフロア	359	
大型パネル	173	
屋内防水	254	
OJT（実地訓練）	370	
オーダーメイド方式	274	
親杭横矢板	116	
か　行		
外観検査（建具）	275	
──（鉄筋）	198	
──（鉄骨部材）	159	
外構設備工事	352	
外装タイル張り	311	
ガイデリック	149	
外注費	52	
外部足場	98, 99	
概略施工計画	55	
改良圧着張り	313, 315	
改良積上げ張り	313, 315	
化学的乾燥	324	
科学的管理	366	
──技術	366	
角形鋼管	138	
拡底工法	132	
加工（鉄骨部材）	142	
加工図（鉄筋）	191	
加工精度	192	
加工場	175	
重ね継手（鉄筋）	187	
瑕疵担保	13	

索 引

- ――責任 29
- ガス圧接継手（鉄筋） 187, 196
- ガスケット工法 285
- ガスシールドアーク半自動溶接 155
- ガスバーナー仕上げ（花崗岩） 237
- 仮設計画 70, 88, 109, 174, 270, 347, 384
- ――図 88
- 仮設工事 87
- 仮設構造計算書 88
- 仮設構造物 91
- 仮設材の転用計画 91
- 仮設細部計画 50
- 仮設資材 89
- 仮設設計 91
- 仮設設備 88, 352
- 仮設建物 87, 88, 91, 94, 352
- 仮想支点法 118
- 型枠 178, 181, 183
- ――の解体作業要領書 181
- ――の現場組立て 178
- ――の転用回数 183
- 階段―― 179
- 金属製―― 183
- 合板―― 182
- 型枠検査 182
- 型枠工事 163, 174, 178, 181
- ――のコンクリート施工図 175
- ――の作業計画 174
- ――の標準組立て図 170
- 型枠工法 173
- ――の構造計算 172
- ――の選定 173
- ――の側圧 172
- 型枠先付け工法（タイル） 311, 317
- 型枠施工図 167
- 価値工学 381
- カーテンウォール 258
- ――工事 258
- ――部材 259
- 金属―― 258
- プレキャストコンクリート―― 258
- 稼動分析 388
- カバー方式 259
- 壁仕上げ 295, 338
- カーペット敷き 341
- 壁・天井仕上げ 342
- ガラス工事 280
- ガラススクリーン工法 286
- 強化―― 287
- ガラス繊維 226
- ガラス取付け工法 287
- ガラスの養生 288
- ガラスブリック 288
- ガラスブロック 287
- ガラス方立工法 286
- 仮囲い 91, 92, 93
- ――の構造 93
- ――の構造計画 93

- ――の設置計画 92
- 仮付け検査（鉄骨部材） 159
- 瓦葺き 249
- 環境管理 413
- 管工事施工管理技士 351
- 寒中コンクリート 222
- 貫通孔まわり 190
- 監督者の業務 33
- 管理図 217
- 管理組織 46
- 機械化 398, 403
- ――施工 19, 298
- 機械掘削 122
- 機械駆動式足場 99
- 機械設備管理 69
- 機械設備稼動状況 70
- 機械練り 303
- 規格化 89
- 企画設計 26
- 機器製作図 350
- 危険作業防止機器 105
- 危険性の解析 393
- 危険予知 8
- ――訓練 60, 72
- 機材計画 353
- 技術革新 411
- 技術管理 63, 413
- 技術計画 385
- 記述式仕様書（工法仕様書） 31
- 基準階工程 57
- 基準墨 264
- 基準線の設定 79
- 木ずり下地 301
- 既製杭 130
- 既製コンクリートパイル柱列 124
- 機能検査 275
- 技能検定図 22
- 技能労働者 21, 22, 70
- 気泡コンクリート 224
- 基本工程計画 55, 56, 385
- 基本設計 26
- 脚立足場 99
- CAD(Computer Aided Design) 30
- QM 要求事項 65
- QC 工程表 220
- QC サークル活動 64, 372
- QC ストーリー 372
- QC 七つ道具 373
- キュービクル式高圧受電設備 96
- 競争入札 14
- 共通仮設 87
- ――機械 103
- 許可申請手続き 85
- 曲線式工程表 58
- 切ばり 125
- ――オープンカット工法 115
- ――プレロード工法 120

- 亀裂誘発目地 312, 317
- 緊結線（屋根葺き） 250
- 金属製建具 269
- 金属板葺き 249
- 杭打試験 84
- 杭基礎 130
- 軀体アンカー金物 264
- 軀体工事計画 50
- 掘削土搬出 122
- 組合せ材（切じ） 126
- 組立て（鉄骨部材） 143
- 組立て用足場 195
- 組立て用溶接 143
- クリアランス（ガラスまわり） 283
- グリッパー工法（カーペット） 341
- グリップジョイント（鉄筋） 187
- グレージングチャンネル 284
- グレージングビード 284
- グレージングマシン 282
- クレーン用付属機器 105
- クローラークレーン 103
- 軽溝形鋼 138
- 経済性 164
- 経費 52
- 警備保障 85
- 契約約款 15
- 軽量化 89
- 軽量骨材コンクリート 222
- 軽量コンクリート 222
- 軽量鉄骨構造 138
- けがき（罫書） 142
- 結果仕様書（性能仕様書） 31
- 月間工程計画 55
- KYT（危険予知訓練） 370
- 原価意識 67
- 原価管理 53, 67, 369, 377
- 原価低減 67, 380
- 原価統制 378, 380
- 検査 140
- 建材製造業者 12
- 現寸検査 158
- 現寸図 142, 158
- 現寸場 175
- 建設業者 16
- 建設業の区分 18
- 建設業法 39, 52
- 建設系廃棄物 227
- 建設産業行動ビジョン 362
- 建設産業政策大綱 17
- 建設投資 16
- 建設労働者 21
- 建築関連法令 37
- 建築基準法 37
- 建築公害 84
- 建築工事標準仕様書（JASS） 39
- 建築構成材 405

索引

建築コストの分類	51
建築作業用ロボット	404
建築士の設計監理業務報酬	33
建築士法	37
建築生産	2
――過程	12
建築施工管理技士	40
建築施工技術	7
建築設備士	350
建築測量	78
建築塗装	328
建築主	11
建築のライフサイクル	2
建築労務	21
現地踏査	78
現場運営業務	410
現場会議	59, 61
現場加工方式（鉄筋）	185
現場管理組織	47
現場情報	408
現場切断（ガラス）	283
現場手張り工法	311
コアボーリング	84
公害対策基本法	37, 42
公害問題	122
鋼管杭	131
鋼管工事	139
工業化工法	219
工業化生産方式	20
公共工事入札・契約制度	14
高強度コンクリート	226
高強度プレストレストコンクリート杭	131
工区割り	57
工芸塗装	328
工作図	141, 157, 274, 277
工事請負契約約款	28
工事管理	61, 319, 345, 368, 411
――業務	410
工事監理	27, 32
――者	49
工事計画	44, 48, 188, 247, 260, 267, 280, 291, 308, 313, 324, 333, 411
――業務	410
工事計測	409
工事欠陥	207
工事公害	42, 84, 92
工事事務所	94
工事場工程	149
工事場施工	144
工事品質	145, 371
工事別仮設	87
工種別分類	53
工事用機械	391, 402
――設備	87, 102, 411
――設備計画	386
――の稼動率	414
工事用給水設備	97
――計画	97
――工事	97
工場製作	141, 260, 262
工場生産化	405
工場切断（ガラス）	282
工事用電気設備	96
工事用排水設備	97
――計画	97
――工事	97
合成高分子系シート張り	341
合成高分子系タイル張り	340
合成高分子系塗床	341
鋼製組合せ材	125
鋼製建具（ガラス）	284
鋼製建具工事	276
鋼繊維	225
構造計算書	140
構造図	30, 188
構造用軽量骨材	224
構造用合板	298
構台	125
――計画	122, 126
高耐久性化（ロングライフ化）	27
高張力鋼	138
工程管理	68, 367, 383, 386
工程計画	54, 270, 281, 291, 332, 409, 413
工程図表	58
工程特性	377
工程表	352, 380
工程品質	413
工程分析	387
合板	290
特殊――	290
難燃――	290
練り付け――	290
普通――	290
合板張り天井	296
工法（石膏プラスター塗り）	308
――（セメントモルタル塗り）	306
工法計画	238
工法選択	318, 344
合理化	23, 50, 398, 412
――工法	184
高流動コンクリート	227
高力ボルト接合	153
コーキング材	247
国際規格（ISO）	39
コストエンジニアリング	378
小叩き仕上げ	240
コーナービード	302
こぶだし	240
コールドジョイント	216
コンクリート工事	202
コンクリート充てん鋼管柱	230
コンクリート施工図	167, 171
コンクリートの運搬	210
コンクリートポンプ	210
ゴンドラ	99
コンピュータシステム	410
コンピュータシミュレーション	412
混練	302
混和材料	304

さ 行

載荷試験	81
最小費用点	58
再生骨材	227
再生コンクリート	227
最適工期	57
材料置場	174
材料検査	158, 345
材料費	52
さお縁天井	296
逆打ち工法	115, 173, 230
左官工事	300
先組み方式	186
先付け工法	275, 311
作業員詰所	95
作業改善	403
作業環境	63
作業研究	365, 387
作業工程計画	56, 386
作業指示書	59
作業者工程分析	387
作業主任者	42, 391, 396
作業所	47
作業測定	402
作業チェックシート	219
作業分割構造	382
サスペンション工法	286
作動機能の検査（シャッター）	278
さび止塗装工事	157
サブマージアーク自動溶接	155
桟木法	317
三脚デリック	149
サンドコンパクション工法	135
仕上げ	321
――塗り	335
――見本	31
直張り工法	317
時間研究	388
敷地高低図	79
敷地周辺埋設物調査	80
敷地測量	78
敷地調査	77
軸組図	292
試験	140
試験・検査計画	353
資源配分	409
――計画	413
――法	370

索引

地業・基礎工事	128	主材吹き	335	――(銅製建具)		277
資材運搬	102	樹脂モルタル	341	製作模型(建具)		271
資材管理	68	出力情報	408	製作要領書	140, 159, 236
支持金物	278, 286	受電設備工事	96	生産計画		384, 385
支持地盤	112	主働側圧係数	119	生産工学		367
――層	82	主任技術者	40	生産システム		408
自主管理体制	48	純鉄骨構造	138	生産統制		68, 384
システム安全	395	準備工事	76	静止土圧		120
システム化	414	準備作業	212	静電塗装		321, 327
事前審査制	392	ジョイントベンチャー	15	性能検査		353
持続可能な開発	361	詳細工程計画	55, 56, 386	製品検査	159, 263, 272, 274, 277
下請制度	16	小集団活動	372, 398	製品工程分析		387
下地組み	292	仕様書	31	石材先付け PC 板工法		235
――工事	289	使用電力負荷計画	386	責任施工体制		16
下地処理	304, 306	使用品質	371	責任体制		25
下地調整	333	情報化施工	407	施工		263
――材	333	――システム	4	――管理		33, 311
下地用接着剤	252	情報管理システム	407, 408	――管理者		36, 351
下塗り	303, 327, 328, 335	省力化	23	――技術		49
地鎮祭	86	職業訓練	22	――規準(鉄筋)		193
しっくい塗り	301	職人	21	――業務の電算化		409
実行予算	46, 50, 67, 378	職別工事業者	19	――計画		
――書	51	暑中コンクリート	222	33, 48, 88, 112, 114, 207, 260, 269, 380,
――編成	382	シーラー	326	385, 412
実施設計	26	自立山留め壁工法	115	――計画図		61
実地訓練(OJT)	23	シーリング	265	――準備作業		351
自動化	403	――ガン	256	――図		
――建設システム	145	――材	247, 255, 286	30, 49, 61, 197, 236, 239, 271, 282, 291,
――工法	405	――防水	247, 255, 256	292, 333, 350, 409
自動開閉装置	278	――防水技能士	257	――性		103
自動計測技術	410	人荷用仮設昇降機	91	――組織		12, 16
自動挿入式傾斜計	127	真空処理コンクリート	229	――の機械化		403
自動溶接	155	深礎工法	132	――の品質保証		318
シート接合用接着剤	252	浸透探傷検査(鉄骨部材)	161	――要領書		
シートパイル	116, 118	進捗管理	70, 387	32, 46, 61, 145, 207, 270, 325, 329, 333
シート防水	252	信頼性	200	絶縁耐力試験		354
地盤改良工法	135			設計意図		27
地盤改良地業	136	水圧検査	354	設計・監理		25
地盤調査	81	垂直養生設備	107	設計審査		27, 39
CPM	367, 389	水平運搬用掘削機	122	設計図		29
ジブクレーン	149	水密コンクリート	225	――の標準化		30
磁粉探傷検査(鉄骨部材)	161	水密試験	275	設計チーム		11
締り金物	278	数量積算	46, 409, 411	設計図書	13, 25, 38, 44, 55
指名競争入札	14	数量調書	188	設計の組織的協力		26
締固め	212, 215	据付け検査	69, 354	設計品質		26, 371
締付け検査(鉄骨部材)	159	スタッド溶接	155	設計変更の協議		61
写真測量	79	――工事	156	接合部防水		247, 248
収縮亀裂	305	ステージング計画図	145	石膏プラスター塗り		301, 306
収縮率(木材)	290	ステンドグラス	288	接合法		152
集成材	290	スプレーガン	334	石膏ボード下地		301
集成木構造	289	スプレー塗り	326	接地工事		356
重層下請負	6	墨出し	264	接地抵抗値		356
重層下請制	22	スリップフォーム工法	165, 229	接着剤張り工法(カーペット)		341
住宅投資	17	寸法検査(鉄骨部材)	159	折板葺き		249
集中管理体制	415	――(建具)	275	設備機器取扱い説明書		354
集中切ばり方式	125			設備工事		347
重鉄骨構造	138	正規分布	218	設備工事工程表		352
重量コンクリート	224	製作工程(アルミニウム合金製建具)	274	設備図		30

索引

セミオーダーメイド方式	274
セメント注入	135
セメントモルタル塗り	301, 304
セルフレベリング工法	341
繊維コンクリート	226
全体工程計画	291
全体重量	89
全体施工計画	173
全体的生産性	414, 415
専門工事業者	11, 16, 20, 46, 69
ソイルモルタル連続柱列	116
総活安全衛生管理者	396
総合仮設計画	50
総合仮設配置図	90
総合工事業者	6, 11, 19
総合的安全衛生管理	393
総合的品質管理	374
総合的品質管理体制	64
造作	295
造膜効果	335
側圧係数	118
側圧分布	118, 121
測定管理	126
測量機器	78
素地調整	157, 321, 325, 328
組積工法	235, 242

た 行

耐火被覆工事	156
耐候性鋼	138
第三者的検査機関	140
耐衝撃試験	281
耐震試験	281
耐水圧試験	281
耐風圧試験	281
タイル工事	310
タイルシート法	317
タイル張り工法	313
宅地造成等規制法	37
打撃工法（杭）	132
多彩模様塗装	328
叩き仕上げ（石材）	237, 240
立会い検査	158
建方機械	145, 147
——計画図	145
建方計画	141
——図	145
建方工程	147
建方順序図	145
建方精度	152
建具金物	278
——工事	278
建具工事	269
建具用接着剤	272
建付け（木製建具）	272
棚足場	99

WPC 工法	219
太柄	243, 244
試し吹き	335
タワークレーン	103, 147
単管本足場	101
弾塑性法	120
炭素繊維	226
地下工事計画	50
地下防水	254
地中連続壁	116
——工法	132
中央先行アイランド工法	115
超音波探傷検査（鉄骨部材）	160
調合	302
調整目地	312
直接仮設	87
直接基礎	129
直轄施工方式	13
墜落防止設備	106
継手圧接部の検査（鉄筋）	197
継手工法（鉄筋）	187
継手方式（鉄筋）	188
付け鴨居	296
土物壁	301
積上げ張り	311, 314
吊り足場	101
吊金物（ガラススクリーン）	286
低温用鋼	138
定期検査	69
定期自主点検	42
TQM	65, 376
TQC（総合的品質管理）	64, 367
——推進室	64
定置式クレーン	103
出入口枠	297
デザインレビュー	369
手順計画	385
デッキプレート	183
——捨て枠床版工事	155
鉄筋検査	189
鉄筋工作図	189
鉄筋工事	185
鉄筋コンクリート下地	250
鉄筋施工図	189
鉄筋の加工	191
鉄筋の組立て	193
鉄筋の定着	196
鉄骨 CAD/CAM システム	141
鉄骨工事	138
鉄骨精度基準	160
鉄骨鉄筋コンクリート工事	232
手練り	303
デミングサークル	372
手溶接法	155
点検整備	69

電算化システム	410
天井仕上げ	296, 338
天井下地組み	293
天井伏図	292
統括安全衛生管理者	59
統括安全衛生責任者	397
統括管理体制	414
統計的手法	373
統計的品質管理（SQC）	367, 371
動作分析	388
陶磁器質タイル	310
道路交通法	43
研ぎ出し仕上げ	301
特定建設作業	43
特命	14
床付け	122
——地盤	114, 129
都市計画法	37
土質試験	81
土質柱状図	83
塗装検査（鉄骨部材）	160
塗装工事	320
——の工程	324
塗装工程	327
塗装作業	321
塗装設計	320
塗装方法	321, 326
特記仕様書	32, 140
塗膜形成主要素	322
塗膜形成助要素	322
塗膜の欠陥	329
塗膜の検査	329
塗膜防水	253
トラック	122
トラッククレーン	149
トランザム方式	259
取付け検査	275
取付け工法	275, 277
塗料	321
——の性質	323
——の選定	322
トルク係数値	153
ドロマイトプラスター塗り	301

な 行

内装工事	337
——の工程	338
内装タイル張り	311
内部足場	99
中塗り	303, 327, 328
中掘り工法（杭）	131
生コン工場	209
軟弱地盤	112
日程管理	370
日程計画	385

索引

語	頁
日本工業規格（JIS）	39
日本農林規格（JAS）	289
ニューマチックケーソン	103
──工法	136
入力情報	408
人間工学	394
塗壁の故障	308
塗付け	321
塗り見本	324
根切り計画	123
根切り工事	112, 122
根切り底地盤	114, 122
──破壊	117
根切り方法	122
ネットワーク	389
──式工程管理	370
──式工程計画	386
──式工程表	58
アロー型──	389
ノード型──	389
粘土瓦	249
粘土地盤	121
ノックダウン方式	259
ノード型ネットワーク	389
法付きオープンカット工法	115
ノンガスシールド自動溶接	155

は 行

語	頁
配筋	188
──規準	189, 191, 193, 199
──検査	199
──詳細図	193
──精度	195
バイブロハンマ	103
バイブロフローテーション工法	135
破壊検査（鉄骨部材）	161
パッケート	295
刷毛塗り	321, 326
刷毛引き工法	301
場所打ち杭	131
──工法	134
場所打ちコンクリート杭	130, 132
場所打ちコンクリート連続柱列	124
バーチャート	58, 388
発注性能	140
パテ	284
PERT	367, 389
パネル方式	259
パネルボード	295
幅木	295
羽目板張り	295
はめ込み（ガラス）	284
腹起し	125
──鉄筋コンクリート製──	125
張石工法	235, 244
梁貫通スリーブ	357
パワーショベル	102
半自動溶接	155
万能鋼板	93
盤ぶくれ現象	117
被圧滞水層	118
火打ち（切ばり）	126
BH工法	132
PC板先付け工法	276, 311, 318
PCパネル	318
びしゃん叩き仕上げ	240
非住宅投資	17
被塗装材料	321
非破壊検査（鉄骨部材）	161
──（溶接）	152
ヒービング現象	114, 117
日雇労働者	21
標準化	7
標準貫入試験	82
標準（共通）仕様書	31
表面加工（ガラス）	283
平板葺き	249
品質管理	63, 65, 217, 262, 367, 369, 370, 413
──工程表	32, 49, 207, 282, 329, 333, 377
品質検査	152
品質システム	66
品質特性	376
品質保証	13, 65, 262, 376
──一体制	23
──の国際規格	65
品質マニュアル	66
ファシリティ・マネージメント	27
ファスナー	259
──取付け	264
不安全作業	71
風洞実験	281
葺き足（屋根葺き）	250
吹付け機械	334
吹付け工事	330
吹付け工程	334
吹付け工法	226, 334
吹付けコンクリート工法	228
吹付け材料の選定	332
吹付け塗り	321
普通鉄骨構造	138
物理的乾燥	324
不定形シーリング材	259, 265
不同沈下	112
太径鉄筋	188
部品化	405
部分工事	56
──工程計画	385
──の工程	56
プライマー	255
ブラケット	125
フリーアクセスフロア	359
ブリージング	226
プレキャストコンクリート	219, 251
ブレーシングクレーン	210, 211
プレストレストコンクリート	231
フレッシュコンクリート	217
プレテンション方式	232
プレパックド工法	224
プレパックドコンクリート	229
プレファブリケーション方式	219
プレロード工法	126
プロセスコントロール	202, 369
プロセス情報	408
フローリングボード張り	295
分離請負契約	15
分離発注	350
平衡含水率（木材）	290
平盤載荷試験	84
壁装	344
ベノト工法	132, 133
へら塗り	326
保安機器	105
ボイリング現象	114
法規制	36, 44
方立方式	259
防火塗装	328
防護金網	106
防護工	106
防護構台	106
防護施設	91
防護シート	106
防護棚	106
放射線検査（鉄骨部材）	161
防食塗装	328
方針管理	371
防水貫通部	361
防水工事	246
防水下地	246, 250
防水用アスファルト	251
膨張コンクリート	225
保管（鉄筋）	191
補強工事	231
保護具着用義務	42
保護設備	63
保護・養生設備	99
補修工事	231
補助金物	189, 193, 198
補強筋	195
ポストテンション方式	232
本磨き（石材）	241

ま 行

語	頁
Mile Stone（主要管理点）	54

索　引

前処理塗装	326	屋根工事	246, 250	**ら　行**	
間仕切壁軸組	292, 294	屋根葺き	247		
マスク工法	313, 316	──工法	248	Life Cycle Cost	25
マスコンクリート	224	──材	246	ラメラティア	158
マルチプロジェクトコントロール	414	山留め架構	123	リアルタイム・マネージメント	298, 408
磨き仕上げ（石材）	237, 241	──応力計算方法	118	リシン仕上げ	301
未熟練労働者	21	──設計	113	リース業者	11
水磨き（石材）	241	山留め壁	116, 124	リバースサーキュレーション工法	
密着張り	313, 315	山留め工事	112		132, 133
見本塗り	335	山留め工法	123	リベット接合	152
見本品	271, 292	油圧ハンマ	103	流動化剤	228
ミルシート	141, 158	有機質接着剤張り	316	両面接着テープ張り工法（カーペット）	
民法	37	有機溶剤	328		341
		床板張り	295		
無振動・無騒音工法	43	床画き法	142	レイタンス	216
		床組み	292	レディメイド方式	274
目地	245	床仕上げ	338	レディーミクストコンクリート	209
──づめ	245	──工事	339		
──ます法	317	床タイル張り	311	労働安全衛生規則	69, 92, 101, 151, 172
──割り	312	床伏図	292	労働安全衛生法	37, 92
ねむり──	245	ユニット化	363, 405	労働災害	40, 71, 370, 393
メタルラス下地	301	ユニットタイル	316	労働生産性	19
メンブレン防水	246, 247, 250	ユニット方式	259	労務管理	69
		要求品質	26	労務計画	70, 176, 353
木工事	289	陽極酸化被膜処理	273	労務効率	414
木材	289	揚重運搬計画	104	労務下請	16
──の乾燥程度	272	揚重管理（鉄筋）	193	労務費	52, 164
木質系フローリング張り	339	揚重能力	147	ロックウール吸音板	344
木質構造設計規準	299	養生	216, 303	ロックストリップ	285
木製建具	269, 285	養生ネット	106	ロボット化	404
──工事	272	溶接	154	ローラー塗り	321, 326
目標管理方式	64	──足場図	145		
元積り	378	──確性試験	158	**わ　行**	
門扉	92	──機器	404		
──計画	94	──作業	144	ワイヤクリップ	284
		──接合	152	枠組足場	101
や　行		──部非破壊検査	159	ワーカビリティー	212
薬液注入	135	横線式工程表	58	ワークサンプリング法	388
雇入れ教育	40, 397			割付け	250

編著者の現職
早稲田大学名誉教授
工学博士

第2版　建築施工法────工事計画と管理

平成 10 年 3 月 30 日　発　　　行
令和 4 年 9 月 15 日　第12刷発行

編著者　　田　村　　　恭

発行者　　池　田　和　博

発行所　　丸善出版株式会社
〒101-0051 東京都千代田区神田神保町二丁目17番
編　集：電話(03)3512-3264／FAX(03)3512-3272
営　業：電話(03)3512-3256／FAX(03)3512-3270
https://www.maruzen-publishing.co.jp

Ⓒ Yasushi Tamura, 1998

組版／中央印刷株式会社
印刷・製本／大日本印刷株式会社

ISBN 978-4-621-08186-0 C3052　　　　Printed in Japan

本書の無断複写は著作権法上での例外を除き禁じられています.